Die Organschaft im Steuerrecht

mit Fallbeispielen

Von

Dipl.-Finanzwirt Peter Schumacher

4., völlig neu bearbeitete und erweiterte Auflage

ERICH SCHMIDT VERLAG

Bibliografische Information der Deutschen Nationalbibliothek
Die Deutsche Nationalbibliothek verzeichnet diese Publikation in der
Deutschen Nationalbibliografie; detaillierte bibliografische Daten sind im
Internet über http://dnb.d-nb.de abrufbar.

Weitere Informationen zu diesem Titel finden Sie im Internet unter
http://ESV.info/978-3-503-19409-4

Zitiervorschlag:
Schumacher, Organschaft im Steuerrecht

1. Auflage 2011
2. Auflage 2014
3. Auflage 2016
4. Auflage 2020

ISBN 978-3-503-19409-4 (gedrucktes Werk)
ISBN 978-3-503-19410-0 (eBook)
ISSN 1860-0484

Druck: docupoint, Barleben

Inhaltsverzeichnis

Vorwort zur 4. Auflage

Seit Erscheinen der letzten Auflage haben zahlreiche höchstrichterliche Urteile in den Kernbereichen der körperschaftsteuerlichen sowie umsatzsteuerlichen Organschaft einerseits zur Klärung von aufgetretenen Rechtsfragen beigetragen, andererseits aber auch Unsicherheiten hinsichtlich der Umsetzung und praktischen Handhabung aufgeworfen.

Besonders zu nennen ist die Sichtweise des Bundesfinanzhofs zur Bemessung variabler Ausgleichszahlungen, die der langjährigen Auffassung der Finanzverwaltung widerspricht und letztlich zur Einführung einer gesetzlichen Regelung in § 14 Abs. 2 KStG geführt hat.

Die steuerliche Beurteilung eines vom Organträger an die Organgesellschaft gewährten Ertragszuschusses als organschaftliche Mehrabführung und die sich daraus ergebenden Auswirkungen auf das Einlagekonto hat in der Fachliteratur zu kontroversen Diskussionen geführt.

An dieser Stelle ist auch das Urteil des Bundesfinanzhofs zur „Unterbrochenen Organschaft" zu erwähnen, in dem das Entfallen der finanziellen Eingliederung innerhalb der fünfjährigen Mindestvertragslaufzeit nur für das betreffende Jahr, nicht jedoch für den gesamten Zeitraum als schädlich angesehen wurde.

Die Versagung der Anwendung der Bruttomethode und damit der sog. Schachtelstrafe auf Übernahmegewinne, die von einer Organgesellschaft im Zuge einer Aufwärtsverschmelzung realisiert wurden, hat den Gesetzgeber zu einer Änderung des § 15 KStG veranlasst.

Für den Fall, dass eine Organgesellschaft in einem Wirtschaftsjahr neben der Gewinnabführung auch vororganschaftliche Rücklagen an den Organträger (natürliche Person oder Personengesellschaft mit natürlicher Person als Mitunternehmer) ausschüttet, unterliegen bei diesem die mit der Finanzierung der Organbeteiligung in wirtschaftlichem Zusammenhang stehenden Aufwendungen anteilig einem Teilabzugsverbot nach § 3c Abs. 2 EStG, soweit sie auf die Ausschüttung entfallen.

Darüber hinaus hat sich der BFH erneut mit Fragen im Zusammenhang mit den steuerlich erforderlichen Vereinbarungen zur Verlustübernahme im Gewinnabführungsvertrag befasst.

Gegenstand weiterer Entscheidungen waren Fragen im Zusammenhang mit der rückwirkenden Anerkennung der finanziellen Eingliederung bei Umwandlungsvorgängen sowie der Folgen einer verzögerten Eintragung des Gewinnabführungsvertrages im Handelsregister.

Neu aufgenommen wurden in dieser Auflage auch die Anwendung des § 4 Abs. 4a EStG im Organkreis sowie die Behandlung von Sanierungserträgen gem. § 3a EStG in Organschaftsfällen.

Zahlreiche bei Redaktionsschluss anhängige Verfahren haben den Autor dazu veranlasst, dem Anhang ein besonderes Kapitel „Anhängige Verfahren" beizufügen. Hier sei beispielhaft das beim BFH anhängige Revisionsverfahren I R 37/19 erwähnt, in dem das Urteil des Schleswig-Holsteinischen Finanzgerichts vom 6.6.2019 (1 K 113/17) auf dem Prüfstand steht. Das FG sah in dem fehlenden bilanziellen Ausweis des Anspruchs auf Verlustübernahme in der Bilanz der Organgesellschaft einen Mangel in der tatsächlichen Durchführung des Ergebnisabführungsvertrages.

Dornburg, im März 2020 Der Verfasser

Vorwort zur 1. Auflage

Das Rechtsinstitut der Organschaft hat in der täglichen Besteuerungspraxis nach wie vor eine große Bedeutung und unterliegt wie alle anderen Steuerrechtsgebiete einem permanenten Wandel durch Gesetzgebung, Rechtsprechung und Verwaltungsanweisungen. Für den Praktiker führt dies zu einer fast nicht mehr überschaubaren Flut von Informationen, die es richtig einzuordnen und im Einzelfall dann auch anzuwenden gilt. Neben der Erarbeitung der theoretischen Grundlagen des Fachgebietes ist es aber auch unerlässlich, sich mit den praktischen Fragen der täglichen Arbeit auseinanderzusetzen. Dabei ist von großer Bedeutung, wie sich bestimmte Regelungen im Ergebnis auf die Steuerbemessungsgrundlage auswirken und wie deren technische Umsetzung vorzunehmen ist.

Diese Fachbuch soll dem Praktiker dabei helfen, einerseits die wesentlichen theoretischen Grundlagen der Organschaft in den Bereichen Körperschaftsteuer, Gewerbesteuer und Umsatzsteuer zu erarbeiten, andererseits aber auch anhand von zahlreichen konkreten Beispielen die technische Umsetzung und steuerliche Auswirkung bestimmter Regelungen nachzuvollziehen.

Dornburg, im September 2010   Der Verfasser

Abkürzungsverzeichnis

a. a. O.	am angegebenen Ort
Abl.	Amtsblatt
Abs.	Absatz/es/Absätze/n
AdV	Aussetzung der Vollziehung
AEAO	Anwendungserlass zur Abgabenordnung
a. F.	alte Fassung
AfA	Absetzung für Abnutzung
AfaA	Absetzung für außergewöhnliche Abnutzung
AfS	Absetzung für Substanzverringerung
AG	Arbeitgeber/Aktiengesellschaft
AK	Anschaffungskosten
AktG	Aktiengesetz
AN	Arbeitnehmer
a. o.	außerordentlich
AO	Abgabenordnung
AO-EG	Einführungsgesetz zur Abgabenordnung
Art.	Artikel
BA	Betriebsausgabe(n)
BB	„Betriebsberater" – Fachzeitschrift
BfF	Bundesamt für Finanzen [jetzt: Bundeszentralamt für Steuern]
BFH	Bundesfinanzhof
BFHE	Entscheidungssammlung des Bundesfinanzhofs
BFH/NV	„Sammlung amtlich nicht veröffentlichter Entscheidungen des Bundesfinanzhofs" – Fachzeitschrift
BGB	Bürgerliches Gesetzbuch
BGBl	Bundesgesetzblatt
BiRiLiG	Bilanzrichtlinien-Gesetz
BMF	Bundesministerium der Finanzen, Bundesminister der Finanzen
BMG	Bemessungsgrundlage
Bp	Betriebsprüfung
BpO	Betriebsprüfungsordnung
BStBl	Bundessteuerblatt
BVerfG	Bundesverfassungsgericht

BZSt	Bundeszentralamt für Steuern
DB	„Der Betrieb" – Fachzeitschrift
DBA	Doppelbesteuerungsabkommen
d. h.	das heißt
div.	diverse
DV	Durchführungsverordnung
EDV	Elektronische Datenverarbeitung
EFG	„Entscheidungen der Finanzgerichte" – Fachzeitschrift
EG	Europäische (Wirtschafts-)Gemeinschaft
EG-RL	Richtlinie(n) der Europäischen Gemeinschaft
EK	Eigenkapital
ESt	Einkommensteuer
EStDV	Einkommensteuer-Durchführungsverordnung
EStG	Einkommensteuergesetz
EStH	Einkommensteuer-Hinweise
estpflichtig	einkommensteuerpflichtig
EStR	Einkommensteuer-Richtlinien
EU	Europäische Union, siehe auch EG
EuGH	Europäischer Gerichtshof
EUR	Euro/€
EURLUmsG	Richtlinien-Umsetzungsgesetz
EUSt	Einfuhrumsatzsteuer
FG	Finanzgericht
FGO	Finanzgerichtsordnung
FiBu	Finanzbuchhaltung
G+B	Grund und Boden
GbR	Gesellschaft bürgerlichen Rechts
GDPdU	Grundsätze zum Datenzugriff und zur Prüfbarkeit digitaler Unterlagen
gem.	gemäß
Ges.	Gesellschafter/in
GewSt	Gewerbesteuer
GewStG	Gewerbesteuergesetz
GewStR	Gewerbesteuer-Richtlinien
GG	Grundgesetz
ggf.	gegebenenfalls
GmbHG	Gesetz über Gesellschaften mit beschränkter Haftung
GoB	Grundsätze ordnungsmäßiger Buchführung

GoBS	Grundsätze ordnungsmäßiger DVgestützter Buchführungssysteme
GuB	Grund und Boden
GuV-Rechnung	Gewinn- und Verlustrechnung
GV	Gesellschaftsvertrag
GWG	Geringwertige Wirtschaftsgüter
HEV	Halbeinkünfteverfahren
HGB	Handelsgesetzbuch
HK	Herstellungskosten
HR	Handelsregister
IDEA	Prüfsoftware, technische Bereitstellungshilfe zur Format- und Inhaltsbeschreibung steuerlich relevanter Daten
i. d. F.	in der Fassung
i. d. F.d.	in der Fassung des
i. d. R.	in der Regel
i. S. d.	im Sinne des
i. S. v.	im Sinne von
i. V. m.	in Verbindung mit
IZA	Informationszentrale für steuerliche Auslandsbeziehungen
KapGes	Kapitalgesellschaft
KESt	Kapitalertragsteuer
KG	Kommanditgesellschaft
KiSt	Kirchensteuer
Kj	Kalenderjahr
KSt	Körperschaftsteuer
KStG	Körperschaftsteuergesetz
kstpflichtig	körperschaftsteuerpflichtig
KStR	Körperschaftsteuer-Richtlinien
LfSt	Landesamt für Steuern
LSt	Lohnsteuer
LStH	Hinweise zu den Lohnsteuer-Richtlinien
LStR	Lohnsteuer-Richtlinien
LuF	Land- und Forstwirtschaft
nabz.	nicht abzugsfähig
ND	Nutzungsdauer
Nr./Nrn.	Nummer/Nummern
nrkr.	nicht rechtskräftig
OFD	Oberfinanzdirektion
OHG	Offene Handelsgesellschaft

OG	Organgesellschaft
OT	Organträger
PersGes	Personengesellschaft(en)
RdNr.	Rand-Nummer
RL	Richtlinie/n
s.	siehe
S.	Seite
S.	Satz
SachBezVO	Sachbezugsverordnung
SGB	Sozialgesetzbuch
SIS	SIS Datenbank Steuerrecht, SIS Verlag GmbH, Grassbrunn bei München
sog.	so genannte
SolZ	Solidaritätszuschlag
SolzG	Solidaritätszuschlaggesetz 1995
StB	Steuerbilanz, Steuerberater
Sted	Steuer-Eildienst
Stpfl.	Steuerpflichtige/r/n
StSatz	Steuersatz
s. u.	siehe unten
UStDV	Umsatzsteuer-Durchführungsverordnung
UstG	Umsatzsteuergesetz
USt-IdNr.	Umsatzsteuer-Identifikationsnummer
ustl.	umsatzsteuerlich
UStR	Umsatzsteuer-Richtlinien
VA	Voranmeldung/Vermittlungsausschuss
vgl.	vergleiche
vH/v.H	. vom Hundert
VO	Verordnung
VuV	Vermietung und Verpachtung
VZ	Veranlagungszeitraum
WG	Wirtschaftsgut
Wj	Wirtschaftsjahr
zB/z. B.	zum Beispiel
Ziff.	Ziffer
zvE	zu versteuerndes Einkommen

Einleitung

Der Begriff Organschaft beschreibt eine besondere tatsächliche und rechtliche Beziehung einer Kapitalgesellschaft zu einem anderen Unternehmen bei zivilrechtlicher und auch im Grunde steuerrechtlicher Selbständigkeit beider Parteien.

Kennzeichen einer organschaftlichen Struktur ist dabei in erster Linie die Beherrschung der Organgesellschaft durch den Organträger.

Das Steuerrecht kennt organschaftliche Verflechtungen im Bereich der Ertragssteuern für die Gebiete der Körperschaftsteuer und Gewerbesteuer und im Bereich der Verbrauchsteuern für das Gebiet der Umsatzsteuer.

Bei Vorliegen der im jeweiligen Steuerrechtsgebiet geforderten rechtlichen und auch tatsächlichen Tatbestandvoraussetzungen treten dann entweder die vom Steuerpflichtigen und dessen Berater beabsichtigten oder auch die unerwünschten Rechtsfolgen ein. Dies bedeutet für die Körperschaftsteuer und Gewerbesteuer eine – ohne das Institut der Organschaft nicht mögliche – unmittelbare Verrechnung der steuerlichen Ergebnisse von Organgesellschaft und Organträger auf Ebene des herrschenden Unternehmens, und zwar unabhängig davon, ob auf der jeweiligen Ebene ein Gewinn oder Verlust erwirtschaftet wurde. Darüber hinaus ergeben sich im Einzelfall durch die Errichtung einer Organschaft weitere steuerliche Vorteile, die im Folgenden detailliert dargestellt und erörtert werden sollen.

Auf dem Gebiet der Umsatzsteuer verliert die Organgesellschaft ihre Selbständigkeit und wird zu einem unselbständigen Betriebsteil des Organträger-Unternehmens. Dadurch werden Lieferungen und Leistungen zwischen Organträger und Organgesellschaft zu nicht steuerbaren Innenumsätzen.

Auch wenn durch die Regelungen des Gesetzes zur Änderung und Vereinfachung der Unternehmensbesteuerung und des steuerlichen Reisekostenrechts Organträgern mit Sitz und Geschäftsleitung im europäischen Ausland zukünftig die Einrichtung einer körperschaftsteuerlichen Organschaft aufgrund des Wegfalls des § 18 KStG erleichtert wird (eine in das Handelsregister eingetragene Zweigniederlassung ist nicht mehr erforderlich), bleibt es aufgrund des Erfordernisses der Zuordnung der Organgesellschaft zu einer im Inland der Besteuerung unterliegenden Betriebsstätte bei dem Grundsatz, dass grenzüberschreitende Organschaften auch nach neuem Recht nicht möglich sein werden, so dass die Wirkungen der ertragsteuerlichen Organschaft bei Vorliegen der sonstigen Voraussetzungen auf die inländischen Teile eines internationalen Unternehmens beschränkt bleiben müssen.

Kapitel 1 – Körperschaftsteuer

I. Einführung in die körperschaftsteuerliche Organschaft

1 Rechtliche Grundlagen

1.1 Gesetzesmaterialien

Die gesetzlichen Grundlagen für die körperschaftsteuerliche Organschaft finden sich im Zweiten Kapitel des Körperschaftsteuergesetzes unter den Sondervorschriften für die Organschaft in den Regelungen der §§ 14–19 KStG.

Die Regelungen zur körperschaftsteuerlichen Organschaft haben insbesondere im Zuge des Übergangs vom Anrechnungsverfahren zum Halbeinkünfteverfahren vielfältige Änderungen erfahren. Aber auch zahlreiche weitere Gesetzesänderungen in der Folgezeit haben Änderungen bei der Besteuerung der Organschaften mit sich gebracht. Beispielhaft seien an dieser Stelle das Steuervergünstigungsabbaugesetz (StVerGAbG) mit Wirkung ab dem 1.1.2003, das Gesetz zur Umsetzung der Protokollerklärung der Bundesregierung zur Vermittlungsempfehlung zum Steuervergünstigungsabbaugesetz (sog. Korb II-Gesetz) mit Wirkung ab dem 1.1.2004, das Gesetz zur Umsetzung von EU-Richtlinien in nationales Steuerrecht und zur Änderung weiterer Vorschriften (EURLUmsG) mit teilweiser Rückwirkung ab dem 1.1.2003 sowie das Gesetz über steuerliche Begleitmaßnahmen zur Einführung der Europäischen Gesellschaft und zur Änderung weiterer steuerrechtlicher Vorschriften (SEStEG) mit Wirkung ab dem 1.1.2007 genannt.

Die seit vielen Jahren umfassendsten Änderungen enthält das Gesetz zur Änderung und Vereinfachung der Unternehmensbesteuerung und des steuerlichen Reisekostenrechts vom 20.2.2013 (BGBl 2013 I S.285). Diese in der Literatur häufig als „kleine Organschaftsreform" oder Organschaftsreform „light" bezeichnete Gesetzesreform enthält gleich ein ganzes Bündel von Maßnahmen, mit dem einerseits europarechtliche Anforderungen erfüllt aber auch häufige praktische Probleme insbesondere im Zusammenhang mit der Umsetzung des Gewinnabführungsvertrages beseitigt werden sollten. Gemessen an den ursprünglichen Plänen, auch in Deutschland ein modernes Gruppenbesteuerungssystem zu etablieren, mögen diese Regelungen sicherlich marginal erscheinen, dennoch können Unternehmen und Berater mit der vorliegenden Fassung der §§ 14–17 KStG sicherlich weitgehend zufrieden sein.

Weitere Änderungen ergaben sich durch das durch Gesetz gegen schädliche Steuerpraktiken im Zusammenhang mit Rechteüberlassungen vom 27.6.2017 (BGBl I 2017, S.2074), durch das Gesetz zur Vermeidung von Umsatzsteuerausfällen beim Handel mit Waren im Internet und zur Änderung weiterer steuerlicher Vorschriften vom 11.12.2018 (BGBl I 2018, S.2338) sowie das Gesetz zur weiteren steuerlichen Förderung der Elektromobilität und zur Änderung weiterer steuerlicher Vorschriften (Jahressteuergesetz 2019) vom 12.12.2019 (BGBl 2019 I S. 2451).

Der vollständige Gesetzestext der §§ 14–19 KStG mit Rechtsstand zum 1.1.2020 findet sich im Anhang zu diesem Fachbuch.

1.2 Verwaltungsanweisungen

Nachdem das Bundesministerium der Finanzen am 18.5.2015 den Entwurf der Körperschaftsteuerrichtlinien 2015 an die kommunalen Spitzenverbände, Fach-, Berufs- und Wirtschaftsverbände und Organisationen zur Stellungnahme versandt hatte, wurden die Körperschaftsteuerrichtlinien 2015 nunmehr am 6.4.2016 im BStBl 2016 I Sondernummer 1/2016 S. 2 veröffentlicht. Neben der Neustrukturierung der Nummerierung der KStR (in Anlehnung an die jeweiligen Gesetzesvorschriften) werden dort Anpassungen an die geänderte Gesetzeslage sowie die neuere Rechtsprechung vorgenommen. Die Regelungen zur Organschaft finden sich daher nunmehr in den R 14.1 – R 17 KStR 2015.

Durch die Neufassung der Richtlinien ist insbesondere im Falle der vorzeitigen Beendigung der Organschaft durch Verschmelzung, Spaltung oder Liquidation der Organgesellschaft vor Ende der fünfjährigen Mindestlaufzeit eine Verschärfung eingetreten, da die vorzeitige Beendigung entgegen der früheren Verwaltungsauffassung dann nicht mehr unschädlich ist, wenn diese bereits bei Vertragsabschluss feststeht (vgl. R 14.5 Abs. 6 Satz 3 KStR 2015).

Auf das ab Veranlagungszeitraum 2014 neu eingeführte gesonderte Feststellungsverfahren nach § 14 Abs. 5 KStG wird in R 14.6 Abs. 6 KStR 2015 Bezug genommen und klargestellt, dass sowohl Organgesellschaft, als auch Organträger gegen entsprechende Bescheide einspruchsberechtigt sind.

Klarstellend ist die Aussage im neu angefügten R 14.7 Abs. 4 KStR 2015, wonach der Verlustausgleich steuerrechtlich zu einer Einlage des Organträgers in die Organgesellschaft führt, wenn der Organträger die Verpflichtung, einen vorvertraglichen Verlust der Organgesellschaft auszugleichen, übernimmt.

Neu aufgenommen wurde in R 14.8 Abs. 3 Satz 7 KStR 2015, dass ein beim Organträger gebildeter besonderer steuerlicher Ausgleichsposten bei einer mittelbaren Beteiligung an der Organgesellschaft erst dann aufzulösen ist, wenn der Organträger seine Beteiligung an der Zwischengesellschaft veräußert.

Allerdings wurden mit der Neufassung der Richtlinien die Erwartungen der Wirtschafts- und Fachverbände nicht erfüllt, da viele Zweifelsfragen, insbesondere im Hinblick auf die mit Gesetz zur Änderung und Vereinfachung der Unternehmensbesteuerung und des steuerlichen Reisekostenrechts vom 20.2.2013 aufgenommenen Korrektur- und Heilungsmöglichkeiten gem. § 14 Abs. 1 Nr. 3 Sätze 4 und 5 KStG, nicht aufgenommen wurden.

Ein Auszug aus den Körperschaftsteuerrichtlinien 2015 sowie den amtlichen Hinweisen 2015 (KStH 2015) zu den Körperschaftsteuerrichtlinien ist im Anhang zu diesem Fachbuch abgedruckt.

2 Motive für die körperschaftsteuerliche Organschaft

2.1 Wirtschaftliche Beweggründe

Grundlage der Organschaft im Gesellschaftsrecht sind Unternehmensverträge, mit denen Kapitalgesellschaften die Leitung ihres Unternehmens einem anderen Unternehmen übertragen und sich daneben verpflichten, ihren Gewinn an dieses andere Unternehmen abzuführen bei gleichzeitiger Verpflichtung zur Verlustübernahme seitens des herrschenden Unternehmens. Dadurch entsteht eine rechtliche, aber auch tatsächliche Verbindung beider Unternehmen, die letztlich fast zu einer wirtschaftlichen Einheit verschmelzen. Risiken auf den verschiedenen Ebenen einer Konzernstruktur werden somit zusammengeführt.

Die Organschaft kann allerdings durch die gem. § 73 Satz 1 AO bestehende Haftung der Organgesellschaft für alle Steuern innerhalb des Organkreises von Nachteil sein. Weitere Ausführungen hierzu sowie aktuelle Rechtsprechung finden sich im gesonderten Kapitel V. Haftung.

2.2 Steuerliche Aspekte

Ein zentraler steuerlicher Aspekt für die Errichtung einer körperschaftsteuerlichen Organschaft ist sicherlich die Möglichkeit der unmittelbaren Verlustverrechnung zwischen Organträger und Organgesellschaft(en). Unabhängig davon, auf welcher Ebene im jeweiligen Besteuerungszeitraum die Verluste erzielt wurden, führt eine sofortige Verrechnung mit Gewinnen zu einer spürbaren steuerlichen Entlastung.

Vorteile ergeben sich auch beim Vergleich der Gewinnausschüttung mit der Gewinnabführung. Während in einem mehrstufig aufgebauten Konzern ohne Organschaft die Ausschüttung der jeweils erzielten Gewinne an die nächst höhere Ebene zwar steuerfrei bleibt, durch die Regelung des § 8b Abs. 5 KStG dennoch eine faktische Mindestbesteuerung eintritt, kann diese Besteuerung auf jeder Stufe mit 5 % (sog. Kaskadeneffekt) nur durch die Einrichtung einer körperschaftsteuerlichen Organschaft vermieden werden.

Noch stärkere Effekte kann die Vermeidung des Betriebsausgabenabzugsverbotes nach § 3c Abs. 2 EStG mit sich bringen, wenn der Organträger als natürliche Person den Erwerb der Organbeteiligung fremdfinanziert hat. Ohne Organschaft wäre dann die Hälfte der entsprechenden Aufwendungen vom Abzug ausgeschlossen.

> *Beispiel:*
>
> Der gewerblich tätige Einzelunternehmer A hat zur Abwicklung seines Warenvertriebs die A-GmbH gegründet und die Anschaffungskosten für die Beteiligung in voller Höhe fremdfinanziert. Er hält die Beteiligung im Betriebsvermögen seines Einzelunternehmens. Anhand eines Steuerbelastungsvergleichs soll untersucht werden, ob die Einrichtung einer körperschaftsteuerlichen Organschaft für ihn steuerliche Vorteile mit sich bringt. Die jährlichen Finanzierungskosten betragen 20.000 € und der in den ersten Jahren zu erwartende Überschuss

der A-GmbH beträgt 100.000 € vor Steuern. Der Gewinn und auch das zvE des A ohne diesen Sachverhalt betragen 70.000 €. Übrige Einkünfte sowie Sonderausgaben und außergewöhnliche Belastungen sollen aus Vereinfachungsgründen außer Betracht bleiben. Ebenfalls sollen Überlegungen zur Frage der Betriebsaufspaltung an dieser Stelle nicht erörtert werden.

A-GmbH	Ausschüttung	Organschaft
Jahresüberschuss	100.000	100.000
Gewinnabführung an Einzelfirma A	0	–100.000
Bemessungsgrundlage	100.000	0
Gewerbesteuer (Hebesatz 400 %)	–14.000	0
Körperschaftsteuer (15 %)	–15.000	0
Nach Steuern (= Dividende)	71.000	0

Steuerbelastung A-GmbH	Ausschüttung	Organschaft
Gewerbesteuer	14.000	0
Körperschaftsteuer	15.000	0
Gesamt	**29.000**	**0**

Aus Vereinfachungsgründen soll der Solidaritätszuschlag außer Betracht bleiben. Ebenfalls nicht erwähnt wird die bei der Ausschüttung einzubehaltende und abzuführende Kapitalertragsteuer/Solidaritätszuschlag, dass diese beim Gesellschafter A wieder in voller Höhe angerechnet werden können.

Einkommen A	Ausschüttung	Organschaft
Gewinn/zvE ohne Beträge A-GmbH	70.000	70.000
Dividende von der A-GmbH	71.000	0
Gewinnabführung/Einkommen A-GmbH	0	100.000
Aufwendungen für A-GmbH	–20.000	–20.000
Zwischensumme	121.000	150.000
Dividende (§ 3c Abs. 1 EStG)	–28.400	0
Nicht abzb. Aufwand (§ 3c Abs. 2 EStG)	8.000	0
Bemessungsgrundlage	100.600	150.000

Nach dem Teileinkünfteverfahren sind die Dividenden zu 40 % steuerfrei, während entsprechende Aufwendungen, die in wirtschaftlichem Zusammenhang mit diesen Dividenden stehen, i. H. v. 40 % nicht abziehbar sind.

Gewerbesteuer A		
Ausgangswert	100.600	150.000
Kürzung § 9 Nr. 2a GewStG	−42.600 12.000	0
verbleiben	70.000	150.000
Freibetrag (§ 11 Abs. 1 GewStG)	−24.500	−24.500
Stpfl. Gewerbeertrag	45.500	125.500
Messbetrag (3,5 %)	1.592	4.392
x Hebesatz (400 %)	**6.368**	**17.568**

Die Kürzung für Schachteldividenden nach § 9 Nr. 2a GewStG kommt insoweit zum Tragen, als die Dividende sich noch nicht nach § 3 Nr. 40d EStG i. V. m. § 3c Abs. 2 EStG ausgewirkt hat (somit i. H. v. 60 %). Nach 9 Nr. 2a Satz 3 GewStG sind entsprechende Aufwendungen gegenzurechnen, soweit diese im Ausgangswert mindernd berücksichtigt wurden. Eine weitere Hinzurechnung der Finanzierungskosten als Entgelte für Schulden unterbleibt (vgl. § 9 Nr. 2a Satz 3 2. Halbsatz GewStG).

Einkommensteuer A		
Splittingtabelle 2020	24.516	45.072
Ermäßigung § 35 EStG	−6.050	−16.690
	18.466	28.382

Die Kürzung nach § 35 GewStG wurde mit dem 3,8-fachen des jeweiligen Gewerbesteuermessbetrages berechnet.

Steuerbelastung gesamt	Ausschüttung	Organschaft
Steuern A-GmbH	29.000	0
Steuern A	24.834	45.950
Gesamt	**53.834**	**45.950**

Der Steuerbelastungsvergleich zeigt aufgrund der zu gewährenden Steuerermäßigung nach § 35 EStG eine steuerliche Entlastung von 7.844 € und damit eindeutige Vorteile zugunsten der Organschaft.

Lediglich bei der Ermittlung von Veräußerungsgewinnen nach § 8b Abs. 3 Satz 1 KStG bleibt auch im Falle der Veräußerung einer Organbeteiligung das Abzugsverbot i. H. v. 5 % bestehen.

Da verdeckte Gewinnausschüttungen im Organkreis gem. R 14.6 Abs. 4 KStR als vorweggenommene Gewinnabführungen zu behandeln sind und die Anerkennung des Organschaftsverhältnisses dem Grunde nach nicht tangieren, ergeben sich insoweit im Bereich der Organschaft weniger Probleme.

Auch bei der Gewerbesteuer führen Dauerschuldverhältnisse zwischen Organträger und Organgesellschaft nicht zur Hinzurechnung von Vergütungen nach § 8 Nr. 1 GewStG, da die Organgesellschaft als Betriebsstätte des Organträgers gilt.

Bei der Anwendung der Regelungen zur Zinsschranke (§ 4h KStG) ergeben sich deshalb vorteilhafte Gestaltungsmöglichkeiten, da Organgesellschaft und Organträger als ein Betrieb gelten (vgl. § 15 Nr. 3 KStG) und Zinsaufwendungen und Zinserträge im Organkreis im Ergebnis zunächst saldiert werden.

Das Rechtsinstitut der körperschaftsteuerlichen Organschaft hat insbesondere nach den Änderungen der einschlägigen Vorschriften durch das StSenkG und UntStFG an Attraktivität gewonnen, da die Zugangsvoraussetzungen insgesamt wesentlich vereinfacht und im Hinblick auf die körperschaftsteuerliche und gewerbesteuerliche Organschaft angeglichen wurden.

Mit dem Gesetz zur Änderung und Vereinfachung der Unternehmensbesteuerung und des steuerlichen Reisekostenrechts vom 20. 2. 2013 (BGBl 2013 I S. 285) wurden weitere Vereinfachungen und Erleichterungen beschlossen. Insbesondere die großzügigen Heilungsmöglichkeiten bei Bilanzierungsfehlern und Fehlern im Bereich der Gewinnabführung führen zu einer deutlichen Vereinfachung und Entschärfung der ansonsten sehr formalen Vorschriften zur Organschaft, so dass die ertragsteuerliche Organschaft auch in Zukunft eine erhebliche praktische Bedeutung behalten wird.

3 Organschaft über die Grenze

Eine grenzüberschreitende Organschaft ist nach deutschem Recht nicht möglich, da einerseits die Organgesellschaft ihre Geschäftsleitung im Inland und ihren Sitz in einem Mitgliedsstaat der EU oder einem Vertragsstaat des EWR-Abkommens haben und die Organbeteiligung einer im Inland beschränkt oder unbeschränkt steuerpflichtigen Betriebsstätte des Organträgers zuzuordnen sein muss (§ 14 Abs. 1 Satz 1 Nr. 2 Satz 4 ff. KStG). In diesem Zusammenhang ist nach wie vor fraglich, ob nach ausländischem Recht gegründete und in ein dortiges Register eingetragene Gesellschaften zivilrechtlich wirksam einen Gewinnabführungsvertrag abschließen können, der den Anforderungen des inländischen Organschaftsrechts entspricht. Schuldrechtliche Vereinbarungen reichen hierfür nach Auffassung der deutschen Finanzverwaltung nicht aus. Damit sind die Wirkungen einer körperschaftsteuerlichen Organschaft offenbar auf die inländischen Teile eines Konzerngeflechts beschränkt.

Das Finanzministerium des Landes Schleswig-Holstein hat sich in seiner Verfügung vom 17. 1. 2020 (VI 313 – S 2770 – 077) zur Frage geäußert, ob und unter welchen Voraussetzungen ein ausländischer Gewinnabführungsvertrag einer Organgesellschaft mit Sitz in der Europäischen Union oder in einem Vertragsstaat des EWR-Abkommens und Geschäftsleitung in Deutschland anzuerkennen ist (§§ 14 Abs. 1 und 17 Abs. 1 KStG).

Danach sind die Voraussetzungen der §§ 14 Abs. 1 Satz 1 und 17 Abs. 1 Satz 1 KStG erfüllt, wenn die Regelungen des ausländischen Gewinnabführungsvertrages

- vollständig den Vorgaben des § 291 AktG entsprechen und insbesondere auch eine Pflicht zur Verlustübernahme entsprechend der Regelung des § 302 AktG beinhalten,
- nach ausländischem (Zivil-)Recht zulässig sind (insbesondere Vereinbarkeit mit den dortigen handels- und gesellschaftsrechtlichen Vorschriften zum Schutz von Gläubigern sowie Minderheitsgesellschaftern),
- in eintragungspflichtiger Form vereinbart werden, d. h. es besteht entweder nach ausländischem Recht eine Pflicht, die Regelungen in ein mit dem deutschen Handelsregister vergleichbares öffentliches Register einzutragen,
- und, falls der Gewinnabführungsvertrag nicht selbst in der Satzung verankert wird, satzungsändernden Charakter haben (eine bloße satzungsüberlagernde Wirkung ist nicht ausreichend).

Bei Vorliegen dieser Kriterien ist die Organschaft frühestens ab dem Jahr der Eintragung in das Register anzuerkennen. Dies gilt auch in den Fällen, in denen ein Gewinnabführungsvertrag bereits früher abgeschlossen wurde (keine Rückwirkung der Eintragung).

Dennoch hat sich der EuGH auch in der jüngeren Vergangenheit mehrfach mit der Frage beschäftigt, unter welchen Voraussetzungen Verluste ausländischer Tochtergesellschaften im Inland steuerlich berücksichtigt werden können.

So hat der EuGH im Urteil vom 19. 6. 2019 (Memira Holding AB – Rs C-607/17) seine bisherigen Grundsätze zur Berücksichtigung finaler Verluste weiterentwickelt. Danach kann eine Muttergesellschaft die Verluste ihrer in einem anderen Mitgliedstaat ansässigen Tochtergesellschaft nutzen, wenn diese im Rahmen eines Umwandlungsvorgangs auf die Muttergesellschaft verschmolzen wird und die Verlustverrechnung im reinen Inlandsfall zulässig wäre. Dabei muss die Muttergesellschaft jedoch den Nachweis antreten, dass weder die Tochtergesellschaft noch Dritte die Verluste im Ansässigkeitsstaat weder im laufenden Veranlagungszeitraum noch zukünftig nutzen können. Aufgrund des § 12 Abs. 3 UmwStG hat diese Entscheidung jedoch für Deutschland derzeit keine Auswirkungen, da eine Verlustnutzung auch nach innerstaatlichem Recht nicht zulässig ist.

Mit Urteil vom 19. 6. 2019 (Holmen AB – Rs. C-608/17) hat der EuGH entschieden, dass finale Verluste, die bei einer zu 100 % mittelbar gehaltenen Enkelgesellschaft entstehen, bei der Muttergesellschaft grundsätzlich nicht abzugsfähig sind. Eine Verlustnutzung soll nur dann möglich sein, wenn alle Gesellschaften, die zwischen Muttergesellschaft und verlustbringender Enkelgesellschaft geschaltet sind, ihren Sitz im selben Mitgliedstaat wie die verlustbringende Enkelgesellschaft haben und nachweislich keine Möglichkeit der wirtschaftlichen Verlustnutzung durch Dritte besteht. Auch dieser Fall hat auf Deutschland derzeit keine Auswirkungen, da in Deutschland Verlustausgleichsmöglichkeiten innerhalb eines Konzerns nur unter den besonderen Voraussetzungen der Organschaft möglich sind.

Nach dem Urteil des Schleswig-Holsteinischen FG vom 13.3.2019 (1 K 218/15) setzt die Verrechnung von sog. „finalen" Verlusten einer in einem EU-Mitgliedstaat ansässigen Tochtergesellschaft mit Gewinnen der im Inland ansässigen Muttergesellschaft („Organschaft über die Grenze") eine verbindliche schuldrechtliche Vereinbarung zwischen den Gesellschaften voraus, die jedenfalls eine Verpflichtung zur Verlustübernahme durch die Muttergesellschaft für den Fall der Verlustentstehung der Tochtergesellschaft beinhalten muss (Revision beim BFH unter I R 26/19).

II. Voraussetzungen der Organschaft

1 Überblick über die Voraussetzungen der Organschaft

Nach § 14 Abs. 1 KStG ist eine körperschaftsteuerliche Organschaft anzunehmen, wenn sich eine Europäische Gesellschaft, AG oder KGaA mit Geschäftsleitung im Inland und Sitz in einem Mitgliedsstaat der Europäischen Union oder in einem Vertragsstaat des EWR-Abkommens (Organgesellschaft) durch einen Gewinnabführungsvertrag i.S. des § 291 Abs. 1 AktG verpflichtet, ihren ganzen Gewinn an ein einziges anderes gewerbliches Unternehmen (Organträger) abzuführen und der Organträger an der Organgesellschaft vom Beginn ihres Wirtschaftsjahrs an ununterbrochen in einem solchen Maße beteiligt ist, dass ihm die Mehrheit der Stimmrechte aus den Anteilen an der Organgesellschaft zusteht (finanzielle Eingliederung). Nach § 17 KStG gelten die Regelungen auch für GmbH als Organgesellschaften. Nach § 14 Abs. 1 Nr. 2 Satz 4 KStG muss die Beteiligung an der Organgesellschaft ununterbrochen während der gesamten Dauer der Organschaft einer inländischen Betriebsstätte i.S. des § 12 AO zuzuordnen sein.

2 Der Organträger

2.1 Persönliche Voraussetzungen des Organträgers

Nach § 14 Abs. 1 Nr. 2 KStG kann der Organträger eine unbeschränkt steuerpflichtige natürliche Person oder eine nicht steuerbefreite Körperschaft, Personenvereinigung oder Vermögensmasse i.S. des § 1 KStG oder auch eine Personengesellschaft i.S. des § 15 Abs. 1 Nr. 2 EStG mit Geschäftsleitung im Inland sein.

Auch eine Vorgesellschaft, die steuerlich mit der durch die Eintragung in das Handelsregister entstehenden Kapitalgesellschaft als ein einheitliches Rechtssubjekt behandelt wird, kann Organträger sein. Nach Eintragung im Handelsregister muss die entstandene Kapitalgesellschaft allerdings den Gewinnabführungsvertrag förmlich übernehmen (vgl. Dötsch/Witt, Kommentar zum KStG, Anm. 79 zu § 14 KStG).

Während natürliche Personen als Organträger nach bisherigem Recht grundsätzlich unbeschränkt einkommensteuerpflichtig sein mussten (d.h. ihr Wohnsitz oder gewöhnlicher Aufenthalt musste sich im Inland befinden), reicht es nunmehr aus, dass eine zu ihrem Einzelunternehmen gehörende Betriebsstätte

i. S. des § 12 AO im Inland liegt und die Organbeteiligung dieser Betriebsstätte zuzuordnen ist. Eine beschränkte Einkommensteuerpflicht nach § 49 Abs. 1 Nr. 2a EStG reicht somit aus.

Kapitalgesellschaften können Organträger sein, auch wenn sich deren Sitz und/oder Geschäftsleitung im Ausland befinden, jedoch die Organbeteiligung einer inländischen Betriebsstätte zuzuordnen ist.

Auch bei einer Personengesellschaft als Organträger ist das Vorhandensein der Geschäftsleitung im Inland nicht mehr erforderlich. Die Gesellschafter können ihren Wohnsitz oder gewöhnlichen Aufenthalt im Ausland haben. Allerdings muss die Organbeteiligung einer inländischen Betriebsstätte der Personengesellschaft in deren Gesamthandsvermögen zuzuordnen sein.

Anknüpfungspunkt für die Besteuerung im Inland ist somit nicht die unbeschränkte Steuerpflicht des jeweiligen Organträgers oder dessen Gesellschafter, sondern vielmehr eine im Inland belegene Betriebsstätte des Organträgers, deren Ergebnis im Rahmen der beschränkten Steuerpflicht der Besteuerung unterliegt.

2.2 Zuordnung der Organbeteiligung zu einer Betriebsstätte des Organträgers

Mit dem Gesetz zur Änderung und Vereinfachung der Unternehmensbesteuerung und des steuerlichen Reisekostenrechts wurden ab dem Veranlagungszeitraum 2012 in § 14 Abs. 1 Satz 1 Nr. 2 KStG die Sätze 4–7 angefügt. Danach muss die Organbeteiligung während der gesamten Dauer der Organschaft ununterbrochen einer inländischen Betriebsstätte des Organträgers zuzuordnen sein. Dieses neue Tatbestandsmerkmal tritt somit neben das Erfordernis der finanziellen Eingliederung der Organbeteiligung (siehe unter II. 4.1) und kann im Einzelfall eine Vielzahl von Zweifelsfragen und Problemen mit sich bringen. Diese werden nicht im klassischen Inlandsfall, in dem sowohl Organträger als auch Organgesellschaft im Inland ansässig sind, auftreten, sehr wohl aber in den Fällen, in denen der Organträger „lediglich" eine Betriebsstätte im Inland unterhält und hierüber eine Organschaft begründet werden soll.

2.2.1 Begriff der Betriebsstätte

Eine inländische Betriebsstätte ist nach § 14 Abs. 1 Satz 1 Nr. 2 Satz 7 KStG nur anzunehmen, wenn die dieser Betriebsstätte zuzurechnenden Einkünfte sowohl nach innerstaatlichem Recht (§ 12 AO) als auch nach dem jeweiligen Doppelbesteuerungsabkommen der inländischen Besteuerung unterliegen. Diese Regelung soll die Besteuerung im Inland sicherstellen, da in Einzelfällen der Betriebsstättenbegriff des § 12 AO von dem einzelner DBA abweichen kann.

Hierzu hat das FinMin Schleswig-Holstein in einer Verfügung vom 19. 6. 2013 (DStR 2013 S. 1607) klargestellt, dass Organschaftsverhältnisse mit einer Personengesellschaft als Organträgerin, an der persönlich steuerbefreite Mitunternehmer beteiligt sind, steuerlich nicht anerkannt werden. Diese Rechtslage habe auch bereits vor der Änderung des § 14 Abs. 1 Satz 1 Nr. 2 KStG durch das

Gesetz zur Änderung und Vereinfachung der Unternehmensbesteuerung und des steuerlichen Reisekostenrechts bestanden.

2.2.2 Zuordnungsbegriff

Da der Begriff der Zuordnung von Wirtschaftsgütern zu Betriebsstätten im Gesetz nicht näher erläutert ist, müssen die im internationalen Steuerrecht geltenden allgemeinen Grundsätze über die Zuordnung von Beteiligungen zu Betriebsstätten bemüht werden.

Zu nennen sind hier zunächst die Betriebsstätten-Verwaltungsgrundsätze vom 24.12.1999 (BStBl 1999 I S.1076). Nach Tz.2.4 sind einer Betriebsstätte die positiven und negativen Wirtschaftsgüter zuzuordnen, die der Erfüllung der Betriebsstättenfunktion dienen (BFH vom 29.7.1992, BStBl 1993 II S.63). Dazu zählen vor allem die Wirtschaftsgüter, die zur ausschließlichen Verwertung und Nutzung durch die Betriebsstätte bestimmt sind. Der Betriebsstätte sind auch solche Wirtschaftsgüter zuzuordnen, aus denen Einkünfte erzielt werden, zu deren Erzielung die Tätigkeit der Betriebsstätte überwiegend beigetragen hat. Maßgeblich sind immer die tatsächlichen Verhältnisse und insbesondere Struktur, Organisation und Aufgabenstellung der Betriebsstätte im Unternehmen. Bei der Zuordnung ist die Zentralfunktion des Stammhauses zu beachten. Beteiligungen sind in der Regel dann dem Stammhaus zuzurechnen, wenn sie nicht einer in der Betriebsstätte ausgeübten Tätigkeit dienen (BFH vom 30.8.1995, BStBl 1996 II S.563).

Das FG Köln hat sich in seinem Urteil vom 29.3.2007 (10 K 4671/04) mit der Frage der Zuordnung von Beteiligungen zu einer Betriebsstätte befasst und in seiner Urteilsbegründung auch die Rechtsprechung des BFH zitiert, wonach eine Beteiligung tatsächlich zu einer Betriebsstätte gehört, wenn die Beteiligung in einem funktionalen Zusammenhang zu einer in der Betriebsstätte ausgeübten aktiven Tätigkeit steht und sich deshalb die Beteiligungserträge bei funktionaler Betrachtungsweise als Nebenerträge der aktiven Betriebsstättentätigkeit darstellen (BFH-Urteil vom 26.2.1992, BStBl 1992 II S.937).

Zählt z.B. die Beteiligung an einer Vertriebsgesellschaft zum Betriebsstättenvermögen, dann ist nach Wassermeyer (in Debatin/Wassermeyer, DBA, Art.10 MA Rz.133) die tatsächliche Zugehörigkeit der Beteiligung zur Betriebsstätte anzunehmen, wenn die Vertriebsgesellschaft Produkte verkauft, die in der Betriebsstätte hergestellt wurden.

Gleiches soll nach Auffassung des FG Köln im umgekehrten Fall der Beteiligung des Vertriebsunternehmens an dem Produktionsunternehmen gelten. Bei funktionaler Betrachtungsweise kann es keinem Zweifel unterliegen, dass die Beteiligung des Vertriebsunternehmens an dem Produktionsunternehmen dem Vertriebsunternehmen tatsächlich dient.

Beispiel:

Die französische AB-S.A. unterhält in Deutschland eine gewerbliche Betriebsstätte. Die OG-GmbH ist dieser Betriebsstätte zuzuordnen. Eine Organschaft ist anzuerkennen.

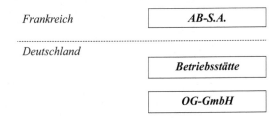

Für Wirtschaftsjahre, die nach dem 31.12.2014 beginnen, ist die Betriebsstättengewinnaufteilungsverordnung (BsGaV) vom 13.10.2014 (BGBl 2014 I S. 1603, BStBl 2014 I S. 1378) maßgebend. Siehe hierzu auch Verwaltungsgrundsätze Betriebsstättengewinnaufteilung VWG BSGa vom 22.12.2016, BStBl 2017 I S. 182, Tz. 2.7.

2.2.2.1 Grundsatz – § 7 Abs. 1 BsGaV

Nach § 7 Abs. 1 BsGaV ist für die Frage der Zuordnung einer Beteiligung, Finanzanlage oder eines ähnlichen Vermögenswerts deren Nutzung die maßgebliche Personalfunktion. Die Nutzung ergibt sich aus dem funktionalen Zusammenhang zur Geschäftätigkeit der Betriebsstätte. Ein solcher funktionaler Zusammenhang des Vermögenswerts mit der sonstigen Geschäftätigkeit der Betriebsstätte ist gegeben, wenn der Vermögenswert der sonstigen Geschäftätigkeit dient

Beispiel:

Unternehmen X in Staat A hat eine Produktionsbetriebsstätte B und Vertriebstochtergesellschaft Y in Staat C, die ausschließlich die Produkte von B vermarktet.

Die Beteiligung von X an der der Tochtergesellschaft Y ist der Betriebsstätte B zuzuordnen, da der Vertrieb in einem engen funktionalen Zusammenhang mit der Produktion von B steht, d. h. die Geschäftätigkeit von Y dient der Geschäftätigkeit von B.

(Beispiel entnommen aus VWG BsGa vom 22.12.2016, BStBl 2017 I S. 182, Rdnr. 103.)

Steht ein Vermögenswert in funktionalem Zusammenhang zur Geschäftätigkeit mehrerer Betriebsstätten, so ist dieser Vermögenswert nach § 7 Abs. 1 Satz 3 BsGaV derjenigen Betriebsstätte zuzuordnen, zu der der überwiegende funktionale Zusammenhang besteht. Hierbei sind im Regelfall vorrangig qualitative Gesichtspunkte maßgebend, d. h. es kommt darauf an, in welcher Betriebsstätte die Personalfunktion ausgeübt wird, der die größte Bedeutung für die mit dem Vermögenswert verbundenen Chancen und Risiken zukommt.

Beispiel:

Unternehmen X in Staat A hat zwei Vertriebsbetriebsstätten, eine in Staat B, die andere in Staat C. B und C vertreiben ausschließlich Produkte, die in der X gehörenden Tochtergesellschaft Y in Staat D hergestellt werden. B nimmt voraussichtlich auf Dauer ca. 40 % der Produkte von Y ab, ca. 25 % vertreibt C, der Rest der Produkte wird anderweitig verkauft. C steuert darüber hinaus die Weiterentwicklung der Produkte.

Die Beteiligung von X an der Tochtergesellschaft Y steht nach qualitativen Gesichtspunkten (bedeutende Produktweiterentwicklung) funktional überwiegend mit der Geschäftstätigkeit von C im Zusammenhang. Die Beteiligung ist daher C zuzuordnen. Nicht entscheidend ist, dass B die Produkte von Y quantitativ zu einem größeren Anteil vertreibt.

Auf den jeweiligen quantitativen Anteil am Vertrieb der Produkte von Y könnte es nur ankommen, wenn sich der funktionale Zusammenhang von B und C auf den Vertrieb der Produkte beschränkt.

Abwandlung:

Die Vertriebsfunktionen von B und C sind schwach ausgeprägt, beschränken sich auf den Vertrieb als solchen und werden außerdem weitgehend durch Personalfunktionen der Geschäftsleitungsbetriebsstätte X in Staat A gesteuert, die auch die Produktionsaktivitäten von Y (Lohnfertiger) steuern.

Der stärkste funktionale Zusammenhang der Beteiligung an Y besteht zur Geschäftsleitungsbetriebsstätte X, eine Zuordnung zu B oder C scheidet deshalb aus.

(Beispiel entnommen aus VWG BsGa vom 22.12.2016, BStBl 2017 I S.182, Rdnr.103 und 104.)

2.2.2.2 Abweichende Zuordnung – § 7 Abs. 2 BsGaV

Überwiegt für einen Vermögenswert i.S. des § 7 BsGaV die Bedeutung einer anderen Personalfunktion, die im übrigen Unternehmen ausgeübt wird, eindeutig gegenüber der Nutzung (Personalfunktionenkonkurrenz), so ist die betreffende andere Personalfunktion nach § 7 Abs.2 Satz 1 BsGaV für die Zuordnung dieses Vermögenswerts maßgeblich. Als andere Personalfunktionen können insbesondere die Anschaffung, die Verwaltung, die Risikosteuerung oder die Veräußerung eines Vermögenswerts i. S. des § 7 BsGaV maßgeblich sein. Im Hinblick auf das Kriterium der Anschaffung kommt es darauf an, aufgrund welcher Personalfunktionen die Mittel zur Anschaffung erwirtschaftet wurden. Auf die Anschaffung ist insbesondere abzustellen, wenn kein funktionaler Zusammenhang i. S. des § 7 Abs. 1 BsGaV zur Geschäftstätigkeit des Unternehmens besteht oder ein solcher Zusammenhang nur schwer festzustellen ist. Die Verwaltung allein rechtfertigt im Regelfall keine Zuordnung.

Beispiel:

Unternehmen X (X) in Staat X hat in Staat A eine Betriebsstätte A, die die Personalfunktionen eines Lohnfertigers ausübt. X hält darüber hinaus mehrere Beteiligungen an Kapitalgesellschaften als Kapitalanlagen (Streubesitz), die über die Jahre aus den Gewinnen des übrigen Unternehmens finanziert wurden. X ordnet die Beteiligungen A zu.

Ein funktionaler Zusammenhang i. S. des § 7 Absatz 1 BsGaV zu A besteht nicht. Einziger Anknüpfungspunkt für eine Zuordnung der Beteiligungen ist die Herkunft der Mittel (übriges Unternehmen), die für deren Erwerb eingesetzt wurden. Die Zuordnung zu A ist rückgängig zu machen.

(Beispiel entnommen aus VWG BsGa vom 22. 12. 2016, BStBl 2017 I, S. 182, Rdnr. 105.)

2.2.2.3 Gleichzeitige Ausübung anderer Personalfunktionen in verschiedenen Betriebsstätten – § 7 Abs. 3 BsGaV

Sind mehrere andere Personalfunktionen, die in verschiedenen Betriebsstätten ausgeübt werden (Personalfunktionenkonkurrenz), von größerer Bedeutung für einen Vermögenswert i. S. des § 7 BsGaV als die funktionale Nutzung, so ist dieser nach § 7 Abs. 3 BsGaV der Betriebsstätte zuzuordnen, in der die andere Personalfunktion mit der größten Bedeutung ausgeübt wird. Die ist insbesondere dann denkbar, wenn kein funktionaler Zusammenhang festzustellen ist.

Beispiel:

Unternehmen X in Staat A hat in Staat B eine Betriebsstätte B, in der verschiedene Beteiligungen, die X hält, verwaltet werden. Die Mittel zum Erwerb der Beteiligungen sind nicht durch B, sondern vom übrigen Unternehmen erwirtschaftet worden. X ordnet die Beteiligungen B zu.

Die Verwaltung der Beteiligungen durch B begründet keinen funktionalen Zusammenhang i. S. des § 7 Abs. 1 BsGaV, da kein Zusammenhang zu einer anderen Geschäftstätigkeit von B besteht. Für die Zuordnung der Beteiligungen ist vorrangig darauf abzustellen, aufgrund welcher Personalfunktionen die Mittel zum Erwerb erwirtschaftet wurden. Da diese Mittel vom übrigen Unternehmen stammen, können die Beteiligungen B nicht zugeordnet werden. Die Verwaltung der Beteiligungen ist als fiktive Dienstleistung (§ 16 Abs. 1 Nummer 2 Buchstabe a BsGaV) von B gegenüber dem übrigen Unternehmen zu behandeln, für die ein dem Fremdvergleichsgrundsatz entsprechender Betrag zu verrechnen ist (§ 16 Abs. 2 BsGaV).

(Beispiel entnommen aus VWG BsGa vom 22. 12. 2016, BStBl 2017 I S. 182, Rdnr. 106.)

2.2.2.4 Zuordnung in Zweifelsfällen – § 7 Abs. 4 BsGaV

Kann ein Vermögenswert i. S. des § 7 BsGaV nach § 7 Abs. 1 bis 3 BsGaV nicht eindeutig einer Betriebsstätte zugeordnet werden, so räumt § 7 Abs. 4 BsGaV dem Unternehmen einen Beurteilungsspielraum für die Zuordnung des Vermögenswerts i. S. des § 7 BsGaV ein. Die Zuordnung des Vermögenswerts i. S. des § 7 BsGaV muss sich aber so weit wie möglich an den Grundsätzen des § 7 Abs. 1

bis 3 BsGaV orientieren. Ggf. greift die Vermutung des § 7 Abs. 1 BsGaV ein. Der Beurteilungsspielraum kommt vor allem in Fällen der Personalfunktionenkonkurrenz (siehe Rn. 43) zwischen anderen Personalfunktionen i. S. des § 7 Abs. 2 BsGaV in Betracht. Die Entscheidung über die Zuordnung nach § 7 Abs. 4 BsGaV muss

- nach § 3 Abs. 3 BsGaV spätestens mit Erstellung der Hilfs- und Nebenrechnung nachvollziehbar erfolgen,
- auch im jeweils anderen Staat der Besteuerung zugrunde gelegt werden und
- anhand eindeutiger Aufzeichnungen (siehe Rn. 63) nach § 90 Abs. 3 AO begründet werden können.

Sind diese Voraussetzungen nicht erfüllt, kann eine Schätzung nach § 162 AO erforderlich werden. Eine anteilige Zuordnung ist – anders als für immaterielle Werte – nicht anzuerkennen.

Beispiel:

Unternehmen X (X) in Staat A hat zwei Vertriebsbetriebsstätten, B in Staat B und C in Staat C. B und C vertreiben jeweils ganz überwiegend Produkte einer Produktionstochtergesellschaft Y (Y). B und C nehmen jährlich wechselnd in unterschiedlichem Umfang Produkte von Y ab. X ordnet B die Beteiligung an Y zu und zieht in der Hilfs- und Nebenrechnung die entsprechenden Konsequenzen.

Ist eine eindeutige Zuordnung im Rahmen einer mehrjährigen Betrachtung und unter Berücksichtigung von Zukunftsprognosen (siehe Rn. 44) nicht möglich, ist die Zuordnung zu B nicht zu beanstanden (§ 7 Absatz 4 BsGaV).

(Beispiel entnommen aus VWG BsGa vom 22. 12. 2016, BStBl 2017 I S. 182, Rdnr. 107.)

Schirmer (GmbHR 2013 S. 798) sieht zudem die Organträgereigenschaft einer reinen Finanzholding gefährdet, da eine funktionale Zuordnung einer Beteiligung zu einer Betriebsstätte eines nicht wirtschaftlich agierenden Unternehmens zweifelhaft sein könnte. Nach seiner Ansicht muss eine Holding neben den Leitungs- und Koordinierungsfunktionen auch eine eigene wirtschaftliche Tätigkeit mit Außenwirkung gegenüber Dritten ausüben.

2.2.3 Zeitdauer der Zuordnung

Mitunter wird in der Literatur das Erfordernis der ununterbrochenen Zuordnung der Beteiligung während der gesamten Dauer der Organschaft kritisch gesehen. So ist nach Benecke/Schnitger (IStR 2013 S. 143/153) fraglich, ob eine Organschaft nach Entfallen der Zuordnungsvoraussetzung bei Fortbestehen der finanziellen Eingliederung und Fortsetzung des Gewinnabführungsvertrags auch rückwirkend zu versagen wäre.

Insbesondere vor dem Hintergrund der neueren Rechtsprechung des BFH zur Frage des Vorliegens der finanziellen Eingliederung während des Fünfjahreszeitraums (vgl. Urteil vom 10. 5. 2017, I R 51/15, BStBl 2018 II S. 30) ist fraglich, ob die Zuordnung der Organgesellschaft zu einer Betriebsstätte des Organträgers ununterbrochen während der fünfjährigen Mindestdauer bestehen muss oder ob eine vorübergehende fehlende Zuordnung nur dazu führt, dass für das entsprechende Jahr die Organschaft zu versagen ist, die übrigen Jahre des Mindestzeitraums jedoch unbeanstandet bleiben (vgl. Rüsch, DStZ 2019 S. 179).

2.2.4 Mittelbare Beteiligungen

Bei einer mittelbaren Organschaft muss nach § 14 Abs. 1 Satz 1 Nr. Satz 4 KStG die Beteiligung an der vermittelnden Gesellschaft ununterbrochen während der gesamten Dauer der Organschaft einer inländischen Betriebsstätte des Organträgers zuzuordnen sein. Nach Benecke/Schnitger (IStR 2013 S. 143/154) könnte in der Praxis durch Abschluss einer mittelbaren Organschaft das Fehlen einer funktionalen Zuordnung der Organgesellschaft dann ausgeglichen werden, wenn nur die vermittelnde Gesellschaft einer inländischen Betriebsstätte zugeordnet werden kann.

> Beispiel:
>
> Die französische AB-S.A. unterhält in Deutschland eine gewerbliche Betriebsstätte. Die Beteiligung an der Zwischengesellschaft ZW-GmbH ist dieser Betriebsstätte zuzuordnen. Die ZW-GmbH hält 100 % der Anteile an der OG-GmbH. Eine Organschaft ist anzuerkennen

Frankreich	**AB-S.A.**

Deutschland

	Betriebsstätte

	ZW-GmbH

100 %

	OG-GmbH

Auch mittelbare Beteiligungen über ausländische Zwischengesellschaften sind mit steuerlicher Wirkung dann anzuerkennen, wenn die Beteiligung an der vermittelnden Gesellschaft der inländischen Betriebsstätte des Organträgers zuzuordnen ist.

> Beispiel:
>
> Die inländische OT-GmbH hält in Frankreich 100 % der Anteile an der AB-S.A., die wiederum 100 % der Anteile an der inländischen OG-GmbH hält. Eine Organschaft ist anzuerkennen. Allerdings ist erforderlich, dass die Beteiligung an der ausländischen Zwischengesellschaft einer inländischen Betriebsstätte des Organträgers zuzuordnen ist. Problematisch sind in diesen Fällen auch die Fragen im

Zusammenhang mit der Bildung von Ausgleichsposten bei Mehr- und Minderabführungen in organschaftlicher Zeit sowie Fragen im Zusammenhang mit der Ausschüttung vorvertraglicher Verluste.

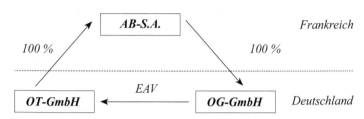

Das Erfordernis der Zuordnung der Organbeteiligung zu einer inländischen Betriebsstätte des Organträgers gilt nach § 14 Abs. 1 Satz 1 Nr. 2 Satz 5 KStG auch bei mittelbaren Beteiligungen über eine oder mehrere Personengesellschaften.

2.2.5 Zurechnung des Organeinkommens

§ 14 Abs. 1 Satz 1 Nr. 2 Satz 6 KStG schließlich regelt die Rechtsfolge, wonach das Einkommen der Organgesellschaft der inländischen Betriebsstätte des Organträgers zuzurechnen ist, der die Beteiligung an der Organgesellschaft oder, bei mittelbarer Beteiligung an der Organgesellschaft, die Beteiligung an der vermittelnden Gesellschaft zuzuordnen ist. Ein ausländischer Organträger unterliegt mit den Einkünften aus der im Inland belegenen Betriebsstätte der beschränkten Steuerpflicht gem. § 49 Abs. 1 Nr. 2a EStG.

2.3 Gewerbliche Tätigkeit

Nach § 14 Abs. 1 Satz 1 KStG muss der Organträger ein gewerbliches Unternehmen betreiben.

Als gewerbliches Unternehmen gilt grundsätzlich jede selbstständige, nachhaltige Betätigung, die mit der Absicht, Gewinn zu erzielen, unternommen wird und sich als Beteiligung am allgemeinen wirtschaftlichen Verkehr darstellt, wenn die Betätigung weder als Ausübung von Land- und Forstwirtschaft noch als eine selbstständige Arbeit anzusehen ist (§ 15 Abs. 2 Satz 1 EStG).

Allerdings reicht es der Verwaltung aus, wenn der Organträger die Voraussetzungen für einen Gewerbebetrieb i. S. des § 2 Abs. 1 GewStG erfüllt (vgl. BMF-Schreiben vom 26. 8. 2003, BStBl 2003 I S. 437, Tz. 2).

Bei natürlichen Personen und Personengesellschaften kann dieses Tatbestandsmerkmal mitunter dann verneint werden, wenn z. B. freiberufliche Einkünfte, Einkünfte aus einem Land- und forstwirtschaftlichen Betrieb oder solche aus einer Vermögensverwaltung erzielt werden (zu besonderen Voraussetzungen bei Personengesellschaften s. 2.5).

Nach dem BFH-Urteil vom 24. 7. 2013, I R 40/12, BStBl 2014 II S. 272, muss der Organträger einer ertragsteuerlichen Organschaft nicht bereits zu Beginn des Wirtschaftsjahres der Organgesellschaft gewerblich tätig sein (entgegen BMF-

Schreiben vom 10.11.2005, BStBl 2005 I S.1038 Rdnr.21). Nach Ansicht des BFH ist dem Wortlaut des § 14 Abs.1 Satz 1 Nr.2 Satz 2 KStG eine solche zeitliche Anforderung nicht zu entnehmen. Eine als Organträger fungierende Personengesellschaft muss lediglich eine Tätigkeit i.S. des § 15 Abs.1 Nr.1 EStG ausüben. Hätte der Gesetzgeber auch eine zeitliche Regelung treffen wollen, hätte er dies ausdrücklich regeln müssen.

Eine Kapitalgesellschaft übt stets und in vollem Umfang eine gewerbliche Tätigkeit aus (Gewerbebetrieb kraft Rechtsform; vgl. § 2 Abs.2 Satz 1 GewStG), so dass die Voraussetzung des gewerblichen Unternehmens immer erfüllt ist, auch wenn sich deren Tätigkeit für sich betrachtet als Vermögensverwaltung qualifizieren ließe.

Nach dem Urteil des Hessischen FG vom 16.5.2017 (4 K 1060/13, rkr.) kann ein Betrieb gewerblicher Art nur Organträger sein, wenn er ein gewerbliches Unternehmen im Sinne des § 15 Abs.2 EStG betreibt, was die Absicht voraussetzt, durch das Unternehmen des Betriebs gewerblicher Art Gewinne zu erzielen. Die Gewinnerzielungsabsicht beurteilt sich nach der konkreten Struktur des Betriebs gewerblicher Art, wobei auch sich im gewillkürten Betriebsvermögen befindliche Gesellschaftsanteile zu berücksichtigen sind. Einzubeziehen sind auch Gewinne einer zum Betrieb gewerblicher Art gehörenden Tochtergesellschaft. Versorgungsbetriebe und Bäderbetriebe mit einem Blockheizkraftwerk, die von einer Gebietskörperschaft betrieben werden, können mit steuerlicher Wirkung zu einem einheitlichen Betrieb gewerblicher Art, auch über eine Organschaft zusammengefasst werden, wenn zwischen ihnen nach dem Gesamtbild der Verhältnisse – hier über die Energieversorgung – objektiv eine enge wechselseitige technisch-wirtschaftliche Verflechtung besteht.

2.4 Ausländisches Unternehmen als Organträger

Nach der bisherigen Regelung des § 18 KStG war es erforderlich, dass ein ausländisches gewerbliches Unternehmen nur dann als Organträger fungieren konnte, wenn es im Inland eine im Handelsregister eingetragene Zweigniederlassung unterhielt, der Gewinnabführungsvertrag unter der Firma der Zweigniederlassung abgeschlossen war und die für die finanzielle Eingliederung erforderliche Beteiligung zum Betriebsvermögen der Zweigniederlassung gehörte. Nach der jetzt gültigen Rechtslage benötigt ein ausländischer Organträger eine inländische Betriebsstätte, der die Organbeteiligung zuzurechnen ist.

2.5 Personengesellschaft als Organträger

2.5.1 Allgemeines

Eine Personengesellschaft i.S. des § 15 Abs.1 Nr.2 EStG ist als Organträger geeignet, wenn die Beteiligung an der Organgesellschaft einer inländischen Betriebsstätte zuzuordnen ist (§ 14 Abs.1 Satz 1 Nr.2 Satz 2 und 4ff. KStG). In Betracht kommen OHG, KG oder auch GbR.

2.5.2 Beteiligung im Gesamthandsvermögen

Nach § 14 Abs. 1 Satz 1 Nr. 2 Satz 3 KStG ist ab 2003 verschärfte Voraussetzung, dass sich die Anteile an der Kapitalgesellschaft im Gesamthandsvermögen der Personengesellschaft befinden und der Personengesellschaft die Mehrheit der Stimmrechte an der Organgesellschaft zusteht. Damit bleiben Veränderungen im Gesellschafterbestand durch die Veräußerung von Mitunternehmeranteilen oder durch Gesellschafterwechsel ohne Auswirkung auf die Organschaft. Die wirtschaftliche Identität der Personengesellschaft bleibt gewahrt und die rechtliche Gebundenheit des Gesellschaftsvermögens bleibt gleich (R 14.3 KStR).

Wirtschaftsgüter sind Gesamthandsvermögen, wenn sie der Personengesellschaft selbst gehören (Hinweis auf die sog. Teilrechtsfähigkeit für OHG und KG in §§ 124, 161 HGB). Wirtschaftsgüter sind Sonderbetriebsvermögen, wenn sie einem oder mehreren Gesellschaftern gehören und den Zwecken der Personengesellschaft dienen und deshalb zum steuerlichen Betriebsvermögen der Personengesellschaft zählen.

2.5.3 Überführung in das Gesamthandsvermögen

Es reicht ab 2003 nicht mehr aus, wenn die Gesellschafter selbst mehrheitlich an der Organgesellschaft beteiligt sind und die Anteile an der Organgesellschaft in ihrem Sonderbetriebsvermögen halten. In den sog. „Altfällen", in denen bis 2002 eine Organschaft auch bei Anteilen im Sonderbetriebsvermögen anerkannt war, musste bereits in 2003 eine Überführung in das Gesamthandsvermögen erfolgen. Eine rückwirkende Übertragung von Sonderbetriebsvermögen in das Gesamthandsvermögen war allerdings nicht möglich (Hinweis auf BMF-Schreiben vom 10. 11. 2005, BStBl 2005 I S. 1038, Tz. 22).

Sollen Anteile an einer GmbH zur Fortführung oder Begründung einer Organschaft in das Gesamthandsvermögen überführt werden, so geschieht dies zivilrechtlich durch Abtretung nach § 15 GmbHG vom Gesellschafter auf die Personengesellschaft. Dies kann unentgeltlich in Form einer Einlage oder auch gegen Gewährung von Gesellschaftsrechten (z. B. Erhöhung der Kommanditeinlage) erfolgen. Diese Übertragung kann nach § 6 Abs. 5 Satz 3 EStG zum Buchwert ohne Aufdeckung von stillen Reserven erfolgen, es sei denn, an der Personengesellschaft selbst ist wiederum eine Kapitalgesellschaft beteiligt. In diesen Fällen ist zwingend der Teilwert (Verkehrswert) anzusetzen. Nach § 15 Abs. 3 GmbHG ist für die Übertragung von GmbH-Anteilen der Abschluss eines notariellen Vertrages erforderlich.

2.5.4 Eigene gewerbliche Tätigkeit

Für Personengesellschaften wird nochmals ausdrücklich in § 14 Abs. 1 Satz 1 Nr. 2 Satz 2 KStG gefordert, dass diese eine Tätigkeit i. S. des § 15 Abs. 1 Nr. 1 EStG ausüben. Die Organträger-Personengesellschaft muss ab dem Veranlagungszeitraum 2003 eine eigene – nicht nur geringfügige – gewerbliche Tätigkeit i. S. des § 15 Abs. 1 Satz 1 Nr. 1 EStG vorweisen können (BMF-Schreiben vom 10. 12. 2005, BStBl 2005 I S. 1038, Tz. 17). Da von Seiten der Finanzverwaltung hierzu keine weiteren Definitionen gegeben wurden, kann dies im Einzelfall zu Streitigkeiten führen:

Beispiel:

Die AB-OHG verwaltet im größeren Umfange eigenes Immobilienvermögen und erzielt dabei regelmäßig Gewinne. Die Tätigkeit stellt sich nach dem Gesamtbild der Verhältnisse dennoch insgesamt als Vermögensverwaltung dar (vgl. R 15.7 Abs. 1 EStR). Gleichzeitig hält die OHG 100 % der Anteile an der AB-GmbH, die mit ihrer gewerblichen Tätigkeit regelmäßig Verluste erzielt. Zur Verrechnung der Verluste der GmbH mit den Gewinnen der OHG würde sich ein Organschaftsverhältnis anbieten. Dies scheidet jedoch aufgrund der fehlenden Gewerblichkeit der OHG aus. Würde die OHG nun aktiv die Vermittlung und Verwaltung von fremden gewerblichen und privaten Immobilien betreiben, könnte insoweit eine gewerbliche Betätigung der OHG anzunehmen sein. Ob diese dann – gemessen an den Aussagen im BMF-Schreiben – nicht nur geringfügig ist, kann nicht ohne weiteres entschieden werden. Vielmehr müssten die Umsätze aus den Geschäftsbereichen ermittelt und gegenübergestellt werden. Sofern der gewerbliche Anteil mindestens 5 % der gesamten Umsätze beträgt, könnte man m. E. eine Organschaft anerkennen.

2.5.5 Gewerblich geprägte Personengesellschaft
Lediglich für die Jahre 2001 und 2002 konnten auch gewerblich geprägte Personengesellschaften i. S. von § 15 Abs. 3 Nr. 2 EStG Organträger sein (vgl. Neufassung des 14 Abs. 1 Satz 1 Nr. 2 KStG i. d. F. des StVergAbG sowie Tz. 3 und Fußnote 2 des BMF-Schreibens vom 26. 8. 2003, BStBl 2003 I S. 437). Gewerblich geprägte Personengesellschaften können ab 2003 nicht mehr Organträger sein. Dies sind solche Personengesellschaften, die selbst keine eigene gewerbliche Betätigung ausüben, bei denen aber ausschließlich Kapitalgesellschaften persönlich haftende Gesellschafter sind, die auch zur Geschäftsführung befugt sind.

2.5.6 Beteiligung an gewerblich geprägter Personengesellschaft
Ebenso wenig reicht es aus, wenn eine vermögensverwaltende Personengesellschaft an einer solchen gewerblich geprägten Gesellschaft beteiligt ist.

2.5.7 Abfärbetheorie gem. § 15 Abs. 3 Nr. 1 EStG
Der Bundesfinanzhof hat in drei Urteilen vom 27. 8. 2014 (VIII R/11, BStBl 2015 II S. 996; VIII R 41/11, BStBl 2015 II S. 999 und VIII R 6/12, BStBl 2015 II S. 1002) entschieden, dass eine Umqualifizierung von freiberuflichen Einkünften in insgesamt gewerbliche Einkünfte nur dann anzunehmen sei, wenn die Nettoumsatzerlöse aus einer originär gewerblichen Tätigkeit 3 v. H. der Gesamtnettoumsatzerlöse oder den Betrag von 24.500 € übersteigen. Daraus könnte der Schluss gezogen werden, dass bei Überschreiten der genannten Grenzen automatisch immer auch gewerbliche Einkünfte vorliegen, die dann die Organträgereigenschaft mit sich bringen.

Hierzu hat sich die OFD Frankfurt in einer Ergänzung zu Tz. 17 des BMF-Schreibens vom 10. 11. 2005 (BStBl 2005 I S. 1038) in einer Verfügung vom

29.6.2015 (S 2770 A – 39 – St 51 – veröffentlicht in StEd 2015 S. 503) nunmehr geäußert und klargestellt, dass die in § 14 Abs. 1 Satz 1 Nr. 2 Satz 2 KStG geforderte gewerbliche Tätigkeit im Sinne des § 15 Abs. 1 Satz 1 Nr. 1 EStG für die Organträgereignung einer Personengesellschaft nicht durch Abfärben im Sinne des § 15 Abs. 3 Nr. 1 EStG erreicht werden kann. Eine Personengesellschaft, bei der die Nettoumsatzerlöse aus der originär gewerblichen Tätigkeit die vom BFH in den Urteilen vom 27. 8. 2014 (BStBl 2015 II S. 996, 999 und 1002) aufgestellten Bagatellgrenzen in Höhe von 3 % der gesamten Nettoumsatzerlöse oder den Betrag von 24.500 € im Veranlagungszeitraum übersteigen und bei der deshalb die übrigen Einkünfte nach § 15 Abs. 3 Nr. 1 EStG in gewerbliche Einkünfte umqualifiziert werden, erfüllt daher nicht automatisch die Voraussetzungen des § 14 Abs. 1 Satz 1 Nr. 2 Satz 2 KStG.

Nach dem BFH-Urteil vom 6. 6. 2019 (IV R 30/16) besteht bei der Abfärbung von gewerblichen Beteiligungseinkünften aus einer gewerblich tätigen Tochter-Personengesellschaft keine Geringfügigkeitsgrenze. Damit werden sämtliche Einkünfte der beteiligten Ober-Personengesellschaft nach § 15 Abs. 3 Nr. 1 Alternative 2 EStG in Einkünfte aus Gewerbebetrieb auch bei geringfügigen Beteiligungseinkünften umqualifiziert. Allerdings unterliegen die umqualifizierten Einkünfte gem. BFH nicht der Gewerbesteuer, da die Ober-Personengesellschaft kein Gewerbebetrieb sei. In dem entschiedenen Fall bestand zunächst eine vermögensverwaltende Personengesellschaft, auf die dann zwei gewerbliche Kommanditbeteiligungen übertragen wurden. Aufgrund dieser gewerblichen Beteiligungseinkünfte stellte das Finanzamt sämtliche Einkünfte der Ober-Personengesellschaft gem. § 15 Abs. 3 Nr. 1 Alternative 2 i. V. m. § 15 Abs. 1 Satz 1 Nr. 2 des EStG als solche aus Gewerbebetrieb fest. Inwieweit dieses Urteil Gestaltungsmöglichkeiten für den Bereich der Organschaft eröffnet und wie die Finanzverwaltung damit umgehen wird, bleibt abzuwarten.

Durch das Merkmal der eigenen gewerblichen Tätigkeit soll insbesondere auch verhindert werden, dass mit Hilfe einer Personengesellschaft ohne substanzielle originäre gewerbliche Tätigkeit das steuerliche Ergebnis einer Mehrmütterorganschaft erreicht werden kann. Die Voraussetzung ist daher nur erfüllt, wenn die eigene gewerbliche Tätigkeit der Organträger-PersG nicht nur geringfügig ist.

2.6 Organschaft im Rahmen einer Betriebsaufspaltung

Eine Besitzpersonengesellschaft im Rahmen einer Betriebsaufspaltung kommt als Organträger in Betracht. Ihr wird die gewerbliche Tätigkeit i. S. des § 15 Abs. 1 Satz 1 Nr. 1 EStG der Betriebsgesellschaft zugerechnet (BMF-Schreiben vom 10. 12. 2005, BStBl 2005 I S. 1038, Tz. 16).

Eine Betriebsaufspaltung ist nach der Rechtsprechung dann anzunehmen, wenn zwei rechtlich selbständige Unternehmen (Besitz- und Betriebsunternehmen) durch eine personelle und sachliche Verflechtung eng miteinander verbunden sind. Eine personelle Verflechtung liegt vor, wenn die Gesellschafter des Besitzunternehmens in der Lage sind, auch im Betriebsunternehmen ihren geschäftlichen Betätigungswillen durchzusetzen.

Eine sachliche Verflechtung wird durch die entgeltliche oder auch unentgeltliche Überlassung mindestens einer für das Betriebsunternehmen wesentlichen Betriebsgrundlage hergestellt.

Eine echte Betriebsaufspaltung liegt immer dann vor, wenn ein zunächst einheitlicher Betrieb auf zwei Rechtsträger aufgespalten wird und dabei der eine die Funktion des Besitzunternehmens ausübt, weil ihm die notwendigen Betriebsgrundlagen gehören (i. d. R. Einzelunternehmen oder Personengesellschaft), und der andere das Unternehmen als Betriebsunternehmen praktisch ausübt und sich dabei der notwendigen Betriebsgrundlagen des Besitzunternehmens bedient (i. d. R. Kapitalgesellschaft).

Von einer unechten Betriebsaufspaltung spricht man, wenn die beiden beteiligten Unternehmen schon bestanden haben und sich zeitlich später die Merkmale der personellen oder sachlichen Verflechtung einstellen.

Das Besitzunternehmen bezieht dabei – obwohl es vordergründig vermögensverwaltend tätig ist – nach ständiger Rechtsprechung Einkünfte aus Gewerbebetrieb gem. § 15 Abs. 1 Nr. 1 EStG, weil es über die enge Verflechtung zum Betriebsunternehmen am allgemeinen wirtschaftlichen Verkehr teilnimmt.

Daher kann das Besitzunternehmen, unabhängig davon, ob es sich um eine Personengesellschaft oder eine natürliche Person handelt, Organträger sein.

In den Fällen der Besitzpersonengesellschaften ist jedoch zu beachten, dass die Anteile der Gesellschafter der Besitzpersonengesellschaften an der Betriebs-GmbH häufig „nur" Sonder-Betriebsvermögen sind und daher zunächst in das Gesamthandsvermögen überführt werden müssen (hierzu siehe 2.5.3).

Die Errichtung einer Organschaft im Rahmen einer Betriebsaufspaltung bietet sich insbesondere dann an, wenn die Betriebs-GmbH Verluste erzielt, die dann unmittelbar bei der Besitzgesellschaft „durchschlagen" könnten.

Diese Sichtweise ist auch durch die Rechtsprechung des BFH bestätigt worden. Nach dem BFH-Urteil vom 24. 7. 2013 (I R 40/12, BStBl 2014 II S. 272) kann eine Personengesellschaft, die Besitzunternehmen im Rahmen einer Betriebsaufspaltung (auch einer unechten Betriebsaufspaltung) und ansonsten nur vermögensverwaltend tätig ist, Organträgerin sein. Aufgrund der personellen und sachlichen Verflechtung mit dem Betriebsunternehmen nimmt das Besitzunternehmen am allgemeinen wirtschaftlichen Verkehr teil, so dass die an sich nur vermögensverwaltende Tätigkeit zur gewerblichen wird. Nach einer anderen Sichtweise wandelt sich die vermögensverwaltende Tätigkeit des Besitzunternehmens im Wege der „Infektion" oder „Abfärbung" in eine gewerbliche Tätigkeit um.

2.7 Holdinggesellschaft als Organträgerin

Von einer Holding spricht man bei Unternehmen, die selbst keine produktive Tätigkeit entwickeln, sondern ausschließlich Beteiligungen verwalten. Bleibt diese Verwaltungstätigkeit ohne Einfluss auf die laufenden Geschäfte der Beteiligungsgesellschaften, spricht man von vermögensverwaltender Holding, im Falle mit Einfluss auf die laufenden Geschäfte von geschäftsleitender Holding (vgl. Dötsch/Witt, Komm. zum KStG, Anm. 95 zu § 14 KStG).

Eine Holdingpersonengesellschaft kann nur dann Organträger sein, wenn sie selbst eine eigene gewerbliche Tätigkeit ausübt. Für die Frage, ob eine geschäftsleitende Holding die Voraussetzung der eigenen gewerblichen Tätigkeit i. S. des § 14 Abs. 1 Satz 1 Nr. 2 Satz 2 KStG erfüllt, kann nicht auf die Grundsätze des BFH zur wirtschaftlichen Eingliederung (vgl. Abschn. 50 Abs. 2 Nr. 2 KStR 1995) abgestellt werden (BMF-Schreiben vom 10. 11. 2005, BStBl 2005 I S. 1038, Tz. 18).

Eine geschäftsleitende Holding-Personengesellschaft erfüllt die Voraussetzung der Gewerblichkeit nur dann, wenn sie auch am allgemeinen wirtschaftlichen Verkehr teilnimmt. Erbringt sie Dienstleistungen, wie beispielsweise das Erstellen der Buchführung oder die Unterstützung in EDV-Fragen für Konzernunternehmen, soll nach dem BMF-Schreiben eine gewerbliche Tätigkeit vorliegen, auch wenn sie diese Dienstleistungen nur gegenüber einer einzigen Konzerngesellschaft erbringt. Diese Leistungsbeziehungen müssen allerdings wie zwischen fremden Dritten gestaltet, tatsächlich durchgeführt und auch gegen gesondertes Entgelt abgerechnet werden.

Diese Aussagen der Finanzverwaltung lassen einige Gestaltungsmöglichkeiten zu, insbesondere dann, wenn die Gewerblichkeit der Organträgerpersonengesellschaft von der Finanzbehörde in Frage gestellt werden könnte. Durch die Vereinbarung und tatsächliche Durchführung von Leistungsbeziehungen zu einer einzigen Konzerngesellschaft wird die Holdinggesellschaft gewerblich.

Es wird keine klare Aussage darüber getroffen, ob die Leistungen vom Organträger selbst erbracht werden müssen oder ob diese auch „eingekauft" werden können. Demnach könnte sich der Organträger wiederum anderer Unternehmen bedienen, welche dann die erforderlichen Dienstleistungen als „Subunternehmer" erbringen.

Nach Schirmer (GmbHR 2013 S. 797) könnte einer nicht operativ tätigen Holdinggesellschaft die Eignung als Organträgerin im Hinblick auf die Zuordnungsfähigkeit der Organbeteiligung versagt werden, weil mangels wirtschaftlicher Betätigung des Organträgers eine funktionale Zuordnung der Organbeteiligung zu einer Betriebsstätte zweifelhaft ist.

2.8 Organschaft und Betriebsverpachtung

Bei der Einkommensteuer kann der Steuerpflichtige bei der Verpachtung eines ganzen lebenden Betriebs wählen, ob er die Betriebsaufgabe erklärt oder ob er weiterhin Einkünfte aus Gewerbebetrieb versteuert und damit die Aufdeckung der stillen Reserven vermeiden oder hinauszögern kann. In diesem Falle erzielt er weiterhin gewerbliche Einkünfte i. s. des § 15 EStG, die jedoch nicht der Gewerbesteuer unterliegen. Fraglich ist, ob ein solcher ruhender Gewerbebetrieb die Funktion eines Organträgers im Rahmen einer Organschaft übernehmen kann. Das BMF-Schreiben vom 10.11.2005 (BStBl 2005 I S.1038) trifft hierzu keine Aussage. Die Betriebsverpachtung stellt sich allerdings ihrem Wesen nach als reine Vermögensverwaltung und nicht als gewerbliche Betätigung dar, so dass eine Anerkennung der Organschaft insoweit nicht möglich ist.

Bisher wurde ebenfalls noch nicht geklärt, wie zu verfahren ist, wenn ein bereits als Organträger fungierendes Unternehmen in den Status der Betriebsverpachtung überführt würde. Ist die Organschaft in diesem Moment aus (schädlichen) Gründen beendet oder kommt eine Fortsetzung aus Billigkeitsgründen in Betracht? Meines Erachtens müsste aus Billigkeitsgründen die Organschaft weiterhin anerkannt werden.

2.9 Mehrmütterorganschaft

2.9.1 Allgemeines
Eine Mehrmütterorganschaft liegt vor, wenn sich mehrere Unternehmen (mehrere Muttergesellschaften), die allein die Voraussetzungen der finanziellen Eingliederung nicht erfüllen, zu einer Gesellschaft bürgerlichen Rechts (Willensbildungs-GbR) zusammenschließen, um ein Organschaftsverhältnis zu einer Organgesellschaft zu begründen. Dabei handelt es sich i. d. R. um eine reine Innengesellschaft, die keinen eigenen anderweitigen betrieblichen Zweck verfolgt. Eine Mehrmütterorganschaft ist letztmalig für den Veranlagungszeitraum/Erhebungszeitraum 2002 anzuerkennen (§ 34 Abs. 1 KStG i. d. F. des StVergAbG). Zur verfassungskonformen Auslegung der Übergangsregelung im Zusammenhang mit dem Wegfall der Mehrmütterorganschaft siehe BFH-Urteil vom 15.2.2012, BStBl 2012 II S.751. Der Wegfall der steuerlichen Anerkennung der Mehrmütterorganschaft ist ein wichtiger Grund i. S. des § 14 Abs. 1 Satz 1 Nr. 3 Satz 2 KStG für die Beendigung des Gewinnabführungsvertrags. Der Vertrag bleibt für die Jahre, für die er durchgeführt worden ist, bis einschließlich 2002 steuerrechtlich wirksam.

2.9.2 Willensbildungs-GbR
Mit Wegfall der steuerlichen Anerkennung der Mehrmütterorganschaft, ist die Willensbildungs-GbR nicht mehr als gewerbliches Unternehmen und damit nicht mehr als Steuergegenstand der Gewerbesteuer anzusehen. Sie gilt im Zeitpunkt der erstmaligen Anwendung der Gesetzesänderung steuerlich als aufgelöst. Die Willensbildungs-GbR besteht steuerlich nur in den Fällen bis zu ihrer zivilrechtlichen Beendigung fort, in denen sie keine reine Innengesellschaft ist.

Handelt es sich bei der Willensbildungs-GbR um eine reine Innengesellschaft, die keinen eigenen anderweitigen betrieblichen Zweck verfolgt, findet eine Aufdeckung der stillen Reserven der Anteile an der Organgesellschaft auf der

Ebene der Willensbildungs-GbR nicht statt. Eine solche Willensbildungs-GbR ist selbst nicht gewerblich tätig i. S. des § 15 Abs. 1 Satz 1 Nr. 1 EStG. Sie ist auch mangels Einkünfteerzielungsabsicht nicht gewerblich geprägt i. S. des § 15 Abs. 3 Nr. 2 EStG. Sie wurde nach § 14 Abs. 2 KStG a. F. lediglich fiktiv als Gewerbebetrieb behandelt. Als bloße Innengesellschaft hat sie kein eigenes Betriebsvermögen.

Während des Bestehens der Mehrmütterorganschaft gehörten die Anteile an der Organgesellschaft daher weder zum Betriebsvermögen der Willensbildungs-GbR, noch zum Sonderbetriebsvermögen der Gesellschafter der Willensbildungs-GbR. Sie waren Betriebsvermögen der Gesellschafter der Willensbildungs-GbR.

2.9.3 Gewerbesteuerliche Aspekte

Mit Wegfall der steuerlichen Anerkennung einer Mehrmütterorganschaft gilt die Willensbildungs-GbR, die nur eine reine Innengesellschaft ist, steuerlich als aufgelöst. Ein noch nicht berücksichtigter gewerbesteuerlicher Verlustabzug geht unter. Eine Berücksichtigung der Verlustvorträge bei den Gesellschaftern der Willensbildungs-GbR oder bei der bisherigen Organgesellschaft ist grundsätzlich nicht möglich.

Aus Billigkeitsgründen wird allerdings auf übereinstimmenden, unwiderruflichen beim für die Besteuerung der Organgesellschaft zuständigen FA zu stellenden Antrag der Gesellschafter der Willensbildungs-GbR und der Organgesellschaft eine Übertragung des Verlustvortrags auf die bisherige verlustverursachende Organgesellschaft nicht beanstandet. Der Antrag ist bis zur materiellen Bestandskraft der Feststellung des verbleibenden Verlustvortrags der ehemaligen Willensbildungs-GbR für den Erhebungszeitraum 2002 zu stellen.

Nimmt die Willensbildungs-GbR, die als reine Innengesellschaft anzusehen war, mit Wegfall der steuerlichen Anerkennung einer Mehrmütterorganschaft eine gewerbliche Tätigkeit auf, ist dies als Neugründung anzusehen. Mangels Unternehmensidentität i. S. der gewerbesteuerlichen Grundsätze des Abschn. 67 GewStR 1998 kann daher diese Gesellschaft ihren Gewerbeertrag nicht um Verluste kürzen, die auf die als aufgelöst geltende Innengesellschaft entfallen.

2.9.4 Aktuelle Rechtsentwicklung

Das Finanzgericht des Saarlandes hat sich in seinem Urteil vom 16.6.2015 (1 K 1109/13, EFG 2016 S. 396) nochmals mit Fragestellungen im Zusammenhang mit der Thematik Mehrmütterorganschaft befasst. Im entschiedenen Falle wurden die Anteile an einer AG zunächst in einer GbR von einer Kapitalgesellschaft zu 51 % und einem weiteren Gesellschafter zu 49 % gehalten und zwischen der GbR und der AG wurde ein wirksamer Beherrschungs- und Ergebnisabführungsvertrag geschlossen, wobei die Aktien und die damit verbundenen Stimmrechte jedoch bei den Gesellschaftern verblieben waren. Nach Abschaffung der Mehrmütterorganschaft hatte die mehrheitlich an der AG beteiligte

Kapitalgesellschaft von den anderen Gesellschaftern deren Anteile übernommen.

Strittig war, ob die anschließend zu 100 % beteiligte Kapitalgesellschaft in den von der GbR abgeschlossenen Ergebnisabführungsvertrag und damit auch in die fünfjährige Mindestvertragslaufzeit eingetreten ist und deswegen die Mehrheitsaktionärin neue Organträgerin einer körperschaftsteuerlich anzuerkennenden Organschaft mit der AG geworden ist.

Nach Ansicht des Finanzgerichts führt die gesetzliche Beendigung der Mehrmütterorganschaft nicht dazu, dass der von der GbR abgeschlossene Ergebnisabführungsvertrag erloschen und zur Aufrechterhaltung der Organschaft ein neuer Ergebnisabführungsvertrag abzuschließen gewesen wäre. Eine sog. Organschaftsunterbrechung innerhalb der ersten fünf Jahre der Geltung des Ergebnisabführungsvertrags (Mindestlaufzeit) führe nicht dazu, dass die Organschaft insgesamt (auch rückwirkend) nicht steuerlich anzuerkennen sei. Die bloße Unterbrechung der Organschaft führe vielmehr nur zur Versagung der Organschaftsfolgen für diejenigen Jahre, in denen die Voraussetzungen tatsächlich nicht vorgelegen haben (partielle Versagung); in den übrigen Jahren sei die Organschaft anzuerkennen.

Im anschließenden Revisionsverfahren (BFH-Urteil vom 10.5.2017, I R 51/15, BStBl 2018 II S.30) hat sich der BFH dieser Auffassung grundsätzlich angeschlossen:

„Geht das Vermögen eines Organträgers innerhalb der ersten fünf Jahre eines Ergebnisabführungsvertrags auf ein anderes Rechtssubjekt über, steht dies bei ununterbrochener Durchführung des Vertrags der steuerrechtlichen Anerkennung der körperschaftsteuerlichen Organschaft ab diesem Zeitpunkt auch dann nicht entgegen, wenn die Organschaft in den Vorjahren wegen fehlender finanzieller Eingliederung nicht anzuerkennen war."

Im entschiedenen Fall war der Gewinnabführungsvertrag auf mindestens 5 Jahre abgeschlossen und in dieser Zeit auch tatsächlich durch Abführung der Gewinne/Übernahme der Verluste durchgeführt worden. Allerdings waren im 5-Jahreszeitraum nicht alle tatbestandlichen Voraussetzungen für die steuerliche Anerkennung der Organschaft erfüllt. In einzelnen Jahren war die Organträgerin nicht als gewerbliches Unternehmen zu qualifizieren und die Organgesellschaft war nicht finanziell in das Unternehmen der Organträgerin eingegliedert. Dies führt nach Ansicht des BFH dazu, dass die Organschaft nur für die Jahre zu versagen ist, in denen nicht alle Tatbestandsvoraussetzungen des § 14 KStG vorlagen. Die „Unterbrechung" der Organschaft vor Ablauf der Mindestlaufzeit des Gewinnabführungsvertrags ist für die übrigen Jahre unschädlich.

Der BFH macht deutlich, dass sich die Mindestlaufzeit von 5 Jahren ausdrücklich nur auf die zivilrechtlichen Vertragspflichten (Abschluss und tatsächliche Durchführung) des Vertrages bezieht, nicht jedoch allgemein auf sämtliche Tatbestandsvoraussetzungen des § 14 KStG. Der BFH weist auf die zeitpunktbezogene Regelung hin, dass die finanzielle Eingliederung vom Beginn des Wirtschaftsjahres der Organgesellschaft angegeben sein muss und dass § 14 KStG nicht von einem allgemeinen Grundsatz vertragslaufzeitbezogener Erfordernisse getragen wird.

3 Die Organgesellschaft

3.1 Rechtsform der Organgesellschaft

Organgesellschaft kann eine Aktiengesellschaft, Kommanditgesellschaft auf Aktien oder auch eine Europäische Gesellschaft sein (§ 14 Abs. 1 Satz 1 KStG i. d. F. des SEStEG vom 7. 12. 2006, BStBl 2007 I S. 4). Nach § 17 Satz 1 KStG können auch andere Kapitalgesellschaften i. s. des KStG als Organgesellschaften in Betracht kommen. Das sind alle Gesellschaften, die ihrer Struktur nach einer der im Klammerzusatz genannten Gesellschaftsformen entsprechen (§ 1 Abs. 1 Nr. 1 KStG). In Deutschland ist dies die Gesellschaft mit beschränkter Haftung.

Eine GmbH, an deren Handelsgewerbe eine stille Beteiligung nach § 230 HGB besteht, die ertragsteuerlich als Mitunternehmerschaft zu qualifizieren ist, kann nicht Organgesellschaft i. s. des § 14 KStG sein, weil in einem derartigen Fall nicht der „ganze Gewinn" der GmbH i. S. des § 14 Abs. 1 Satz 1 KStG an den Organträger abgeführt wird (vgl. auch BFH-Beschluss vom 31. 3. 2011, BFH/NV 2011 S. 1397; Quelle: FinMin Schleswig-Holstein vom 4. 3. 2013, VI 3011 – S 2770 – 080).

Eine Vorgesellschaft einer AG oder KGaA kann Organgesellschaft nach § 14 Abs. 1 Satz 1 KStG sein, weil sie sowohl nach zivilrechtlicher, als auch nach steuerrechtlicher Auffassung mit der durch die Eintragung in das Handelsregister entstandenen Gesellschaft identisch ist (siehe auch BFH vom 3. 9. 2009, IV R 38/07). Als Organgesellschaft nicht geeignet ist hingegen eine sog. Vorgründungsgesellschaft, da diese in ihrer Struktur und ihrem Wesen nach nicht mit der späteren Gesellschaft vergleichbar ist.

3.2 Geschäftsleitung im Inland

Nach der bisherigen gesetzlichen Regelung musste die Organgesellschaft sowohl ihren Sitz als auch ihre Geschäftsleitung im Inland haben. Diese doppelte Inlandsbindung sollte gewährleisten, dass die Organschaftsvoraussetzungen im Inland nachgeprüft werden können. Dieser sog. doppelte Inlandsbezug galt ab 2002 auch für die Gewerbesteuer (vgl. Tz. 8 des BMF-Schreibens vom 26. 8. 2003, BStBl I S. 437).

Zur Vermeidung eines Vertragsverletzungsverfahrens der EU-Kommission wurde mit BMF-Schreiben vom 28. 3. 2011 (BStBl 2011 I S. 300) hiervon abweichend geregelt, dass bei im EU/EWR-Ausland gegründeten Gesellschaften die Geschäftsleitung im Inland ausreicht. Damit wurde der doppelte Inlandsbezug ohne Gesetzesänderung durch Verwaltungsregelung aufgehoben.

Da jedoch eine Vertragsverletzung durch ein nationales Gesetz nicht im Verwaltungswege beseitigt werden kann, wurde mit dem Gesetz zur Änderung und Vereinfachung der Unternehmensbesteuerung und des steuerlichen Reisekostenrechts vom 20. 2. 2013 die Vorschrift des § 14 Abs. 1 Satz 1 KStG dahingehend geändert, dass es nunmehr ausreicht, wenn die Organgesellschaft ihre Geschäftsleitung im Inland und ihren Sitz in einem Mitgliedsstaat der Europäischen Union oder in einem Vertragsstaat des EWR-Abkommens hat.

Die Neuregelung ist nach § 34 Abs. 9 Nr. 8 KStG in allen noch nicht bestandskräftig veranlagten Fällen anzuwenden.

Den Sitz hat eine Körperschaft, Personenvereinigung oder Vermögensmasse an dem Ort, der durch Gesetz, Gesellschaftsvertrag, Satzung, Stiftungsgeschäft oder dergleichen bestimmt ist (§ 11 AO).

Geschäftsleitung ist der Mittelpunkt der geschäftlichen Oberleitung (§ 10 AO).

Praktische Probleme ergeben sich jedoch in den Fällen, in denen die potentielle Organgesellschaft ihre Geschäftsleitung im Inland und ihren statuarischen Sitz in einem EU-Mitgliedsstaat hat, da unklar ist, ob diese nach ausländischem Recht gegründete Gesellschaft zivilrechtlich wirksam einen Gewinnabführungsvertrag mit ihrer inländischen Muttergesellschaft (oder auch ausländischen Muttergesellschaft mit inländischer Betriebsstätte) abschließen kann, der den Vorgaben des Organschaftsrechts genügt oder ob ersatzweise etwaige schuldrechtliche Vereinbarungen genügen.

Ein mit einer inländischen GmbH abgeschlossener Gewinnabführungsvertrag bedarf zu seiner Wirksamkeit der Eintragung in das Handelsregister (vgl. R 14.5 Abs. 1 Satz 2 KStR und BFH vom 22. 10. 2008, BStBl 2009 II S. 972).

Zu diesem Themenkomplex hat die OFD Frankfurt in ihrer Verfügung vom 12. 11. 2019 (S 2770 A – 55 St 55) Stellung genommen. Hinsichtlich des nach § 14 Abs. 1 Satz 1 KStG geforderten Abschlusses eines Gewinnabführungsvertrages ist dieser nach dem Ergebnis der Erörterungen zwischen den Vertretern des Bundes und der Länder anzuerkennen, wenn die Regelungen des ausländischen Gewinnabführungsvertrages

- vollständig den Vorgaben des § 291 AktG entsprechen und insbesondere auch eine Pflicht zur Verlustübernahme entsprechend der Regelung des § 302 AktG beinhalten,
- nach ausländischem (Zivil-)Recht zulässig sind (insbesondere Vereinbarkeit mit den dortigen handels- und gesellschaftsrechtlichen Vorschriften zum Schutz von Gläubigern sowie Minderheitsgesellschaftern),
- in eintragungspflichtiger Form vereinbart werden, d. h. es besteht entweder nach ausländischem Recht eine Pflicht, die Regelungen in ein mit dem deutschen Handelsregister vergleichbares öffentliches Register einzutragen oder die Regelungen zur Gewinnabführung werden in die Satzung der beherrschten Gesellschaft aufgenommen und es besteht nach dem ausländischen Recht eine Eintragungspflicht hinsichtlich der Satzungsänderungen, und
- falls der Gewinnabführungsvertrag nicht selbst in der Satzung verankert wird, satzungsändernden Charakter haben (eine bloße satzungsüberlagernde Wirkung genügt nicht).

Liegen die o.g. Kriterien vor, ist die Organschaft frühestens ab dem Jahr der Eintragung in das Register anzuerkennen. Dies gilt auch in den Fällen, in denen ein Gewinnabführungsvertrag bereits früher abgeschlossen wurde. Denn eine Satzungsänderung und die entsprechende Eintragung in das ausländische Handels- oder Firmenbuch entfalten keine steuerliche Rückwirkung auf den Zeitpunkt des bereits früher erfolgten Abschlusses des Gewinnabführungsvertrages. Vielmehr ist zivilrechtlich die Eintragung im Handelsregister konstitutiv für die Wirksamkeit des Gewinnabführungsvertrages (vgl. § 294 Absatz 2 AktG).

Nach § 14 Abs. 1 Satz 1 KStG muss die Organgesellschaft ihren ganzen Gewinn an den Organträger abführen. Diese Formulierung zielt auf das nach inländischen handelsrechtlichen Rechnungslegungsvorschriften ermittelte Jahresergebnis ab. Hier stellt sich die Frage, ob die „ausländische" Organgesellschaft auch nach ausländischem Recht bilanzieren darf oder nach deutschem Recht bilanzieren muss.

3.3 Besondere Eigenschaften der Organgesellschaft

Im Gegensatz zum Organträger ist es nicht erforderlich, dass die Organgesellschaft gewerbliche Einkünfte erzielt. Vielmehr könnte diese auch dem Grunde nach Einkünfte aus freiberuflicher Tätigkeit oder aus einer Vermögensverwaltung erzielen.

3.4 Komplementär-GmbH als Organgesellschaft

Es ist fraglich, ob die persönlich haftende Gesellschafterin einer Personengesellschaft (Komplementär-GmbH bei der GmbH & Co. KG) Organgesellschaft eines anderen Unternehmens sein kann.

Nachdem das Erfordernis der wirtschaftlichen Eingliederung entfallen ist, kann eine solche Kapitalgesellschaft grundsätzlich Organgesellschaft eines anderen Organträgers sein, sofern dieser nicht an der Personengesellschaft selbst beteiligt ist. In diesem Falle würden die Anteile an der Kapitalgesellschaft zum Sonderbetriebsvermögen dieses Gesellschafters gehören, da nach der Rechtsprechung des BFH insoweit die Bilanzierung als Sonderbetriebsvermögen im Rahmen der Mitunternehmerschaft vorrangig ist (vgl. BFH-Urteil vom 24.2.2005, BStBl 2006 II S. 361).

Beispiel:

Herr A ist alleiniger Kommanditist der AB-OHG und gleichzeitig zu 100 % an der persönlich haftenden Gesellschaft B-GmbH beteiligt. Die Anteile des A an der B-GmbH zählen zum notwendigen Sonderbetriebsvermögen (II) des A in der AB-OHG. Somit ist ein Organschaftsverhältnis nicht möglich.

Beispiel:

Herr A ist alleiniger Kommanditist der AB-OHG. Seine Ehefrau B ist zu 100 % an der persönlich haftenden Gesellschaft B-GmbH beteiligt. Sofern Frau B gewerbliche Einkünfte erzielt, kann sie Organträgerin der B-GmbH sein.

Ein Organschaftsverhältnis zur Personengesellschaft selbst wird regelmäßig daran scheitern, dass die Anteile an der Kapitalgesellschaft nicht im Gesamthandsvermögen dieser Personengesellschaft liegen.

Die persönlich haftende Gesellschafterin einer Personengesellschaft kann unter den sonstigen Voraussetzungen selbst Organträgerin zu einer anderen Organgesellschaft sein (vgl. Dötsch/Witt, Kommentar zum KStG, Anm. 104 zu § 14 KStG).

3.5 Lebens- und Krankenversicherungsunternehmen

Nach dem Wegfall des § 14 Abs. 2 KStG (JStG 2009, BGBl 2008 I S. 2794) sind ab dem Veranlagungszeitraum 2009 Lebens- und Krankenversicherungsunternehmen wieder als Organgesellschaften zugelassen.

3.6 Organschaft mit atypisch stiller Beteiligung

Die Finanzverwaltung hat sich im BMF-Schreiben vom 20. 8. 2015 (BStBl 2015 I S. 649) zur körperschaftsteuerlichen Organschaft mit atypisch stiller Beteiligung geäußert. und dabei folgende Grundsätze aufgestellt.

Besteht am Handelsgewerbe einer Kapitalgesellschaft eine stille Beteiligung nach § 230 HGB, die ertragsteuerlich als Mitunternehmerschaft zu qualifizieren ist (atypisch stille Gesellschaft), kann diese atypisch stille Gesellschaft weder Organgesellschaft nach den §§ 14, 17 KStG noch Organträgerin nach § 14 Abs. 1 Satz 1 Nr. 2 KStG sein. Eine Kapitalgesellschaft, an der eine atypisch stille Beteiligung besteht, kann weder Organgesellschaft nach den §§ 14, 17 KStG, noch Organträgerin nach § 14 Abs. 1 Satz 1 Nr. 2 KStG sein. Am 20. 8. 2015 bereits bestehende, steuerlich anerkannte Organschaften mit Organträgern, an deren Handelsgewerbe atypisch stille Beteiligungen bestehen, können unter Berücksichtigung der Umstände des Einzelfalls im Wege der Billigkeit und aus Gründen des Vertrauensschutzes weiter steuerlich anerkannt werden (hierzu kritisch: Hageböke in DB 2015 S. 1993).

Nach dem Urteil des Finanzgerichtes Mecklenburg-Vorpommern vom 5. 9. 2018 (1 K 396/14, EFG 2019 S. 1228) kann eine Kapitalgesellschaft, an der eine stille Beteiligung besteht und die daher vertraglich verpflichtet ist, einen Teil ihres Gewinns an den stillen Gesellschafter abzuführen, nicht ihren ganzen Gewinn an einen Organträger abführen und daher nicht Organgesellschaft im Rahmen einer körperschaftsteuerlichen Organschaft sein.

Das FG ist der auf ein BFH-Urteil vom 18. 12. 2002 (BStBl 2005 II S. 49) gestützten Argumentation der Kläger, maßgeblich für den Begriff des „Gewinnes" müsse der handelsrechtliche Gewinn sein, der sich auch für die Gewinnabführung i. S. von § 14 KStG allein nach Maßgabe des Zivilrechts bestimme und der bei der Organgesellschaft nach der Abführung des Gewinnanteils an die stille Gesellschafterin verbleibe, nicht gefolgt.

Die Gewinnabführung an die stille Gesellschafterin stellt nach Auffassung des FG handelsrechtlich zwar eine Betriebsausgabe dar (§ 277 Abs. 3 Satz 2 HGB). Steuerrechtlich wird der Gewinn einer aus Mitunternehmern (§ 15 Abs. 1 EStG) bestehenden Personengesellschaft – hier der atypisch stillen Gesellschaft – auf Gesellschaftsebene ermittelt und für die beteiligten Gesellschafter verteilt nach Quote zwar einheitlich und gesondert festgestellt.

Die atypisch stille Gesellschaft ist nach der Rechtsprechung des BFH insoweit jedoch „Subjekt der Gewinnerzielung, Gewinnermittlung und Einkünftequalifikation" (BFH-Urteil vom 26.11.1996, BStBl 1998 II S. 328).

Steuerrechtlich liegt in Höhe des Gewinns der stillen Gesellschafterin jedenfalls keine gewinnmindernde Betriebsausgabe vor, sondern eine Gewinnfeststellung des Gewinnanteils eines Mitunternehmers. Dabei kommt der steuerrechtlichen Konzeption der atypisch stillen Gesellschaft eine entscheidungserhebliche Rolle zu. Die (atypisch) stille Gesellschaft ist nicht originär tätig; dies unterscheidet sie von anderen Mitunternehmerschaften. Originär gewerblich tätig ist nur der Tätige (der Inhaber des Handelsgewerbes). Der Stille beteiligt sich insoweit lediglich an dem Gewerbebetrieb eines anderen. Anders als bei OHG oder KG wird nicht zwischen dem gewerblichen Unternehmen der atypisch stillen Gesellschaft und einem gewerblichen Unternehmen des Tätigen unterschieden. Es liegt nur ein einziges, einheitliches Unternehmen vor, das von dem Tätigen betrieben wird (BFH-Urteil vom 11.10.2012, BStBl 2013 II S. 958). Der Gewinn entsteht originär (nur) auf der Ebene des Tätigen und wird in einer zweiten Stufe auf den Stillen und den Tätigen verteilt. Dann führt die Kapitalgesellschaft als Tätige aber nicht mehr den ganzen erzielten Gewinn ab. Das entspricht auch der Rechtsprechung, nach der das Ergebnis der unternehmerischen Tätigkeit des Tätigen, nicht das Ergebnis der atypisch stillen Gesellschaft, einkommensteuerrechtlich teilweise dem Stillen zugerechnet wird. Die tätige GmbH erzielt aus ihrer unternehmerischen Tätigkeit damit ein Ergebnis, das teilweise einem anderen zugerechnet wird. Die tätige Kapitalgesellschaft kann dann konsequenterweise nicht mehr ihr „ganzes Ergebnis" an den Organträger abführen.

Der Grundsatz, dass das von der Organgesellschaft erzielte Einkommen nicht zu einer beliebigen Aufteilung zwischen der Organgesellschaft, dem Organträger und einem „außen stehendem Gesellschafter" (mit ihm ist im Streitfall die stille Gesellschafterin zu vergleichen) führen darf, muss zur Überzeugung des FG auch für die atypisch stille Gesellschaft gelten. Was „ganzer Gewinn" i. S. des § 14 Abs. 1 KStG ist, bzw. dessen Höhe, würde nicht mehr steuerrechtlich definiert, sondern, in Abhängigkeit von zivilrechtlichen Vereinbarungen der Organgesellschaft über Gewinnbeteiligungen mit stillen Gesellschaftern, tatsächlich zu einer „beliebigen Aufteilung" des von der Organgesellschaft erzielten Einkommens führen können. Danach kann eine GmbH, an der eine atypisch stille Beteiligung besteht, auch deshalb nicht Organgesellschaft sein, weil andernfalls ihr Gewinn „nach Belieben" zwischen ihr, dem Organträger und dem stillen Gesellschafter aufgeteilt werden könnte, und zwar je nach der – frei, im Rahmen der Angemessenheit – zu vereinbarenden Höhe der Beteiligung des Stillen. Insbesondere wenn, wie vorliegend, der GmbH-(Allein-)Gesellschafter gleichzeitig der atypisch stille Gesellschafter ist, kann über diese Beteiligung die vollständige Gewinnabführung unterlaufen werden.

In dem vom Finanzgericht zugelassenen Revisionsverfahren wird der BFH die Frage zu klären haben, ob auch dann von der Abführung des gesamten Gewinns i.S. des § 14 KStG auszugehen ist, wenn außerhalb der Organschaft stehende Personen am Gewinn der Organgesellschaft als atypisch stille Gesellschafter beteiligt sind (Aktenzeichen BFH: I R 33/18).

4   Eingliederungsvoraussetzungen

4.1   Finanzielle Eingliederung

Die bisher erforderlichen Tatbestandsmerkmale der wirtschaftlichen und organisatorischen Eingliederung sind ab dem 1.1.2001 entfallen. Nach § 14 Abs.1 Nr.1 KStG muss der Organträger an der Organgesellschaft vom Beginn ihres Wirtschaftsjahres der Organgesellschaft an ununterbrochen in einem solchen Maße beteiligt sein, dass ihm die Mehrheit der Stimmrechte aus den Anteilen an der Organgesellschaft zusteht (finanzielle Eingliederung). Neben der finanziellen Eingliederung steht ab 2012 auch das Erfordernis der Zuordnung der Organbeteiligung zu einer im Inland steuerpflichtigen Betriebsstätte des Organträgers.

4.1.1 Stimmrechtsmehrheit

Die Mehrheit der Anteile und die Stimmrechtsmehrheit werden im Regelfall zusammenfallen. Sie können sich aber trennen, wenn z.B. bei einer AG stimmrechtslose Vorzugsaktien vorhanden sind oder bei einer GmbH die Satzung bestimmten Geschäftsanteilen ein höheres Stimmrecht zuweist. Hält die Organgesellschaft eigene Anteile, so rechnen diese bei Ermittlung der Gesamtzahl aller Stimmen nicht mit.

Eine Beteiligung des Organträgers setzt voraus, dass ihm die Anteile an der Organgesellschaft gem. § 39 AO steuerlich zuzurechnen sind. Entscheidend ist das wirtschaftliche und nicht das bürgerlich-rechtliche Eigentum (vgl. § 39 Abs.2 AO). Bei Treuhandverhältnissen erfolgt die Zurechnung beim Treugeber, beim Sicherungseigentum dem Sicherungsgeber. Weitere Besonderheiten ergeben sich beim Nießbrauch, bei Unterbeteiligungen oder Verpfändungen.

4.1.2 Mittelbare und unmittelbare Beteiligungen

Nach der neuen Rechtslage sind auch mittelbare Beteiligungen zu berücksichtigen, wenn die Beteiligung an jeder vermittelnden Gesellschaft die Mehrheit der Stimmrechte gewährt. Das bisher geltende Additionsverbot von mittelbaren und unmittelbaren Beteiligungen ist weggefallen. Die mittelbare Eingliederung ist auch bei Zwischenschaltung einer Personengesellschaft oder ausländischen Gesellschaft möglich, auch wenn diese Gesellschaften selbst keine Organgesellschaften sein können. Eine mittelbare Beteiligung liegt dann vor, wenn der Organträger nicht selbst unmittelbar an der Organgesellschaft beteiligt ist, sondern über einen oder mehrere zwischengeschaltete Beteiligungsträger.

Nach einem Urteil des Niedersächsischen Finanzgerichts vom 4.9.2007 (6 K 194/07) liegt eine mittelbare Beteiligung i.S. des §14 Abs.1 Nr.1 Satz 2 KStG dann vor, wenn der Organträger über einen (oder mehrere) dazwischengeschaltete Beteiligungsträger an der Organgesellschaft beteiligt ist. Eine mittelbare Beteiligung kann jedoch nicht dadurch begründet werden, dass der Gesellschafter des Organträgers eine Beteiligung an der Organgesellschaft hält. Organschaftsverhältnisse in einer Seitenlinie – zwischen Schwestergesellschaften – sind nicht möglich.

Mit Urteil vom 12.6.2014 (Rs C-39/13 – C 41/13, DStR 2014 S.1333) hat der EuGH allerdings entschieden, dass die niederländischen Regelungen zur Gruppenbesteuerung insoweit gegen die Niederlassungsfreiheit verstoßen, als sie eine Gruppenbesteuerung zweier Schwestergesellschaften mit einer gemeinsamen ausländischen Muttergesellschaft untersagen. Inwieweit dieses Urteil auch für die Beurteilung von Organschaften inländischer Schwestergesellschaften mit einer gemeinsamen im EU/EWR-Ausland ansässigen Muttergesellschaft Bedeutung hat, bleibt abzuwarten (zustimmend vgl. Walter in GmbHR 2015 S.182).

Im Urteil vom 22.2.2017, I R 35/14, BStBl 2018 II S.33, hat sich der BFH gegen eine Organschaft zwischen Schwestergesellschaften ausgesprochen. In dem zugrunde liegenden Urteilsfall hatten zwei inländische Tochtergesellschaften einer ausländischen Konzernobergesellschaft einen Gewinngemeinschaftsvertrag abgeschlossen, worin sich die beiden Gesellschaften verpflichteten, jeweils ihre Gewinne und Verluste zusammenzuführen um sie dann unter sich aufzuteilen. Der Vertrag wurde in das Handelsregister eingetragen und auch vollzogen. Der BFH verwies die Sache an das Finanzgericht zurück mit der Fragestellung, ob der Gewinngemeinschaftsvertrag zur Bildung einer Mitunternehmerschaft i.S. des §15 Abs.1 S.1 Nr.2 EStG geführt haben könnte. Die Frage des Vorliegens einer „Querorganschaft" beurteilte der BFH ablehnend unter Verweis auf die fehlende finanzielle Eingliederung zwischen beiden Gesellschaften.

4.1.3 Fallvarianten

Beispiel:

Die E-GmbH ist finanziell in die M-GmbH eingegliedert, da mittelbare und unmittelbare Beteiligungen zusammengerechnet werden dürfen und die mittelbare Beteiligung über die T-GmbH aus einer Mehrheitsbeteiligung resultiert.

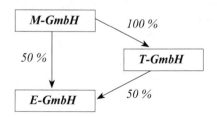

Beispiel:

Die E-GmbH ist finanziell nicht in die M-GmbH eingegliedert, da zwar mittelbare und unmittelbare Beteiligungen zusammengerechnet werden dürfen, aber die mittelbare Beteiligung über die T-GmbH nicht aus einer Mehrheitsbeteiligung resultiert.

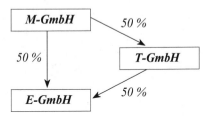

Beispiel:

Die E-GmbH ist finanziell in die M-GmbH eingegliedert, da mittelbare und unmittelbare Beteiligungen zusammengerechnet werden dürfen und die unmittelbare Beteiligung über die T-GmbH aus einer Mehrheitsbeteiligung resultiert.

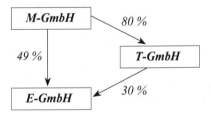

Beispiel:

Im dargestellten Fall ist die finanzielle Eingliederung fraglich. Die M-GmbH verfügt zwar über die Mehrheit der Stimmrechte in der T-GmbH und kann somit dort auch ihren Willen durchsetzen. Problematisch erscheint dennoch die Zusammenrechnung der unmittelbaren Beteiligung von 21 % und der mittelbaren Beteiligung von 30 %, da letztere rein rechnerisch nur 24 % (30 % von 80 %) beträgt (hierzu vgl. ausführlich mit weiteren Nachweisen Heurung/Klübenspies, BB 2003, 2483, 2486; siehe auch Müller/Stöcker, Die Organschaft, 7. Auflage 2008, Rz. 94). Nach der von der Finanzverwaltung offenbar in R 14.2 Beispiel 3 KStR favorisierten Durchrechnungsmethode ergibt sich in der Summe nur eine Beteiligung von 45 %, bei der im Schrifttum überwiegend bevorzugten Additionsmethode ergibt sich in der Summe eine Beteiligung von 51 % (vgl. Dötsch, Komm. zum KStG, Anm. 127 zu § 14 KStG m. w. N.).

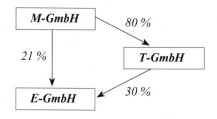

Beispiel:

Die E-GmbH ist finanziell in die M-GmbH eingegliedert, da die beiden mittelbaren Beteiligungen zusammengerechnet werden dürfen und die mittelbaren Beteiligungen über die T1-GmbH und T2-GmbH aus Mehrheitsbeteiligungen resultieren.

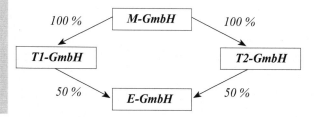

Beispiel:

Die E-GmbH ist finanziell nicht in die M-GmbH eingegliedert, da die mittelbare Beteiligung an der T2-GmbH keine Mehrheitsbeteiligung darstellt und diese somit nicht mitgerechnet werden darf (Hinweis auf R 14.2 KStR, Beispiel 2).

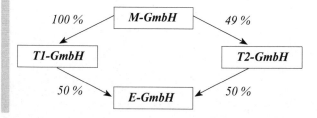

Beispiel:

Die E-GmbH ist finanziell in die M-GmbH eingegliedert, da mittelbare und unmittelbare Beteiligungen zusammengerechnet werden dürfen und die unmittelbare Beteiligung über die P-OHG aus einer Mehrheitsbeteiligung resultiert (Hinweis auf R 14.2 KStR, Beispiel 3).

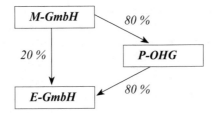

Nach der Verwaltungsauffassung sind der M-GmbH über die mittelbare Beteiligung rein rechnerisch 64 % (80 % von 80) zuzurechnen. Damit ist klargestellt, dass die Finanzverwaltung der M-GmbH aufgrund ihrer Stimmenmehrheit nicht die vollen 80 % (Beteiligung P an E) zurechnet, sondern die sog. Durchrechnungsvariante favorisiert (vgl. auch Heurung/Klübenspies, BB 2003, 2483/2486).

Die Voraussetzung der finanziellen Eingliederung muss vom Beginn des Wirtschaftsjahres der Organgesellschaft an ununterbrochen bis zum Ende bestanden haben. Dies gilt auch in den Fällen von Rumpfwirtschaftsjahren.

Beispiel:
Die T-GmbH wird am 1.5.2020 gegründet und hat ein Rumpfwirtschaftsjahr vom 1.5.2020 bis zum 31.12.2020. Sofern die übrigen Voraussetzungen erfüllt sind, kann eine Organschaft bereits für das Rumpfwirtschaftsjahr 2020 angenommen werden.

Bei Veräußerung einer Organbeteiligung zum Ende eines Wirtschaftsjahres an ein anderes gewerbliches Unternehmen, das wiederum ein Organschaftsverhältnis mit dieser Gesellschaft begründet, ist für die Anerkennung der Organschaft zu beiden Organträgern unschädlich, wenn die Veräußerung auf den Schnittpunkt der beiden Wirtschaftsjahre gelegt ist (sog. Mitternachtserlass, vgl. R 14.4 Abs. 2 KStR).

Hingegen ist die Veräußerung einer Organbeteiligung während des laufenden Wirtschaftsjahres schädlich, es sei denn, die Organgesellschaft stellt ihr Wirtschaftsjahr mit Zustimmung des Finanzamtes auf den Veräußerungszeitpunkt um.

Nach dem BFH-Urteil vom 10.5.2017 (I R 51/15, BStBl 2018 II S. 30) führt ein zeitweiliges Fehlen der finanziellen Eingliederung nur dazu, dass die Organschaft in dem betreffenden Jahr oder den betreffenden Jahren nicht anzuerkennen ist (partielle Versagung). Selbst innerhalb der 5-jährigen Mindestlaufzeit kann die Organschaft dann für die übrigen Jahre anerkannt werden, sofern der Gewinnabführungsvertrag mindestens auf 5 Zeitjahre abgeschlossen wurde und tatsächlich durch Abführung der Gewinne und Übernahme der Verluste vollzogen wurde.

4.1.4 Umstellung des Wirtschaftsjahres der Organgesellschaft
Die Veräußerung einer Organbeteiligung während des laufenden Wirtschaftsjahres steht der Anerkennung der Organschaft grundsätzlich entgegen, da eine ununterbrochene Beteiligung des Organträgers während des gesamten Wirtschaftsjahres der Organgesellschaft nicht gewährleistet ist. In diesen Fällen bietet es sich an, das Wirtschaftsjahr der Organgesellschaft auf den Veräußerungszeitpunkt umzustellen. Nach R 14.4 Abs. 3 KStR ist die von Seiten der Finanzverwaltung dafür nach § 7 Abs. 4 Satz 3 KStG erforderliche Zustimmung zu erteilen. Dies gilt selbst dann, wenn bei der Begründung eines Organschaftsverhältnisses das Wirtschaftsjahr der Organgesellschaft im selben Veranlagungszeitraum ein zweites Mal umgestellt wird, um den Abschlussstichtag der Organgesellschaft dem im Organkreis üblichen Abschlussstichtag anzupassen. Weicht dabei das neue Wirtschaftsjahr vom Kalenderjahr ab, ist für die zweite Umstellung ebenfalls die Zustimmung nach § 7 Abs. 4 Satz 3 KStG zu erteilen.

Beispiel:
Das Wirtschaftsjahr der Organgesellschaft T-GmbH entspricht zunächst dem Kalenderjahr. Der bisherige Organträger A-AG veräußert die Beteiligung zum 31.3.2020 an die B-AG, deren konzerneinheitlicher Abschlussstichtag am 30.9. eines Jahres liegt. Das Wirtschaftsjahr der T-GmbH wird zunächst auf den Abschlussstichtag 31.3. und anschließend auf den 30.9. umgestellt, so dass im Jahr der Umstellung zwei Rumpfwirtschaftsjahre entstehen.

Werden Anteile an einer Vorratsgesellschaft erst im Laufe eines Wirtschaftsjahres erworben, fehlt es an der für die steuerliche Anerkennung der Organschaft erforderlichen ununterbrochenen finanziellen Eingliederung der Organgesellschaft in den Organträger vom Beginn des Wirtschaftsjahres an (Urteil des Hessischen FG vom 18.10.2012, 8 K 1694/09, rkr.).

4.2 Wirtschaftliche und organisatorische Eingliederung
Die in der Vergangenheit für die Anerkennung der Organschaft erforderlichen Tatbestandsmerkmale der wirtschaftlichen und organisatorischen Eingliederung sind mit der Änderung des § 14 Nr. 2 KStG durch das StSenkG mit Wirkung ab dem Veranlagungszeitraum 2001 entfallen.

4.3 Organschaft nach Ausgliederung und Anteilstausch
Wird ein Organschaftsverhältnis bei Ausgliederung eines Teilbetriebes zur Einbringung in eine Tochtergesellschaft erstmalig begründet, so stellt sich in der Praxis die Frage, ob dies bereits im Jahr der Ausgliederung möglich ist.

Beispiel:
Die R-GmbH gliedert im Juni 2020 rückwirkend zum 1.1.2020 einen Teilbetrieb in die neu gegründete N-GmbH zu Buchwerten aus und bringt die Anteile an der N-GmbH rückwirkend zum 1.1.2020 in die von ihr zu 100 % gehaltene B-GmbH ein. Die B-GmbH schließt einen Ergebnisabführungsvertrag mit der N-GmbH ab dem 1.1.2020 ab. Dieser wird noch im Oktober 2020 in das Handelsregister eingetragen.

Nach der Rechtsprechung des BFH sind die Voraussetzungen einer Organschaft gem. §§ 14 ff. KStG infolge der in § 12 Abs. 3 Satz 1 UmwStG angeordneten Gesamtrechtsnachfolge der übernehmenden Gesellschaft in die Position der übertragenden Gesellschaft auch nach einer vorangegangenen Ausgliederung eines Teilbetriebs zur Neugründung (und einer anschließenden Anteilseinbringung) von Beginn des Wirtschaftsjahrs der Organgesellschaft an erfüllt (Urteile vom 28.7.2010, I R 89/09, BStBl 2011 II S. 528 und I R 111/09, BFH/NV 2011 S. 67). Die Ausgliederung einer Mehrheitsbeteiligung mit nachfolgender erstmaliger Begründung einer Organschaft sei demnach möglich, wenn seit dem Beginn des Wirtschaftsjahres eine finanzielle Eingliederung zunächst zum übertragenden und anschließend zum übernehmenden Rechtsträger besteht und dieses Erfordernis bis zum Ende des Wirtschaftsjahres erhalten bleibt (siehe auch BMF-Schreiben vom 11.11.2011, BStBl 2011 I S. 1314, Rdnr. Org. 02 und Org. 13).

Diese zur Ausgliederung aufgestellten Grundsätze sind auch in den Fällen des Anteilstauschs anzuwenden, sofern die Mehrheitsbeteiligung dem Einbringenden zum steuerlichen Übertragungsstichtag auch steuerlich zuzurechnen war (vgl. OFD Frankfurt/Main vom 18.8.2011, BB 2012 S. 506).

4.4 Organschaft nach einer Side-Stream-Abspaltung eines Teilbetriebs auf eine andere GmbH

Soll ein Organschaftsverhältnis nach der rückwirkenden Abspaltung eines Teilbetriebes auf eine bereits bestehende Schwestergesellschaft mit dieser begründet werden, stellt sich die Frage, ob bereits zu Beginn des Wirtschaftsjahres eine finanzielle Eingliederung bejaht werden kann.

Beispiel:

Die M-GmbH hält zunächst jeweils 100 % der Anteile an der T1-GmbH und der T2-GmbH. Die T1-GmbH gliedert im Juni 2020 rückwirkend zum 1.1.2020 einen Teilbetrieb auf ihre Schwestergesellschaft T2-GmbH zu Buchwerten aus. Mit Vertrag vom Juli 2020 überträgt die M-GmbH sämtliche Anteile an der T2-GmbH auf die T1-GmbH. Zwischen der T1 und der T2 wird noch im Juli 2020 ein Ergebnisabführungsvertrag mit Wirkung zum 1.1.2020 abgeschlossen. Dieser wird noch im September 2020 in das Handelsregister eingetragen.

Das Thüringer Finanzgericht (Urteil vom 9.10.2013, 3 K 438/09) hat in einem ähnlich gelagerten Fall entschieden, dass zu Beginn des Wirtschaftsjahres der Organgesellschaft eine finanzielle Eingliederung in den Organträger nicht vorliege, da die Vermögensübertragung nicht auf einen neu gegründeten Rechtsträger erfolgt sei und die T1-GmbH erst im Laufe des Wirtschaftsjahres die Anteile an der T2-GmbH übernommen habe. Die gegen dieses Urteil eingelegte Nichtzulassungsbeschwerde wurde vom BFH verworfen (BFH-Urteil vom 5.11.2014, I B 34/14, BFH/NV 2015 S. 356). Somit kann frühestens mit Beginn des Folgejahres ein Organschaftsverhältnis wirksam begründet werden.

5   Gewinnabführungsvertrag

Die steuerlichen Wirkungen einer Organschaft können immer nur dann eintreten, wenn sowohl ein Organschaftsverhältnis vorliegt, als auch ein zivilrechtlich wirksamer Gewinnabführungsvertrag abgeschlossen ist, der anschließend auch tatsächlich durchgeführt wird. Da die Anerkennung der Organschaft auch zwingend eine Verlustübernahme i.S. des § 302 AktG erfordert, wird in der Literatur auch häufig der insoweit inhaltlich treffendere Begriff Ergebnisabführungsvertrag verwendet.

5.1   Zivilrechtliche Anforderungen des GAV

Bei einem Gewinnabführungsvertrag handelt es sich um einen Unternehmensvertrag i.S. des § 291 Abs. 1 AktG, in dem sich eine AG oder KGaA verpflichtet, ihren ganzen Gewinn an ein anderes Unternehmen abzuführen. Bei einem solchen Unternehmensvertrag handelt es sich nicht um einen rein schuldrechtlichen Vertrag, sondern um einen gesellschaftsrechtlichen Organisationsvertrag; er ändert satzungsgleich den rechtlichen Status der beherrschten Gesellschaft, indem er insbesondere den Gesellschaftszweck am Konzerninteresse ausrichtet und in das Gewinnbezugsrecht der Gesellschafter eingreift (BGH-Urteil vom 14.12.1987, II ZR 170/87, BGHZ 103, 1 sowie BFH vom 28.11.2007, I R 94/06).

Bei einer AG als Organgesellschaft bedarf der in Schriftform abzuschließende Vertrag zu seiner Wirksamkeit der Zustimmung einer ¾-Mehrheit der Hauptversammlung sowie einer Eintragung im Handelsregister (§§ 293, 294 AktG).

Der Gewinnabführungsvertrag mit einer GmbH als Organgesellschaft wird i.d.R. trotz fehlender gesetzlicher Bestimmung in schriftlicher Form abgefasst werden. Das Niedersächsische Finanzgericht hat sich im Urteil vom 29.10.2009 (6 K 21/09) mit der Frage der Schriftformerfordernis bei Gewinnabführungsverträgen auseinandergesetzt. Dabei vertrat das Gericht im Hinblick auf die Anwendung der Vorschrift des § 34 Abs. 9 Satz 3 KStG die Ansicht, dass ein „abgeschlossener" Vertrag im Sinne dieser Norm über die bloße Einigung der Vertragsparteien hinaus die Einhaltung der bestehenden Formvorschriften und damit analog § 293 Abs. 3 AktG die Schriftform voraussetzt. Selbst wenn übereinstimmend abgegebene Willenserklärungen bereits einen hinreichenden Regelungsgehalt und den entsprechenden Bindungswillen gehabt haben sollten, reicht dies für einen Vertragsschluss i.S. des § 34 Abs. 9 Nr. 3 KStG nicht aus.

Die erforderliche Zustimmung der Gesellschafterversammlung bedarf neben der notariellen Beurkundung auch einer Eintragung im Handelsregister.

Auch die Änderung eines zwischen zwei GmbH bestehenden Beherrschungs- und Ergebnisabführungsvertrages bedarf zu ihrer Anerkennung im Rahmen der körperschaftsteuerlichen Organschaft der Eintragung in das Handelsregister sowie der Zustimmung der Gesellschafterversammlung der beherrschten Gesellschaft (BFH-Urteil vom 22.10.2008, BStBl 2009 II S. 972).

5.2 Regelungsinhalte eines GAV

Neben der Verpflichtung der Organgesellschaft zur Abführung des gesamten Gewinns muss sich der Organträger auch zur Übernahme etwaiger Verluste der Organgesellschaft verpflichten.

5.2.1 Mindestlaufzeit

Nach § 14 Abs. 1 Satz 1 Nr. 3 KStG muss der Gewinnabführungsvertrag auf mindestens fünf Jahre abgeschlossen sein und im Regelfall auch über diesen Zeitraum hinweg durchgeführt werden. Hierbei ist zu betonen, dass die erforderliche Mindestlaufzeit des Gewinnabführungsvertrages fünf volle Zeitjahre umfassen muss (BFH-Urteil vom 12.1.2011, I R 3/10, BStBl 2011 II S. 727). Lediglich aus wichtigem Grund darf eine vorzeitige Kündigung zulässig sein. Der Fünfjahreszeitraum beginnt mit dem Anfang des Wirtschaftsjahres, für das die Rechtsfolgen des § 14 Abs. 1 Satz 1 KStG erstmals eintreten.

Bei der Prüfung, ob ein Gewinnabführungsvertrag auf mindestens fünf Jahre abgeschlossen ist, ist der Vertrag nach objektiven Gesichtspunkten auszulegen. Die Entstehungsgeschichte und die Vorstellungen der am Vertragsschluss beteiligten Personen können bei der Vertragsauslegung nicht berücksichtigt werden (BFH-Urteil vom 28.11.2007, I R 94/06). Im entschiedenen Fall war die Kündigung des Gewinnabführungsvertrages auch vor Ablauf von fünf Jahren ohne wichtigen Grund möglich mit der Folge, dass die Organschaft nicht anerkannt wurde.

Die Mindestlaufzeit des Gewinnabführungsvertrags muss ausdrücklich in den Vertrag aufgenommen werden oder sich anderweitig eindeutig aus dem Vertrag ergeben (BFH-Urteil vom 27.7.2009, BFH/NV 2009 S. 1840).

Bei Abschluss eines Gewinnabführungsvertrages mit einer neu errichteten GmbH ist zu beachten, dass das erste (Rumpf-)Wirtschaftsjahr einer GmbH bereits mit der Aufnahme der Geschäftstätigkeit der Vor-GmbH beginnt. Die Vor-GmbH ist mit der in das Handelsregister eingetragenen GmbH identisch; auch steuerrechtlich wird die Vorgesellschaft als Kapitalgesellschaft behandelt, sofern sie später als GmbH in das Handelsregister eingetragen wird. Auf die Vor-GmbH sind bereits die Vorschriften des GmbH-Rechts anzuwenden, soweit diese nicht gerade die Rechtsfähigkeit voraussetzen oder auf die besonderen Umstände bzw. Verhältnisse des Gründungsstadiums keine hinreichende Rücksicht nehmen (BFH vom 3.9.2009, IV R 38/07, BStBl 2010 II S. 60). Beginnt der Ergebnisabführungsvertrag in einem Rumpfwirtschaftsjahr, muss die Mindestlaufzeit auch das sechste Wirtschaftsjahr voll mit umfassen (Hessisches FG vom 15.11.2006, 12 K 4273/01).

Ein Organschaftsverhältnis ist steuerlich nicht anzuerkennen, wenn der Gewinnabführungsvertrag bereits am 30.12. des fünften Kalenderjahrs kündbar ist. Auch wenn die fünfjährige Laufzeit nur um einen Tag unterschritten wird und der Notar den Beschluss nach Ablauf des Fünfjahreszeitraums berichtigt, hat keine wirksame Organschaft i. S. der §§ 14, 17 KStG bestanden (BFH vom 23.1.2013, I R 1/12, BFH/NV 2013 S. 989).

Das Finanzgericht Düsseldorf hat in seinem Urteil vom 3. 3. 2015 (6 K 4332/12 K, F, DStR 2015 S. 1044) klargestellt, dass die Anerkennung eines Organschaftsverhältnisses eine fünfjährige Mindestlaufzeit des Gewinnabführungsvertrages und nicht eine fünfjährige finanzielle Eingliederung erfordert. Im entschiedenen Falle hatte die OT-GmbH in 08/2005 sämtliche Anteile an der in 02/2005 gegründeten OG-GmbH erworben und auf diese rückwirkend auf den 1. 1. 2005 einen Teilbetrieb ausgegliedert. Zudem schloss sie mit der OG-GmbH mit Wirkung ab dem 1. 1. 2005 einen Gewinnabführungsvertrag ab, der frühestens zum 31. 12. 2009 kündbar sein sollte. Das Finanzgericht bejahte zwar in Anlehnung an die o. g. BFH-Rechtsprechung das rückwirkende Vorliegen der finanziellen Eingliederung, verneinte jedoch eine fünfjährige Mindestlaufzeit des Gewinnabführungsvertrages, da diese als ein auf tatsächliche Umstände abstellendes Tatbestandsmerkmal einer fiktiven Rückbeziehung nicht zugänglich sei.

Im anschließenden Revisionsverfahren hat der BFH entschieden, dass die Organgesellschaft auch unter Geltung einer umwandlungssteuerrechtlichen Rückwirkungsfiktion nicht „vom Beginn ihres Wirtschaftsjahrs an ununterbrochen" (§ 14 Abs. 1 Satz 1 Nr. 1 Satz 1 KStG) in den Organträger finanziell eingegliedert ist, wenn die Anteile an der Organgesellschaft im Rückwirkungszeitraum (unterjährig) von einem Dritten auf den Organträger übergehen. Bei der Berechnung der fünfjährigen Mindestlaufzeit eines Gewinnabführungsvertrags bei körperschaftsteuerrechtlicher Organschaft (§ 14 Abs. 1 Satz 1 Nr. 3 KStG) kann eine umwandlungssteuerrechtliche Rückwirkungsfiktion beachtlich sein, auch wenn sie auf einen Zeitpunkt vor Gründung der Organgesellschaft wirkt (Urteil vom 10. 5. 2017, I R 19/15, BStBl 2019 II S. 81).

5.2.2 Erstmalige Wirksamkeit des Gewinnabführungsvertrages

Das Einkommen einer Organgesellschaft ist einem Organträger erstmals nach § 14 Abs. 1 Satz 2 KStG für das Kalenderjahr zuzurechnen, in dem das Wirtschaftsjahr der Organgesellschaft endet, in dem der Beherrschungs- und Gewinnabführungsvertrag zivilrechtlich wirksam geworden ist. Die zivilrechtliche Wirksamkeit eines Beherrschungs- und Gewinnabführungsvertrages ist erst gegeben, wenn die Eintragung des Vertrages in das Handelsregister erfolgt ist (vgl. auch § 294 Abs. 2 AktG). Das Erfordernis der Handelsregistereintragung folgt daraus, dass ein solcher Unternehmensvertrag ein gesellschaftsrechtlicher Organisationsvertrag ist (Urteil des Niedersächsischen FG vom 13. 12. 2007, 6 K 411/07). Mit dieser Regelung wollte der Gesetzgeber die Möglichkeit einer rückwirkenden Begründung einer Organschaft ausschließen.

> *Beispiel:*
>
> Der Gewinnabführungsvertrag wird im Juli 2020 auf 5 Jahre abgeschlossen. Die Eintragung im Handelsregister der Organgesellschaft erfolgt im September 2020. Die Wirkungen der Organschaft treten bereits für das Jahr 2020 ein.

Bei einer verspäteten Eintragung des Gewinnabführungsvertrages beispielsweise erst im Folgejahr besteht die Gefahr einer verkürzten Restlaufzeit, was wiederum die Versagung der Organschaft für die gesamte Laufzeit zur Folge hätte.

Beispiel:

Der Gewinnabführungsvertrag wird im Oktober 2020 auf 5 Jahre abgeschlossen. Aufgrund von Verzögerungen beim Registergericht kommt es erst im Januar 2021 zur Eintragung in das Handelsregister der Organgesellschaft. Damit kann erstmals in 2021 das Einkommen der Organgesellschaft dem Organträger zugerechnet werden. Allerdings hat der Vertrag in diesem Falle nur noch eine Restlaufzeit von 4 Jahren, so dass die Anerkennung der Organschaft zu versagen ist.

Zu diesem Problem bietet Tz. 4 im BMF-Schreiben vom 10. 11. 2005, BStBl 2005 I S. 1038, eine praktische Lösungsmöglichkeit an. Danach wird es nicht beanstandet, wenn der Gewinnabführungsvertrag eine zusätzliche Vereinbarung enthält, nach der die fünfjährige Laufzeit des Gewinnabführungsvertrages erst mit Eintragung im Handelsregister beginnen soll. Alternativ dazu könnte in Zweifelsfällen auch eine Mindestlaufzeit von sechs Jahren oder bei verspäteter Eintragung eine Verlängerung der Mindestlaufzeit um ein Jahr vereinbart werden.

Scheitert die steuerliche Wirksamkeit eines Organschaftsverhältnisses im Jahr des Abschlusses des Ergebnisabführungsvertrags ausschließlich an der verspäteten Eintragung der elektronischen Handelsregisteranmeldung aufgrund behördlichen Fehlverhaltens, besteht nach Auffassung des FG Düsseldorf ein Anspruch auf abweichende Steuerfestsetzung aus sachlichen Billigkeitsgründen. Auch das Fehlverhalten einer anderen – zwar nicht steuerfestsetzenden, aber steuerrechtliche Normen anwendenden – Behörde kann eine abweichende Steuerfestsetzung aus Billigkeitsgründen erfordern, wenn die Finanzverwaltung steuerrechtliche Folgen an deren Entscheidung knüpft (Urteil des FG Düsseldorf vom 17. 5. 2011, 6 K 3100/09 K, G, AO).

Der BFH sieht hingegen im Urteil vom 23. 8. 2017 (I R 80/15, BStBl 2018 II S. 141) keine sachliche Unbilligkeit bei verzögerter Registereintragung. Sofern eine körperschaftsteuerrechtliche Organschaft infolge einer verzögerten Eintragung des Gewinnabführungsvertrags in das Handelsregister erst in dem auf das Jahr der Handelsregisteranmeldung folgenden Jahr steuerlich wirksam wird, liegt darin keine sachliche Unbilligkeit. Das gilt auch, wenn die verzögerte Eintragung auf einem Fehlverhalten einer anderen Behörde – hier: Registergericht – beruhen sollte.

5.2.3 Bildung von Rücklagen

Die Organgesellschaft darf nach § 14 Abs. 1 Satz 1 Nr. 4 KStG Gewinnrücklagen i. S. des § 272 Abs. 3 HGB mit Ausnahme der gesetzlichen Rücklagen bilden, die bei vernünftiger kaufmännischer Beurteilung wirtschaftlich begründet sind. Nach R 14.5 Abs. 5 Nr. 3 Satz 3 KStR muss für die Bildung der Rücklagen ein konkreter Anlass gegeben sein, der es auch aus objektiver unternehmerischer

Sicht rechtfertigt, eine Rücklage zu bilden, wie z. B. eine geplante Betriebsverlegung, Werkserneuerung oder Kapazitätsausweitung.

Beispiel:

Die Organgesellschaft T-GmbH plant in 02 die Errichtung einer neuen Produktionshalle und bildet deshalb aus dem Jahresüberschuss 01 (500.000 €) eine Rücklage i. H. v. 200.000 €. Den Restbetrag i. H. v. 300.000 € führt sie an den Organträger M-AG ab.

5.2.4 Vorvertragliche Rücklagen

Eine Abführung von vorvertraglichen Rücklagen muss ausgeschlossen sein, wenn die Organgesellschaft in der Rechtsform einer GmbH betrieben wird. Dies gilt auch für die nicht eingegliederte Organgesellschaft in der Rechtsform der AG oder der KGaA. Die Begründung liegt in der gesetzlichen Regelung des § 301 AktG, wonach die Gewinnabführung höchstens dem Jahresüberschuss, vermindert um einen Verlustvortrag, entsprechen muss. Ein etwa noch bestehender Gewinnvortrag darf demnach weder abgeführt noch zum Ausgleich eines vom Organträger auszugleichenden Jahresfehlbetrags (Verlustübernahme) verwendet werden.

Für die Anerkennung der Organschaft ist es jedoch unschädlich, wenn die Organgesellschaft vorvertragliche Rücklagen auflöst und den entsprechenden Gewinn außerhalb des Gewinnabführungsvertrages an ihre Anteilseigner ausschüttet. Insoweit ist § 14 KStG nicht anzuwenden; für die Gewinnausschüttung gelten die allgemeinen Grundsätze (vgl. R 14.6 Abs. 3 Satz 4 KStR).

Beispiel:

Zwischen der T-GmbH und der M-AG besteht ab dem Jahr 07 ein Organschaftsverhältnis. Die Organgesellschaft hat aus dem Jahr 06 einen handelsrechtlichen Gewinnvortrag i. H. v. 50.000 €. In 07 erzielt sie einen Jahresüberschuss i. H. v. 80.000 €, den sie an den Organträger abführt. Den Gewinnvortrag aus 06 kann die T-GmbH in den Jahren 07 ff. auflösen und an die M-AG ausschütten. Hierfür gelten die allgemeinen Vorschriften (Kapitalertragsteuerabzug, § 8b KStG). Dies führt im Jahr der Auflösung dazu, dass Gewinnausschüttung und Gewinnabführung nebeneinander stehen.

5.2.5 Übernahme vorvertraglicher Verluste

Nach A 14.5 Abs. 5 Nr. 1 KStR steht es der Durchführung des Gewinnabführungsvertrages nicht entgegen, wenn der an den Organträger abzuführende Gewinn entsprechend dem gesetzlichen Gebot in § 301 AktG durch einen beim Inkrafttreten des GAV vorhandenen Verlustvortrag gemindert wird. Vielmehr erfordert sogar die steuerliche Anerkennung der Organschaft, dass bei der Bemessung der Gewinnabführung die Höchstgrenzen des § 301 AktG ausgeschöpft werden. Die Organgesellschaft muss deshalb steuerlich den Betrag abführen, der sich als Jahresüberschuss ohne die Gewinnabführung, vermindert um einen Verlustvortrag aus vorvertraglicher Zeit, ergibt. Ein Ausgleich des vororganschaftlichen Verlustes mit vororganschaftlichen Rücklagen ist zulässig.

Beispiel:

Zwischen der T-GmbH und der M-AG besteht ab dem Jahr 02 ein Organschaftsverhältnis. Die Organgesellschaft hat aus dem Jahr 01 einen handelsrechtlichen Verlustvortrag i. H. v. 50.000 €. In 02 erzielt sie einen Jahresüberschuss i. H. v. 120.000 €. Unter Berücksichtigung des § 301 AktG führt sie an den Organträger 70.000 € ab.

Der Jahresüberschuss wird nicht in voller Höhe abgeführt, so dass eine Minderabführung vorliegt. Nach Ansicht der Finanzverwaltung führt der Ausgleich vorvertraglicher Verluste durch den Organträger zu einer Minderabführung aus organschaftlicher Zeit, die zur Bildung eines besonderen aktiven Ausgleichspostens führt (vgl. § 14 Abs. 4 KStG und R 14.8 Abs. 2 KStR). In der Literatur wird hierzu die abweichende Meinung vertreten, es handele sich um eine vororganschaftlich verursachte Minderabführung i. S. des § 14 Abs. 3 Satz 2 KStG, die zu einer Einlage des Organträgers in die Organgesellschaft führt (vgl. Dötsch/Witt, Kommentar zum KStG, Anm. 437 zu § 14 KStG).

5.3 Andere Kapitalgesellschaften als Organgesellschaften

5.3.1 Regelungen des § 17 KStG
Soll eine GmbH Organgesellschaft sein, ist der Gewinnabführungsvertrag zivilrechtlich nur dann wirksam, wenn die Gesellschafterversammlungen der beherrschten und der herrschenden Gesellschaft dem Vertrag zustimmen und seine Eintragung in das Handelsregister der beherrschten Gesellschaft erfolgt. Dabei bedarf der Zustimmungsbeschluss der Gesellschafterversammlung der beherrschten Gesellschaft der notariellen Beurkundung.

5.3.2 Besondere Regelungen zur Verlustübernahme
Nach der bisherigen Formulierung des § 17 Satz 2 Nr. 2 KStG war es erforderlich, dass eine Verlustübernahme entsprechend den Vorschriften des § 302 AktG vereinbart wurde. Diese Vereinbarung einer Verlustübernahme erforderte, dass entweder in dem Vertragstext auf § 302 AktG verwiesen oder dass ausdrücklich der Wortlaut des § 302 Abs. 1, 3 und 4 AktG wiedergegeben wurde.

In der Praxis wurde häufig darüber gestritten, wie eine den Anforderungen des § 17 Satz 2 Nr. 2 KStG entsprechende Formulierung auszusehen hat und mündete oft in finanzgerichtlichen Verfahren (BFH-Urteil vom 22. 2. 2006, BFH/NV 2006 S. 1513; BFH-Urteil vom 17. 6. 2008, BFH/NV 2008 S. 1705 sowie BFH-Urteil vom 3. 3. 2010, BFH/NV 2010 S. 1132). Mit Urteil vom 18. 7. 2010 (BStBl 2011 II S. 932) wurde die strenge Verwaltungsauffassung (OFD Rheinland vom 12. 8. 2009, DStR 2010 S. 1136) gebremst. Die Finanzverwaltung schloss sich im BMF-Schreiben vom 19. 10. 2010 (BStBl 2010 I S. 836) der Auffassung des BFH an (siehe auch OFD Rheinland vom 3. 12. 2010, DB 2011 S. 1023).

Mit dem Gesetz zur Änderung und Vereinfachung der Unternehmensbesteuerung und des steuerlichen Reisekostenrechts wurde § 17 Satz 2 Nr. 2 KStG geändert. Nach der Neuregelung ist Voraussetzung für die steuerliche Anerkennung des Gewinnabführungsvertrages, dass eine Verlustübernahme durch Verweis auf die Vorschriften des § 302 AktG in seiner jeweils gültigen Fassung vereinbart wird. Man spricht von einem sog. dynamischen Verweis, da auf die Vorschrift des § 302 AktG in ihrer jeweils gültigen Fassung Bezug genommen wird. Der Gesetzgeber wollte mit dieser klaren Regelung Rechtssicherheit schaffen und dafür sorgen, dass zukünftige Streitigkeiten vermieden werden.

In der Praxis stellt sich die Frage, wie eine dem Gesetzestext entsprechende Formulierung mit dynamischem Verweis aussehen muss; Formulierungsbeispiele finden sich bei Schneider/Sommer, GmbHR 2013 S. 22, 29 sowie bei Dötsch/Pung, DB 2013 S. 305.

Eine bereits jetzt in der Literatur aufgekommene Diskussion zielt jedoch auf die nicht ganz leicht verständliche Anwendungsvorschrift des § 34 Abs. 10b KStG (z. B. Mayer/Wiese, DStR 2013 S. 629; Schneider/Sommer, GmbHR 2013 S. 22/29). Nach Satz 1 ist § 17 Satz 2 Nr. 2 KStG erstmals auf Gewinnabführungsverträge anzuwenden, die nach dem Tag des Inkrafttretens dieses Gesetzes abgeschlossen oder geändert werden. Während die Regelung für neue Verträge klar ist, kommt für Altverträge dann eine Änderung in Betracht, wenn diese eine den Anforderungen des § 17 Satz 2 Nr. 2 KStG entsprechende Formulierung nicht enthalten. Nach dem BFH-Urteil vom 24. 7. 2013 (I R 40/12, BStBl 2014 II S. 272) ist dies der Fall, wenn der Gewinnabführungsvertrag unvollständig auf § 302 AktG verweist, aber auch wenn er einen unzureichenden eigenständigen Text oder überhaupt keine Regelung zur Verlustübernahme enthält.

Nach dem Erlass des Hessischen Finanzministeriums vom 30. 8. 2013 (S 2770 – A – 55 – St 51) sind Alt-Gewinnabführungsverträge nicht anzupassen und auch zukünftig anzuerkennen, wenn sie entweder den Wortlaut der genannten Vorschriften umfassend wiedergeben oder folgende Formulierung enthalten: „... im Übrigen gilt § 302 AktG in vollem Umfang entsprechend".

Nach dem genannten Erlass löst die Regelung des § 34 Abs. 10b Satz 2 KStG nicht die Notwendigkeit aus, Alt-Gewinnabführungsverträge, die keinen Verweis auf die entsprechende Anwendung des § 302 Abs. 4 AktG enthalten, aber von der Billigkeitsregelung des BMF-Schreibens vom 16. 12. 2005 (BStBl 2006 I S. 12) in der Vergangenheit steuerlich „geschützt" waren, bis Ende 2014 wirksam anzupassen. Diese Aussage erscheint im Hinblick auf das BFH-Urteil vom 24. 7. 2013 (I R 40/12, BStBl 2014 II S. 272) bedenklich, da sich die Verwaltung auch nicht zugunsten des Stpfl. über das materielle Recht hinwegsetzen und auf einen Steueranspruch verzichten darf. Der BFH hatte bereits im Urteil vom 22. 12. 2010 (I B 83/10, BStBl 2014 II S. 490) ausgeführt, dass die in § 17 Satz 2 Nr. 2 KStG geforderte Vereinbarung einer Verlustübernahme entsprechend den Vorschriften des § 302 AktG auch § 302 Abs. 4 AktG umfasst.

In Satz 2 des § 34 Abs. 10b KStG wird eine Übergangsregelung für solche Verträge normiert, die bisher den genannten Anforderungen an die Regelung der Verlustübernahme nicht entsprechen. In diesen Fällen wird ein Gewinnabführungsvertrag für Veranlagungszeiträume, die vor dem 31.12.2014 enden, nicht beanstandet, wenn die Verlustübernahme nach neuem Recht wirksam bis zum 31.12.2014 vereinbart wird und auch tatsächlich eine Verlustübernahme i.S. des § 302 AktG erfolgt ist. Da der Veranlagungszeitraum 2014 nicht vor dem 31.12.2014 endet, gilt diese Regelung nach dem reinen Wortlaut der Vorschrift nur bis zum Veranlagungszeitraum 2013. Der Gesetzgeber wollte an dieser Stelle sicherlich die Übergangsregelung einschließlich des Veranlagungszeitraums 2014 verstanden wissen. Hier handelt es sich um einen redaktionellen Fehler im Gesetzgebungsverfahren, der zeitnah korrigiert werden sollte.

Nach Satz 3 ist eine solche Vertragsänderung nicht erforderlich, wenn die steuerliche Organschaft bereits vor dem 1.1.2015 beendet wird.

Im Urteilsfall des BFH vom 24.7.2013 (I R 40/12, BStBl 2014 II S. 272) fehlte im Gewinnabführungsvertrag ein Verweis auf § 302 Abs. 4 AktG, so dass die Anforderungen des § 17 Satz 2 Nr. 2 KStG nicht erfüllt waren. Der BFH lehnte zwar die Anwendung der Billigkeitsregelung des BMF-Schreibens vom 16.12.2005 ab (BStBl 2006 I S. 12), hielt aber gleichzeitig die heilende Übergangsregelung des § 34 Abs. 10b Satz 2 KStG für anwendbar, die für alle noch offenen Veranlagungen Gültigkeit hat. Da der Gewinnabführungsvertrag in der Zwischenzeit (also vor dem 1.1.2015) bereits beendet wurde, galt dies auch ohne Vertragsänderung.

In § 34 Abs. 10b Satz 4 KStG wird klargestellt, dass eine Vertragsanpassung für die Anwendung des § 14 Abs. 1 Satz 1 Nr. 3 KStG nicht als Neuabschluss gilt, so dass die erforderliche fünfjährige Mindestlaufzeit nicht unterbrochen wird.

Eine körperschaftsteuerrechtliche Organschaft mit einer GmbH als Organgesellschaft setzt nach § 17 Satz 2 Nr. 2 KStG a.F. voraus, dass ausdrücklich die Verlustübernahme entsprechend § 302 AktG (in allen seinen Bestandteilen und in den jeweiligen Regelungsfassungen) vereinbart worden ist. Dieses Vereinbarungserfordernis bezieht sich auch auf solche Regelungsbestandteile des § 302 AktG, die zum Zeitpunkt des Abschlusses des Gewinnabführungsvertrags noch nicht in Kraft getreten waren (hier: § 302 Abs. 4 AktG). Im Falle der Änderung des § 302 AktG ist demnach eine dieser Vorschrift entsprechende Vereinbarung – durch Anpassung des ursprünglichen Gewinnabführungsvertrags – zu treffen. (BFH-Urteil vom 10.5.2019, I R 93/15, BStBl 2019 II S. 278).

Das hierzu ergangene BMF-Schreiben vom 3.4.2019 (BStBl 2019 I S. 1002) stellt klar, dass Gewinnabführungsverträge, die keinen Verweis auf die entsprechende Anwendung von § 302 Abs. 4 AktG enthalten, aber von der Billigkeitsregelung des BMF-Schreiben vom 16.12.2005 (BStBl 2006 I S. 12) umfasst waren, der Anerkennung der Organschaft nicht entgegenstehen, wenn diese bis zum Ablauf des 31.12.2019 an die Regelung des § 17 Abs. 1 Satz 2 Nr. 2 KStG (dynamischer Verweis) angepasst werden. In diesen Fällen liegt nach § 17 Abs. 2 KStG

i. V. m. § 34 Abs. 10b KStG i. d. F. des AIFM-StAnpG kein Neuabschluss vor; die Mindestlaufzeit des § 14 Abs. 1 Satz 1 Nr. 3 Satz 1 KStG beginnt nicht von neuem zu laufen. Eine Anpassung kann unterbleiben, wenn das Organschaftsverhältnis vor dem 1. 1. 2020 beendet wird.

Nach einer Entscheidung des FG Düsseldorf vom 17. 4. 2018 (6 K 2507/17 K, DStR 2018 S. 1857) ist die Begründung einer körperschaftsteuerlichen Organschaft steuerlich nicht anzuerkennen, wenn die Verlustübernahmeverpflichtung gem. § 302 Abs. 1 AktG im Beherrschungs- und Gewinnabführungsvertrag in der Weise eingeschränkt wird, dass Fehlbeträge der Organgesellschaft durch Entnahmen aus Kapitalrücklagen nach § 272 Abs. 2 Nr. 4 HGB ausgeglichen werden können.

Dieser Auffassung hat sich die OFD Nordrhein-Westfalen in ihrer Verfügung vom 11. 7. 2018 (S 2770 – 2018/0013 St 131, DB 2018 S. 1700, DStR 2018 S. 1869) angeschlossen. Dort wird ausdrücklich darauf hingewiesen, dass eine Vereinbarung, einen sonst entstehenden Jahresfehlbetrag auch durch die Auflösung von Kapitalrücklagen auszugleichen, keine ausreichende Verlustübernahmevereinbarung i. S. von § 17 Satz 2 Nr. 2 KStG i. V. m. § 302 AktG darstellt. Die Vorschrift des § 302 Abs. 1 AktG erlaubt nur eine Minderung der Verlustübernahmeverpflichtung durch die Auflösung von anderen Gewinnrücklagen, nicht jedoch durch die Auflösung von Kapitalrücklagen.

5.3.3 Auswirkungen des BilMoG auf bestehende GAV

Durch das Gesetz zur Modernisierung des Bilanzrechts – BilMoG – vom 29. 5. 2009 (BGBl I S. 1102) wurden zahlreiche Bilanzierungsvorschriften geändert. Das BMF hat mit Schreiben vom 14. 1. 2010 (BStBl 2010 I S. 65) dazu grundsätzlich dargelegt, dass eine Anpassung bestehender Gewinnabführungsverträge nicht erforderlich ist.

Die Änderung des § 301 AktG i. V. m. § 268 Abs. 8 HGB berührt die steuerliche Anerkennung der Organschaft nicht, jedoch sind die Neuregelungen hinsichtlich des Höchstbetrages der Gewinnabführung – auch bei etwaigen abweichenden vertraglichen Vereinbarungen – zwingend zu beachten.

Nach § 249 Abs. 1 Satz 3 HGB a. F. bestand ein Wahlrecht, eine Rückstellung für unterlassene Instandhaltungen auch dann zu bilden, wenn diese nicht innerhalb von drei Monaten nach Ablauf des Geschäftsjahrs nachgeholt werden. Dieses Wahlrecht ist mit Einführung des BilMoG grundsätzlich ab dem 28. 5. 2009 entfallen. Nach Art. 67 Abs. 3 Satz 1 EG-HGB können solche Rückstellungen wahlweise auch beibehalten werden. Wird von diesem Wahlrecht kein Gebrauch gemacht, sind diese Beträge unmittelbar in die Gewinnrücklagen einzustellen (Art. 67 Abs. 3 Satz 2 EG-HGB).

Das BMF stellt klar, dass diese Einstellung der aufgelösten Beträge in die Gewinnrücklage keine Verletzung der Grundsätze des § 14 Abs. 1 Satz 1 Nr. 4 KStG darstellt.

5.4 Tatsächliche Durchführung des Gewinnabführungsvertrages – Einhaltung der Mindestvertragslaufzeit

In der Praxis setzt die Anerkennung des Gewinnabführungsvertrages voraus, dass der Gewinnabführungsvertrag mindestens fünf aufeinander folgende Jahre durchgeführt wird. Wird ein GAV in einem Jahr nicht durchgeführt, ist er von Anfang an als steuerrechtlich unwirksam anzusehen, wenn er noch nicht fünf aufeinander folgende Jahre durchgeführt worden ist. Sind die fünf Jahre bereits abgelaufen, so bleibt er für diese Jahre steuerrechtlich wirksam.

> *Beispiel:*
> Der steuerlich anzuerkennende Gewinnabführungsvertrag wird in den Jahren 2015–2019 durchgeführt. Im Jahr 2020 kommt es aufgrund finanzieller Probleme des Organträgers nicht zur vereinbarten Verlustübernahme. Da der Vertrag bereits 5 volle Zeitjahre bestanden hat, bleibt die Organschaft für die Jahre 2015–2019 anerkannt. Wäre die Vertragsstörung allerdings bereits in 2019 eingetreten, hätte dies zur Versagung der Organschaft von Anfang an geführt.

Ist ein Gewinnabführungsvertrag als steuerrechtlich unwirksam anzusehen, ist die Organgesellschaft nach den allgemeinen steuerrechtlichen Vorschriften zur Körperschaftsteuer zu veranlagen.

Nach R 14.5 Abs. 6 KStR ist die vorzeitige Beendigung eines Gewinnabführungsvertrages dann steuerlich unschädlich, wenn sie auf einem wichtigen Grund beruht. Danach kann ein wichtiger Grund insbesondere in der Veräußerung oder Einbringung der Organbeteiligung durch den Organträger, der Verschmelzung, Spaltung oder Liquidation des Organträgers oder der Organgesellschaft gesehen werden. Stand jedoch bereits im Zeitpunkt des Vertragsabschlusses fest, dass der GAV vor Ablauf der ersten fünf Jahre beendet werden wird, ist ein wichtiger Grund nicht anzunehmen (R 14.5 Abs. 6 Satz 3 KStR 2015). Liegt ein wichtiger Grund nicht vor, ist der GAV von Anfang an als steuerrechtlich unwirksam anzusehen.

Nach dem Urteil des FG Berlin-Brandenburg vom 19.10.2011 (12 K 12078/08, rkr.) sind wirtschaftliche Schwierigkeiten der Organgesellschaft nicht als wichtiger Grund in diesem Sinne anzuerkennen. Eine Ausnahme davon könnte lediglich dann angenommen werden, wenn die Lebensfähigkeit des gesamten Konzerns bedroht ist.

Das Niedersächsische Finanzgericht sieht allein im Verkauf einer Organgesellschaft innerhalb eines Konzerns keinen „wichtigen Grund" für die Beendigung der Organschaft. Denn wäre jeder Verkauf einer Beteiligung innerhalb eines Konzerns per se als „wichtiger Grund" anzuerkennen, wäre die Mindestdauer des GAV innerhalb eines Konzerns dem Belieben der beteiligten Gesellschafter überlassen (Urteil des Niedersächsischen Finanzgerichts vom 10.5.2012, 6 K 140/10).

Der BFH bestätigte dieses Urteil im Revisionsverfahren (Urteil vom 13.11.2013, I R 45/12, BStBl 2014 II S. 486) und führte aus, dass ein unschädlicher wichtiger Kündigungsgrund i.S. von § 14 Abs. 1 Satz 1 Nr. 3 Satz 2 KStG dann nicht vorliege, wenn ein Gewinnabführungsvertrag vorzeitig aufgehoben wird, weil er aus Sicht der Parteien seinen Zweck der Konzernverlustverrechnung erfüllt hat.

In einem weiteren rechtskräftigen Urteil zu dieser Frage hat sich das Hessische Finanzgericht geäußert (vgl. Urteil vom 28.5.2015, 4 K 677/14). Im zugrunde liegenden Urteilsfall wurde ein Organschaftsverhältnis vorzeitig gekündigt und die Beteiligung im Rahmen einer umfangreichen Konzernumstrukturierung innerhalb des Konzerns in eine Tochtergesellschaft der bisherigen Organträgerin eingebracht. Das Finanzgericht entschied in diesem Fall, dass ein wichtiger Kündigungsgrund zu bejahen sei, wenn aufgrund konkreter Umstände auszuschließen sei, dass die vorzeitige Beendigung der Organschaft auf steuerlichen Motiven beruhe. Das Vorliegen eines wichtigen Grundes kann im Falle einer wirtschaftlich nachvollziehbaren Umstrukturierung erfüllt sein (Urteilsbesprechung von Dr. Philipp/Kröger, DB 2015 S. 2783).

Nach dem BFH-Urteil vom 10.5.2017 (I R 51/15, BStBl 2018 II S.30) ist das vorübergehende Entfallen der finanziellen Eingliederung innerhalb der fünfjährigen Mindestlaufzeit unschädlich, solange nur der Gewinnabführungsvertrag auf mindestens 5 Jahre abgeschlossen und während dieser Zeit auch tatsächlich durchgeführt wurde. In einem solchen Falle ist die Organschaft nur für das betreffende Jahr zu versagen (partielle Versagung). Nach Auffassung des BFH bezieht sich das Erfordernis der Vertragsdurchführung innerhalb der fünfjährigen Mindestlaufzeit tatsächlich nur auf die Einhaltung der zivilrechtlichen Vertragspflichten und nicht allgemein auf sämtliche anderen steuerrechtlichen Tatbestandsvoraussetzungen des § 14 KStG. Die gesetzlich normierte Mindestvertragsdauer soll sicherstellen, dass Organschaftsverhältnisse nicht zum Zweck willkürlicher Beeinflussung der Besteuerung und zu Einkommensverlagerungen begründet oder beendet werden.

Inwieweit diese Rechtsprechung die Möglichkeiten von Manipulationen z.B. durch ein gezieltes „Verunglückenlassen" der Einkommenszurechnung eröffnen, bleibt abzuwarten. Diese Frage wird dann in jedem Einzelfall zu entscheiden sein.

5.5 Verzinsung des Anspruchs auf Verlustübernahme nach § 302 AktG

Der Bundesgerichtshof hat mit dem Urteil vom 14.2.2005 (II ZR 361/02) seine Rechtsprechung bestätigt, dass der sich aus einem Gewinnabführungsvertrag ergebende Anspruch auf Ausgleich eines Jahresfehlbetrages (§ 302 AktG) am Bilanzstichtag der beherrschten Gesellschaft entsteht und mit seiner Entstehung fällig wird. Dem Zeitpunkt der Feststellung des Jahresabschlusses komme insoweit keine Bedeutung zu. Damit ist der Verlustausgleichsanspruch nach §§ 352, 353 HGB ab dem Bilanzstichtag zu verzinsen.

Fraglich ist, welche Auswirkung ein Verstoß gegen die Verzinsungsregelung auf die steuerliche Anerkennung der Organschaft hat. Nach dem BMF-Schreiben vom 15.10.2007 (BStBl 2007 I S.765) hat der Verstoß gegen die Pflicht der §§ 352, 353 HGB zur Verzinsung eines Verlustausgleichsanspruchs bzw. der

Verzicht auf eine Verzinsung im Rahmen einer Organschaft keine Auswirkungen auf die steuerliche Anerkennung der Organschaft.

Die unterlassene oder unzutreffende Verzinsung eines Verlustausgleichsanspruchs steht einer tatsächlichen Durchführung des Gewinnabführungsvertrags nicht entgegen. Im Falle einer unterlassenen Verzinsung oder eines unzulässigen Verzichts verletzen die Beteiligten lediglich eine vertragliche Nebenpflicht.

Das Unterlassen der Verzinsung führt aus steuerlicher Sicht insoweit zwar zu einer verdeckten Gewinnausschüttung, weil der Gewinnabführungsvertrag nicht zu „fremdüblichen" Bedingungen abgewickelt wird. Verdeckte Gewinnausschüttungen der Organgesellschaft an den Organträger haben jedoch den Charakter vorweggenommener Gewinnabführungen, so dass sie als Vorausleistungen auf den Anspruch aus dem Gewinnabführungsvertrag zu werten sind. Diese werden zur Vermeidung einer steuerlichen Doppelbelastung auf der Ebene des Organträgers entsprechend R 14.7 Abs. 2 KStR gekürzt. Durch eine verdeckte Gewinnabführung wird die Durchführung des Gewinnabführungsvertrags nicht in Frage gestellt (R 14.6 Abs. 4 Satz 1 KStR).

5.6 Tatsächliche Durchführung des Gewinnabführungsvertrages – Abführung des ganzen Gewinns

5.6.1 Gesetzliche Grundregelung

Nach § 14 Abs. 1 Satz 1 i.V.m. Satz 1 Nr. 3 KStG muss die Organgesellschaft während der gesamten Geltungsdauer des Vertrags ihren „ganzen Gewinn" an den Organträger abführen. Maßgebend ist dabei der nach handelsrechtlichen Vorschriften ermittelte Jahresüberschuss, der sich bei objektiv zutreffender Bilanzierung unter Ausschöpfung der Höchstgrenzen des § 301 AktG ergibt. Wird abweichend von dieser Größe zu viel oder zu wenig abgeführt, droht die Versagung der Anerkennung der Organschaft (vgl. Dötsch/Pung, DB 2013 S. 305 sowie Schneider/Sommer, GmbHR 2013 S. 22). Maßgebend ist mithin nicht die tatsächlich aufgestellte Bilanz der Organgesellschaft, sondern diejenige, die sich nach den Grundsätzen ordnungsmäßiger Buchführung nach objektiven Kriterien ergibt (zur Aufgabe des subjektiven Fehlerbegriffs durch den BFH siehe die Entscheidung des Großen Senats vom 31.1.2013, GrS 1/10, BStBl 2013 II S. 317 sowie BFH-Urteil vom 15.5.2013, I R 77/08, BStBl 2013 II S. 730).

5.6.2 Problemfelder in der bisherigen Besteuerungspraxis

Vergessene Verrechnung von vorvertraglichen Verlusten

Nach § 301 AktG hat die Organgesellschaft als Gewinn den ohne die Gewinnabführungsverpflichtung sich ergebenden Jahresüberschuss, jedoch vermindert um einen Verlustvortrag aus dem Vorjahr und ohne einen nach § 300 AktG in die gesetzliche Rücklage einzustellenden Betrag, an den Organträger abzuführen (vgl. R 14.5 Abs. 3 KStR). Wird allerdings entgegen dieser ausdrücklichen gesetzlichen Regelung ein handelsbilanzieller Verlust aus vorvertraglicher Zeit nicht mit Gewinnen der Organgesellschaft verrechnet, so ergibt sich in der Folge eine zu hohe Gewinnabführung.

Damit ist der Vertrag tatsächlich nicht durchgeführt und seine steuerliche Anerkennung ist zu versagen. Dies kann sogar innerhalb des 5-Jahreszeitraums zu einer rückwirkenden Versagung der Anerkennung der Organschaft mit erheblichen steuerlichen Folgen führen.

Beispiel:

Zwischen der in 2015 gegründeten T-GmbH und der M-AG besteht aufgrund finanzieller Eingliederung und des wirksam abgeschlossenen Ergebnisabführungsvertrages ein steuerlich anzuerkennendes Organschaftsverhältnis ab dem Jahr 2016. Die T-GmbH hat noch einen handelsrechtlichen Verlustvortrag aus dem Jahre 2015 i. H. v. 5.000 €. In den Jahren 2016–2019 erzielt die T-GmbH ebenfalls Verluste i. H. v. insgesamt 500.000 €, die aufgrund des Gewinnabführungsvertrages von der M-AG übernommen werden. Die steuerlichen Verluste wurden auf Ebene der M-AG mit Gewinnen saldiert. Der handelsrechtliche Verlustvortrag der T-GmbH aus 2015 besteht weiterhin. Im Jahr 2020 erzielt die T-GmbH erstmals einen Gewinn i. H. v. 100.000 €, den sie in voller Höhe an die M-AG abführt.

Da die T-GmbH versäumt hat, die Gewinnabführung um den Verlustvortrag aus 2015 zu vermindern, liegt ein Verstoß gegen die Regelung des § 301 AktG vor mit der Folge der steuerlichen Versagung des Organschaftsverhältnisses rückwirkend ab dem Jahr 2016.

In der Folge kann die M-AG die ihr zugerechneten Verluste nicht mehr mit eigenen Gewinnen verrechnen, so dass erhebliche Steuernachzahlungen drohen.

Ob und mit welchen Erfolgsaussichten in der Praxis solche Versäumnisse heilbar waren, wurde in der Literatur diskutiert (siehe Rohrer/von Goldacker/Huber, DB 2009 S. 360 sowie Krau, StBp 2010 S. 65 jeweils mit weiteren Nachweisen).

Denkbar war einerseits die Verrechnung der vorvertraglichen Verluste mit vorvertraglichen Gewinn- oder Kapitalrücklagen. In diesem Falle ergaben sich lediglich Änderungen im Eigenkapitalausweis der Organgesellschaft (vgl. Kreidl/Riehl, BB 2006 S. 1880). Dieser Ansatz setzte jedoch zunächst die Existenz entsprechender vorvertraglicher Rücklagen voraus. Im o. g. Beispielsfall waren entsprechende Rücklagen nicht vorhanden, so dass die Lösungsvariante ausschied.

Andererseits kam eine rückwirkende Berichtigung der Handelsbilanz der Organgesellschaft und korrespondierend auch des Organträgers in Betracht. Im Rahmen dieser Berichtigungen sollte dann die zutreffende Gewinnabführung ausgewiesen werden, wodurch dann die tatsächliche Durchführung des Gewinnabführungsvertrages bejaht werden konnte. Inwieweit die Berichtigung der Handelsbilanz bei bereits eingetretener steuerlicher Festsetzungsverjährung noch zulässig war, blieb allerdings umstritten. Hinzuweisen war in diesem Zusammenhang auch auf die erheblichen Kosten, die im Einzelfall mit der

Berichtigung von Handelsbilanzen einhergehen konnten. Eine erneute Abschlussprüfung und Testat durch einen Wirtschaftsprüfer waren hier erforderlich.

Sonstige Streitfälle

Auch in anderen Fällen, in denen die handelsrechtliche Bilanzierung auf Ebene der Organgesellschaft offenkundig fehlerhaft war, wurde nicht der „ganze Gewinn" abgeführt (oder Verlust übernommen), so dass die Anerkennung der Organschaft versagt wurde. Grundsätzlich darf die Organgesellschaft nach § 301 AktG höchstens den ohne die Gewinnabführung entstehenden Jahresüberschuss, vermindert um einen Verlustvortrag aus dem Vorjahr, um den Betrag, der nach § 300 AktG in die gesetzlichen Rücklagen einzustellen ist, und den nach § 268 Abs. 8 HGB ausschüttungsgesperrten Betrag, abführen. Ob nur „wesentliche Fehler" zu einer Versagung der Organschaft führten, war in der Literatur umstritten.

5.6.3 Heilungsmöglichkeiten nach neuer Rechtslage

Mit dem Gesetz zur Änderung und Vereinfachung der Unternehmensbesteuerung und des steuerlichen Reisekostenrechts vom 20. 2. 2013 wurde § 14 Abs. 1 Satz 1 Nr. 3 KStG um die Sätze 4 und 5 erweitert:

Nach Satz 4 gilt der Gewinnabführungsvertrag auch als durchgeführt, wenn der abgeführte Gewinn oder ausgeglichene Verlust auf einem Jahresabschluss beruht, der fehlerhafte Bilanzansätze enthält, sofern

a) der Jahresabschluss wirksam festgestellt ist,

b) die Fehlerhaftigkeit bei Erstellung des Jahresabschlusses unter Anwendung der Sorgfalt eines ordentlichen Kaufmanns nicht hätte erkannt werden müssen und

c) ein von der Finanzverwaltung beanstandeter Fehler spätestens in dem nächsten nach dem Zeitpunkt der Beanstandung des Fehlers aufzustellenden Jahresabschluss der Organgesellschaft und des Organträgers korrigiert und das Ergebnis entsprechend abgeführt oder ausgeglichen wird, soweit es sich um einen Fehler handelt, der in der Handelsbilanz zu korrigieren ist.

Nach Satz 5 gilt die Voraussetzung des Satzes 4 Buchstabe b bei Vorliegen eines uneingeschränkten Bestätigungsvermerks nach § 322 Abs. 3 des Handelsgesetzbuchs zum Jahresabschluss, zu einem Konzernabschluss, in den der handelsrechtliche Jahresabschluss einbezogen worden ist, oder über die freiwillige Prüfung des Jahresabschlusses oder der Bescheinigung eines Steuerberaters oder Wirtschaftsprüfers über die Erstellung eines Jahresabschlusses mit umfassenden Beurteilungen als erfüllt.

Nachfolgend sollen die einzelnen Tatbestandsmerkmale näher untersucht werden.

5.6.3.1 Jahresabschluss mit fehlerhaften Bilanzansätzen

Es ist grundsätzlich davon auszugehen, dass sowohl falsche Ansätze dem Grunde nach (fehlender Ausweis von bilanzierungspflichtigen und Ausweis von nicht bilanzierungsfähigen Vermögensgegenständen) als auch falsche Ansätze der Höhe nach (zu niedrige oder zu hohe Bewertung von Vermögensgegenständen) zu fehlerhaften Bilanzansätzen i. S. der Vorschrift führen. Generell kann bei Verstößen gegen die handelsrechtlichen Grundsätze ordnungsmäßiger Buchführung (z. B. Bilanzwahrheit, Bilanzklarheit, Stichtagsprinzip) von fehlerhaften Bilanzansätzen gesprochen werden.

Es ist immer die Frage zu stellen, ob ein Fehler vorliegt, der handelsrechtlich zwingend zu berichtigen ist. Hat der Kaufmann jedoch pflichtgemäß und nach bestem Wissen gehandelt (also subjektiv zutreffend bilanziert), besteht keine Notwendigkeit zur Änderung.

Beurteilung durch den Abschlussprüfer

Offen bleibt, ob es letztlich auf die Beurteilung durch den Abschlussprüfer ankommt, inwieweit ein handelsrechtlicher Korrekturbedarf besteht.

Die OFD Frankfurt/Main vertritt in ihrer Verfügung vom 11. 12. 2015 (S 2770 A – 55 – St 51, DStR 2016 S. 537) dazu folgende Auffassung:

> *„Sofern ein Streitfall vorliegt, z. B. weil der Abschlussprüfer die Auffassung der Finanzverwaltung ausnahmsweise als so falsch empfindet, dass er eine Korrektur nicht befürworten möchte, kann dem Bestätigungsvermerk des Jahresabschlussprüfers keine ausschlaggebende Bedeutung beigemessen werden. Wäre dies grundsätzlich der Fall, könnten zu keiner Zeit fehlerhafte Bilanzansätze beanstandet werden. Der Anwendungsbereich des § 14 Abs. 1 Satz 1 Nr. 3 Satz 4 KStG würde in einem Umfang eingeschränkt werden, der dem Zweck der Regelung nicht entspricht."*

Die Arbeitshilfe der OFD Karlsruhe zur Verfügung vom 16. 1. 2014 (S 2770/52/2 – St 221, FR 434) stehe dieser Aussage nicht entgegen. Sie bringe lediglich zum Ausdruck, dass der Beurteilung des Wirtschaftsprüfers in der Mehrzahl der Fälle, in denen eine Korrektur der Handelsbilanz in Rede steht, gefolgt werden kann. Es ergebe sich hieraus keine Bindungswirkung.

Sofern im Hinblick auf eine bestimmte Bilanzierungsfrage keine gesicherte Rechtslage besteht, ist jede rechtlich vertretbare Bilanzierung (dem Grunde und der Höhe) nach richtig und gibt keinen Anlass zur Berichtigung. Ergibt sich später, beispielsweise durch eine Änderung der Rechtsprechung, dass die gewählte Bilanzierung unzutreffend war, ist der Bilanzansatz objektiv falsch und damit einer Korrektur nach § 14 Abs. 1 Nr. 3 Satz 4 KStG zugänglich.

Verstöße gegen gesellschaftsvertragliche Regelungen

Nach der Gesetzesbegründung (BT-Drucks. 17/10774) führt auch die vergessene Verrechnung vorvertraglicher Verluste zu fehlerhaften Bilanzansätzen und wird damit von der Heilungsmöglichkeit erfasst. An dieser Stelle wird die Zielsetzung des Gesetzgebers deutlich, der den Anwendungsbereich der Vorschrift weit fassen wollte, um die Problematik der drohenden Versagung von Organschaften wegen Fehlern bei der Gewinnabführung weitgehend zu entschärfen.

In den Anwendungsbereich der Vorschrift dürften auch die Fälle der unzulässigen Abführung vororganschaftlicher Gewinn- oder Kapitalrücklagen sowie der unzulässigen Abführung von in organschaftlicher Zeit gebildeten und aufgelösten Kapitalrücklagen fallen.

Wertaufhellende Tatsachen

Nach Bilanzerstellung eintretende wertaufhellende Tatsachen lassen eine Bilanz nicht fehlerhaft werden im Gegensatz zu solchen, die bereits vor Bilanzerstellung bekannt wurden. Bei der Annahme eines nichtigen Jahresabschlusses wird das Vorliegen einer Bilanz überhaupt negiert mit der Folge, dass der Gewinnabführungsvertrag als nicht durchgeführt anzusehen ist.

Nur wesentliche Fehler führen zu einem objektiv unrichtigen Jahresabschluss und damit zur Berichtigungspflicht der Handelsbilanz. Wie das Merkmal der Wesentlichkeit zu definieren ist, dürfte in der Praxis in jedem Einzelfall unterschiedlich auszulegen sein und auch von der Größe des jeweiligen Unternehmens beeinflusst werden.

Feststellungen durch die steuerliche Betriebsprüfung

Unklar dürfte in der Praxis vor allem aber die Frage sein, ob jedwede Prüfungsfeststellung, die im Rahmen einer Außenprüfung durch das zuständige Finanzamt getroffen wird und die auch grundsätzlich die handelsrechtliche Bilanzierung dem Grunde oder der Höhe nach tangiert, zu einer Berichtigungspflicht nach § 14 Abs. 1 Nr. 3 Satz 4 KStG führt.

> *Beispiel:*
> Eine Außenprüfung des Finanzamtes bei der Organgesellschaft T-GmbH umfasst den Zeitraum 01 bis 03. Die T-GmbH hat die Anschaffungskosten i.H.v. 50.000 € für eine Maschine, deren Nutzungsdauer 5 Jahre beträgt, im Januar 01 als sofort abziehbare Betriebsausgabe gebucht.
>
> Die zuständige Prüferin beanstandet diese Buchung und aktiviert in ihrer Prüferbilanz die Maschine und verteilt die Anschaffungskosten auf die Nutzungsdauer von 5 Jahren (§§ 4, 7 EStG). Dadurch ändern sich die Gewinne im Prüfungszeitraum wie folgt:
>
> 01: +40.000 €
> 02: −10.000 €
> 03: −10.000 €
>
> Die Maschine hätte auch in den Handelsbilanzen 01 bis 03 nach §§ 253, 255 HGB mit ihren Anschaffungskosten abzgl. Abschreibungen bilanziert werden müssen. Insoweit liegt auch ein Verstoß gegen handelsrechtliche Bilanzierungsvorschriften vor. Mithin sind die abgeführten handelsrechtlichen Gewinne falsch und die Organschaft müsste versagt werden.
>
> In dieser Situation kommt die Anwendung der Heilungsvorschrift nach § 14 Abs. 1 Nr. 3 Satz 4 EStG in Betracht.

Dieses oder ähnliche Beispiele dürften sich in der täglichen Betriebsprüfungspraxis in großer Zahl finden. Inwieweit die Finanzämter dann neben den eigentlichen Prüfungsfeststellungen (Änderungen bei den aktiven und/oder passiven Bilanzansätzen) auch das Bestehen der körperschaftsteuerlichen Organschaften in Frage stellen, ist nicht bekannt. Allerdings würde dies den Abschluss von Prüfungen erheblich erschweren und in die Länge ziehen.

Missachtung handelsrechtlicher Abführungssperren

Fehlerhafte Bilanzansätze sind auch anzunehmen bei der Nichtbeachtung handelsrechtlicher Abführungssperren sowie beim Unterlassen gesetzlich vorgeschriebener Rücklagen.

Mit der Frage des Vorliegens einer Abführungssperre befasst sich das BMF-Schreiben vom 23.12.2016 (IV C 2 – S 2770/16/10002, BStBl 2017 I S.35). Durch Artikel 7 des Gesetzes zur Umsetzung der Wohnimmobilienkreditrichtlinie und zur Änderung handelsrechtlicher Vorschriften vom 11.3.2016 (BGBl 2016 I S.396) wurde der handelsrechtliche Ansatz von Rückstellungen für Altersvorsorgeverpflichtungen geändert. Abzuzinsen sind derartige Rückstellungen nunmehr nicht mehr mit dem durchschnittlichen Marktzinssatz, der sich aus den vergangenen sieben Geschäftsjahren ergibt, sondern mit dem Marktzinssatz, der sich aus den vergangenen zehn Geschäftsjahren ergibt (§ 253 Abs.2 Satz 1 HGB n.F.). Nach Artikel 74 Abs.6 EG-HGB ist die Neuregelung erstmals auf Jahresabschlüsse für das nach dem 31.12.2015 endende Geschäftsjahr anzuwenden; wahlweise darf die Neuregelung bereits in einem Jahresabschluss angewandt werden, der sich auf ein Geschäftsjahr bezieht, das nach dem 31.12.2014 beginnt und vor dem 1.1.2016 endet (Artikel 75 Abs.7 EG-HGB). Hierdurch ergeben sich in den Handelsbilanzen der nächsten Jahre voraussichtlich geringere Rückstellungen und damit höhere Gewinne als bisher.

Für den jährlich zu ermittelnden Unterschiedsbetrag (Abstockungsgewinn), der sich aus der Abzinsung mit dem durchschnittlichen Marktzinssatz für sieben bzw. zehn Geschäftsjahre ergibt, wurde in § 253 Abs.6 HGB n.F. eine sogenannte Ausschüttungssperre geschaffen, die in jedem Geschäftsjahr, das unter die Neuregelung fällt, zu ermitteln ist. Eine korrespondierende Abführungssperre bei Gewinnabführungsverträgen wurde ausdrücklich nicht geregelt; § 301 AktG (bestimmt den Höchstbetrag der Gewinnabführung) ist unverändert geblieben.

Die nach § 14 Abs.1 Satz 1 KStG i.V.m. § 301 AktG notwendige Abführung des gesamten Gewinns setzt daher voraus, dass auch Gewinne, die auf der Anwendung des § 253 HGB beruhen, vollständig an den Organträger abgeführt werden. Eine analoge Anwendung der Ausschüttungssperre kommt nicht in Betracht.

Die Änderung des § 253 HGB rechtfertigt für sich alleine auch nicht die pauschale Einstellung des Abstockungsgewinns in eine Rücklage. Dies schließt allerdings eine Einstellung in eine Rücklage unter den Voraussetzungen des

§ 14 Abs. 1 Satz 1 Nr. 4 KStG nicht aus, wenn dies im Einzelfall bei vernünftiger kaufmännischer Beurteilung wirtschaftlich begründbar ist.

Liegen die Voraussetzungen für eine Rücklagenbildung nicht vor, wird eine vor dem 23.12.2016 unterlassene Abführung nicht beanstandet, wenn die Abführung des entsprechenden Abstockungsgewinns spätestens in dem nächsten nach dem 31.12.2016 aufzustellenden Jahresabschluss nachgeholt wird.

5.6.3.2 Wirksam festgestellter Jahresabschluss

Bei einer Aktiengesellschaft wird der Jahresabschluss von Aufsichtsrat und Vorstand, in besonderen Fällen auch von der Hauptversammlung festgestellt (§§ 172, 173 AktG). Bei einer Gesellschaft mit beschränkter Haftung beschließen die Gesellschafter über die Feststellung des Jahresabschlusses (§ 42a GmbHG). Auf dieser Grundlage erfolgt dann die Gewinnabführung an den Organträger. Nur in Ausnahmefällen kann ein Jahresabschluss nichtig sein (§ 256 AktG).

5.6.3.3 „Nicht erkennen müssen" des Fehlers

Dieses Tatbestandsmerkmal hebt darauf ab, dass der Kaufmann bei Anwendung seiner Sorgfaltspflichten den Fehler nicht hätte erkennen müssen. Im Umkehrschluss ist nur dann eine Änderung ausgeschlossen, wenn er den Fehler hätte erkennen müssen, sich dieser ihm ohne weiteres und ohne weitere Prüfung aufgedrängt hätte.

Eine Änderung bleibt damit zulässig, wenn der Kaufmann den Fehler hätte erkennen „können".

Um insbesondere die zu erwartenden praktischen Probleme bei der Umsetzung dieser Vorschrift zu mindern, hat der Gesetzgeber in Satz 5 der Neuregelung das Vorliegen der Voraussetzungen in folgenden Fällen fingiert:

– Es liegt ein uneingeschränkter Bestätigungsvermerks nach § 322 Abs. 3 HGB zum Jahresabschluss oder zu einem Konzernabschluss (in den der Jahresabschluss der Organgesellschaft einbezogen wurde) vor.

– Es liegt ein uneingeschränkter Bestätigungsvermerk über eine freiwillige Prüfung des Jahresabschlusses vor.

– Es liegt eine Bescheinigung eines Steuerberaters oder Wirtschaftsprüfers über die Erstellung eines Jahresabschlusses mit umfassenden Beurteilungen vor.

5.6.3.4 Beanstandung durch die Finanzverwaltung

In der Literatur (Schneider/Sommer, GmbHR 2013 S. 22; Dötsch/Pung, DB 2013 S. 305) wird die Auffassung vertreten, dass der klassische Fall der „Beanstandung" im Rahmen einer Außenprüfung erfolgen wird, jedoch erst nach Abschluss der Prüfung mit der Bekanntgabe des Prüfungsberichts. Somit werde auch erst dann das zeitliche Moment für die Frage, in welchem Jahresabschluss der Fehler zu berichtigen ist, festgelegt.

Diese Auffassung geht jedoch m. E. an der Realität vorbei, da die Betriebsprüfung während länger andauernden Konzernprüfungen die Unternehmen regelmäßig über Zwischenergebnisse in einzelnen Prüfungsgebieten schriftlich unterrichtet. Dies kann im Einzelfall Jahre vor dem endgültigen Abschluss einer Prüfung durch den Prüfungsbericht erfolgen. Hat das Unternehmen dann den Fehler im nächsten Abschluss berichtigt, kann dies bereits im Bp-Verfahren Berücksichtigung finden. Anderenfalls müsste das Finanzamt vor Auswertung des Bp-Berichts zunächst abwarten, ob der Stpfl. den Fehler auch tatsächlich berichtigt, da ansonsten der Gewinnabführungsvertrag – auch bereits für den Prüfungszeitraum – zu versagen wäre. Welche praktischen Probleme die Anwendung der Vorschrift mit sich bringen kann, soll nachstehendes Beispiel verdeutlichen.

Beispiel:

Bei der Organgesellschaft T-GmbH findet eine Betriebsprüfung für den Zeitraum 2016–2018 statt, die im April 2020 mit dem Prüfungsbericht abgeschlossen wird. Dieser Bericht enthält unter anderem die Feststellung, dass die Handelsbilanzen 2016–2018 fehlerhaft sind und damit die Gewinnabführung nicht den gesetzlichen Vorschriften entspricht. Folglich wurde die Anerkennung der Organschaft versagt und die sich daraus ergebenden steuerlichen Folgen (die Gewinnabführung gilt als verdeckte Gewinnausschüttung an den Organträger und die Organschaft muss die Einkommen selbst versteuern) wurden in diesem Prüfungsbericht bereits umgesetzt. Im Mai 2020 ergehen die entsprechenden Änderungsbescheide.

Die Organgesellschaft legt gegen die Steueränderungsbescheide im Juni 2020 Einspruch ein und berichtigt die fehlerhaften Bilanzansätze noch in laufender Rechnung des Jahres 2020. Da die Berichtigung steuerlich wirksam ist, müssen sowohl der Betriebsprüfungsbericht als auch die Steuerbescheide geändert werden.

Denkbar ist daher auch, dass bestimmte Fehler bereits im Veranlagungsverfahren beanstandet werden, so dass dadurch die Rechtsfolgen der Berichtigungspflicht ausgelöst werden können.

5.6.3.5 Berichtigungspflicht für Bilanz und Gewinnabführung

Sind sämtliche der o. g. Voraussetzungen erfüllt, hat der Stpfl. den Fehler spätestens in der ersten nach der Beanstandung zu erstellenden Bilanz zu berichtigen. Man spricht insoweit auch von einer Berichtigung „in laufender Rechnung". Eine wirksame Berichtigung muss sowohl beim Organträger als auch bei der Organgesellschaft erfolgen und schließt auch ein, dass der Unterschiedsbetrag abgeführt oder zurückgezahlt wird.

In der Folge wirkt die Berichtigung früherer Bilanzierungsfehler in laufender Rechnung auf die Anerkennung der Organschaft dieser früheren Jahre zurück.

Beispiel:

Wie Beispiel zu 5.6.2:

Eine im Jahr 2021 stattfindende Außenprüfung stellt fest, dass es die T-GmbH in 2020 versäumt hat, die Gewinnabführung um den Verlustvortrag aus 2015 zu vermindern. Da insoweit ein Verstoß gegen die Regelung des § 301 AktG vorliegt, droht in der Folge die steuerliche Versagung des Organschaftsverhältnisses rückwirkend ab dem Jahr 2016.

Nunmehr eröffnet § 14 Abs. 1 Satz 1 Nr. 3 Satz 4 KStG eine Heilungsmöglichkeit, indem der Fehler im Jahresabschluss 2020 (sofern dieser noch nicht festgestellt ist) oder 2021 berichtigt wird, indem die Gewinnabführung um den vororganschaftlichen Verlust des Jahres 2015 gemindert wird. Diese sich auch beim Organträger M-AG auswirkende Korrektur führt zur Anerkennung der Organschaft ab 2015.

Denkbar ist auch, dass die Stpfl. ohne eine etwaige Beanstandung durch die Finanzbehörde einen später selbst erkannten Fehler freiwillig korrigieren. Auch dies soll zur Anerkennung der Organschaft führen (Schneider/Sommer, GmbHR 2013 S. 22, Dötsch/Pung, DB 2013 S. 305).

Sofern die Anteile an einer Organgesellschaft bereits veräußert wurden, bevor ein handelsrechtlicher Fehler überhaupt erkannt wurde, stellt sich mitunter die Frage, ob und mit welchen steuerlichen Folgen – auch gegenüber Dritten – eine Berichtigungsmöglichkeit gegeben ist (vgl. hierzu Forst/Suchanek/Martini, GmbHR 2015 S. 408).

5.7 Tatsächliche Erfüllung der Abführungsverbindlichkeit

Nach der ständigen Rechtsprechung der Finanzgerichtsbarkeit erfordert die steuerliche Berücksichtigung eines Ergebnisabführungsvertrages auch dessen tatsächliche Durchführung. Dazu gehört neben der bilanziellen Ermittlung und Erfassung in den Bilanzen von Organgesellschaft und Organträger auch die tatsächliche Erfüllung der Verpflichtung durch die Organgesellschaft. Im Urteilsfall des FG Hamburg vom 19. 5. 2015 (6 K 236/12) war zwar ein Ergebnisabführungsvertrag steuerlich wirksam abgeschlossen worden, allerdings war die Organträgerin im Zeitpunkt der (verspäteten) Erstellung der Bilanz der Organgesellschaft bereits im Handelsregister gelöscht gewesen, so dass eine tatsächliche Gewinnabführung nicht erfolgen konnte.

Im Beschwerdeverfahren gegen die Nichtzulassung der Revision betonte der BFH, dass lediglich die Einbuchung einer Verpflichtung in Höhe des abzuführenden Gewinns bei der Organgesellschaft und einer gleich hohen Forderung beim Organträger nicht ausreiche, sondern dass der Gewinn tatsächlich durch Zahlung oder aber durch eine zur Anspruchserfüllung führende und der tatsächlichen Zahlung gleich stehende Aufrechnung abgeführt werden müsse (BFH-Beschluss vom 26. 4. 2016, I B 77/15, BFH/NV 2016 S. 1177).

5.8 Aufrechnung bei Verlustübernahme

Hat der Organträger gegenüber der Organgesellschaft Forderungen aus sonstigen Rechtsgeschäften und obliegt ihm andererseits die Verpflichtung zur Übernahme von Verlusten der Organgesellschaft, stellt sich die Frage, ob die Aufrechnung als Erfüllung der Verlustübernahmepflicht anerkannt wird oder der tatsächlichen Durchführung des Gewinnabführungsvertrages entgegensteht. Nach Ansicht des BGH (Urteil vom 10.7.2006, II ZR 238/04) kann der Organträger nur mit einer voll werthaltigen Forderung gegen den Verlustausgleichsanspruch aufrechnen.

Die tatsächliche Durchführung des Gewinnabführungsvertrages ist jedoch dann in Frage zu stellen, wenn die Forderung des Organträgers entweder nicht in voller Höhe werthaltig ist oder eigenkapitalersetzenden Charakter hat.

5.9 Fehlende Bilanzierung des Anspruchs auf Verlustübernahme

Nach dem nicht rechtskräftigen Urteil des Finanzgerichts Schleswig-Holstein vom 6.6.2019 (1 K 113/17, GmbHR 2019 S. 1202, DStZ 2019 S. 775) wird der zwischen einer Organgesellschaft und einer Organträgerin geschlossene Ergebnisabführungsvertrag nicht i.S. des §§ 17 Abs. 1 Satz 1, 1. Halbsatz, 14 Abs. 1 Nr. 3 KStG tatsächlich durchgeführt, wenn die Organgesellschaft den ihr gegenüber der Organträgerin zustehenden Anspruch auf Verlustübernahme in ihrer Bilanz nicht ausweist. Das gilt auch dann, wenn die Organträgerin der Organgesellschaft den Verlustbetrag tatsächlich erstattet. Es spricht viel dafür, auch sog. geringfügige Verstöße als schädlich für die Organschaft zu erachten, gleichgültig, ob die steuerlichen Folgen für die Beteiligten günstig oder nachteilig sind. Dessen ungeachtet stellt der Nichtausweis der Forderung in der Bilanz von vornherein keinen nur geringfügigen Mangel dar.

Dem Urteil zugrundeliegender Sachverhalt

Im vorliegenden Fall bestand die von Seiten des Finanzamtes zunächst steuerlich anerkannte Organschaft zwischen der Organgesellschaft und der Organträgerin B-GmbH bereits seit dem Jahr 2009. In den Jahren 2009 bis 2012 erwirtschaftete die Organgesellschaft Gewinne, die handelsrechtlich zunächst mit einem zum 31.12.2008 vorhandenen Verlustvortrag verrechnet wurden. Im Geschäftsjahr 2013 erzielte die Organgesellschaft einen Verlust, der von der B-GmbH zu erstatten war. Allerdings enthielt die am 10.11.2014 erstellte Bilanz der Organgesellschaft keine Forderung gegenüber der Organträgerin B-GmbH. Im Bericht zur Erstellung des Jahresabschlusses 2013 befand sich allerdings ein Hinweis auf den Gewinnabführungsvertrag. Der Steuerberater wies in einem Begleitschreiben an das Finanzamt zu den Steuererklärungen darauf hin, dass die Gewinne der Vorjahre handelsrechtlich mit dem vororganschaftlichen Verlustvortrag verrechnet worden seien (zutreffend nach § 17 Abs. 1 Satz 2 Nr. 1 KStG, § 301 Satz 2 AktG) und der Organträger den nun erstmals entstandenen Verlust zu erstatten habe. Am 11.2.2015 wurde der Verlust auch durch Banküberweisung tatsächlich ausgeglichen.

Mangels tatsächlicher Durchführung des Gewinnabführungsvertrages innerhalb des Fünfjahreszeitraums versagte das Finanzamt und nachfolgend auch das Finanzgericht die Anerkennung der Organschaft von Anfang an. In der

Folge musste die vermeintliche Organgesellschaft die Gewinne der Jahre 2009 bis 2012 nachträglich selbst versteuern.

Gewinnabführung in zwei Stufen

Nach den Ausführungen des Finanzgerichts wird ein EAV nur dann tatsächlich durchgeführt, wenn der Gewinn auch tatsächlich an den Organträger abgeführt und der Verlust auch tatsächlich von ihm übernommen wird. Regelmäßig vollzieht sich dies in zwei Stufen, nämlich zunächst durch den bilanziellen Ausweis der entsprechenden Forderung bzw. Verbindlichkeit aus dem EAV in den Jahresabschlüssen von Organträgerin und Organgesellschaft sowie anschließend durch zeitlich nachgelagerte Erfüllung.

Dabei ergibt sich die bei der Durchführung des EAV zu beachtende „erste Stufe" aus dem Gesetz. Danach ist der vorliegend allein in Rede stehende Verlustausgleichsanspruch der Organgesellschaft gegenüber der Organträgerin, wenn – wie hier – aufzulösende Gewinnrücklagen nicht bestehen, gem. § 277 Abs. 3 Satz 2 HGB in der Gewinn- und Verlustrechnung der Organgesellschaft in den Posten „Erträge aufgrund eines Gewinnabführungsbetrages" einzustellen, der den bei der Organgesellschaft sonst entstehenden Jahresfehlbetrag ausschließt. Die entsprechende Forderung gegenüber der Organträgerin ist gem. § 266 Abs. 2 B. II. Nr. 2 HGB als Forderung gegenüber verbundenen Unternehmen zu aktivieren.

Wie sich der zeitlich nachfolgende Erfüllungsakt auf der „zweiten Stufe" zu gestalten hat und zu welchem Zeitpunkt er zu erfolgen hat, wird uneinheitlich beurteilt. Der letztgenannte Punkt bedarf vorliegend jedoch keiner weiteren Vertiefung. Denn für die ordnungsgemäße tatsächliche Durchführung eines EAV ist jedenfalls erforderlich, dass er entsprechend den genannten gesetzlichen Vorgaben in den Jahresabschlüssen der beteiligten Gesellschaften abgebildet wird. Zwar mag die bilanzielle Erfassung der Ansprüche/Verbindlichkeiten allein noch nicht ausreichen, um eine tatsächliche Durchführung eines EAV bejahen zu können. Sie ist aber deren Grundvoraussetzung. Schon diese Grundvoraussetzung hat die Klägerin in ihrem Jahresabschluss für 2013 nicht erfüllt, indem sie ihren Anspruch auf Verlustausgleich gegen die B GmbH nicht ausgewiesen hat. Damit hat sie den EAV nicht ordnungsgemäß durchgeführt.

Heilungsmöglichkeit nach § 14 Abs. 1 Nr. 3 Satz 4 KStG?

Der EAV kann nicht trotz des Nichtausweises der Forderung gem. § 14 Abs. 1 Nr. 3 Satz 4 KStG als durchgeführt gelten. Zwar ist diese Norm hier gem. § 34 Abs. 9 Nr. 7 KStG grundsätzlich anzuwenden. Allerdings liegen ihre Voraussetzungen in mehrfacher Hinsicht nicht vor. Zunächst ist die Nichtbilanzierung der Forderung schon nicht als fehlerhafter Bilanzansatz im Sinne der normierten Fiktion anzusehen. Darunter sind nämlich (nur) solche Bilanzansätze zu verstehen, die vorgreiflich für die Bestimmung der Höhe der Abführungsverpflichtung bzw. des Verlustausgleichs maßgeblich sind, nicht aber die bilanzielle Behandlung des Verlustausgleichsanspruchs selbst. Zudem hätte die Fehlerhaftigkeit der Bilanz aufgrund der Nichterfassung dieses Anspruchs entgegen dem Erfordernis des § 14 Abs. 1 Nr. 3 Satz 4 lit. b. KStG bei der Erstellung des Jahresabschlusses unter Anwendung der Sorgfalt eines ordentlichen Kaufmanns erkannt werden müssen.

Unwesentlicher Bilanzierungsfehler?

Schließlich kann die Nichtbilanzierung des Anspruchs der Klägerin auch nicht unter dem Gesichtspunkt des Verhältnismäßigkeitsgrundsatzes als zu vernachlässigender geringfügiger Durchführungsmangel angesehen werden

Auch wenn bei der Beurteilung der Frage, ob ein EAV tatsächlich durchgeführt worden ist, kein kleinlicher Maßstab anzulegen ist, hat der Senat bereits grundsätzliche Bedenken im Hinblick auf Mängel bei der tatsächlichen Durchführung eines EAV zwischen geringfügigen Mängeln, die ohne Auswirkung bleiben sollen, und gewichtigeren Mängeln zu differenzieren, die zur Nichtanerkennung einer Organschaft führen sollen. Denn in diesem Zusammenhang ist zu bedenken, dass den vertragsbeteiligten Gesellschaften die (zeitweilige) Nichtdurchführung des GAV durch Herbeiführung – bewusster – Durchführungsmängel auch als Gestaltungsmittel zur Verfügung steht, um die steuerliche Organschaft zu beenden oder zeitweilig auszusetzen, wenn dies steuerlich von Vorteil ist. Die Vertragsparteien müssten bei vergleichsweise als gering erachteten Mängeln bei der Durchführung konsequenterweise an der Organschaft festgehalten werden, auch wenn sie das Gegenteil beabsichtigten. Diese Folge kann man mit dem Verhältnismäßigkeitsgrundsatz nur schwerlich erklären. Andererseits einen „geringfügigen" Durchführungsmangel ausschließlich zu Gunsten des Steuerpflichtigen mal als beachtlich und mal als unbeachtlich je nach Sachlage zu würdigen, ist nicht plausibel zu begründen. Es spricht also viel dafür, auch sog. geringfügige Verstöße als schädlich für die Organschaft zu erachten, gleichgültig, ob die steuerliche Folge für die Beteiligten günstig oder nachteilig sind.

Der Senat hat diese Frage nicht abschließend beantwortet. Denn der Nichtausweis der Forderung der Klägerin gegen die B GmbH in der Bilanz auf den 31. Dezember 2013 stellt von vornherein keinen nur geringfügigen Mangel dar. Vielmehr liegt damit – wie oben dargelegt – schon die Grundvoraussetzung für die tatsächliche Durchführung des EAV nicht vor. Letztlich hat die Klägerin damit dokumentiert – und angesichts der Publikationswirkung der Bilanz auch nach außen zu erkennen gegeben –, dass zum Zeitpunkt der Bilanzerstellung eine Verlustausgleichsforderung gegenüber der B GmbH nicht bestand, folglich also der EAV in einem wesentlichen Punkt nicht gelten sollte. Daran vermag auch der Umstand, dass die B GmbH den Verlust der Klägerin später – wenn auch in relativ engem zeitlichen Zusammenhang zur Bilanzerstellung – tatsächlich ausgeglichen hat, nichts (mehr) zu ändern.

Gegen die Entscheidung des Finanzgerichts ist unter I R 37/19 ein Revisionsverfahren beim BFH anhängig. Es bleibt abzuwarten, ob der erste Senat seine formale und eher restriktive Rechtsprechung im Bereich der Organschaft auch in diesem Fall fortsetzt. Den steuerberatenden Berufen ist allerdings zu empfehlen, der korrekten bilanziellen Darstellung von gegenseitigen Forderungen und Verbindlichkeiten aus Gewinnabführungsverträgen besondere Aufmerksamkeit zu schenken.

5.10 Mustervertrag

Ergebnisabführungsvertrag

zwischen

der Firma T-GmbH, Musterstadt

eingetragen im Handelsregister beim Amtsgericht Musterstadt unter HRB 123

- im folgenden **Organgesellschaft**

und

der Firma M-GmbH, Musterstadt

eingetragen im Handelsregister beim Amtsgericht Musterstadt unter HRB 456

- im folgenden **Organträgerin**

Vorbemerkung

Die Organträgerin ist zu 100 % am Stammkapital der Organgesellschaft in Höhe von 500.000 € beteiligt. Zwischen der Organträgerin und der Organgesellschaft soll beginnend ab dem 01.01.2020 ein Organschaftsverhältnis im Sinne des § 14 KStG begründet werden und zwar mit der M-GmbH als Organträgerin und der T-GmbH als Organgesellschaft.

§ 1

Gewinnabführung

1. Die Organgesellschaft verpflichtet sich, erstmals für das mit dem 01.01.2020 beginnende Geschäftsjahr ihren ganzen Gewinn an die Organträgerin abzuführen. Die Vorschriften des § 301 AktG sind insgesamt in ihrer jeweils geltenden Fassung anzuwenden.
2. Die Organgesellschaft kann mit Zustimmung der Organträgerin Teile ihres Jahresüberschusses in andere Gewinnrücklagen (§ 272 Abs. 3 HGB) einstellen, sofern dies handelsrechtlich zulässig und bei vernünftiger kaufmännischer Beurteilung wirtschaftlich begründet ist. Die Organträgerin kann jedoch verlangen, dass die während der Laufzeit dieses Vertrages gebildeten anderen Gewinnrücklagen nach § 272 Abs. 3 HGB aufzulösen und, soweit im Rahmen des § 302 AktG in der jeweils geltenden Fassung gesetzlich zulässig, zum Ausgleich eines Jahresfehlbetrags oder zur Gewinnabführung zu verwenden sind.
3. Die Abführung von Erträgen aus der Auflösung von Kapitalrücklagen und vorvertraglichen Gewinnrücklagen sowie vorvertraglichen Gewinnvorträgen ist ausgeschlossen.

---

§ 2
Verlustübernahme

1. Die Organträgerin ist entsprechend den Vorschriften des § 302 AktG in seiner jeweils geltenden Fassung verpflichtet, jeden während der Vertragsdauer sonst entstehenden Jahresfehlbetrag der Organgesellschaft auszugleichen, soweit er nicht dadurch ausgeglichen wird, dass den während der Vertragsdauer gebildeten Gewinnrücklagen Beträge entnommen werden.

2. Im Übrigen finden die Regelungen des § 302 AktG insgesamt in ihrer jeweils geltenden Fassung entsprechende Anwendung.

§ 3
Jahresabschluss, Fälligkeit

1. Die Organgesellschaft hat den Jahresabschluss zur Ermittlung des Gewinns bzw. Verlustes nach den Grundsätzen ordnungsmäßiger Buchführung unter Beachtung der handels- und steuerrechtlichen Vorschriften und der Richtlinien der Organträgerin aufzustellen und vor seiner Feststellung der Organträgerin zur Kenntnisnahme und Abstimmung vorzulegen.

2. Der Jahresabschluss der Organgesellschaft ist vor dem Jahresabschluss der Organträgerin aufzustellen und festzustellen.

3. Der Anspruch der Organträgerin auf Gewinnabführung entsteht mit Wirkung zum Ende des jeweiligen Geschäftsjahres der Organgesellschaft und wird am Tage der Feststellung des Jahresabschlusses der Organgesellschaft fällig. Der Anspruch der Organgesellschaft auf Verlustausgleich entsteht und wird fällig mit Wirkung zu Ende des jeweiligen Geschäftsjahres der Organgesellschaft.

§ 4
Vertragsdauer, Kündigung

1. Der Vertrag wird wirksam mit der Zustimmung aller Gesellschafter der Organgesellschaft sowie der Organträgerin und der Eintragung des Vertrages in das Handelsregister der Organgesellschaft. Der Vertrag gilt rückwirkend für die Zeit ab Beginn des bei seiner Eintragung laufenden Geschäftsjahres der Organgesellschaft. Die Zustimmung der Organgesellschaft bedarf der notariellen Beurkundung. Der Vertrag hat eine Geltungsdauer von mindestens 5 Zeitjahren (Mindestlaufzeit).

2. Jede Vertragspartei kann diesen Vertrag mit einer Kündigungsfrist von 6 Monaten zum Ende eines Geschäftsjahres der Organgesellschaft kündigen, erstmals mit Wirkung zum Ende des bei Ablauf der Mindestlauf-

zeit laufenden oder mit deren Ablauf endenden Geschäftsjahres der Organgesellschaft. Kündigt keine der Vertragsparteien diesen Vertrag fristgerecht, so verlängert sich der Vertrag jeweils um ein Geschäftsjahr.

3. Vor Ablauf der Mindestlaufzeit oder nach Ablauf der Mindestlaufzeit ohne Einhaltung der Kündigungsfrist von 6 Monaten kann der Vertrag nur aus wichtigem Grund gekündigt werden. Als wichtiger Grund gilt insbesondere:

   - wenn ein Vertragsteil eine grob fahrlässige oder vorsätzliche Vertragsverletzung begeht sowie bei Betrug oder einer anderen gesetzeswidrigen Maßnahme, oder
   - wenn ein Vertragsteil z. B. durch Insolvenz voraussichtlich nicht in der Lage sein wird, seine aufgrund dieses Vertrages bestehenden Verpflichtungen zu erfüllen (§ 297 Abs. 1 AktG), oder
   - wenn die Organträgerin die Beteiligung an der Organgesellschaft ganz oder teilweise veräußert oder eine Kapitalerhöhung bei der Organgesellschaft durchgeführt oder die Beteiligung an der Organgesellschaft in eine andere Gesellschaft eingebracht wird und dies zur Folge hat, dass die Organschaftsvoraussetzung einer finanziellen Eingliederung nicht mehr erfüllt wird, oder
   - die Verschmelzung, Spaltung oder Liquidation eines Vertragsteils.

4. Wird die steuerliche Organschaft während der Mindestlaufzeit (siehe § 4 Zi ff. 1 und 2) nicht oder nicht vollständig anerkannt, so beginnt der 5-Jahreszeitraum bis zur ersten Kündigungsmöglichkeit entgegen § 4 Zi ff. 1 und 2 erst am ersten Tag des Geschäftsjahres der Organgesellschaft, in dem die Voraussetzungen für die steuerliche Anerkennung der Wirksamkeit des Vertrages oder seiner ordnungsgemäßen Durchführung erstmals vorgelegen haben.

5. Im Falle der Kündigung aus wichtigem Grund tritt dieser Vertrag für steuerliche Zwecke mit Wirkung ab Beginn des laufenden Geschäftsjahres der Organgesellschaft außer Kraft.

6. Die Organträgerin ist im Fall der Kündigung aus wichtigem Grund lediglich an den anteiligen Gewinnen der Organgesellschaft berechtigt bzw. zum Ausgleich der anteiligen Verluste der Organgesellschaft verpflichtet, die bis zu dem Zeitpunkt der Kündigung aus wichtigem Grund handelsrechtlich entstanden sind.

7. Die Kündigung bedarf der Schriftform. Für die Einhaltung der Frist kommt es auf den Zeitpunkt des Zugangs des Kündigungsschreibens beim jeweils anderen Vertragspartner an.

§ 5
Schlussbestimmungen

1. Änderungen und Ergänzungen dieses Vertrages bedürfen der Schriftform, soweit nicht notarielle Beurkundung erforderlich ist. Mündliche Nebenabreden sind nicht getroffen worden.

2. Die Organträgerin ist jederzeit berechtigt, Bücher und sonstige Geschäftsunterlagen der Organgesellschaft einzusehen. Die Geschäftsführung der Organgesellschaft ist verpflichtet, dem Organträger jederzeit alle von ihr gewünschten Auskünfte über die Angelegenheiten der Organgesellschaft zu erteilen.

3. Sollten einzelne oder mehrere Bestimmungen dieses Vertrags unwirksam oder undurchführbar sein oder werden oder Regelungslücken enthalten sein, wird hierdurch die Gültigkeit der übrigen Bestimmungen des Vertrages nicht berührt. Statt der unwirksamen oder undurchführbaren Bestimmung soll eine Bestimmung gelten, die dem wirtschaftlichen Ergebnis der unwirksamen oder undurchführbaren Bestimmung am nächsten kommt. Jedoch ist darauf zu achten, dass bei der Auslegung einzelner Bestimmungen dieses Vertrages die Vorgaben des § 14 KStG oder eine Nachfolgeregelung zu beachten ist.

Musterstadt, den 01.06.2020

T-GmbH   M-GmbH

III. Rechtsfolgen der Organschaft im Körperschaftsteuerrecht

1 Überblick über die Rechtsfolgen

Ein wesentliches Merkmal der organschaftlichen Ergebnisermittlung ist, dass die steuerlichen Bemessungsgrundlagen der beteiligten Rechtsträger zunächst getrennt und nach den allgemeinen Vorschriften des Einkommensteuer- und Körperschaftsteuerrechts unter Berücksichtigung der für die Organschaft geltenden Sondervorschriften ermittelt werden und erst in einem zweiten Schritt auf Ebene des Organträgers zusammengerechnet werden.

Aufgrund des handelsrechtlichen Gewinnabführungsvertrages hat die Organgesellschaft ihren ganzen Gewinn an den Organträger abzuführen oder im Verlustfalle hat der Organträger den entstandenen Verlust zu übernehmen. Diese Vorgänge werden in den Bilanzen als Forderungen und Verbindlichkeiten abgebildet, in den Gewinn- und Verlustrechnungen ergeben sich Aufwendungen und Erträge. Ausgangspunkt für alle weiteren Berechnungen ist damit die handelsrechtliche Gewinnabführung.

Das nachfolgende kurze Beispiel soll die Systematik aufzeigen:

Beispiel:

Die Organgesellschaft T-GmbH hat im Wirtschaftsjahr 2020 einen Gewinn i. H. v. 100.000 € erzielt, den sie an den Organträger M-GmbH abzuführen hat.

Bilanzen:

| T-GmbH: | Verbindlichkeiten verbundene Unternehmen | 100.000 € |
| M-GmbH: | Forderungen verbundene Unternehmen | 100.000 € |

GuV-Rechnungen:

| T-GmbH: | Aufwand Gewinnabführung | 100.000 € |
| M-GmbH: | Ertrag Gewinnabführung | 100.000 € |

2 Ermittlung des Organeinkommens

Grundlage für die Einkommensermittlung ist die Vorschrift des § 15 KStG. Danach sind zunächst die allgemeinen Vorschriften für die Einkommensermittlung anzuwenden.

Ausgangspunkt für die Ermittlung des dem Organträger zuzurechnenden Einkommens ist der Jahresüberschuss lt. Handelsbilanz. Die als Betriebsausgabe gebuchte Gewinnabführung ist zuzurechnen.

Die Organgesellschaft darf nach § 14 Abs. 1 Nr. 4 KStG Gewinnrücklagen i. S. des § 272 Abs. 3 HGB bilden. Diese Rücklagen werden aus den laufenden Gewinnen gebildet und somit nicht an den Organträger abgeführt. Dennoch muss der Betrag bei der Einkommensermittlung zur Versteuerung beim Organträger hinzugerechnet werden.

Nichtabziehbare Ausgaben wie beispielsweise Bewirtungskosten und Geschenke sind nach den allgemeinen Regelungen des § 4 Abs. 5 EStG zu behandeln.

Schema der Einkommensermittlung Organgesellschaft	
1.	Jahresüberschuss lt. Handelsbilanz (i. d. R. 0 €)
2. +/–	oder JÜ vor Zuführung zu Gewinnrücklagen (§ 275 Abs. 4 HGB) ≠ 0 € €
3. +/–	Zu-/Abrechnungen Steuerbilanz (bei Abweichungen HB – STB)
4. +	verdeckte Gewinnausschüttungen
5. –	verdeckte Einlagen (der Gesellschafter)
6. +	nicht abziehbare Ausgaben (§ 4 Abs. 5 EStG, AStG, § 160 AO, …)
7. +	Gesamtbetrag der Spenden gem. § 9 Abs. 1 Nr. 2 KStG
8. –	sonstige steuerfreie Vermögensmehrungen (z. B. Investitionszulage)
9. +	Gewinnabführung an den OT
10. –	Verlustübernahme des OT
11. +	20/17 der Ausgleichszahlungen i. S. des § 16 KStG
=	**Summe der Einkünfte**
12. –	abziehbare Spenden
13. –	dem OT zuzurechnendes Einkommen
=	**Einkommen/zu versteuerndes Einkommen der Organgesellschaft**

Für Veranlagungszeiträume bis einschließlich 2013:

14.	**Nachrichtliche Angaben für den Organträger:**
	• Steuerfreie Dividenden nach § 8b Abs. 1 KStG
	• Steuerfreie Veräußerungsgewinne nach § 8b Abs. 2 KStG
	• damit in wirtschaftlichem Zusammenhang stehende Aufwendungen
	• nicht abziehbare Gewinnminderungen (§ 8b Abs. 3 KStG)
	• Angaben zur Zinsschranke
	• Anrechenbare Kapitalertragsteuern

Für Veranlagungszeiträume ab 2014:

14.	**Nach § 14 Abs. 5 KStG festgestellte Beträge:**
	• Dem Organträger zuzurechnendes Einkommen der Organgesellschaft
	• Summe der Einkünfte der Organgesellschaft (für § 34c KStG)
	• Steuerfreie Dividenden nach § 8b Abs. 1 KStG
	• Steuerfreie Veräußerungsgewinne nach § 8b Abs. 2 KStG
	• damit in wirtschaftlichem Zusammenhang stehende Aufwendungen
	• nicht abziehbare Gewinnminderungen (§ 8b Abs. 3 KStG)
	• Feststellungen zur Zinsschranke
	• Feststellungen zu Mehr- und Minderabführungen
	• Feststellungen zu anrechenbaren Steuern

Die einzelnen Positionen sollen nachfolgend erläutert werden:

1. Ausgangswert für die Berechnung der ertragsteuerlichen Bemessungsgrundlage ist der handelsrechtliche Jahresüberschuss. Da die Organgesellschaft ihren ganzen Gewinn an den Organträger abzuführen hat, ergibt sich im Regelfall ein Jahresüberschuss i. H. v. 0 € (Besonderheiten gelten z. B. bei der Bildung von Rücklagen). Ausführliche Erläuterung siehe unter III. 2.1.

2. Bildet die Organgesellschaft zulässigerweise Gewinnrücklagen, so ist die Gewinnabführung bereits um diesen Wert geschmälert (vgl. § 275 Abs. 4 HGB). Zur Vermeidung einer Nichtbesteuerung ist eine Zurechnung bei der Einkommensermittlung erforderlich. Entsprechendes gilt bei der Auflösung von Gewinnrücklagen mit umgekehrtem Vorzeichen. Zu weiteren Einzelheiten siehe unter III. 2.2.

3. Abweichungen zwischen Handels- und Steuerbilanz können sich z. B. bei der steuerlich nach § 6 EStG gebotenen Abzinsung von Rückstellungen oder einem steuerlichen Abzugsverbot von Rückstellungen ergeben. Die daraus resultierenden Gewinnerhöhungen oder -minderungen sind bei der Ermittlung des Organeinkommens zu berücksichtigen. Zu den sich hierdurch ergebenden Mehr- und Minderabführungen siehe IV. 1.9.

4. Da die allgemeinen Vorschriften gelten, können sich auch verdeckte Gewinnausschüttungen an den Organträger oder nahestehende Personen ergeben, wenn die Organgesellschaft Vermögensvorteile an den Gesellschafter oder diesem nahestehende Personen gewährt hat. Die Zurechnung auf Ebene der Organgesellschaft erfolgt gem. § 8 Abs. 3 Satz 2 KStG. Zur Behandlung auf Ebene des Organträgers sowie zur weiteren Vertiefung dieser Thematik siehe unter IV. 3.

5. Verdeckte Einlagen durch die Gesellschafter dürfen auch im Falle der Organschaft das Einkommen nicht erhöhen (vgl. § 8 Abs. 3 Satz 3 KStG). Der handelsrechtlich gebuchte Ertrag ist steuerlich durch eine entsprechende Kürzung zu neutralisieren. Gleichzeitig ist eine entsprechende Erhöhung beim steuerlichen Einlagekonto zu erfassen (siehe auch unter III. 3.2.3).

6. Bei der Organgesellschaft als Aufwand gebuchte nicht abziehbare Betriebsausgaben sind so zuzurechnen, als bestünde die Organschaft nicht. Dieser Grundsatz wird bei der Beurteilung der steuerlichen Abzugsfähigkeit von Bewirtungsaufwendungen deutlich: Bei geschäftlichem Anlass sind die Bewirtungsaufwendungen nach § 4 Abs. 5 Satz 1 Nr. 2 Satz 1 EStG nicht zum Abzug zugelassen, soweit sie den dort genannten Prozentsatz der angemessenen und nachgewiesenen Aufwendungen übersteigen. Nicht geschäftlich, sondern allgemein betrieblich veranlasst ist ausschließlich die Bewirtung von Arbeitnehmern des bewirtenden Unternehmens. Geschäftlich veranlasst ist danach die Bewirtung von Arbeitnehmern von gesellschaftsrechtlich verbundenen Unternehmen (z. B. Mutter- oder Tochterunternehmen) und mit ihnen vergleichbaren Personen. Im Ergeb-

nis bedeutet dies eine Kürzung der Bewirtungsaufwendungen, soweit sie auf Arbeitnehmer des Organträgers entfallen.

7. Die als Betriebsausgaben gebuchten Spenden sind auf Ebene der Organgesellschaft zur Ermittlung des Spendenhöchstbetrages nach den allgemeinen Vorschriften des § 9 Abs. 2 Satz 1 KStG zunächst hinzuzurechnen (siehe auch zu 12. und unter III. 2.4).

8. Bei der Ermittlung des zuzurechnenden Organeinkommens sind solche Beträge in Abzug zu bringen, die nicht der Einkommensteuer/Körperschaftsteuer unterliegen und nicht nach den Regelungen des § 15 Satz 1 Nr. 2 KStG über die Bruttomethode erst auf Ebene des Organträgers zu berücksichtigen sind. Hierbei handelt es sich z. B. um Investitionszulage (§ 13 InvZulG 2010) oder um Erträge, die sich aus der Bilanzierung des Anspruchs auf Auszahlung des Körperschaftsteuerguthabens ergeben (§ 37 Abs. 7 KStG).

9. Die Gewinnabführung an den Organträger wurde handelsrechtlich als Aufwand gebucht und ist deshalb zur Ermittlung des steuerlichen Einkommens wieder hinzuzurechnen.

10. Die Übernahme des Verlustes durch den Organträger wurde bei der Organgesellschaft handelsrechtlich als Ertrag gebucht und ist deshalb zur Ermittlung des steuerlichen Einkommens wieder abzuziehen.

11. Nach § 16 KStG hat die Organgesellschaft ihr Einkommen i. H. v. 20/17 der geleisteten Ausgleichszahlungen selbst zu versteuern. Daher kommt es insoweit zu einer entsprechenden Zurechnung (ausführlich siehe unter IV. 2.).

12. Die dem Grunde nach abziehbaren Spenden der Organgesellschaft sind unter Berücksichtigung des eigenen Einkommens der Organgesellschaft der Höhe nach abziehbar (§ 9 KStG).

13. Soweit die Organgesellschaft kein eigenes Einkommen zu versteuern hat, ist der sich ergebende Betrag dem Organträger zur Versteuerung zuzuweisen.

14. Die Anwendung der Bruttomethode nach § 15 Satz 1 Nr. 2 KStG auf Ebene der Organgesellschaft erfordert bis einschließlich Veranlagungszeitraum 2013 die nachrichtliche Mitteilung von Besteuerungsgrundlagen an den Organträger, die dort unter Berücksichtigung von persönlichen Besteuerungsmerkmalen des Organträgers angesetzt werden. Ab dem Jahr 2014 werden die entsprechenden Besteuerungsgrundlagen Bestandteil der nach § 14 Abs. 5 KStG durchzuführenden gesonderten und einheitlichen Feststellung, die dann als Grundlagenbescheid Bindungswirkung für den Organträger entfaltet.

2.1 Handelsrechtlicher Jahresüberschuss

Für die Organgesellschaft gelten, soweit § 15 KStG nichts Abweichendes regelt, die allgemeinen Vorschriften des EStG und KStG (§§ 7 Abs. 2 und 8 Abs. 1 KStG). Grundlage für die Ermittlung des Einkommens ist dabei grundsätzlich der

Jahresüberschuss/Jahresfehlbetrag lt. Handelsbilanz, der gem. § 301 AktG in voller Höhe an den Organträger abzuführen ist, so dass sich im Regelfall ein verbleibender Jahresüberschuss von 0 € ergibt.

Beispiel:

Der handelsrechtliche Jahresüberschuss 2020 der Organgesellschaft T-GmbH beträgt im Wirtschaftsjahr (= Kalenderjahr) vor Abführung an den Organträger M-AG 100.000 €.

T-GmbH	Organschaft
Jahresüberschuss vor Gewinnabführung	100.000
Gewinnabführung	−100.000
Jahresüberschuss nach Gewinnabführung	0

2.2 Bildung von Gewinnrücklagen

Soweit die Organgesellschaft zulässigerweise Beträge aus dem Jahresüberschuss in die Gewinnrücklagen einstellt (§ 14 Abs. 1 Nr. 4 KStG), sind diese bei der Ermittlung des zuzurechnenden Einkommens wieder zuzurechnen.

Beispiel:

Der handelsrechtliche Jahresüberschuss 2020 der Organgesellschaft T-GmbH beträgt im Wirtschaftsjahr (=Kalenderjahr) vor Abführung an den Organträger M-AG 500.000 €. Die T-GmbH stellt zur Finanzierung einer geplanten Investition einen Betrag von 200.000 € in die Gewinnrücklagen ein.

T-GmbH	GuV
Jahresüberschuss vor Gewinnabführung	500.000
Zuführung zu den Gewinnrücklagen	−200.000
Zwischensumme	300.000
Gewinnabführung	−300.000
Jahresüberschuss nach Gewinnabführung	0

T-GmbH	Einkommen
Jahresüberschuss nach Gewinnabführung	0
Zuführung zu den Gewinnrücklagen	200.000
Zwischensumme	200.000
Gewinnabführung	300.000
zuzurechnendes Einkommen	500.000

2.3 Abweichungen zwischen Handels- und Steuerbilanz

Buchführungspflichtige und freiwillig Bücher führende Gewerbetreibende müssen bei der steuerrechtlichen Gewinnermittlung das Betriebsvermögen ansetzen, das nach den handelsrechtlichen Grundsätzen ordnungsmäßiger Buchführung (GoB) auszuweisen ist (§ 5 Abs. 1 Satz 1 EStG). Damit ist das Verhältnis von Handels- und Steuerbilanz gesetzlich geregelt. Der Maßgeblichkeitsgrundsatz der Handelsbilanz für die Steuerbilanz regelt damit den Vorrang der handelsrechtlichen GoB für die Steuerbilanz. Diese Maßgeblichkeit ist so lange vorrangig, soweit nicht besondere Vorschriften des Steuerrechts (§ 5 Abs. 6 EStG) einen anderen Ansatz oder eine abweichende Bewertung verlangen oder die Rechtsprechung eine Abweichung erfordert.

Die Steuerbilanz von Gewerbetreibenden wird auch als abgeleitete Handelsbilanz bezeichnet. Das bilanzierende Unternehmen ist nicht verpflichtet, neben der Handelsbilanz zusätzlich eine Steuerbilanz aufzustellen. Zur Ermittlung des steuerpflichtigen Gewinns kann der Handelsbilanzgewinn in einer Nebenrechnung zur Steuererklärung aufgrund zwingender steuerrechtlicher Vorschriften vermehrt oder vermindert werden (§ 60 Abs. 2 Satz 1 EStDV).

Mit der Einführung des BilMoG haben sich zahlreiche Bilanzierungsvorschriften in der Handelsbilanz geändert (z. B. Ansatz und Bewertung von Rückstellungen), so dass viele Wertansätze von den Steuerbilanzwerten abweichen. Zudem hat der Wegfall der sog. umgekehrten Maßgeblichkeit zu einem weiteren Auseinanderfallen von Handels- und Steuerbilanz geführt.

Besondere steuerrechtliche Regelungen, die zu Abweichungen zwischen Handels- und Steuerbilanz führen, sind insbesondere die Vorschriften über die

- Bewertung (§ 6 EStG),
- AfA und Substanzverringerung (§§ 7–7i EStG),
- Entnahmen und Einlagen (§ 6 Abs. 1 Nr. 4 und 5 EStG),
- Bilanzänderung (§ 4 Abs. 2 Satz 2 EStG),
- Betriebsausgabenabzug (§ 4 Abs. 4, 4a und 5 EStG).

Soweit auf Ebene einer Organgesellschaft solche besonderen steuerrechtlichen Regelungen zu berücksichtigen sind, haben diese auch Einfluss auf die Ermittlung des zuzurechnenden Einkommens und führen auch regelmäßig zu sog. Mehr- und Minderabführungen.

2.4 Spendenabzug

Die als Betriebsausgaben abgezogenen Spenden sind zunächst zur Ermittlung des Spendenhöchstbetrages zuzurechnen. Für die Prüfung des maximal zulässigen Spendenabzugs ist § 9 Abs. 1 Nr. 2 KStG für die Organgesellschaft und den Organträger gesondert anzuwenden (vgl. OFD Hannover vom 4.4.2003, DB 2003 S. 1144).

Für die Ermittlung des Höchstbetrages sind bei der Organgesellschaft nur ihre eigenen Umsätze, Löhne und Gehälter maßgebend, auch wenn ein umsatzsteuerliches Organschaftsverhältnis vorliegt (R 9 Abs. 5 KStR). Dies gilt auch für die Ermittlung des Höchstbetrages nach dem Einkommen. Hier ist nur das eigene Einkommen der Organgesellschaft heranzuziehen.

Beim Organträger ist nur dessen Einkommen ohne das Organeinkommen für die Ermittlung des Spendenhöchstbetrages maßgebend. Diese Rechtsauffassung wurde in einer Entscheidung des FG Düsseldorf (Urteil vom 26.6.2012,

6 K 3767/10 F) und im Revisionsverfahren vor dem BFH (Urteil vom 23.10.2013, I R 55/12, BFH/NV 2014 S. 903) bestätigt.

2.5 Sonstige steuerfreie Einkommensteile der Organgesellschaft

2.5.1 Schachteldividenden

Soweit eine Organgesellschaft Gewinnanteile aus der Beteiligung an einer ausländischen Gesellschaft bezogen hat, die nach den Vorschriften eines Doppelbesteuerungsabkommens von der Besteuerung auszunehmen sind (sog. Schachtelprivileg), führt dies bis einschließlich Veranlagungszeitraum 2002 nicht zur Anwendung der sog. Bruttomethode gem. § 15 Nr. 2 KStG. Erst mit der Änderung des § 15 Nr. 2 KStG durch das Steuervergünstigungsabbaugesetz vom 16.5.2003 (BStBl 2003 I S. 321) erstreckt sich die Anwendung der Bruttomethode ab dem Veranlagungszeitraum 2003 auch auf solche Gewinnanteile, die nach einem DBA von der Besteuerung auszunehmen sind (BFH-Urteil vom 14.1.2009, BStBl 2011 II S. 131). Somit mindern steuerfreie Schachteldividenden bis einschließlich 2002 das zuzurechnende Einkommen der Organgesellschaft selbst.

2.5.2 Investitionszulage

Nach § 12 des InvZulG 2007 und § 13 des InvZulG 2010 gehört die Investitionszulage nicht zu den Einkünften i.S. des Einkommensteuergesetzes. Somit unterliegt sie auch nicht der Körperschaftsteuer (§ 8 Abs. 1 KStG). Im Gewinn der Organgesellschaft enthaltene Investitionszulagen mindern das zuzurechnende Einkommen.

2.5.3 Sanierungserträge

Nach § 3a Abs. 1 Satz 1 EStG sind Betriebsvermögensmehrungen oder Betriebseinnahmen aus einem Schuldenerlass zum Zwecke einer unternehmensbezogenen Sanierung (Sanierungsertrag) steuerfrei.

Eine unternehmensbezogene Sanierung liegt nach § 3a Abs. 2 EStG vor, wenn der Steuerpflichtige für den Zeitpunkt des Schuldenerlasses die Sanierungsbedürftigkeit und die Sanierungsfähigkeit des Unternehmens, die Sanierungseignung des betrieblich begründeten Schuldenerlasses und die Sanierungsabsicht der Gläubiger nachweist.

Die Vorschrift des § 3a EStG wurde eingefügt durch Gesetz gegen schädliche Steuerpraktiken im Zusammenhang mit Rechteüberlassungen vom 27.6.2017 und ist erstmals in den Fällen anzuwenden, in denen die Schulden ganz oder teilweise nach dem 8.2.2017 erlassen wurden (vgl. § 52 Abs. 4a EStG).

Nach dem neu eingefügten § 3c Abs. 4 EStG dürfen im Gegenzug Betriebsvermögensminderungen oder Betriebsausgaben, die mit einem steuerfreien Sanierungsertrag im Sinne des § 3a EStG in unmittelbarem wirtschaftlichem Zusammenhang stehen, unabhängig davon, in welchem Veranlagungszeitraum der Sanierungsertrag entsteht, nicht abgezogen werden.

Nach § 3a Abs. 3 Sätze 2 und 3 EStG wird der steuerfreie Sanierungsertrag mit verschiedenen Steuerminderungsbeträgen verrechnet und die geminderten Beträge bleiben nach § 3a Abs. 3 Satz 5 EStG außer Ansatz.

Nach § 8 Abs. 1 KStG sind diese Regelungen auch bei Körperschaften anzuwenden.

Realisiert eine Organgesellschaft einen solchen steuerfreien Sanierungsertrag, stellt sich die Frage, wie dies im Rahmen der Organschaft umzusetzen ist. Grundsätzlich müsste ein solcher steuerfreier Sanierungsertrag bei der Ermittlung des zuzurechnenden Einkommens der Organgesellschaft in Abzug gebracht werden.

Organgesellschaft und Organträger ermitteln ihr Einkommen jeweils selbständig. Anschließend wird das Einkommen der Organgesellschaft dem Organträger gem. § 14 Abs. 1 Satz 1 KStG zugerechnet. Folglich finden die §§ 3a und 3c Abs. 4 EStG grundsätzlich beim Organträger und bei der Organgesellschaft getrennt Anwendung. Handelt es sich bei dem sanierten Unternehmen um eine Organgesellschaft sind die §§ 3a und 3c Abs. 4 EStG zunächst bei dieser anzuwenden. Vororganschaftliche Verluste sind im Rahmen des § 3a Abs. 3 EStG zu mindern (§ 15 Satz 1 Nr. 1 Satz 2 KStG).

Der sich nach § 3a Abs. 3 Satz 4 EStG ergebende verbleibende Sanierungsertrag der Organgesellschaft ist gem. § 14 Abs. 5 KStG gesondert und einheitlich festzustellen. Auf diesen Betrag sind sodann die Verlustminderungsvorschriften des § 3a Abs. 3 EStG bei dem Organträger anzuwenden (§ 15 Satz 1 Nr. 1a Satz 1 KStG). Handelt es sich bei dem Organträger um eine Personengesellschaft gilt § 3a Abs. 4 EStG entsprechend (§ 15 Satz 1 Nr. 1a Satz 2 KStG).

Ist die Organschaft im Sanierungsjahr bereits beendet oder unterbrochen, muss gem. § 15 Satz 1 Nr. 1a Satz 3 KStG eine korrespondierende Minderung nach § 3a Abs. 3 Satz 2 EStG beim Organträger über das Bestehen der Organschaft hinaus vorgenommen werden, wenn dem Organträger in einem der fünf dem Sanierungsjahr vorangegangen Veranlagungszeiträume das Einkommen der Organgesellschaft zugerechnet worden ist.

Die sich für den (vormaligen) Organträger bei der (vormaligen) Organgesellschaft ergebenden Besteuerungsgrundlagen nach § 15 Satz 1 Nr. 1a Satz 3 KStG werden auch in diesem Falle nach § 14 Abs. 5 KStG gegenüber dem Organträger und der Organgesellschaft gesondert und einheitlich festgestellt (Quelle: Landesamt für Steuern und Finanzen Sachsen, 13. 3. 2019, 211-S 2140/1/1–2019/5653).

2.6 Nichtabziehbare Ausgaben der Organgesellschaft

Nichtabziehbare Betriebsausgaben (z. B. nach § 4 Abs. 5 EStG oder § 160 AO) der Organgesellschaft werden bei dieser nach den allgemeinen Einkommensermittlungsvorschriften bei der Ermittlung des zuzurechnenden Einkommens hinzugerechnet. Diese Hinzurechnungen erhöhen zwar das steuerlich zuzurechnende Ergebnis, führen aber nicht zu Minderabführungen, da insoweit keine bilanziellen Abweichungen gegeben sind.

2.7 Neutralisierung der Gewinnabführung/Verlustübernahme

Für die steuerliche Ergebnisermittlung ist das Einkommen vor Gewinnabführung oder Verlustübernahme maßgebend, da das Steuerrecht an die Einnahmeerzielung und nicht an die Einnahmeverwendung anknüpft. Deshalb ist rein schematisch der in der Handelsbilanz als Aufwand gebuchte Betrag der Gewinnabführung durch eine entsprechende Hinzurechnung und die als Ertrag gebuchte Verlustübernahme durch eine entsprechende Kürzung zu neutralisieren.

2.8 Anwendung der Bruttomethode auf Ebene der Organgesellschaft

Die Regelungen des § 8b Abs. 1–6 KStG finden bei der Einkommensermittlung der Organgesellschaft keine Anwendung (§ 15 Nr. 2 KStG). Vielmehr ist die sog. Bruttomethode maßgebend, wonach die Vorschriften des § 8b KStG sowie § 3 Nr. 40 EStG und § 3c EStG auf Ebene des Organträgers anzuwenden sind, wenn die Organgesellschaft Dividenden oder Veräußerungsgewinne aus Anteilen an Kapitalgesellschaften erzielt hat oder im zuzurechnenden Einkommen nichtabziehbare Gewinnminderungen oder Betriebsausgaben enthalten sind (vgl. Tz. 22 des BMF-Schreibens vom 26. 8. 2003, BStBl 2003 I S. 437). Um die Umsetzung dieser Regelungen sicherzustellen, ist es jedoch erforderlich, dass die Organgesellschaft die entsprechenden Beträge an den Organträger nachrichtlich „weitermeldet".

Die Steuerfreistellung erfolgt nach der Bruttomethode des § 15 Nr. 2 KStG bei der Einkommensermittlung auf Ebene des Organträgers.

Hintergrund dieser Regelungen ist die unterschiedliche steuerliche Behandlung der Dividenden auf Ebene des Empfängers (Organträgers). Bei Körperschaften gelten die Regelungen des § 8b KStG, bei natürlichen Personen die Vorschriften des § 3 Nr. 40 EStG und § 3c EStG. Bei der Beteiligung von Personengesellschaften als Organträger kommt es dann letztlich auf die Rechtsformen der einzelnen Mitunternehmer an, wie die Beträge zu besteuern sind. Da bei komplex aufgebauten Konzernstrukturen auf Ebene der Organgesellschaft häufig keine Informationen darüber vorliegen, welche Personen letztlich hinter den Gesellschaften stehen, hat sich der Gesetzgeber für die sog. Bruttomethode entschieden, bei der die Einkünfte zunächst brutto mitgeteilt werden und erst auf Ebene des Organträgers über die Anwendung von Steuerbefreiungsvorschriften entschieden wird.

Nach der früheren Praxis versendet das Finanzamt der Organgesellschaft eine entsprechende Mitteilung (MO) an das Finanzamt des Organträgers. Hierbei handelt es sich jedoch nach der bislang geltenden Rechtslage nicht um einen Grundlagenbescheid, sondern lediglich um eine Mitteilung unselbständiger Besteuerungsgrundlagen zur Durchführung des Besteuerungsverfahrens. Zur Einführung des gesonderten Feststellungsverfahrens nach § 14 Abs. 5 KStG für

Feststellungszeiträume, die nach dem 31.12.2013 enden, siehe ausführlich unter IV. 10.1.

Schuldzinsen oder andere Aufwendungen, die im unmittelbaren wirtschaftlichen Zusammenhang mit einer Beteiligung der Organgesellschaft stehen, fallen damit unter die nach § 3 Nr. 40 EStG steuerfreien Beteiligungserträge und sind damit nach § 3c Abs. 1 EStG nicht abziehbar.

Beispiel:

Die Organgesellschaft T-GmbH hält eine Beteiligung an der X-GmbH, die in 2020 (Wj. = Kj.) eine Dividende i. H. v. 180.000 € ausschüttet. Im Zusammenhang mit dieser Beteiligung sind Aufwendungen i. H. v. 30.000 € entstanden. Die T-GmbH veräußert in 2020 ihre Beteiligung an der Y-GmbH und erzielt dabei einen Verlust i. H. v. 65.000 €.

Die genannten Beträge sind nicht bei der Organgesellschaft zu berücksichtigen, sondern werden im Bescheid über die gesonderte und einheitliche Feststellung der Besteuerungsgrundlagen gem. § 14 Abs. 5 KStG dem Finanzamt des Organträgers verbindlich mitgeteilt. Je nach Rechtsform des Organträgers ergeben sich unterschiedliche Besteuerungsfolgen (siehe auch Beispiel zu 3.5).

Aufgrund der Änderungen durch das Steuervergünstigungsabbaugesetz erfasst die Bruttomethode ab dem 1.1.2003 auch steuerfreie Übernahmegewinne i. S. des § 4 Abs. 7 UmwStG (§ 15 Nr. 2 KStG) sowie Schachteldividenden, die nach DBA von der Besteuerung auszunehmen sind (§ 15 Satz 3 KStG).

2.9 Anrechenbare Steuern der Organgesellschaft

Haben Einnahmen der Organgesellschaft dem Steuerabzug unterlegen (z. B. Dividenden von einer Tochterkapitalgesellschaft der Organgesellschaft), so sind diese Steuerabzugsbeträge von der Einkommen- bzw. Körperschaftsteuer des Organträgers (bei einer Personengesellschaft als Organträger: von der Einkommen- bzw. Körperschaftsteuer der Gesellschafter der Personengesellschaft) abzuziehen (§ 19 Abs. 5 KStG).

Beispiel:

Die Organgesellschaft T-GmbH ist an der U-GmbH zu 100 % beteiligt. Die U-GmbH hat im Zuge einer Dividendenausschüttung Kapitalertragsteuer i. H. v. 25 % auf die Ausschüttung i. H. v. 180.000 € einbehalten und abgeführt (45.000 €). Hierüber stellt sie eine ordnungsgemäße Steuerbescheinigung aus. Die Kapitalertragsteuer wird im Bescheid über die gesonderte und einheitliche Feststellung der Besteuerungsgrundlagen gem. § 14 Abs. 5 KStG an das Finanzamt des Organträgers gemeldet und bei der dortigen Steuerfestsetzung angerechnet.

Interessant ist in diesem Zusammenhang, wie die Dividende samt anrechenbarer Steuer gebucht worden ist. Da nur der Nettobetrag der Dividende auf dem Bankkonto gutgeschrieben wird, stellt sich die Frage der buchhalterischen Behandlung der einbehaltenen Kapitalertragsteuer. Hierbei bietet sich an, die Steuer als Aufwand zu buchen und den Ertrag brutto darzustellen:

Buchungssatz				
Bank	135.000			
Steueraufwand	45.000	an	Beteiligungserträge	180.000

T-GmbH	GuV
Jahresüberschuss vor Dividende	200.000
Dividende	180.000
Steueraufwand	−45.000
Zwischensumme	335.000
Gewinnabführung	−335.000
Jahresüberschuss nach Gewinnabführung	0

T-GmbH	Einkommen
Jahresüberschuss	0
Steueraufwand (§ 10 Nr. 2 KStG)	45.000
Zwischensumme	45.000
Gewinnabführung	335.000
zuzurechnendes Einkommen	380.000
Gesonderte und einheitliche Feststellung	
enthaltene Bezüge § 8b KStG, § 3 Nr. 40 EStG	180.000
anrechenbare Kapitalertragsteuer	45.000

2.10 Verluste aus vororganschaftlicher Zeit

Ein Verlustabzug nach § 10d EStG ist bei der Organgesellschaft nicht zulässig. Steuerliche Verlustvorträge aus der Zeit vor Abschluss des Ergebnisabführungsvertrages sind nicht abziehbar, werden jedoch für die Zeit nach Beendigung der Organschaft „geparkt". Der sofortige Verlustausgleich ist damit beschränkt auf die Zeit des Bestehens der körperschaftsteuerlichen Organschaft (siehe § 15 Abs. 1 Satz 1 KStG).

Beispiel:

Die T-GmbH (Organgesellschaft) hat mit Wirkung zum 1.1.2020 einen Gewinnabführungsvertrag mit der M-GmbH (Organträger) abgeschlossen. In 2019 hat die T-GmbH einen bisher noch nicht verrechneten steuerlichen Verlust von 50.000 € erzielt. Der Verlustausgleich ist in 2020 und in den folgenden Jahren während des Bestehens des Ergebnisabführungsvertrages weder im Wege der Zuweisung von negativen Einkommen an die M-GmbH noch durch Verrechnung mit dem eigenen positiven Einkommen der Tochter GmbH möglich. Der Verlustvortrag geht jedoch nicht endgültig verloren, da er nach Beendigung der Organschaft von der Organgesellschaft mit eigenem positivem Einkommen verrechnet werden kann.

2.11 Beteiligung an einer Personengesellschaft

Sofern der Mitunternehmeranteil an einer Personengesellschaft im Betriebsvermögen eines anderen Unternehmens gehalten wird, stellt sich die Frage der Bilanzierung und Erfassung der Gewinnanteile.

Handelsrechtlich wird eine Beteiligung an einer Personengesellschaft als selbständiger und einheitlicher Vermögensgegenstand angesetzt (§ 266 Abs. 2 III 3 HGB). Die Beteiligung ist daher grundsätzlich wie die Beteiligung an einer Kapitalgesellschaft zu sehen. Somit werden in der Handelsbilanz auf dem Beteiligungskonto die Anschaffungskosten erfasst, ebenso sind Abschreibungen möglich. Die Gewinnansprüche werden unter den Forderungen gegenüber verbundenen Unternehmen oder Beteiligungen ausgewiesen.

Steuerrechtlich hingegen handelt es sich nicht um ein einheitliches Wirtschaftsgut. Ein Wirtschaftsgut „Beteiligung an einer Personengesellschaft" gibt es nicht. Der Gesellschafter hält vielmehr einen Anteil an jedem einzelnen Wirtschaftsgut des Betriebsvermögens der Personengesellschaft. Dabei ist es unerheblich, ob die Beteiligung an der Personengesellschaft zum Betriebsvermögen eines Einzelunternehmens, einer anderen Personengesellschaft oder einer Kapitalgesellschaft gehört. Die Beteiligung an einer Personengesellschaft ist steuerlich keiner eigenen Bewertung fähig. Die Wirtschaftsgüter der Personengesellschaft, an welchen der Beteiligte jeweils einen Anteil hält, werden beim Jahresabschluss der Personengesellschaft nach § 6 EStG bewertet. Diese Bewertung schlägt sich im Kapitalkonto des Beteiligten nieder. Die genannten Grundsätze führen steuerlich zu dem Ergebnis, dass die Beteiligung an einer Personengesellschaft spiegelbildlich (gleicher Wert) zum Kapitalkonto in der Personengesellschaft im Betriebsvermögen des Beteiligten zu erfassen ist. Aufgrund des steuerlich zwingenden Korrespondenzprinzips ist beim Anteilseigner für die Bilanzierung ein evtl. abweichender Teilwert der gesamten Beteiligung unerheblich, d. h. Teilwertabschreibungen sind nicht möglich.

Der Gewinn wird bei der Personengesellschaft zum Ende des Wirtschaftsjahres erzielt. Dies hat zur Konsequenz, dass beim Beteiligten der Gewinn (Verlust) in dem Wirtschaftsjahr zu erfassen ist, in dem das Wirtschaftsjahr der Personengesellschaft endet. Als Beteiligungsertrag ist der Gewinnanteil lt. Gewinnfeststellungsbescheid des Betriebsfinanzamtes der Personengesellschaft zu erfassen.

Alleine aus den dargelegten Grundsätzen ergeben sich fast zwingend Abweichungen zwischen dem Ansatz in der Handelsbilanz und der Steuerbilanz.

Weitere Abweichungen können sich durch die zeitliche Verschiebung ergeben, wenn die steuerlichen Gewinnanteile erst zeitlich später, d. h. nach Erstellung des Jahresabschlusses des Beteiligten, mitgeteilt werden. In diesem Falle kann der zutreffende Gewinnanteil lediglich im Rahmen einer außerbilanziellen Korrekturrechnung nach § 60 Abs. 2 EStDV erfasst werden.

Beispiel:

Die Organgesellschaft T-GmbH ist als Kommanditistin an der Meyer & Co KG beteiligt.

In der Handelsbilanz zum 31.12.2018 wird die Beteiligung mit den Anschaffungskosten von 100.000 € ausgewiesen. Erträge aus der Beteiligung werden im Jahr 2018 nicht gebucht.

Im Jahr 2019 wird der Beteiligungsertrag 2018 i. H. v. 25.000 € erfasst. Der Beteiligungsertrag für 2019 i. H. v. 31.000 € wir erst im Jahr 2020 gebucht.

Die Erträge aus der KG sind in dem jeweiligen Jahr zu erfassen, in das sie wirtschaftlich gehören, auch wenn die Gewinnfeststellungen erst später erfolgen. Dies wird häufig erst im Rahmen des § 60 EStDV bei Erstellung der Steuererklärung möglich sein.

	2018	2019
Gewinnanteil lt. Feststellung	25.000	31.000
bereits gebucht	0	−25.000
noch zu erfassen (§ 60 EStDV)	25.000	6.000

In diesem Zusammenhang ist auch die Frage interessant, ob ein Grundlagenbescheid gegenüber der Organgesellschaft Wirkung gegenüber dem Organträger entfaltet. Hierzu hat der BFH entschieden, dass ein Gewinnfeststellungsbescheid für die Tochterpersonengesellschaft einer Organgesellschaft verfahrensrechtlich gegenüber dem Organträger nicht die Wirkung eines Grundlagenbescheids entfaltet (BFH-Urteil vom 6.3.2008, BStBl 2008 II S. 663).

3 Ermittlung des Einkommens des Organträgers

Ausgangspunkt für die Ermittlung des zu versteuernden Einkommens ist der Jahresüberschuss lt. Steuerbilanz. Die im Jahresüberschuss enthaltene, als Ertrag gebuchte Gewinnabführung der Organgesellschaft ist bei der Einkommensermittlung des Organträgers zunächst auszuscheiden (vgl. R 14.6 Abs. 1 Satz 2 KStR).

		Schema Einkommensermittlung beim Organträger
1.		Jahresüberschuss lt. Handelsbilanz
2.	+/–	Zu- und Abrechnungen Steuerbilanz (bei Abweichungen HB – StB)
3.	+	verdeckte Gewinnausschüttungen
4.	–	verdeckte Einlagen
5.	+	nicht abziehbare Ausgaben (§ 4 Abs. 5 EStG, AStG, § 160 AO, …)
6.	+	Gesamtbetrag der (eigenen) Spenden
7.	–	Dividenden nach § 8b Abs. 1 KStG (eigene)
8.	–	Veräußerungsgewinne nach § 8b Abs. 2 KStG (eigene)
9.	+	damit in wirtschaftlichem Zusammenhang stehende Aufwendungen
10.	+	pauschal 5 % nicht abziehbare Aufwendungen nach § 8b Abs. 5 KStG (eigene)
11.	+	Gewinnminderungen nach § 8b Abs. 3 KStG (eigene)
12.	+/–	Neutralisierung des besonderen organschaftlichen Ausgleichspostens
13.	–	vGA der OG an den Organträger (R 62 Abs. 2 KStR)
14.	–	Als Ertrag gebuchte Gewinnabführung der OG
15.	+	Als Aufwand gebuchte Verlustübernahme der OG
	=	**Summe der Einkünfte**
16.	–	abziehbare Spenden § 9 Abs. 1 Nr. 2 KStG
	=	**Zwischensumme (Ausgangswert für Gewerbesteuer)**
17.	+	Zuzurechnendes Einkommen der Organgesellschaft
18.	–	Dividenden nach § 8b Abs. 1 KStG der Organgesellschaft
19.	–	Veräußerungsgewinne nach § 8b Abs. 2 KStG der Organgesellschaft
20.	+	damit in wirtschaftlichem Zusammenhang stehende Aufwendungen
21.	+	pauschal 5 % nicht abziehbare Aufwendungen nach § 8b Abs. 5 KStG (OG)
22.	+	Gewinnminderungen nach § 8b Abs. 3 KStG der Organgesellschaft
	=	**Gesamtbetrag der Einkünfte**
23.	–	Verlustabzug nach § 10d EStG
	=	**Einkommen/zu versteuerndes Einkommen des Organträgers**

3.1 Handelsrechtlicher Jahresüberschuss

Auch für die Ermittlung des körperschaftsteuerlichen Einkommens des Organträgers ist als Ausgangswert der Jahresüberschuss lt. Handelsbilanz anzusetzen. Dies gilt sowohl für Kapitalgesellschaften, als auch für natürliche Personen und Personengesellschaften als Organträger (§ 5 Abs. 1 Satz 1 EStG).

3.2 Einkommensermittlung nach allgemeinen Grundsätzen

Bei der Ermittlung des Einkommens ist zunächst zu berücksichtigen, dass alle im handelsrechtlichen Ergebnis enthaltenen Zu- und Abflüsse – sofern ein betrieblicher Zusammenhang besteht – Erträge und Aufwendungen darstellen. Das bedeutet auch, dass steuerfreie Einnahmen den Handelsbilanzgewinn erhöht und nicht abziehbare Ausgaben den Handelsbilanzgewinn gemindert haben.

3.2.1 Abweichungen Handelsbilanz-Steuerbilanz

Insbesondere die nach der Einführung des BilMoG vermehrt festzustellenden Ansatz- und Bewertungsunterschiede zwischen Handels- und Steuerbilanz werden in Zukunft eine „Einheitsbilanz" unmöglich machen. Die Unternehmen werden deshalb neben der Handelsbilanz auch eine gesonderte Steuerbilanz erstellen und daraus einen gesonderten Steuerbilanzgewinn ableiten.

3.2.2 Verdeckte Gewinnausschüttungen

Verdeckte Gewinnausschüttungen des Organträgers an seine Anteilseigner oder diesen nahestehende Personen sind gem. § 8 Abs. 3 Satz 2 KStG bei der Einkommensermittlung zuzurechnen.

3.2.3 Verdeckte Einlagen

Verdeckte Einlagen, die in das Vermögen des Organträgers von dessen Anteilseignern geleistet wurden, sind bei der Einkommensermittlung wieder in Abzug zu bringen (§ 8 Abs. 3 Satz 3 KStG) und gleichzeitig ist ein Zugang beim Einlagekonto i. S. des § 27 KStG auszuweisen.

3.2.4 Nicht abziehbare Betriebsausgaben

Für die Zurechnung der nicht abziehbaren Betriebsausgaben gelten die allgemeinen Vorschriften des § 4 Abs. 5 EStG. Die im zugerechneten Organeinkommen enthaltenen Beträge werden hier nicht nochmals erfasst. Diese führen auch nicht zu Mehr- oder Minderabführungen, da sie keine bilanziellen Auswirkungen haben.

Nicht abziehbare Schuldzinsen nach § 4 Abs. 4a EStG

Die FinBeh Hamburg hat sich in ihrer Verfügung vom 15.5.2019 (S 2144 – 2019/005 – 52, DStR 2019 S. 2028) mit der Anwendung der Vorschrift des § 4 Abs. 4a EStG im Rahmen von Organschaftsverhältnissen befasst.

Danach ist die Regelung des § 4 Abs. 4a EStG eine betriebsbezogene Gewinnhinzurechnung. Das Vorliegen einer körperschaftsteuerlichen Organschaft führt zu keiner abweichenden Beurteilung. Eine konzernbezogene Betrachtungsweise ist nicht vorgesehen. Organträger und Organgesellschaft bleiben zivilrechtlich und steuerrechtlich verschiedene Rechtsträger und ermitteln ihr jeweiliges Einkommen selbständig. Erst danach ist das Einkommen der Organgesellschaft nach § 14 KStG dem Organträger zuzurechnen. Daraus folgt, dass sowohl der Organträger als auch die Organgesellschaft eigene Gewinnermittlungssubjekte und damit eigenständiger Betrieb i. S. des § 4 Abs. 4a EStG sind. Ein abgeführter Gewinn der Organgesellschaft ist beim Organträger in die Bemessungsgrundlage für § 4 Abs. 4a EStG nicht einzubeziehen, so dass eine Entnahme dieses Gewinns beim Organträger ggf. zu nicht abziehbaren Schuldzinsen führt.

Die betriebsbezogene Berechnung von nicht abziehbaren Schuldzinsen bei Vorliegen eines körperschaftsteuerlichen Organschaftsverhältnisses ergibt sich bereits aus dem BMF-Schreiben vom 2.11.2018 (BStBl 2018 I S. 1207, RdNr. 27.

Hinweis: § 4 Abs. 4a EStG ist bei Kapitalgesellschaften und somit auch bei Organgesellschaften nicht anzuwenden (R 8.1 Abs. 1 KStR 2015).

Beispiel:

Zwischen der A-KG und der B-GmbH besteht eine körperschaftsteuerliche Organschaft. Die B-GmbH (Organgesellschaft) führt einen Gewinn i. H. v. 8.000.000 € an die A-KG (Organträger) ab. Der Gewinn der A-KG aus eigenem Gewerbebetrieb beträgt 2.000.000 €. Die Gesellschafter der A-KG entnehmen 10.000.000 €. Einlagen wurden nicht geleistet. Die Zinszahlungen der A-KG betragen 500.000 € (keine Schuldzinsen aus Investitionsdarlehen). Die Über- bzw. Unterentnahmen und der kumulierte Entnahmenüberschuss der vorangegangenen Wj. betragen jeweils 0 €.

1. Berechnung der Überentnahme:

Entnahmen des Wirtschaftsjahres		10.000.000
./. Einlagen des Wirtschaftsjahres	./.	0
./. Gewinn des Wirtschaftsjahres (ohne Ergebnisübernahme von der Organgesellschaft)	./.	2.000.000
= Überentnahme des Wirtschaftsjahres	=	8.000.000
+ Überentnahme aus vorangegangenen Wirtschaftsjahren	+	0
= Kumulierte Überentnahme	=	8.000.000

2. Berechnung des Entnahmenüberschusses:

Entnahmen des Wirtschaftsjahres		10.000.000
./. Einlagen des Wirtschaftsjahres	./.	0
+ Kumulierter Entnahmenüberschuss der vorangegangenen Wirtschaftsjahre	+	0
= kumulierter Entnahmenüberschuss	=	10.000.000

3. **Hinzurechnungsbetrag:**

6 % auf 8.000.000 € (da kumulierte Überentnahme niedriger als kumulierter Entnahmenüberschuss)	=	480.000

4. **Berechnung des Höchstbetrages:**

Tatsächlich angefallene Schuldzinsen		500.000
./. Kürzungsbetrag	./.	2.050
= Höchstbetrag	=	497.950

5. Da der Hinzurechnungsbetrag den Höchstbetrag nicht übersteigt, ist er **in voller Höhe von 480.000 € dem Gewinn hinzuzurechnen.**

(Beispiel entnommen der Verfügung FinBeh Hamburg vom 15.5.2019, DStR 2019 S. 2028.)

Diese Rechtsauffassung wurde bereits vom FG Köln im Urteil vom 12.12.2018 (12 K 2317/16, EFG 2019, S. 520) vertreten. Das Finanzgericht hat in seiner Entscheidung deutlich gemacht, dass bei der Anwendung des § 4 Abs. 4a EStG jeweils allein auf den einzelnen Betrieb i. S. eines einzelnen Gewinnermittlungssubjektes abzustellen ist. Unter Berücksichtigung der systematischen Stellung und der gesetzgeberischen Konzeption des § 4 Abs. 4a EStG, die darauf abzielt, eine Gewinnhinzurechnung bei Vorliegen von Überentnahmen in dem Betrieb vorzunehmen, für den eine eigenständige Gewinnermittlung durchgeführt wird, ist die Begrenzung des Schuldzinsenabzugs ausschließlich betriebsbezogen auszulegen.

Das Vorliegen einer körperschaftsteuerlichen Organschaft führt zu keiner abweichenden Beurteilung. Organträger und Organgesellschaft bleiben zivilrechtlich und steuerrechtlich verschiedene Rechtsträger und ermitteln selbständig ihr jeweiliges Einkommen; erst danach ist das Einkommen der Organgesellschaft nach § 14 KStG dem Organträger zuzurechnen. Daraus folgt, dass sowohl der Organträger als auch die Organgesellschaft selbständige Gewinnermittlungssubjekte sind und damit eigenständiger Betrieb i.S. des § 4 Abs. 4a EStG.

3.2.5 Spendenabzug beim Organträger

Für die Ermittlung des Höchstbetrages sind beim Organträger nur die eigenen Umsätze, Löhne und Gehälter maßgebend, auch wenn ein umsatzsteuerliches Organschaftsverhältnis vorliegt (R 9 Abs. 5 KStR). Dies gilt auch für die Ermittlung des Höchstbetrages nach dem Einkommen. Hier ist nur das eigene Einkommen des Organträgers – ohne das zugerechnete Einkommen der Organgesellschaft – heranzuziehen. Diese Rechtsauffassung wurde in einer Entscheidung des FG Düsseldorf (Urteil vom 26.6.2012, 6 K 3767/10 F) und im Revisionsverfahren vor dem BFH (Urteil vom 23.10.2013, I R 55/12, BFH/NV 2014 S. 903) bestätigt.

3.2.6 Eigene steuerfreie Einkommensteile des Organträgers

3.2.6.1 Dividenden

Bezieht der Organträger seinerseits Dividenden aus anderen in- und ausländischen Beteiligungen, so sind diese nach den Vorschriften des Halbeinkünfteverfahrens zu besteuern. Ist der Organträger eine Körperschaft, so kommt eine Steuerbefreiung i.H.v. 95 % der Dividende zum Tragen (§ 8b Abs. 1 und 5 KStG). Ist eine natürliche Person Organträger oder eine Personengesellschaft, deren Mitunternehmer natürliche Personen sind, so kommt eine Steuerbefreiung i.H.v. 40 % zur Anwendung, allerdings nach Abzug der mit den Dividenden in wirtschaftlichem Zusammenhang stehenden Kosten (§ 3 Nr. 40 und § 3c EStG).

Mehrabführungen, die ihre Ursache in vororganschaftlicher Zeit haben, gelten gem. § 14 Abs. 3 KStG als Gewinnausschüttungen der Organgesellschaft an den Organträger. Auch diese Ausschüttungen sind auf Ebene des Organträgers zu 95 % oder 40 % steuerfrei zu stellen.

Dasselbe gilt für die Ausschüttung von vororganschaftlichen Gewinnrücklagen, die während des Bestehens einer Organschaft an den Organträger ausgeschüttet werden (diese dürfen nicht abgeführt werden). In diesem Falle bezieht der

Organträger in einem Veranlagungszeitraum sowohl eine Dividende, als auch eine Gewinnabführung.

Hinsichtlich der mit der Beteiligung an der Organgesellschaft in wirtschaftlichem Zusammenhang stehenden Aufwendungen ist in diesen Fällen bei natürlichen Personen oder Personengesellschaften, deren Mitunternehmer natürliche Personen sind, als Organträger die Abzugsbeschränkung des § 3c Abs. 2 EStG zu beachten. Für Finanzierungskosten oder andere Aufwendungen, die in wirtschaftlichem Zusammenhang mit der Organgesellschaft stehen, gilt folglich ein Teilabzugsverbot (vgl. BFH-Urteil vom 25.7.2019, I R 61/16, DStR 2019 S. 2131). Hierzu siehe auch IV. 1.5 mit Beispiel.

3.2.6.2 Veräußerungsgewinne/-verluste

Veräußerungsgewinne sowie Wertaufholungsgewinne aus einer beteiligten Kapitalgesellschaft sind zu 95 % steuerfrei, während Veräußerungsverluste sowie Teilwertabschreibungen nicht abziehbar sind (§ 8b Abs. 2 und 3 KStG). Zu den Veräußerungsgewinnen zählen auch Gewinne aus der Auflösung besonderer passiver Ausgleichsposten i. S. der R 14.8 Abs. 3 KStR.

Frühere steuerwirksame Teilwertabschreibungen sind allerdings bei der Ermittlung der steuerfreien Beträge gegenzurechnen (vgl. 8b Abs. 2 Satz 4 KStG).

Bei beteiligten natürlichen Personen ist eine Steuerbefreiung von 40 % zu gewähren (§ 3 Nr. 40 und § 3c EStG).

3.2.6.3 Sonstige steuerfreie Einkommensteile

Nach § 13 InvZulG gehört die Investitionszulage nicht zu den Einkünften i. S. des Einkommensteuergesetzes. Sie mindert auch nicht die steuerlichen Anschaffungs- und Herstellungskosten. Vielmehr ist die in der Handelsbilanz als Ertrag gebuchte Investitionszulage bei der Einkommensermittlung in Abzug zu bringen.

3.3 Neutralisierung der gebildeten Ausgleichsposten sowie der Gewinnabführung/Verlustübernahme

Für Minder- und Mehrabführungen, die ihre Ursache in organschaftlicher Zeit haben, ist gem. § 14 Abs. 4 KStG in der Steuerbilanz des Organträgers ein besonderer aktiver oder passiver Ausgleichsposten zu bilden. Der sich durch die Aktivierung ergebende Ertrag und die Passivierung ergebende Aufwand ist bei der Einkommensermittlung des Organträgers wieder zu neutralisieren. Dies ergibt sich auch aus R 14.8 Abs. 1 und 2 KStR, wonach die in der Steuerbilanz des Organträgers nach § 14 Abs. 4 Satz 1, 2 und 6 KStG gebildeten besonderen aktiven oder passiven Ausgleichsposten einkommensneutral einzustellen sind.

Ebenso ist für die zutreffende Ermittlung des steuerlichen Ergebnisses die in der Handelsbilanz als Ertrag erfasste Gewinnabführung bzw. die als Aufwand gebuchte Verlustübernahme mit umgekehrtem Vorzeichen zu neutralisieren.

3.4 Zurechnung des Organeinkommens

3.4.1 Zeitliche Zurechnung

Grundsätzlich wird der Gewinn bei Gewerbetreibenden nach dem Wirtschaftsjahr ermittelt, das entweder mit dem Kalenderjahr übereinstimmt oder im Einvernehmen mit dem Finanzamt auf einen davon abweichenden Abschlussstichtag umgestellt wurde. Bei einem vom Kalenderjahr abweichenden Wirtschaftsjahr gilt der Gewinn als in dem Kalenderjahr bezogen, in dem das Wirtschaftsjahr endet (§ 4a EStG).

Im Falle der Organschaft ist dies solange unproblematisch, wie Organgesellschaft und Organträger ein kalenderjahrgleiches und ein übereinstimmendes abweichendes Wirtschaftsjahr haben. In diesen Fällen stimmen handelsrechtliche Gewinnabführung und steuerliche Einkommenszurechnung auch zeitlich überein.

In anderen Fällen gilt der Grundsatz, dass das Einkommen der Organgesellschaft dem Organträger für das Kalenderjahr (Veranlagungszeitraum) zuzurechnen ist, in dem die Organgesellschaft das Einkommen bezogen hat (siehe H 14.7 KStH 2015 und BFH-Urteil vom 29. 10. 1974, BStBl 1975 II S. 126).

Endet das Wirtschaftsjahr der Organgesellschaft vor dem des Organträgers, ergeben sich zunächst keine Schwierigkeiten.

Beispiel:

Die Organgesellschaft T-GmbH ermittelt ihren Gewinn nach einem Wirtschaftsjahr vom 1.10.–30.9. eines Jahres. Der Organträger M-AG hat ein Wirtschaftsjahr, das mit dem Kalenderjahr übereinstimmt. Zum 30. 9. 2020 weist die T-GmbH eine Gewinnabführungsverpflichtung i. H. v. 100.000 € in ihrer Bilanz aus. Nach steuerlichen Vorschriften ergibt sich ein zuzurechnendes Einkommen i. H. v. 125.000 €

Der Organträger M-AG erfasst die Gewinnabführung in seiner Handelsbilanz im Jahr 2020 und versteuert auch das zuzurechnende Einkommen i. H. v. 125.000 € im Jahr 2020.

Problematisch können die Fälle werden, in denen das Wirtschaftsjahr der Organgesellschaft nach dem des Organträgers endet. Auch dann erfolgt die Einkommenszurechnung in dem Veranlagungszeitraum, in dem die Organgesellschaft das Einkommen selbst zu versteuern hätte.

Beispiel:

Die Organgesellschaft T-GmbH ermittelt ihren Gewinn nach einem Wirtschaftsjahr vom 1.10.–30.9. eines Jahres. Der Organträger M-AG hat ein Wirtschaftsjahr vom 1.7.–30.6. eines Jahres.

Zum 30. 9. 2019 weist die T-GmbH eine Gewinnabführungsverpflichtung i. H. v. 100.000 € in ihrer Bilanz aus. Nach steuerlichen Vorschriften ergibt sich ein zuzurechnendes Einkommen i. H. v. 125.000 €.

Der Organträger M-AG erfasst diese Gewinnabführung in seiner Handelsbilanz zum 30.6.2020, da der handelsrechtliche Anspruch auf die Gewinnabführung erst am 30.9.2019 entstanden ist, mithin also im Laufe des Wirtschaftsjahres vom 1.7.2019 bis 30.6.2020.

Steuerlich ist ihm aber das Einkommen der T-GmbH i.H.v. 125.000 € bereits im Veranlagungszeitraum 2019 zuzurechnen.

Das Beispiel zeigt, dass die handelsrechtliche Gewinnabführung/Verlustübernahme zeitlich nicht mit der steuerlichen Einkommenszurechnung übereinstimmen muss. Die Neutralisierung der im Handelsbilanzergebnis des Organträgers enthaltenen Gewinnabführung/Verlustübernahme muss nicht deckungsgleich mit der steuerlichen Einkommenszurechnung sein.

Besondere Probleme können sich ergeben, wenn eine Personengesellschaft als Organträger fungiert und die Mitunternehmer ihrerseits ihre Gewinne nach abweichenden Wirtschaftsjahren ermitteln sowie in den Fällen der mehrstöckigen Organschaft (hierzu vgl. Dötsch/Witt, Kommentar zum KStG, Anm.307ff. zu § 14 KStG).

3.4.2 Verdeckte Gewinnausschüttungen der Organgesellschaft

Verdeckte Gewinnausschüttungen der Organgesellschaft sind beim Organträger zur Vermeidung einer Doppelbelastung aus dem Einkommen auszuscheiden, wenn die Vorteilszuwendung den Bilanzgewinn des Organträgers erhöht oder dessen Bilanzverlust gemindert hat. Entgegen dem BFH-Urteil vom 20.8.1986 (BStBl 1987 II S.455) ist jedoch nicht das zuzurechnende Organeinkommen, sondern das eigene Einkommen des Organträgers zu kürzen.

Beispiel:

In dem zwischen der T-GmbH (Organgesellschaft) und ihrer Muttergesellschaft M-AG (Organträger) abgeschlossenen Dienstleistungsvertrag erhält die T-GmbH ein unangemessen niedriges Entgelt für ihre Leistungen. Während ein fremder Dritter für vergleichbare Leistungen ein Entgelt von 500.000 € p.a. verlangt hätte, erhält die T-GmbH nur 200.000 €.

Hier liegt unstreitig eine verdeckte Gewinnausschüttung der T-GmbH an die M-AG vor. In Höhe der Differenz zwischen dem tatsächlich vereinbarten und gezahlten sowie dem angemessenen Entgelt ist eine Hinzurechnung gem. § 8 Abs.3 Satz 2 KStG beim Einkommen der T-GmbH vorzunehmen (300.000 €).

Die verdeckte Gewinnausschüttung erhöht sowohl das dem Organträger zuzurechnende Einkommen, als auch den zuzurechnenden Gewerbeertrag der T-GmbH. Die T-GmbH hat im Übrigen an den Organträger eine Gewinnabführung i.H.v. 100.000 € gebucht.

Nach R 14.6 Abs.4 KStR gelten verdeckte Gewinnausschüttungen an den Organträger im Allgemeinen als vorweggenommene Gewinnabführungen und stellen die Durchführung eines GAV nicht in Frage.

Einkommensermittlung Organ T-GmbH	ohne vGA	mit vGA
Jahresüberschuss Handelsbilanz	0	0
verdeckte Gewinnausschüttungen	0	300.000
Gewinnabführung an den OT	100.000	100.000
Summe der Einkünfte	100.000	400.000
dem OT zuzurechnendes Einkommen	–100.000	–400.000
Zu versteuerndes Einkommen	0	0

Bei der M-AG ist die verdeckte Gewinnausschüttung bereits durch den zu niedrigen Aufwand i. H. v. 300.000 € gewinnerhöhend erfasst worden. Zusätzlich wird die verdeckte Gewinnausschüttung über das erhöhte Organeinkommen und den erhöhten Gewerbeertrag der Organgesellschaft dem Organträger zugewiesen.

Zur Vermeidung einer Doppelbesteuerung ist die verdeckte Gewinnausschüttung aus dem Einkommen auszuscheiden, da der Bilanzgewinn des Organträgers bereits durch den zu niedrigen Aufwand erhöht war (R 14.7 Abs. 2 KStR).

Der Organträger M-AG erfasst zunächst die Gewinnabführung der T-GmbH als Ertrag. Dieser wird bei der Ermittlung des Einkommens durch eine Kürzung in gleicher Höhe neutralisiert. Das bei der T-GmbH ermittelte Einkommen ist zuzurechnen.

Die M-AG weist einen Jahresüberschuss lt. Handelsbilanz i. H. v. 200.000 € aus.

Einkommensermittlung Organträger	ohne vGA	mit vGA
Jahresüberschuss Handelsbilanz	200.000	200.000
Gewinnabführung der T-GmbH	–100.000	–100.000
Kürzung vGA nach R 14.7 Abs. 2 KStR	0	–300.000
Summe der Einkünfte	100.000	–200.000
zuzurechnendes Einkommen der OG	100.000	400.000
Zu versteuerndes Einkommen des OT	200.000	200.000

Aufgrund der Feststellung dieser verdeckten Gewinnausschüttung ergibt sich in diesem Fall im Ergebnis keine Erhöhung der steuerlichen Bemessungsgrundlage. Daraus resultiert auch die im Schrifttum häufig geäußerte Auffassung, dass verdeckte Gewinnausschüttungen im Organkreis keine praktische Bedeutung haben.

Siehe hierzu aber IV. 3.

3.4.3 Zurechnung des Organeinkommens bei Personengesellschaften

Allgemeines

Fungiert eine Personengesellschaft als Organträger, so müssen sich die Anteile an der Organgesellschaft im Gesamthandsvermögen der Personengesellschaft befinden. In der Konsequenz ist dann auch die Gewinnabführung/ Verlustübernahme der Organgesellschaft zwingend im handelsrechtlichen Ergebnis der Personengesellschaft zu erfassen, da diese durch ein betriebliches Wirtschaftsgut veranlasst ist.

In seinem Urteil vom 28.2.2013 (BStBl 2013 II S.494) hat sich der BFH eingehend mit der Frage der Zurechnung von Organeinkommen bei Gesellschaftern einer Organträger-Personengesellschaft befasst und die nachstehenden Grundsätze aufgestellt.

Nach § 180 Abs. 1 Nr. 2 Buchst. a AO werden die einkommensteuerpflichtigen Einkünfte und mit ihnen im Zusammenhang stehende andere Besteuerungsgrundlagen gesondert festgestellt, wenn an den Einkünften mehrere Personen beteiligt sind und die Einkünfte diesen Personen steuerlich zuzurechnen sind. Nach § 14 KStG ist dem Organträger das Einkommen der Organgesellschaft zuzurechnen. Da Organträger und Organgesellschaft zivil- und steuerrechtlich verschiedene Rechtsträger bleiben, haben sie ihr jeweiliges Einkommen selbständig zu ermitteln. Das Organeinkommen ist erst danach dem Organträger zuzurechnen. Die Zurechnung betrifft bei einer Organträger-Personengesellschaft die Personengesellschaft selbst. Da bei ihr stets eine gesonderte Gewinnfeststellung durchzuführen ist, ist es geboten, im Feststellungsverfahren auch das der Mitunternehmerschaft zuzurechnende Einkommen der Organgesellschaft zu ermitteln und zu verteilen (vgl. BFH-Urteil vom 14.4.1992, BStBl 1992 II S.817). Insoweit ist das zuzurechnende Organeinkommen gesondert vom eigenen Gewinn der Personengesellschaft festzustellen und nach dem sich aus den Bestimmungen des Gesellschaftsvertrages bzw. des Handelsgesetzbuchs ergebenden allgemeinen Gewinnverteilungsschlüssel auf die Gesellschafter der Personengesellschaft zu verteilen.

Verfahrensrechtlich ist zudem zu beachten, dass Einwendungen gegen die Höhe des den Mitunternehmern zugerechneten Organeinkommens nur in einem Rechtsbehelfsverfahren gegen den Feststellungsbescheid geltend gemacht werden können. Einwendungen gegen den Körperschaftsteuerbescheid der Organgesellschaft greifen nicht durch, da auf dieser Ebene das Organeinkommen nur als unselbständige Besteuerungsgrundlage ermittelt wird. Zur Einführung des gesonderten Feststellungsverfahrens nach § 14 Abs. 5 KStG für Feststellungszeiträume, die nach dem 31.12.2013 enden, siehe ausführlich unter IV. 10.1.

Zurechnung bei abweichendem Wirtschaftsjahr

Problematisch könnte noch die zeitliche Zurechnung des Organeinkommens sein, wenn bei abweichenden Wirtschaftsjahren das Wirtschaftsjahr der Organgesellschaft nach dem des Organträgers endet. Auch in diesem Falle sollen die Gesellschafter das Organeinkommen in dem Kalenderjahr versteuern, in dem die Organgesellschaft das Einkommen bezogen hat.

Beispiel:

Die Organgesellschaft T-GmbH ermittelt ihren Gewinn nach einem Wirtschaftsjahr vom 1.10.–30.9. eines Jahres. Der Organträger M-OHG hat ein Wirtschaftsjahr vom 1.7.–30.6. eines Jahres.

Zum 30.9.2019 weist die T-GmbH eine Gewinnabführungsverpflichtung i. H. v. 100.000 € in ihrer Bilanz aus. Nach steuerlichen Vorschriften ergibt sich ein zuzurechnendes Einkommen i. H. v. 125.000 €.

Der Organträger M-OHG erfasst diese Gewinnabführung in seiner Handelsbilanz zum 30.6.2020, da der handelsrechtliche Anspruch auf die Gewinnabführung erst am 30.9.2019 entstanden ist, mithin also im Laufe des Wirtschaftsjahres vom 1.7.2019 bis 30.6.2020.

Steuerlich ist den Mitunternehmern aber das Einkommen der T-GmbH i. H. v. 125.000 € bereits im Veranlagungszeitraum 2019 zuzurechnen.

Zurechnung bei Gesellschafterwechsel

Scheidet ein Mitunternehmer während des laufenden Geschäftsjahres aus einer Personengesellschaft aus, die ihrerseits Organträgerin ist, stellt sich die Frage, in welcher Form und in welchem Umfang das Einkommen der Organgesellschaft den Gesellschaftern zuzurechnen ist. Entspricht das Wirtschaftsjahr sowohl beim Organträger, als auch bei der Organgesellschaft dem Kalenderjahr, entsteht zivilrechtlich der Anspruch auf Gewinnabführung erst mit Ablauf des 31.12. eines Jahres.

Der BFH hat sich in seinem Urteil vom 28.2.2013 (BStBl 2013 II S. 494) ausführlich mit der Frage der Zurechnung von Organeinkommen bei Ausscheiden von Gesellschaftern aus einer Organträger-Personengesellschaft befasst.

Nach der ständigen Rechtsprechung des BFH erstreckt sich die gesonderte und einheitliche Feststellung der Einkünfte nach § 180 Abs. 1 Nr. 2 Buchst. a AO auf ein volles Wirtschaftsjahr, und zwar grundsätzlich auch dann, wenn ein Gesellschafter während des Wirtschaftsjahres aus einer Personengesellschaft ausscheidet und die Gesellschaft danach von den verbleibenden Gesellschaftern oder von diesen mit einem oder mehreren neuen Gesellschaftern fortgeführt wird (vgl. BFH-Urteil vom 19.4.1994, BFH/NV 1995 84). Trotz des Gesellschafterwechsels bleibt die Identität der Personengesellschaft als Gewinnerzielungs- und Ermittlungssubjekt erhalten. Danach sind auch solche Personen in die Gewinnfeststellung einzubeziehen, die nicht während des ganzen Wirtschaftsjahres Gesellschafter sind (BFH-Urteil vom 19.4.1994, BFH/NV 1995 S. 84); dies widerspricht nicht dem Sinn und Zweck des Feststellungsverfahrens.

Der sich nach Maßgabe der Handelsbilanz ergebende Anspruch der Organträger-Personengesellschaft auf Gewinnabführung entsteht erst mit dem Ende des Wirtschaftsjahres der jeweiligen Organgesellschaft. Erst zu diesem Zeitpunkt ist dem Organträger auch das Organeinkommen nach § 14 KStG, welches aus der Steuerbilanz der Organgesellschaft abgeleitet wird, zuzurechnen. Um eine Doppelbesteuerung des Einkommens der Organgesellschaft zu vermeiden, werden die aufgrund des Ergebnisabführungsvertrages an den Organträger abgeführten Beträge bei diesem außerhalb der Bilanz von seinem Einkommen abgezogen.

Daraus, dass das Einkommen der Organgesellschaft dem Organträger zu dem Zeitpunkt zuzurechnen ist, in dem das Wirtschaftsjahr der Organgesellschaft endet, ergeben sich Folgen dafür, welchen Gesellschaftern einer Organträger-Personengesellschaft Anteile an dem Einkommen der Organgesellschaft zugerechnet werden, wenn sich im Laufe des Wirtschaftsjahres der Organträgerin Änderungen im Bestand ihrer Gesellschafter ergeben haben.

Die Zurechnung des Organeinkommens bei einer Organträger-Personengesellschaft, bei der ein unterjähriger Gesellschafterwechsel eingetreten ist, richtet sich nicht nach dem allgemeinen Gewinnverteilungsschlüssel unter Berücksichtigung der Dauer der Beteiligung der Gesellschafter an der Organträger-Personengesellschaft. Das Einkommen der Organgesellschaft ist vielmehr entsprechend dem allgemeinen Gewinnverteilungsschlüssel nur den Gesellschaftern der Organträger-Personengesellschaft zuzurechnen, die im Zeitpunkt der Einkommenszurechnung an der Organträgerin beteiligt sind.

Zwar erzielt die Organgesellschaft ihr Einkommen kontinuierlich über die Zeit und nicht erst zum Zeitpunkt der Gewinnabführung. Daraus kann aber nicht der Schluss gezogen werden, das Organeinkommen sei zeitanteilig zuzurechnen, denn dies würde bei der Organgesellschaft im Zeitpunkt des Ausscheidens eines Gesellschafters aus der Organträger-Personengesellschaft zwingend die Aufstellung einer Zwischenbilanz voraussetzen, um die bis dahin realisierten Gewinne oder Verluste zu erfassen. Eine solche Pflicht zur Aufstellung einer Zwischenbilanz besteht aber nicht. Bei einer zeitanteiligen Zurechnung ohne die Aufstellung einer Zwischenbilanz bei der Organgesellschaft wäre nicht sichergestellt, dass dies zu einer zutreffenden Gewinnverteilung führen würde. Denn es sind etwa Geschäftsvorfälle bei der Organgesellschaft vorstellbar, die nach dem Ausscheiden eines Gesellschafters aus der Organträger-Personengesellschaft ein bis zum Ausscheiden erzieltes positives Einkommen aufzehren oder sogar zum Entstehen eines negativen Einkommens führen können. Dadurch wird deutlich, dass zwar eine unterjährige Zuordnung des anteiligen Betriebsvermögens, nicht aber eine unterjährige Einkommenszurechnung möglich ist. Deshalb ist die zum Ende ihres Wirtschaftsjahres vorzunehmende Zurechnung des Einkommens der Organgesellschaft an den Organträger in der Sache wie ein Geschäftsvorfall zu behandeln.

Beispiel:

Der Organträger M-OHG und die Organgesellschaft T-GmbH haben ein Wirtschaftsjahr vom 1.1.–31.12. eines Jahres. Gesellschafter der OHG sind A und B mit jeweils 50 %. Zum 30.9.2020 scheidet der Gesellschafter B aus der Gesellschaft gegen eine Abfindung aus. Der Gesellschafter C tritt neu in die OHG ein. Auf den 30.9.2020 erstellt die M-OHG eine Zwischenbilanz.

Zum 31.12.2020 weist die T-GmbH eine Gewinnabführungsverpflichtung i. H. v. 100.000 € in ihrer Bilanz aus. Nach steuerlichen Vorschriften ergibt sich ein zuzurechnendes Einkommen i. H. v. 120.000 €.

Der Organträger M-OHG erfasst diese Gewinnabführung in seiner Handelsbilanz zum 31.12.2020, da der handelsrechtliche Anspruch auf die Gewinnabführung am 31.12.2020 entstanden ist.

Die Zurechnung des Organeinkommens bei den Gesellschaftern ist nach dem BFH-Urteil vom 28.2.2013 (BStBl 2013 II S. 464) wie folgt vorzunehmen:

Gesellschafter	Aufteilung	€
Gesellschafter A	50 %	50.000
Gesellschafter B	0 %	0
Gesellschafter C	50 %	50.000

3.5 Umsetzung der Bruttomethode auf Ebene des Organträgers

Nach der Regelung des § 15 Satz 1 Nr. 2 KStG sind die Vorschriften des § 8b Abs. 1–6 KStG, § 4 Abs. 6 UmwStG sowie die Schachtelvergünstigungen nach DBA nicht bei der Ermittlung des Einkommens der Organgesellschaft, sondern erst auf Ebene des Organträgers anzuwenden, da sich die steuerliche Beurteilung von Dividenden, Veräußerungsgewinnen und -verlusten sowie damit in Zusammenhang stehenden Aufwendungen nach der jeweiligen Rechtsform des Organträgers richtet (Bruttomethode).

Ist der Organträger eine Körperschaft, gelten für ihn die Regelungen des § 8b KStG, bei natürlichen Personen gelten § 3 Nr. 40 und § 3c Abs. 2 EStG. Bei der Beteiligung von Personengesellschaften als Organträger kommt es dann letztlich auf Rechtsform der einzelnen Mitunternehmer an, wie die Beträge zu besteuern sind.

Schuldzinsen oder andere Aufwendungen, die im unmittelbaren wirtschaftlichen Zusammenhang mit einer Beteiligung der Organgesellschaft stehen, fallen damit unter die nach § 3 Nr. 40 EStG steuerfreien Beteiligungserträge und sind damit nach § 3c Abs. 2 EStG nicht abziehbar.

Beispiel:

Die T-GmbH (Organgesellschaft) hält eine Beteiligung an der X-GmbH, die in 2020 (Wj. = Kj.) eine Dividende i. H. v. 180.000 € ausschüttet. Im Zusammenhang mit dieser Beteiligung sind Aufwendungen i. H. v. 30.000 € entstanden. Die T-GmbH veräußert in 2020 ihre Beteiligung an der Y-GmbH und erzielt dabei einen Verlust i. H. v. 65.000 €. Das übrige Betriebsergebnis beträgt 115.000 €, die Gewinnabführung an den Organträger 200.000 €. Die T-GmbH hat nicht abziehbare Geschenkaufwendungen i. H. v. 15.000 € gebucht.

Gewinnermittlung T-GmbH	2020
vorläufiges Betriebsergebnis	115.000
Dividende X-GmbH	180.000
Aufwand X-GmbH	−30.000
Veräußerungsverlust Y-GmbH	−65.000
Zwischensumme	200.000
Gewinnabführung an OT	−200.000
Jahresüberschuss T-GmbH	0

Die Ermittlung des zuzurechnenden Einkommens erfolgt auf der Grundlage des handelsrechtlichen Jahresüberschusses. Die als Aufwand gebuchte Gewinnabführung sowie die nicht abziehbaren Geschenkaufwendungen werden hinzugerechnet.

Aufgrund der Regelung der des § 15 Satz 1 Nr. 2 KStG (Bruttomethode) werden die Dividenden, Aufwendungen und Veräußerungsverluste nicht bei der Ermittlung des Einkommens der T-GmbH berücksichtigt, sondern lediglich nachrichtlich an den Organträger weitergeleitet.

Einkommensermittlung T-GmbH	2020
Jahresüberschuss	0
Gewinnabführung	200.000
Nicht abziehbare Ausgaben (Geschenke)	15.000
Zuzurechnendes Einkommen	215.000

Gesonderte und einheitliche Feststellung	
Bezüge i. S. des § 8b Abs. 1 KStG	180.000
damit in Zusammenhang stehender Aufwand	30.000
Gewinnminderungen § 8b Abs. 3 KStG	−65.000

Alternative A:

Die M-AG hat aus sonstigen Geschäften ein Betriebsergebnis i. H. v. 500.000 € erzielt. Somit ergibt sich insgesamt ein handelsrechtlicher Jahresüberschuss i. H. v. 700.000 €.

Gewinnermittlung M-AG	2020
vorläufiges Betriebsergebnis	500.000
Gewinnabführung T-GmbH	200.000
Jahresüberschuss M-AG	700.000

Ausgangspunkt für die Einkommensermittlung der M-AG ist der Jahresüberschuss von 700.000 €. Abzuziehen ist die als Ertrag gebuchte Gewinnabführung, zuzurechnen ist das Einkommen der Organgesellschaft.

Zur Umsetzung der Bruttomethode sind folgende Beträge anzusetzen:
- Steuerfreistellung der Dividende zu 100 %
- Hinzurechnung pauschaler Betriebsausgaben mit 5 % der Dividende
- Hinzurechnung des Veräußerungsverlustes zu 100 %

Einkommensermittlung M-AG	2020
Jahresüberschuss	700.000
Gewinnabführung	−200.000
Zwischensumme	500.000
Einkommen der Organgesellschaft	215.000
Bezüge i. S. des § 8b Abs. 1 KStG	−180.000
5 % § 8b Abs. 5 KStG	9.000
Gewinnminderungen § 8b Abs. 3 KStG	65.000
Zu versteuerndes Einkommen	609.000

Alternative B:

Nicht die M-AG, sondern das gewerbliche Einzelunternehmen des M hält 100 % der Anteile an der X-GmbH und Herr M hat aus sonstigen Geschäften ein Betriebsergebnis i. H. v. 500.000 € erzielt.

Gewinnermittlung Einzelunternehmen M	2020
vorläufiges Betriebsergebnis	500.000
Gewinnabführung T-GmbH	200.000
Gewinn aus Gewerbebetrieb Herr M	700.000

Nach § 3 Nr. 40a EStG sind 40 % der Betriebsvermögensmehrungen oder Einnahmen aus der Veräußerung von Anteilen an Körperschaften steuerfrei.

Nach § 3c Abs. 2 EStG dürfen Betriebsvermögensminderungen, Betriebsausgaben, Veräußerungskosten oder Werbungskosten, die mit den dem § 3 Nr. 40 EStG zugrunde liegenden Betriebsvermögensmehrungen oder Einnahmen in wirtschaftlichem Zusammenhang stehen, unabhängig davon, in welchem Veranlagungszeitraum die Betriebsvermögensmehrungen oder Einnahmen anfallen, bei der Ermittlung der Einkünfte nur zu 60 % abgezogen werden.

Einkommensermittlung Herr M	2020
Gewinn aus Gewerbebetrieb	700.000
Gewinnabführung	−200.000
Zwischensumme	500.000
Einkommen der Organgesellschaft	215.000
Bezüge i. S. des § 3 Nr. 40 EStG	−72.000
Aufwand i. S. des § 3c Abs. 2 EStG	12.000
Gewinnminderungen § 3c Abs. 2 EStG	26.000
Zu versteuerndes Einkommen	681.000

Zur Umsetzung der Bruttomethode sind folgende Beträge anzusetzen:
- Steuerfreistellung der Dividende zu 40 %
- Hinzurechnung von Betriebsausgaben 40 %
- Hinzurechnung des Veräußerungsverlustes zu 40 %

Anwendung der Bruttomethode bei Verschmelzungsgewinnen

Nach dem BFH-Urteil vom 26.9.2018 (I R 16/16, BFH/NV 2019 S.495) ist die Bruttomethode des § 15 Satz 1 Nr.2 KStG nicht anzuwenden auf sog. Übernahmegewinne nach § 12 Abs.2 UmwStG. Wird eine Kapitalgesellschaft auf ihre Muttergesellschaft verschmolzen, die ihrerseits Organgesellschaft einer körperschaftsteuerrechtlichen Organschaft mit einer Kapitalgesellschaft als Organträgerin ist, ist auf den Verschmelzungsgewinn weder auf der Ebene der Muttergesellschaft noch auf der Ebene der Organträgerin das pauschale Betriebsausgaben-Abzugsverbot nach § 8b Abs.3 Satz 1 KStG anzuwenden. Dieses Urteil widerspricht der Rechtsauffassung der Finanzverwaltung im Umwandlungssteuererlass (BMF-Schreiben vom 11.11.2011, BStBl 2011 I S.1314, Rz 12.07).

Der Gesetzgeber hat mit Gesetz zur weiteren steuerlichen Förderung der Elektromobilität und zur Änderung weiterer steuerlicher Vorschriften (Jahressteuergesetz 2019) vom 12.12.2019 (BGBl 2019 I S.2451) die Änderung des § 15 Satz 1 Nr.2 Sätze 1 und 2 KStG auf den Weg gebracht. Danach ist die Bruttomethode auch in den Fällen des § 12 Abs.2 Satz 2 KStG anzuwenden. Nach § 34 Abs.6f KStG ist die Neuregelung erstmals auf Umwandlungen anzuwenden, bei denen die Anmeldung zur Eintragung in das für die Wirksamkeit des jeweiligen Vorgangs maßgebende öffentliche Register nach dem 12.12.2019 erfolgt ist.

Weitere Ausführungen siehe unter IV. 4.6.2.

3.6 Aufwendungen des Organträgers für die Organbeteiligung

3.6.1 Finanzierungsaufwendungen

Beim Organträger für den Erwerb der Organbeteiligung entstandene Aufwendungen (z.B. Schuldzinsen) sind in voller Höhe abziehbar. Die Anwendung des § 3c EStG scheidet aus, weil die Aufwendungen im Zusammenhang mit Gewinnabführungen und nicht mit steuerfreien Dividenden i.S. des § 8b Abs.1 KStG stehen (BMF-Schreiben vom 26.8.2003, Tz.24 sowie R 14.7 Abs.1 KStR).

3.6.2 Sonstige Aufwendungen

Aufwendungen, die in unmittelbarem wirtschaftlichem Zusammenhang mit dem Erwerb der Organbeteiligung stehen, sind als Anschaffungsnebenkosten auf dem Beteiligungskonto zu aktivieren und mindern erst im Falle einer Veräußerung den (nach § 8b Abs.2 KStG steuerfreien) Veräußerungsgewinn. Hierbei kann es sich um Anwalts- und Notar- oder Gerichtskosten, aber auch um Kosten für Unternehmensbewertungen handeln.

Andere laufende Aufwendungen (z.B. Verwaltungskosten) bleiben hingegen in voller Höhe abzugsfähig und mindern damit auch die steuerliche Bemessungsgrundlage.

Beispiel:

Die M-AG hat mit Wirkung zum 1.1.2020 sämtliche Anteile an der T-GmbH zum Kaufpreis i.H.v. 500.000 € erworben. Mit Wirkung ab dem 1.1.2020 wurde ein Gewinnabführungsvertrag abgeschlossen, der noch in 2020 im Handelsregister eingetragen wurde. In 2020 sind im Zusammenhang mit der Beteiligung folgende Ausgaben angefallen, die in voller Höhe als Betriebsausgaben gebucht wurden:

Ausgaben in 2020	€
– Unternehmenswertgutachten	15.000 €
– Anwalts- und Notarkosten Erwerb	10.000 €
– Anwalts- und Notarkosten GAV	5.000 €
– Schuldzinsen	30.000 €
– Verwaltungskosten	10.000 €
Gesamtkosten	70.000 €

In diesem Falle müssten die Kosten für das Unternehmenswertgutachten sowie die erwerbsbezogenen Anwalts- und Notarkosten i.H.v. 25.000 € dem Beteiligungswert zugerechnet werden. Die Beteiligung an der T-GmbH ist mit Anschaffungskosten i.H.v. insgesamt 525.000 € zu aktivieren. Damit wirken sich die Anschaffungsnebenkosten nur auf einen möglichen Veräußerungsgewinn aus und bleiben im Ergebnis steuerlich unbeachtlich.

3.6.3 Pauschalierung von Aufwendungen

Auf Ebene des Organträgers kommt eine Pauschalierung von nicht abziehbaren Betriebsausgaben gem. § 8b Abs. 5 KStG ab dem Veranlagungszeitraum 2004 nicht in Betracht, da der Organträger keine steuerfreien Dividenden vereinnahmt. Lediglich in den Fällen, in denen die Organgesellschaft vorvertragliche Rücklagen ausschüttet oder als Ausschüttungen zu qualifizierende Mehrabführungen aus vorvertraglicher Zeit (§ 14 Abs. 3 Satz 1 KStG) an den Organträger leistet, kommt es insoweit zu einer Pauschalierung nicht abziehbarer Ausgaben.

Eine Pauschalierung nicht abziehbarer Ausgaben tritt auch bei der Veräußerung einer Organbeteiligung i.H.v. 5 % des Veräußerungsgewinns gem. § 8b Abs. 3 Satz 1 KStG in Kraft.

3.6.4 Anwendungsfälle des § 3c Abs. 2 EStG

Ist Organträger eine natürliche Person oder eine Personengesellschaft, an der natürliche Personen beteiligt sind, kommen die Vorschriften der §§ 3 Nr. 40 und 3c Abs. 2 EStG in Betracht.

Nach dem BFH-Urteil vom 25.7.2019 (IV R 61/16, DStR 2019 S. 2131) unterliegen Schuldzinsen insoweit anteilig dem Teilabzugsverbot des § 3c Abs. 2 EStG, als die Kapitalgesellschaft während des Bestehens der Organschaft Gewinne aus vororganschaftlicher Zeit ausschüttet, soweit Schuldzinsen mit dem Erwerb von Anteilen an einer Kapitalgesellschaft zusammenhängen, mit der in einem späteren Veranlagungszeitraum ein Organschaftsverhältnis begründet wird.

Der dem Teilabzugsverbot unterliegende Teil der Schuldzinsen ergibt sich aus dem Verhältnis der Gewinnausschüttung zu dem in demselben Jahr zugerechneten Organeinkommen.

Weitere Ausführungen mit Beispiel hierzu siehe unter IV. 1.5.

3.7 Bilanzierung auf Ebene des Organträgers

Für die Bilanzierung auf Ebene des Organträgers gelten grundsätzlich allgemeine Bilanzierungsgrundsätze, die sich zunächst aus dem Handelsrecht ergeben und in der Folge über den Maßgeblichkeitsgrundsatz nach § 5 Abs. 1 Satz 1 EStG auch für das Steuerrecht bindend sind. Allerdings sind im Einzelfall die Besonderheiten der organschaftlichen Ergebnisabführung und Verlustübernahme zu berücksichtigen.

3.7.1 Anteile an der Organgesellschaft

Die Anteile an einer Organgesellschaft sind im Zeitpunkt des Zugangs und auch zu den folgenden Bilanzstichtagen gem. § 6 Abs. 1 Nr. 2 EStG mit ihren Anschaffungskosten anzusetzen. Diese setzen sich zusammen aus dem Kaufpreis für die Beteiligung selbst, den Anschaffungsnebenkosten (siehe Beispiel zu 3.6.2) sowie den verdeckten Einlagen.

Nach R 8.9 Abs. 1 KStR liegt eine verdeckte Einlage vor, wenn ein Gesellschafter oder eine ihm nahestehende Person der Körperschaft außerhalb der gesellschaftsrechtlichen Einlagen einen einlagefähigen Vermögensvorteil zuwendet und diese Zuwendung durch das Gesellschaftsverhältnis veranlasst ist.

Beispiel:

Die T-GmbH (Organgesellschaft) erwirbt von ihrer Muttergesellschaft M-AG (Organträger) ein Grundstück zum Preis von 100.000 €. Unstreitig hat das Grundstück jedoch einen Verkehrswert i. H. v. 250.000 €

Hier liegt unstreitig eine verdeckte Einlage der M-AG in die T-GmbH vor. In Höhe der Differenz zwischen dem tatsächlich vereinbarten und gezahlten sowie dem angemessenen Entgelt ist bei der T-GmbH eine Erhöhung des Grundstückswerts i. H. v. 150.000 € vorzunehmen. Nach § 8 Abs. 3 Satz 3 KStG erhöhen verdeckte Einlagen das Einkommen nicht. Deshalb ist bei der Einkommensermittlung eine entsprechende Kürzung vorzunehmen. Somit bleibt das dem Organträger M-AG zuzurechnende Einkommen im Saldo unverändert. Gleichzeitig ergibt sich ein Zugang beim Einlagekonto i. S. des § 27 KStG.

Einkommensermittlung Organgesellschaft T-GmbH	ohne vE	mit vE
Jahresüberschuss Handelsbilanz	0	0
Mehrwert Grundstück		150.000
verdeckte Einlagen	0	−150.000
Gewinnabführung an den OT	100.000	100.000
Summe der Einkünfte	100.000	100.000
dem OT zuzurechnendes Einkommen	−100.000	−100.000
Zu versteuerndes Einkommen	0	0

Auf Ebene der M-AG erhöht sich der Beteiligungsbuchwert an der Organgesellschaft T-GmbH um den Betrag von 150.000 €

Einkommensermittlung Organträger M-AG	ohne vE	mit vE
Jahresüberschuss Handelsbilanz	200.000	200.000
Erhöhung Beteiligung T-GmbH		150.000
Gewinnabführung der T-GmbH	−100.000	−100.000
Summe der Einkünfte	100.000	250.000
zuzurechnendes Einkommen der OG	100.000	100.000
Zu versteuerndes Einkommen des OT	200.000	350.000

Aufgrund der Feststellung der verdeckten Einlage ergibt sich in diesem Fall im Ergebnis eine Erhöhung der steuerlichen Bemessungsgrundlage. Im Falle der Veräußerung der Beteiligung an der T-GmbH mindert sich der dann steuerfreie Veräußerungsgewinn um 150.000 €.

Ertragszuschuss als verdeckte Einlage

Nach dem BFH-Urteil vom 15. 3. 2017 (I R 67/15, BFH/NV 2019 S. 1276) stellt ein vom Organträger der Organgesellschaft gewährter Ertragszuschuss eine verdeckte Einlage in die Organgesellschaft dar, auch wenn der Zuschuss im Rahmen der organschaftlichen Gewinnabführung sofort an den Organträger zurückfließt. Die verdeckte Einlage wird durch die Gewinnabführung nicht rückgängig gemacht und beide Vorgänge dürfen nicht saldiert werden mit der Folge, dass auf Ebene des Organträgers eine Erhöhung des Beteiligungsbuchwertes an der Organgesellschaft und auf Ebene der Organgesellschaft ein Zugang zum steuerlichen Einlagekonto nach § 27 Abs. 1 Satz 1 KStG anzunehmen ist.

Weitere Ausführungen hierzu siehe unter IV. 1.4.

3.7.2 Teilwertabschreibungen auf Anteile an der Organgesellschaft
Nach R 14.7 Abs. 3 KStR kann der Organträger grundsätzlich seine Beteiligung an der Organgesellschaft auf den niedrigeren Teilwert abschreiben, wenn die Voraussetzungen hierfür erfüllt sind.

Bei Körperschaften als Organträger hat diese Frage wegen § 8b Abs. 3 KStG keine steuerliche Bedeutung mehr, bei natürlichen Personen und Personenge-

115

sellschaften mit natürlichen Personen wirken sich Teilwertabschreibungen gem. § 3c Abs. 2 EStG nur zu 60 % aus.

Verluste der Organgesellschaft rechtfertigen alleine noch keine Teilwertabschreibung, weil der Organträger diese Verluste übernimmt und die Organgesellschaft damit in ihrer Substanz unverändert bleibt. Der Wert der Organbeteiligung bleibt damit unverändert.

Mit der Versagung der Teilwertabschreibung wird verhindert, dass sich die gleichen Verluste beim Organträger doppelt auswirken, durch Zurechnung des negativen Einkommens des Organs und durch Teilwertabschreibung auf die Beteiligung.

Der Wert der Beteiligung kann jedoch dann gemindert sein, wenn der Organträger beim Erwerb der Organbeteiligung einen – nicht bilanzierten Geschäftswert – bezahlt hat und dieser nun im Wert sinkt. Da sich diese Wertminderung nicht auf das zuzurechnende Einkommen auswirkt, kommt eine Abschreibung der Beteiligung in Betracht.

3.7.3 Wertaufholung von Teilwertabschreibungen auf Beteiligungen an Organgesellschaften

Der Bundesfinanzhof hat sich in seinem Urteil vom 18.6.2015 (IV R 6/11, BFH/NV 2015 S. 1381) mit der Frage von Wertaufholungen von Teilwertabschreibungen auf Beteiligungen an Organgesellschaften befasst. Hierbei betont der BFH, dass nicht nur die Ertragslage und die Ertragsaussichten der jeweiligen Organgesellschaften, sondern auch die funktionale Bedeutung dieser Gesellschaften im Unternehmensverbund zu berücksichtigen sind. Demnach ist das gesetzliche Wertaufholungsgebot des § 6 Abs. 1 Nr. 2 Satz 3 i. V. m. Abs. 1 Nr. 1 Satz 4 EStG bis zu den historischen Anschaffungskosten auch bei Beteiligungen an Organgesellschaften zwingend zu beachten und nur im Falle einer nachgewiesenen voraussichtlich dauernden Wertminderung kann der niedrigere Teilwert beibehalten werden. Nach Ansicht des BFH setzt eine Teilwertabschreibung auf die Beteiligung an einer nicht börsennotierten Kapitalgesellschaft – vom Vorliegen einer Fehlmaßnahme abgesehen – voraus, dass sich der innere Wert des Beteiligungsunternehmens vermindert hat, und Letzteres nicht allein durch den Anfall hoher Verluste begründet werden kann, sondern einer umfassenden und einzelfallbezogenen Würdigung der Ertragslage und Ertragsaussichten sowie des Vermögenswerts und der funktionalen Bedeutung des Beteiligungsunternehmens bedarf. Sofern die Beteiligung als Organgesellschaft mit Beherrschungs- und Gewinnabführungsvertrag gehalten wird, ist ihrer funktionalen Bedeutung für die Wertbestimmung besonderes Gewicht beizumessen. Letztlich ist die Frage entscheidend, ob ein Erwerber der Muttergesellschaft für die zu deren Betriebsvermögen gehörenden Anteile an der Tochterkapitalgesellschaft einen hinter den historischen Anschaffungskosten zurückbleibenden Preis zahlen würde. Nur in diesem Falle kann eine entsprechende Teilwertabschreibung vorgenommen oder beibehalten werden.

3.7.4 Teilwertabschreibungen auf Darlehen an die Organgesellschaft

Bei Darlehen des Organträgers an die Organgesellschaft soll zwar grundsätzlich eine Abschreibung auf den niedrigeren Teilwert möglich sein, aber aufgrund der Verlustübernahmeverpflichtung des Organträgers wird die Organgesellschaft regelmäßig in der Lage sein, die Darlehen zurückzuzahlen (vgl. Eckl, DStR 2001 S. 1280).

Sollte in Ausnahmefällen dennoch eine Abschreibung auf die Forderung zulässig sein, ist ab dem Veranlagungszeitraum 2008 die Anwendung der Regelung des § 8b Abs. 3 Sätze 4–8 KStG zu prüfen.

Auch der BFH hat sich in seiner jüngsten Rechtsprechung zu Teilwertabschreibungen auf Darlehensforderungen eines Organträgers gegenüber seiner Organgesellschaft geäußert. Nach Auffassung des BFH sind Gewinnminderungen infolge einer Teilwertabschreibung (§ 6 Abs. 1 Nr. 2 Satz 2 EStG) des Organträgers auf Darlehensforderungen gegen eine Organgesellschaft bei der Ermittlung des organschaftlichen Gewerbeertrags durch entsprechende Hinzurechnungen zu korrigieren (neutralisieren), soweit die Teilwertabschreibung zumindest auch durch erlittene Verluste der Organgesellschaft bedingt ist. Die Teilwertabschreibung auf eine Forderung beruhe stets zumindest auch auf erlittenen Verlusten des Schuldners, soweit der Betrag der Teilwertabschreibung den Betrag dieser Verluste nicht übersteigt (vgl. BFH-Urteil vom 5. 11. 2009, BStBl 2010 II S. 646).

3.7.5 Rückstellungen für drohende Verluste der Organgesellschaft

Während in der Handelsbilanz nach § 249 HBG eine Rückstellung für drohende Verluste aus schwebenden Geschäften gebildet werden muss, ist diese steuerlich nicht abziehbar (vgl. auch BFH-Urteil vom 26. 1. 1977, BStBl II S. 441). Gewinne und Verluste der Organgesellschaft sind allein auf dem Weg über die Zurechnung zum Einkommen des Organträgers zu erfassen mit der Folge, dass der Aufwand aus der handelsrechtlich zulässigen Rückstellung bei der Ermittlung des zuzurechnenden Einkommens zuzurechnen ist.

IV. Einzelfragen der Besteuerung

1 Mehr- und Minderabführungen

1.1 *Grundsätzliches zu Mehr- und Minderabführungen*

Grundlage der Ergebnisabführung oder der Verlustübernahme ist das nach handelsrechtlichen Grundsätzen ermittelte Jahresergebnis der Organgesellschaft.

Steuerlich sind Einkommen und Gewerbeertrag auf Ebene der Organgesellschaft zunächst getrennt zu ermitteln und anschließend in einem zweiten Schritt dem Organträger zuzurechnen. Im Regelfall weicht nun das handelsbilanziell abgeführte oder übernommene Ergebnis von dem steuerlichen Gewinn ab. Es kann höher oder auch niedriger sein.

Nach dem bisherigen Verständnis waren Mehr- oder Minderabführungen dann anzunehmen, wenn es rein rechnerische Unterschiedsbeträge zwischen dem abgeführten Handelsbilanzgewinn und dem Steuerbilanzgewinn gab. Die Bildung des besonderen Ausgleichsposten diente dem Ziel der Vermeidung einer Doppelbesteuerung oder Nichtbesteuerung auf Ebene des Organträgers.

Abweichend von diesem Verständnis kann es nach der neueren Rechtsprechung des BFH (Urteil vom 15. 3. 2017, I R 67/15, BFH/NV 2017 S. 1276) unter Hinweis auf den in § 14 Abs. 4 Satz 6 KStG enthaltenen Begriff „insbesondere" in bestimmten Sonderfällen auch dann zu Mehr- und Minderabführungen mit der Notwendigkeit der Bildung von Ausgleichsposten kommen, wenn Handels- und Steuerbilanzgewinn übereinstimmen.

Mit Urteil vom 29. 8. 2012 (I R 65/11, BStBl 2013 II S. 555) hat der BFH entschieden, dass ein passiver Ausgleichsposten für Mehrabführungen nicht zu bilden ist, wenn die auf die Organgesellschaft entfallenden Beteiligungsverluste (hier: KG-Anteil) aufgrund außerbilanzieller Zurechnung (hier: § 15a EStG) neutralisiert werden und damit das dem Organträger zuzurechnende Einkommen nicht mindern.

Nach dem hierzu ergangenen BMF-Schreiben vom 15. 7. 2013 (BStBl 2013 I S. 921) sind die Grundsätze dieses Urteils über den entschiedenen Einzelfall hinaus nur anzuwenden, wenn die Fallkonstellation des Urteilssachverhalts vorliegt, d. h., wenn die handelsrechtliche Verlustübernahme aufgrund der Anwendung des § 15a EStG dem Betrag entspricht, der auch nach der Steuerbilanz für die Einkommensermittlung zugrunde zu legen ist.

Nach den Ausführungen des Senates ist die Entscheidung darüber, ob von einer (organschaftlichen) Mehr- oder Minderabführung auszugehen ist, am Grundanliegen des Gesetzgebers auszurichten, der mit den Regelungen des § 14 Abs. 4 KStG die Einmalbesteuerung der organschaftlichen Erträge beim Organträger sicherstellen wollte.

Zu weiteren Einzelheiten siehe Ausführungen zu IV. 1.4.

1.1.1 Gesetzliche Grundlage in § 14 Abs. 4 Satz 6 KStG

„Minder- oder Mehrabführungen im Sinne des Satzes 1 liegen insbesondere vor, wenn der an den Organträger abgeführte Gewinn von dem Steuerbilanzgewinn der Organgesellschaft abweicht und diese Abweichung in organschaftlicher Zeit verursacht ist."

Beispiel 1:

Abweichungen zwischen Handels- und Steuerbilanz

Die Organgesellschaft bildet in ihrer Handelsbilanz eine Rückstellung, die in der Steuerbilanz nach § 6 Abs. 1 Nr. 3a Ziff. e EStG zusätzlich i. H. v. 25.000 € abzuzinsen ist. Der Gewinn in der Steuerbilanz ist somit höher. In der Folge ist die handelsrechtliche Gewinnabführung um 25.000 € niedriger als der Gewinn lt. Steuerbilanz (Minderabführung). In der Steuerbilanz des Organträgers ist daher ein aktiver Ausgleichsposten in dieser Höhe zu bilden.

Beispiel 2:

Die Organgesellschaft bildet Gewinnrücklagen

Die Organgesellschaft darf nach § 14 Abs. 1 Nr. 4 KStG Gewinnrücklagen i. S. des § 272 Abs. 3 HGB bilden (vgl. BMF vom 10.1.1981, BStBl I 1981 S. 44). Diese Rücklagen werden aus den laufenden Gewinnen gebildet und somit nicht an den Organträger abgeführt. Daher muss der Betrag bei der Einkommensermittlung zur Versteuerung beim Organträger hinzugerechnet werden (vgl. ausführlich Kußmaul/Richter, BB 2007 S. 1256).

Beispiel 3:

Anpassung an Ergebnisse von Betriebsprüfungen

Die vorstehenden Grundsätze sind auch dann anzuwenden, wenn im Rahmen von Betriebsprüfungen bei Organgesellschaften Aktivposten erhöht oder Passivposten gemindert werden. Auch dann ist darauf zu achten, dass die entsprechenden Ausgleichsposten auf Ebene des Organträgers gebildet werden.

1.1.2 Unterscheidungskriterien

1.1.2.1 Nach dem Vorzeichen
Mehrabführung, wenn handelsbilanzielles Ergebnis über dem steuerlichen Ergebnis liegt.

Minderabführung, wenn handelsbilanzielles Ergebnis unter dem steuerlichen Ergebnis liegt.

1.1.2.2 Nach der zeitlichen Verursachung
Vororganschaftlich: Verursachung in der Zeit vor Begründung der Organschaft.

Organschaftlich: Verursachung in einer Zeit nach Begründung der Organschaft.

1.2 Besonderer steuerlicher Ausgleichsposten

1.2.1 Gesetzliche Regelung in § 14 Abs. 4 Satz 1 KStG

„Für Minder- und Mehrabführungen, die ihre Ursache in organschaftlicher Zeit haben, ist in der Steuerbilanz des Organträgers ein besonderer aktiver oder passiver Ausgleichsposten in Höhe des Betrags zu bilden, der dem Verhältnis der Beteiligung des Organträgers am Nennkapital der Organgesellschaft entspricht."

1.2.2 Verwaltungsauffassung
In R 14.8 Abs. 1 KStR regelt die Verwaltung die Bildung der besonderen organschaftlichen Ausgleichsposten:

(1) [1]Stellt die Organgesellschaft aus dem Jahresüberschuss (§ 275 Abs. 2 Nr. 20 oder Abs. 3 Nr. 19 HGB) Beträge in die Gewinnrücklagen i. S. des § 272 Abs. 3 HGB ein oder bildet sie steuerlich nicht anzuerkennende stille Reserven, werden die Rücklagen mit dem zuzurechnenden Einkommen beim Organträger oder, wenn er eine Personengesellschaft ist, bei seinen Gesellschaftern versteuert. [2]Der steuer-

rechtliche Wertansatz der Beteiligung des Organträgers an der Organgesellschaft bleibt unberührt. [3]Um sicherzustellen, dass nach einer Veräußerung der Organbeteiligung die bei der Organgesellschaft so gebildeten Rücklagen nicht noch einmal beim Organträger steuerrechtlich erfasst werden, ist in der Steuerbilanz des Organträgers, in die der um die Rücklage verminderte Jahresüberschuss der Organgesellschaft eingegangen ist, ein besonderer aktiver Ausgleichsposten in Höhe des Teils der versteuerten Rücklagen einkommensneutral zu bilden, der dem Verhältnis der Beteiligung des Organträgers am Nennkapital der Organgesellschaft entspricht.

[4]Löst die Organgesellschaft die Rücklagen in den folgenden Jahren ganz oder teilweise zugunsten des an den Organträger abzuführenden Gewinns auf, ist der besondere aktive Ausgleichsposten entsprechend einkommensneutral aufzulösen.

(2) Weicht der an den Organträger abgeführte Gewinn der Organgesellschaft aus anderen Gründen als infolge der Auflösung einer Rücklage i. S. des Absatzes 1 von dem Steuerbilanzgewinn ab, z. B. wegen Änderung des Wertansatzes von Aktiv- oder Passivposten in der Bilanz, und liegt die Ursache in vertraglicher Zeit, ist in der Steuerbilanz des Organträgers nach § 14 Abs. 4 Satz 1, 2 und 6 KStG ein besonderer aktiver oder passiver Ausgleichsposten in Höhe des Unterschieds einkommensneutral zu bilden, der dem Verhältnis der Beteiligung des Organträgers am Nennkapital der Organgesellschaft entspricht.

Der besondere steuerliche Ausgleichsposten hat nach der Verwaltungsauffassung (BMF-Schreiben vom 26.8.2003, BStBl 2003 I S.437, Tz.43) die Funktion eines Korrekturpostens zum Beteiligungsbuchwert für die Organbeteiligung, der im Falle der Veräußerung oder Auflösung der Organgesellschaft wieder aufzulösen ist.

Der durch die Auflösung eines solchen aktiven Ausgleichspostens entstehende Verlust fällt im Halbeinkünfteverfahren unter das Abzugsverbot des § 8b Abs. 3 KStG (BMF-Schreiben vom 28.4.2003, BStBl 2003 I S.292, Rdnr.16), der durch Auflösung eines passiven Ausgleichspostens entstehende Ertrag ist steuerfrei.

1.2.3 Sichtweise des BFH

Ein organschaftlicher aktiver Ausgleichsposten ist erfolgsneutral zu bilden. Dies gilt unabhängig davon, ob organschaftliche Ausgleichsposten als bilanztechnische Erinnerungsposten oder als steuerbilanzielle Korrekturposten zum Wert der Beteiligung zu beurteilen sind (BFH-Urteil vom 29.10.2008, BFH/NV 2009 S.790). Nach der neueren Rechtsprechung des 1. Senates ist die Entscheidung darüber, ob von einer (organschaftlichen) Mehr- oder Minderabführung auszugehen ist, am Grundanliegen des Gesetzgebers auszurichten, der mit den Regelungen des § 14 Abs. 4 KStG die Einmalbesteuerung der organschaftlichen Erträge sicherstellen wollte (vgl. BFH-Urteil vom 15.3.2017, I R 67/15, BFH/NV 2017 S.1276).

1.2.4 Sinn und Zweck der Ausgleichsposten

Wie bereits aus R 14.8 KStR hervorgeht, dienen die besonderen organschaftlichen Ausgleichsposten der Vermeidung einer Doppel- oder Nichtbesteuerung im Falle der Veräußerung von Organbeteiligungen. Dies wird besonders deutlich im Falle der Bildung von Gewinnrücklagen durch die Organgesellschaft, die – als Einkommensverwendung – bereits im Jahr ihrer Bildung vom Organträger versteuert werden müssen. Veräußert nun der Organträger diese Organbeteiligung, erhöht sich der mutmaßliche Kaufpreis um die gebildete Rücklage und müsste in der Folge im Rahmen des Veräußerungsgeschäftes nochmal vom Organträger versteuert werden. Diese Folge wird durch die Bildung eines aktiven Ausgleichspostens vermieden, der im Falle der Veräußerung den Gewinn aus der Verkauf entsprechend mindert.

1.2.5 Technische Umsetzung

Ausgleichsposten werden in der Praxis durch die Einstellung eines aktiven oder passiven Bilanzpostens in der Steuerbilanz gebildet. Die sich durch die Bildung und Auflösung des Bilanzpostens in der Steuerbilanz (häufig auch erst in der Prüferbilanz im Rahmen von steuerlichen Außenprüfungen) ergebende Gewinnauswirkung ist bei der Einkommensermittlung wieder zu neutralisieren (R 14.8 Abs. 1 Satz 3 KStR).

Nach R 14.8 Abs. 2 KStR ist in der Steuerbilanz des Organträgers nach § 14 Abs. 4 Satz 1, 2 und 6 KStG ein besonderer aktiver oder passiver Ausgleichsposten einkommensneutral zu bilden, der dem Verhältnis der Beteiligung des Organträgers am Nennkapital der Organgesellschaft entspricht.

Bei Körperschaften als Organträger werden die bilanziellen Gewinnänderungen bei der Ermittlung des zu versteuernden Einkommens wieder durch eine Hinzurechnung oder Kürzung neutralisiert.

Nach dem BFH-Urteil vom 28.2.2013 (IV R 50/09, BStBl 2013 II S. 494) ist bei Personengesellschaften zu beachten, dass Organträger und Organgesellschaft zivil- und steuerrechtlich verschiedene Rechtsträger bleiben. Sie haben ihr jeweiliges Einkommen selbständig zu ermitteln. Das Organeinkommen ist erst danach dem Organträger zuzurechnen. Die Zurechnung betrifft bei einer Organträger-Personengesellschaft die Personengesellschaft selbst. Da bei ihr stets eine gesonderte Gewinnfeststellung durchzuführen ist, ist es geboten, im Feststellungsverfahren auch das der Mitunternehmerschaft zuzurechnende Einkommen der Organgesellschaft zu ermitteln und zu verteilen. Insoweit ist das zuzurechnende Organeinkommen gesondert vom eigenen Gewinn der Personengesellschaft festzustellen und nach dem sich aus den Bestimmungen des Gesellschaftsvertrages bzw. des Handelsgesetzbuchs ergebenden allgemeinen Gewinnverteilungsschlüssel auf die Gesellschafter der Personengesellschaft zu verteilen.

Besondere organschaftliche Ausgleichsposten werden in der Steuerbilanz (Gesamthandsbilanz) der Organträger-Personengesellschaft gewinnwirksam gebildet und sind dann – wie auch die erfolgswirksam erfasste Gewinnabführung/Verlustübernahme – zur Ermittlung des steuerlichen Gewinns als Ausgangsgröße zunächst vor Gewinnverteilung wieder zu neutralisieren.

1.2.6 Passiver Ausgleichsposten im Anrechnungsverfahren

Nach dem BFH-Urteil vom 7.2.2007 (BStBl 2007 II S.796) ist im Falle der Veräußerung der Beteiligung an einer Organgesellschaft ein beim Organträger vorhandener besonderer passiver Ausgleichsposten erfolgsneutral aufzulösen (entgegen R 14.8 Abs. 3 KStR, wonach sich durch die Auflösung von Ausgleichsposten das Einkommen erhöht oder verringert).

Im Gegensatz dazu geht die Finanzverwaltung weiterhin von einer einkommenswirksamen Auflösung der Ausgleichsposten aus (BMF-Schreiben vom 5.10.2007, BStBl 2007 I S.743). Die Rechtsgrundsätze des o.g. Urteils sind nicht über den entschiedenen Einzelfall hinaus anzuwenden. Das Urteil steht nicht im Einklang mit dem Grundsatz der körperschaftsteuerlichen Organschaft, wonach sich innerhalb des Organkreises erzielte Gewinne und Verluste insgesamt nur einmal – und zwar beim Organträger – auswirken dürfen. Diesem Grundsatz der Einmalbesteuerung dienen auch die aktiven und passiven Ausgleichsposten. (Hierzu vgl. ausführlich Dörfler/Adrian/Geeb, DStR 2007 S.1889).

Der Gesetzgeber hat daraufhin im Jahressteuergesetz 2008 (JStG 2008, BGBl 2007 I S.3150) schnell reagiert und die Regelung des § 14 Abs.4 KStG angefügt und dort die bisherige Verwaltungsregelung zu Mehr- und Minderabführungen in das Gesetz aufgenommen.

Dabei ist die Anwendungsvorschrift des § 34 Abs.9 Nr.5 KStG von besonderem Interesse, da die Regelung des § 14 Abs.4 KStG auch für Veranlagungszeiträume vor 2008 gelten soll (hierzu vgl. Suchanek/Herbst, FR 2008 S.112, die – trotz Zustimmung in der Sache – verfassungsrechtliche Bedenken äußern und hier eine unzulässige Rückbewirkung der Rechtsfolgen des § 14 Abs.4 KStG sehen).

1.2.7 Ausgleichsposten bei mittelbarer Beteiligung

Nach den Grundsätzen des § 14 Abs.1 Nr.1 KStG kann eine Organschaft auch bei mittelbarer Beteiligung begründet werden, wenn die mittelbare Beteiligung über eine Mehrheitsbeteiligung vermittelt wird.

Beispiel:

Die E-GmbH ist mittelbar über die T-GmbH in die M-AG finanziell eingegliedert und zwischen der M-AG und der E-GmbH besteht ein steuerlich anzuerkennender Ergebnisabführungsvertrag.

In 2019 führt die E-GmbH ihren handelsrechtlichen Gewinn i.H.v. 150.000 € an die M-AG ab. Dieser Gewinn ist für steuerliche Zwecke um eine nicht abziehbare Drohverlustrückstellung i.H.v. 50.000 € zu erhöhen, so dass das zuzurechnende Einkommen 200.000 € beträgt. In Höhe von 50.000 € liegt folglich eine Minderabführung i.S. des § 14 Abs.4 KStG vor, für die beim Organträger ein aktiver Ausgleichsposten in Höhe des Betrags zu bilden ist, der dem Verhältnis der Beteiligung des Organträgers M-AG am Nennkapital der Organgesellschaft entspricht. Die Bildung eines Ausgleichspostens auf Ebene der zwischengeschalteten T-GmbH kommt nicht in Betracht.

Der Ausgleichsposten wird mathematisch durchgerechnet ermittelt, da nur insoweit der M-AG ein Anteil am Mehrwert der T-GmbH zuzurechnen ist (siehe auch Dötsch, Rdnr. 517 zu § 14 KStG).

Aktiver Ausgleichsposten:	50.000 € × 75 % × 75 %	28.125 €

Die Auflösung dieses bei mittelbarer Organschaft gebildeten Ausgleichspostens kommt in Betracht, wenn die M-AG die Anteile an der T-GmbH veräußert, nicht jedoch dann, wenn die T-GmbH die Anteile an der E-GmbH veräußert (vgl. R 14.8 Abs. 3 Satz 7 KStR).

Fortsetzung des Beispiels:

Die T-GmbH veräußert in 2020 die Beteiligung an der E-GmbH (Buchwert: 50.000 €) zum Kaufpreis von 150.000 €.

Die T-GmbH erzielt einen nach § 8b Abs. 2 i. V. m. Abs. 3 Satz 1 KStG zu 95 % steuerfreien Veräußerungsgewinn i. H. v. 100.000 € mit der Folge, dass 5.000 € steuerpflichtig sind.

Der aktive Ausgleichsposten bei der M-AG bleibt bestehen.

Fortsetzung des Beispiels:

Die M-AG veräußert die Beteiligung an der T-GmbH (Buchwert: 100.000 €) zum Kaufpreis von 300.000 €.

Veräußerungspreis	300.000
Buchwert	−100.000
Aktiver Ausgleichsposten	−28.125
verbleiben	171.875

Die M-AG erzielt einen nach § 8b Abs. 2 i. V. m. Abs. 3 Satz 1 KStG zu 95 % steuerfreien Veräußerungsgewinn i. H. v. 171.875 € mit der Folge, dass 8.594 € steuerpflichtig sind.

1.2.8 Ausgleichsposten bei Ausgliederung/Anteilstausch

Werden ausschließlich Anteile an einer Kapitalgesellschaft (Organgesellschaft) isoliert ausgegliedert, handelt es sich um einen Anteilstausch nach § 21 UmwStG (zur Abgrenzung vgl. Tz. 21.01 UmwSt-Erlass vom 11. 11. 2011). Die zum übertragenden Rechtsträger bestehende finanzielle Eingliederung wird dem Übernehmer auch in diesen Fällen zwar ab dem steuerlichen Übertragungsstichtag zugerechnet, allerdings ist steuerlicher Übertragungsstichtag in den Fällen des Anteilstausches der Zeitpunkt, zu dem das wirtschaftliche Eigentum an den Anteilen der Organgesellschaft übergeht (Hinweis auf Tz. 21.17 UmwSt-Erlass). Eine Rückwirkung ist deshalb grundsätzlich nicht möglich (Rdnr. Org. 08 Abs. 1 Sätze 2 und 3 UmwSt-Erlass). Ein Organschaftsverhältnis ist somit erst mit Beginn des folgenden Wirtschaftsjahres möglich oder die Organgesellschaft muss ein Rumpfwirtschaftsjahr bilden und auf den Einbringungszeitpunkt abschließen.

Beispiel:

Der Organträger M-AG bringt die Anteile an der Organgesellschaft A-GmbH im Wege des Anteilstausches mit wirtschaftlicher Wirkung am 20. 7. 2020 in die ebenfalls von ihm zu 100 % gehaltene B-GmbH ein. Das Wirtschaftsjahr der A-GmbH entspricht dem Kalenderjahr. Es sollen die Buchwerte fortgeführt werden. Das Organschaftsverhältnis kann durch die B-GmbH nicht fortgeführt werden, da der B-GmbH die finanzielle Eingliederung erst ab dem 20. 7. 2020 zuzurechnen ist. Ein Organschaftsverhältnis kann frühestens ab dem folgenden Jahr (zum 1. 1. 2021) begründet werden oder die Organgesellschaft müsste ihr Wirtschaftsjahr auf den Zeitpunkt des Übergangs des wirtschaftlichen Eigentums umstellen.

Ausgangsstruktur: *Zielstruktur:*

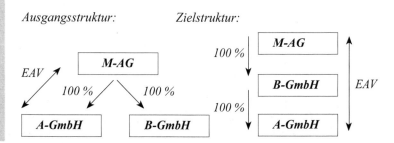

In diesen Fällen kann jedoch das Organschaftsverhältnis zum bisherigen Organträger in Form einer mittelbaren Organschaft fortgeführt werden (Rdnr. Org. 16 UmwSt-Erlass), wenn der Gewinnabführungsvertrag bestehen bleibt.

Beispiel:

Sachverhalt wie vorheriges Beispiel. Die bisher zwischen der M-GmbH und der A-GmbH bestehende Organschaft kann wegen der mittelbaren Beteiligung fortgeführt werden. Hier bietet sich eine Übergangslösung an, indem für das Jahr 2020 noch die M-GmbH und ab dem Jahr 2021 die B-GmbH als Organträger fungiert.

Die erstmalige Begründung eines Organschaftsverhältnisses nach Anteilstausch kann nach den dargelegten Grundsätzen nicht rückwirkend erfolgen, sondern ist erstmals ab dem Beginn des auf die Einbringung folgenden Wirtschaftsjahres möglich (Rdnr. Org. 15 UmwSt-Erlass).

Es ist fraglich, ob die Lösungen in den Fällen des reinen Anteilstauschs nicht in Widerspruch zu der Entscheidung des BFH (Urteil vom 28. 7. 2010, BStBl 2011 II S. 528) stehen. In dem entschiedenen Fall hatte der Organträger einen Teilbetrieb gegen Gewährung von Anteilen an der künftigen Organgesellschaft ausgegliedert und in einem zweiten Schritt diese Anteile im Wege des Anteilstauschs in eine andere von ihm gehaltene Beteiligung eingebracht.

Behandlung von Ausgleichsposten

Bei der Ausgliederung (Einbringung) handelt es sich um einen tauschähnlichen Vorgang, der einer Veräußerung i. S. des § 14 Abs. 4 Satz 2 KStG gleichzustellen ist.

Demzufolge sind die bisher nach § 14 Abs. 4 Satz 1 KStG bei der Muttergesellschaft (Organträger) gebildeten Ausgleichsposten grundsätzlich zum steuerlichen Übertragungsstichtag aufzulösen (Rdnr. Org. 16 Abs. 2 Satz 1 und 2 i. V. m. Rdnr. Org. 05 Abs. 1 UmwSt-Erlass).

Dies gilt auch dann, wenn die Organschaft nach der Einbringung unverändert fortbesteht (sodann als mittelbare Organschaft zwischen Mutter- und nunmehriger Enkelgesellschaft; vgl. Rdnr. Org. 16 Abs. 1 UmwSt-Erlass).

Abweichend von dem allgemeinen Grundsatz sind die auf das bisherige unmittelbare Organschaftsverhältnis entfallenden organschaftlichen Ausgleichsposten nicht aufzulösen, wenn die Einbringung der Anteile an der Organgesellschaft zum Buchwert erfolgt und das bestehende Organschaftsverhältnis nach der Einbringung zulässigerweise in Form einer mittelbaren Organschaft fortgeführt wird (Rdnr. Org. 16 Abs. 2 Satz 2 i. V. m. Rdnr. Org. 05 Abs. 2 Satz 1 UmwSt-Erlass).

Der Organträger hat in diesem Fall die organschaftlichen Ausgleichsposten fortzuführen (Rdnr. Org. 16 Abs. 2 Satz 3 UmwSt-Erlass). Erfolgt die Anteilseinbringung zum sog. Zwischenwert, sind die organschaftlichen Ausgleichsposten anteilig aufzulösen und im Übrigen vom Organträger fortzuführen (Rdnr. Org. 16 Abs. 2 i. V. m. Rdnr. Org. 05 Abs. 2 Satz 3 UmwSt-Erlass).

(Quelle: FinMin Schleswig-Holstein vom 8. 12. 2011, DStR 2012 S. 1607).

1.3 Organschaftlich verursachte Minderabführung (§ 14 Abs. 4 KStG)

Ist das handelsrechtliche Jahresergebnis niedriger als der steuerliche Gewinn (Minderabführung), so ist in der Steuerbilanz des Organträgers ein besonderer aktiver Ausgleichsposten nach R 14.8 KStR zu bilden, der entsprechend dem Verlauf der steuerlichen Gewinnkorrekturen in den Folgejahren ergebniswirksam anzupassen ist. Ein solcher aktiver Ausgleichsposten in der Steuerbilanz gibt an, dass handelsrechtlich stille Reserven der Organgesellschaft bereits beim Organträger versteuert worden sind. In Höhe dieser Minderabführung ist bei der Organgesellschaft ein Zugang beim steuerlichen Einlagekonto zu erfassen (vgl. § 27 Abs. 6 KStG, BMF-Schreiben vom 26. 8. 2003, Rdnr. 40).

> *Beispiel:*
>
> Die Organgesellschaft passiviert in der HB gem. § 249 Abs. 1 Satz 1 HGB eine Rückstellung für drohende Verluste aus schwebenden Geschäften i. H. v. 50.000 €. In der Steuerbilanz ist nach § 5 Abs. 4a EStG eine solche Rückstellung nicht zulässig.
>
> In der Folge ist die Gewinnabführung (nur nach Handelsrecht) um 50.000 € geringer als der Jahresüberschuss lt. Steuerbilanz (Minderabführung).

Organgesellschaft – Gewinn	
HB-Gewinn vor Rückstellung	300.000
Rückstellung	−50.000
HB-Gewinn	250.000
Gewinnabführung	−250.000
HB-Gewinn	0
§ 5 Abs. 4a EStG	50.000
StB-Gewinn (= Minderabführung)	50.000

Organgesellschaft – Einkommen	
StB-Gewinn	50.000
zzgl. Gewinnabführung	250.000
Sonstige Zurechnungen (z. B. NaBA)	35.000
Zuzurechnendes Einkommen	335.000

Der OT muss in seiner Steuerbilanz einen besonderen aktiven Ausgleichsposten i. H. v. 50.000 € bilden.

Organträger – Gewinn	
HB-Gewinn vor Gewinnabführung	500.000
Ertrag Gewinnabführung	250.000
HB-Gewinn	750.000
Aktivierung Ausgleichsposten	50.000
StB-Gewinn	800.000

Organträger – Einkommen	
StB-Gewinn	800.000
abzgl. Gewinnabführung	−250.000
Neutralisierung AP	−50.000
zuzurechnendes Einkommen OG	335.000
Einkommen OT	835.000

1.4 Organschaftlich verursachte Mehrabführung (§ 14 Abs. 4 KStG)

1.4.1 Passiver Ausgleichsposten bei Mehrabführungen

Eine organschaftliche Mehrabführung liegt vor, wenn das handelsrechtliche Jahresergebnis höher ist als der steuerliche Gewinn der Organgesellschaft und diese Abweichung ihre Ursache in der Zeit der Organschaft hat. In diesen Fällen ist in der Steuerbilanz des Organträgers ein besonderer passiver Ausgleichsposten nach R 14.8 KStR zu bilden. Ein solcher zeigt an, dass die handelsrechtlichen Gewinnabführungen beim Organträger teilweise noch nicht versteuert werden mussten. Auf Seiten der Organgesellschaft sind Mehrabführungen vom steuerlichen Einlagekonto zu kürzen (§ 27 Abs. 6 KStG).

Beispiel:

Die Organgesellschaft bildet in der StB 2020 gem. § 6b EStG i.V.m. § 5 Abs. 1 Satz 1 2. Halbsatz EStG eine Reinvestitionsrücklage i. H. v. 250.000 €, da der Gewinn aus der Veräußerung eines Grundstücks auf eine geplante Investition in einem späteren Jahr übertragen werden soll.

In der Folge ist die Gewinnabführung (nur nach Handelsrecht) um 250.000 € höher als der Jahresüberschuss lt. Steuerbilanz (Mehrabführung).

Organgesellschaft – Gewinn	
HB-Gewinn	600.000
Gewinnabführung	−600.000
Jahresüberschuss lt. HB	0
Rücklage § 6b EStG	−250.000
StB-Gewinn (= Mehrabführung)	−250.000

Organgesellschaft – Einkommen	
StB-Gewinn	−250.000
zzgl. Gewinnabführung	600.000
Sonstige Zurechnungen (z. B. NaBA)	35.000
Zuzurechnendes Einkommen	385.000

Der OT muss in seiner Steuerbilanz einen besonderen passiven Ausgleichsposten i. H. v. 250.000 € bilden.

Organträger – Gewinn	
HB-Gewinn vor Gewinnabführung	300.000
Ertrag Gewinnabführung	600.000
HB-Gewinn	900.000
Passivierung Ausgleichsposten	−250.000
StB-Gewinn	650.000

Organträger – Einkommen	
StB-Gewinn	650.000
abzgl. Gewinnabführung	−600.000
Neutralisierung AP	250.000
zuzurechnendes Einkommen OG	385.000
Einkommen OT	685.000

1.4.2 Kein passiver Ausgleichsposten für Mehrabführungen

In seinem Urteil vom 29. 8. 2012 (I R 65/11, BStBl 2013 II S. 555) hatte der BFH darüber zu entscheiden, ob im Falle einer nicht einkommenserheblichen Ergebnisabweichung eine Mehrabführung vorliegt, die in der Folge auch zur Bildung eines passiven organschaftlichen Ausgleichspostens auf Ebene des Organträgers führt. Im Entscheidungsfall war eine Organgesellschaft an einer Personengesellschaft beteiligt, aus der sie im Streitjahr lediglich verrechenbare

Verluste i. S. des § 15a EStG bezog. Der aufgrund der Spiegelbildmethode in der Steuerbilanz vorzunehmende niedrigere Ansatz der Beteiligung an der Personengesellschaft war durch eine außerbilanzielle Hinzurechnung wieder zu neutralisieren. Nach Ansicht des BFH ergab sich in diesem Falle gerade keine handelsrechtliche Mehrabführung.

Die Ursache für diese Beurteilung liegt auch in der Formulierung der Vorschrift des § 14 Abs. 4 Satz 6 KStG mit dem Begriff „insbesondere", der nach der Auffassung von Trautmann/Faller (DStR 2013 S. 293) keine Legaldefinition, sondern nur ein Regelbeispiel darstellt. Nach Ansicht des BFH (vgl. Urteil vom 6. 6. 2013, I R 38/11, BStBl 2014 II S. 398 unter Rdnr. 26) handelt es sich jedoch um eine Legaldefinition der Begriffe Mehr- oder Minderabführungen.

Die Finanzverwaltung hat mit Schreiben vom 15. 7. 2013 (BStBl 2013 I S. 921) bereits auf das Urteil vom 29. 8. 2012 (I R 65/11, BStBl 2013 II S. 555) reagiert. Danach sind die Grundsätze dieses Urteils über den entschiedenen Einzelfall hinaus nur anzuwenden, wenn die Fallkonstellation des Urteilssachverhalts vorliegt, das heißt, wenn die handelsrechtliche Verlustübernahme aufgrund der Anwendung des § 15a EStG dem Betrag entspricht, der auch nach der Steuerbilanz für die Einkommensermittlung zugrunde zu legen ist. Mit Ausnahme des genannten Anwendungsfalls des § 15a EStG ist in allen anderen Fällen bei der Bildung organschaftlicher Ausgleichsposten weiterhin nach dem Wortlaut des § 14 Abs. 4 Satz 6 KStG auf die Abweichung des an den Organträger abgeführten Gewinns vom Steuerbilanzgewinn der Organgesellschaft abzustellen. Die organschaftlichen Ausgleichsposten sind aufgrund der gesetzlichen Vorgabe des § 14 Abs. 4 Satz 1 KStG in der Steuerbilanz zu aktivieren oder zu passivieren.

1.4.3 Ertragszuschuss als organschaftliche Mehrabführungen

In seinem Urteil vom 15. 3. 2017 (I R 67/15, BFH/NV 2017 S. 1276) hat der BFH abweichend von der Verwaltungsauffassung entschieden, dass auch ohne eine Abweichung zwischen abgeführtem Handelsbilanzgewinn und Steuerbilanzgewinn eine organschaftliche Mehrabführung vorliegt.

Im entschiedenen Fall hatte der Organträger M-GmbH ihrer Organgesellschaft T-GmbH einen nicht rückzahlbaren Ertragszuschuss gewährt, der in der Handelsbilanz der T-GmbH als Ertrag gebucht und somit im Rahmen der Gewinnabführung wieder an die M-GmbH zurückgezahlt wurde. Steuerlich wurde der Ertragszuschuss als verdeckte Einlage behandelt.

Nach den Ausführungen des BFH führt der Ertragszuschuss auf Ebene des Organträgers zu nachträglichen Anschaffungskosten auf die Beteiligung an der T-GmbH (§ 6 Abs. 6 Satz 2 EStG) und bei der Organgesellschaft zu einer Minderung des zuzurechnenden Einkommens (§ 8 Abs. 3 Satz 3 KStG) bei gleichzeitiger Erhöhung des steuerlichen Einlagekontos (§ 27 Abs. 1 Satz 1 KStG). Eine Saldierung beider Vorgänge ist nicht zulässig, da die verdeckte Einlage durch die Rückzahlung im Rahmen der Gewinnabführung nicht rückgängig gemacht wird.

Die Rückzahlung des Zuschusses führt nach Ansicht des BFH zu einer organschaftlichen Mehrabführung und damit einer Minderung des steuerlichen Einlagekontos nach § 27 Abs. 6 KStG. Im Saldo bleibt damit das Einlagekonto auf Ebene der Organgesellschaft unverändert.

Schließlich ist in der Steuerbilanz des Organträgers ein passiver Ausgleichsposten zu bilden, dessen Gewinnauswirkung bei der Ermittlung des zu versteuernden Einkommens durch eine Zurechnung wieder zu neutralisieren ist.

Beispiel:

Der Organträger M-GmbH gewährt der Organgesellschaft T-GmbH einen nicht rückzahlbaren Ertragszuschuss i. H. v. 50.000 €. Der Organträger erzielt vor Zuschuss und Gewinnabführung einen Gewinn i. H. v. 200.000 € und bucht den Zuschuss als Betriebsausgabe. Die Organgesellschaft hat ohne diesen Zuschuss einen handelsrechtlichen Gewinn i. H. v. 100.000 € erzielt. Die Organgesellschaft hat nicht abziehbare Geschenke i. H. v. 15.000 € zu Lasten des Gewinns gebucht.

Organgesellschaft – Gewinn	
HB-Gewinn vor Zuschuss	100.000
Ertragszuschuss Organträger	50.000
Gewinnabführung	−150.000
Jahresüberschuss lt. Handelsbilanz	0

Organgesellschaft – Einkommen	
Jahresüberschuss lt. Handelsbilanz	0
zzgl. Gewinnabführung	150.000
abzgl. verdeckte Einlage § 8 Abs. 3 Satz 3 KStG	−50.000
Sonstige Zurechnungen (Geschenke)	15.000
Zuzurechnendes Einkommen	115.000
Gesonderte Feststellung nach § 14 Abs. 5 KStG Organschaftliche Mehrabführung	50.000

Organgesellschaft – Einlagekonto	
Zugang durch verdeckte Einlage § 27 Abs. 1 KStG	50.000
Abgang durch Mehrabführung § 27 Abs. 6 KStG	−50.000
Saldo	0

Der Organträger muss die verdeckte Einlage als nachträgliche Anschaffungskosten auf die Beteiligung an der T-GmbH erfassen und zusätzlich einen passiven Ausgleichsposten wegen der organschaftlichen Mehrabführung bilden.

Bei der Einkommensermittlung des Organträgers ist die als Ertrag gebuchte Gewinnabführung der Organgesellschaft in Abzug zu bringen und das zuzurechnende Einkommen mit dem gesondert und einheitlich festgestellten Betrag abzusetzen. Zudem ist die durch die Passivierung des Ausgleichspostens eingetretene Gewinnminderung durch eine Hinzurechnung in gleicher Höhe zu neutralisieren.

Organträger – Gewinn	
HB-Gewinn vor Zuschuss und Gewinnabführung	200.000
Ertragszuschuss Organgesellschaft	−50.000
Gewinnabführung Organgesellschaft	150.000
HB-Gewinn endgültig	300.000
Zuschreibung Beteiligung T-GmbH	50.000
Passivierung Ausgleichsposten	−50.000
StB-Gewinn	300.000

Organträger – Einkommen	
StB-Gewinn	300.000
abzgl. Gewinnabführung	−150.000
Neutralisierung AP	50.000
zuzurechnendes Einkommen OG	115.000
Einkommen OT	315.000

Im Ergebnis versteuert der Organträger sein eigenes Ergebnis i. H. v. 200.000 € sowie das Ergebnis der Organgesellschaft i. H. v. 100.000 € zzgl. nicht abziehbarer Ausgaben der Organgesellschaft i. H. v. 15.000 €. Bei Veräußerung der Organbeteiligung sind der Mehrwert auf der Aktivseite und der passive Ausgleichsposten in gleicher Höhe aufzulösen, so dass sich insoweit keine Auswirkung auf die Höhe eines Veräußerungsgewinns ergibt.

1.5 Vororganschaftlich verursachte Mehrabführung (§ 14 Abs. 3 Satz 1 KStG)

Gibt die Organgesellschaft Erträge aus vororganschaftlicher Zeit an den Organträger weiter, war in der Vergangenheit strittig, wie diese Mehrabführungen steuerlich zu behandeln sind. Die Rechtsprechung vertrat die Ansicht, dass Mehrabführungen aus vororganschaftlicher Zeit wie die Abführung des laufenden Ergebnisses zu behandeln sind (so z. B. BFH-Urteil vom 18.12.2002, I R 51/01, BFH/NV 2003 S. 572). Die Finanzverwaltung behandelte hingegen Mehrabführungen als Gewinnausschüttungen der Organgesellschaft an den Organträger (A. 59 Abs. 4 Satz 3 KStR 1995).

Mit der Änderung des § 14 Abs. 3 Satz 1 KStG durch das EURLUmsG vom 9.12.2004 wurde gesetzlich festgeschrieben, dass Mehrabführungen aus vororganschaftlicher Zeit Gewinnausschüttungen gelten. Diese Regelung soll bereits rückwirkend für Mehrabführungen von Organgesellschaften anzuwenden sein, deren Wirtschaftsjahr nach dem 31.12.2003 endet (§ 34 Abs. 9 Nr. 4 KStG n. F.).

Der BFH hat sich in seinen Urteilen vom 6.6.2013 (I R 38/11, BStBl 2014 II S. 398) und vom 27.11.2013 (I R 36/13, BStBl 2014 II S. 651) ausführlich mit der Thematik der vororganschaftlich verursachten Mehrabführungen beschäftigt. Nach Auffassung des Senats ergeben sich Mehrabführungen als eine rechnerische Differenz zwischen dem handelsbilanziellen Jahresüberschuss und dem Ergebnis der Organgesellschaft nach der Steuerbilanz. Ein tatsächlicher Vermögensabfluss ist nicht erforderlich. Denkbar ist auch, dass beide Vergleichsgrößen negativ sind, so dass sich eine Mehrabführung als „Minderverlustübernahme" ergeben kann (wenn handelsbilanziell ein geringerer Verlust entstanden ist als in der Steuerbilanz). Die Vorschrift des § 14 Abs. 3 Satz 1 KStG soll die Besteuerung nur in der Handelsbilanz der Organgesellschaft gebildeter stiller Reserven sicherstellen.

Folgerichtig ist dann auch die Anwendung des § 38 Abs. 2 KStG a. F., der bei Verwendung des sog. EK 02 für Leistungen i. S. des § 27 KStG eine Körperschaftsteuererhöhung i. H. v. 3/7 des verwendeten EK 02 vorsieht. Da § 14 Abs. 3 Satz 1 KStG in den Fällen der vororganschaftlichen Mehrabführung eine Gewinnausschüttung fingiert, indiziert dies zugleich auch eine Leistung i. S. des § 38 Abs. 1 Satz 3 KStG.

Die vororganschaftliche Verursachung ergibt sich dabei aufgrund der periodenübergreifenden Verknüpfung des früheren Geschäftsvorfalls, der die Ursache für die Abführungsdifferenz ist. Auch wenn die Mehrabführung erst in organschaftlicher Zeit realisiert wird, ist sie vororganschaftlich verursacht, wenn die entsprechenden Bilanzansätze in vororganschaftlicher Zeit vorgenommen wurden.

Der BFH hat jedoch Bedenken im Hinblick auf die Verfassungsmäßigkeit der Anwendungsnorm des § 34 Abs. 9 Nr. 4 KStG, soweit diese schon auf Mehrabführungen von Organgesellschaften anzuwenden ist, deren Wirtschaftsjahr nach dem 31. 12. 2003 endet. Es wird deshalb die Entscheidung des BVerfG darüber eingeholt, ob ein Verstoß gegen das verfassungsrechtliche Rückwirkungsverbot besteht (2 BvL 18/14).

Beispiel:

Im Jahr 2019 ist eine in der HB gebildete Drohverlustrückstellung i. H. v. 200.000 € steuerlich unzulässig gem. § 5 Abs. 4a EStG. Diese Rückstellung wird in der Handelsbilanz 2020 wieder aufgelöst. Ab dem Vz. 2020 besteht eine körperschaftsteuerliche Organschaft.

Folgen: Die Auflösung der Rückstellung führt zu einem höheren HB-Gewinn, der auch an den OT abzuführen ist (Mehrabführung).

Organgesellschaft Gewinne	2019	2020
HB-Jahresüberschuss vor Rückstellung	500.000	500.000
Zuführung zur Rückstellung	−200.000	
Auflösung der Rückstellung		200.000
HB-JÜ vor Gewinnabführung	300.000	700.000
Gewinnabführung	0	−700.000
HB-Jahresüberschuss	0	0
Korrektur § 5 Abs. 4a EStG	200.000	−200.000
STB-Jahresüberschuss	500.000	−200.000

Organgesellschaft – Einkommen	2019	2020
StB-Jahresüberschuss	500.000	−200.000
Gewinnabführung		700.000
Einkommen	500.000	500.000
dem OT zuzurechnen	0	−500.000
zu versteuerndes Einkommen	500.000	0

Diese Mehrabführung gilt als Ausschüttung der OG an den OT mit allen sich daraus ergebenden Folgen:

- Körperschaftsteuererhöhung oder -minderung bei der Organgesellschaft (§§ 37 und 38 KStG).
- Verwendung des Einlagekontos nach § 27 KStG bei der Organgesellschaft für die Ausschüttung möglich.
- Pflicht zur Abführung von Kapitalertragsteuer (§ 44 Abs. 7 EStG).

Organträger – Gewinne	2019	2020
JÜ vor Gewinnabführung	750.000	750.000
Gewinnabführung der OG	0	700.000
JÜ lt. HB	750.000	1.450.000

Organträger – Einkommen	2019	2020
Jahresüberschuss lt. HB	750.000	1.450.000
vororganschaftl. Mehrabführung		200.000
Steuerbefreiung der Mehrabführung		−190.000
Gewinnabführung der OG		−700.000
Einkommen der OG		500.000
Zu versteuerndes Einkommen	750.000	1.260.000

Beim Organträger ergeben sich folgende Auswirkungen:

- Erfassung der Ausschüttung beim Organträger als Ertrag.
- Steuerfreistellung der Ausschüttung: § 8b Abs. 1 KStG (zu 95 %) oder nach § 3 Nr. 40 EStG (zu 40 %).

(Hierzu siehe auch Lohmann/Heerdt, DB 2008 S. 1937). Eine Übergangsregelung für Altfälle (Wj. enden vor dem 1.1.2004) ergibt sich aus dem BMF-Schreiben vom 22.12.2004 (BStBl 2005 I S. 65).

Handelt es sich bei dem Organträger um natürliche Personen oder eine Personengesellschaft, deren Mitunternehmer natürliche Personen sind, unterliegen diese als Ausschüttungen zu qualifizierenden vororganschaftlichen Mehrabführungen dem Halb- bzw. Teileinkünfteverfahren. Hinsichtlich der mit der Beteiligung an der Organgesellschaft in wirtschaftlichem Zusammenhang stehenden Aufwendungen ist die Abzugsbeschränkung des § 3c Abs. 2 EStG zu beachten.

Nach dem BFH-Urteil vom 25.7.2019 (IV R 61/16, DStR 2019 S. 2131) unterliegen Schuldzinsen insoweit anteilig dem Teilabzugsverbot des § 3c Abs. 2 EStG, als die Kapitalgesellschaft während des Bestehens der Organschaft Gewinne aus vororganschaftlicher Zeit ausschüttet. Der dem Teilabzugsverbot unterliegende Teil der Schuldzinsen ergibt sich aus dem Verhältnis der Gewinnausschüttung zu dem in demselben Jahr zugerechneten Organeinkommen.

Nach § 3c Abs. 2 Satz 1 Halbsatz 1 EStG dürfen Betriebsausgaben, die mit steuerfreien Betriebseinnahmen in wirtschaftlichem Zusammenhang stehen, bei der Ermittlung der Einkünfte nur zur Hälfte abgezogen werden. Dabei ist ein rechtlicher Zusammenhang nicht erforderlich, vielmehr ist ein mittelbarer wirtschaftlicher Zusammenhang ausreichend.

Besteht ein wirtschaftlicher Zusammenhang mit mehreren, zum Teil voll steuerpflichtigen und zum Teil nach § 3 Nr. 40 EStG teilweise steuerbefreiten Einnahmen, und wurde der angefallene Aufwand nicht vorrangig durch eine der beiden Einnahmearten ausgelöst, ist er anteilig und im Rahmen einer wertenden Betrachtung entsprechend dem rechtlichen und wirtschaftlichen Gehalt des Gesamtvorgangs aufzuteilen.

Beispiel:

Die AB-KG hat in 2019 sämtliche Anteile an der X-GmbH erworben und hält die Beteiligung in ihrem Gesamthandsvermögen. Zur Finanzierung der Anschaffungskosten hat sie ein Darlehen i. H. v. 500.000 € aufgenommen, das mit jährlich 5 % (25.000 €) verzinst wird. Mit Wirkung ab dem 1. 1. 2020 wird ein steuerlich anzuerkennendes Organschaftsverhältnis begründet. In 2020 führt die X-GmbH einen Gewinn i. H. v. 40.000 € an die AB-KG ab. Darüber hinaus wird eine vororganschaftliche Mehrabführung wegen der handelsrechtlichen Auflösung einer in 2019 bereits steuerlich nicht zulässigen Rückstellung i. H. v. 10.000 € festgestellt.

Die in 2020 entstandenen Finanzierungskosten stehen teilweise auch in wirtschaftlichem Zusammenhang mit Erträgen gem. § 3 Nr. 40 EStG, so dass insoweit das Abzugsverbot des § 3c Abs. 2 EStG greift. Im vorliegenden Falle bietet sich eine Aufteilung der Aufwendungen im Verhältnis der Gewinnabführung (40.000 €) zur Gewinnausschüttung (10.000 €) an. Somit sind nur 60 % von 1/5 der Zinsen abziehbar, die Gewinnausschüttung ist zu 40 % steuerfrei (vgl. FG Saarland vom 1. 2. 2016, 1 K 1145/12)

Übersicht		stpfl.
Gewinnausschüttung vororganschaftl Mehrabführung	10.000	6.000
Finanzierungskosten (1/5)	5.000	–3.000
Steuerpflichtige Einkünfte		3.000

1.6 Vororganschaftlich verursachte Minderabführung (§ 14 Abs. 3 Satz 2 KStG)
Minderabführungen aus vororganschaftlicher Zeit sind als Einlagen des Organträgers in die Organgesellschaft zu behandeln (§ 14 Abs. 3 Satz 2 KStG n. F.). Diese Regelung ist erstmals im VZ 2004 zu beachten (§ 34 Abs. 1 KStG n. F.).

Beispiel:

Im Jahr 2020 leistet die OG eine Steuernachzahlung i. H. v. 75.000 € aufgrund einer Betriebsprüfung für das Jahr 2018. Im Prüfungsbericht für das Jahr 2018 wurde die Steuernachzahlung bereits erfolgswirksam passiviert. Die Steuernachzahlung wird in der Handelsbilanz 2020 als Aufwand erfasst.

Zur Vermeidung einer doppelten Aufwands-Erfassung muss in 2019 eine Anpassung an die Vorprüfung erfolgen. Die Steuernachzahlung ist in der Steuer-/Prüferbilanz auf den 31.12.2019 zu passivieren bei gleichzeitiger Kapitaldurchbrechung, so dass der Vorgang in 2019 erfolgsneutral bleibt. Da die Zahlung in 2020 erfolgte, ist die Steuerrückstellung in 2020 wieder aufzulösen. Der Umkehreffekt in der Mehr- und Weniger-Rechnung führt zu einer entsprechenden Gewinnerhöhung in 2020. Im Ergebnis bleibt es letztlich bei einem einmaligen Aufwand im Jahr 2018.

	2018	2019	2020
Prüferbilanz	−75.000		
Handelsbilanz			−75.000
Ausweis Steuerrückstellung		−75.000	75.000
Kapitalanpassung		75.000	
Saldo	−75.000	0	0

Ab dem Jahr 2020 besteht ein steuerlich anzuerkennendes Organschaftsverhältnis. Der in der Steuerbilanz ausgewiesene höhere Gewinn führt zu einer vororganschaftlich verursachten Minderabführung.

Organgesellschaft – Gewinn	2020
HB-Gewinn vor Steuerzahlung	250.000
Steuern Vor-Bp 2018	−75.000
HB-Gewinn	175.000
Gewinnabführung an den OT	−175.000
Jahresüberschuss lt. HB	0

Organgesellschaft – Einkommen	2020
Jahresüberschuss lt. HB	0
Gewinnabführung	175.000
Einkommen	175.000
dem OT zuzurechnen	−175.000
von der OG zu versteuern	0

Diese Minderabführung gilt als Einlage des Organträgers in die Organgesellschaft mit allen sich daraus ergebenden Folgen:

- Erhöhung des Einlagekontos bei der Organgesellschaft
- Ansatz der Beteiligung mit dem erhöhten Wert
- Einkommensminderung beim Organträger

Organträger – Gewinn	2020
HB vor Gewinnabführung	350.000
Gewinnabführung der OG	175.000
Gewinn lt. Handelsbilanz	525.000
Zuschreibung Beteiligungskonto OG	75.000
Gewinn lt. StB	600.000

Organträger – Einkommen	2020
Gewinn lt. StB	600.000
Gewinnabführung der OG	−175.000
Einlage in die OG	−75.000
Einkommen der OG	175.000
Einkommen des OT	525.000

1.7 Saldierung von vororganschaftlichen Mehr- und Minderabführungen

Da Mehr- und Minderabführungen auf völlig unterschiedlichen Sachverhalten beruhen können, darf eine Saldierung nicht stattfinden. Diese Auffassung hat die Finanzverwaltung bereits im BMF-Schreiben vom 28.10.1997 (BStBl 1997 I S.939) vertreten. Danach sind Mehr- und Minderabführungen als Folge von verschiedenen Geschäftsvorfällen aus vororganschaftlicher Zeit, die in einem Veranlagungszeitraum zusammentreffen, jeweils getrennt als Gewinnausschüttung oder als Einlage zu behandeln. Eine Saldierung findet nicht statt.

Nach Ansicht des BFH (Urteil vom 6.6.2013, I R 38/11, BStBl 2014 II S.398 unter Rdnr. 30) ist eine Saldierung von in vororganschaftlicher Zeit verursachten Mehr- und Minderabführungen ausgeschlossen, da das Gesetz ausdrücklich in den Rechtsfolgen zwischen Gewinnausschüttungen und Einlagen differenziert und zudem die Begriffe der Mehr- und Minderabführung im Plural verwendet (so auch BFH vom 27.11.2013, I R 36/13, BStBl 2014 II S.651).

1.8 Saldierung von vor- und organschaftlichen Beträgen

Mit der Regelung des § 14 Abs. 3 KStG hat der Gesetzgeber für vororganschaftlich verursachte Mehrabführungen angeordnet, dass es sich um Gewinnausschüttungen und für vororganschaftlich verursachte Minderabführungen angeordnet, dass es sich um Einlagen handelt. Davon deutlich zu unterscheiden sind die Folgen der in organschaftlicher Zeit verursachten Mehr- und Minderabführungen, die nach § 14 Abs. 4 KStG zur Bildung besonderer organschaftlicher Ausgleichposten führen. Eine Saldierung beider Fallgruppen würde deshalb zu völlig falschen steuerlichen Ergebnissen führen.

Diese Auffassung wird durch das BFH-Urteil vom 6.6.2013 (I R 38/11, BStBl 2014 II S.398 unter Rdnr. 30) bestätigt, wonach eine Saldierung von vororganschaftlichen und/oder organschaftlichen Mehr- und Minderabführungen bereits wegen der unterschiedlichen gesetzlichen Tatbestände und der unterschiedlichen Rechtsfolgen in § 14 Abs. 3 KStG und § 14 Abs. 4 KStG ausscheidet.

1.9 Weitere praktische Beispiele zu Mehr- und Minderabführungen

1.9.1 Bildung von Rücklagen

Minderabführungen der Organgesellschaft durch Bildung von Rücklagen oder steuerrechtlich nicht anzuerkennenden Rückstellungen in der Handelsbilanz (R 14.8 Abs. 1 KStR)

Beispiel:

Eine Organgesellschaft bildet während der Geltungsdauer des Gewinnabführungsvertrags in ihrer Steuerbilanz für 2018 zulässigerweise eine freie Rücklage. Sie löst die Rücklage im Jahr 2020 auf und führt den hierbei entstehenden Gewinn an den Organträger ab.

Rechtliche Beurteilung im Jahr der Bildung der Rücklage

Durch die Bildung der Rücklage erhöht sich das in der Steuerbilanz auszuweisende Betriebsvermögen der Organgesellschaft. Dementsprechend erhöht sich ihr Eigenkapital. Der Zugang ist im steuerlichen Einlagekonto zu erfassen (§ 27 Abs. 6 KStG).

Der Organträger erhält infolge der Rücklagenbildung eine entsprechend geringere Gewinnabführung. Das ihm zuzurechnende Einkommen der Organgesellschaft verringert sich jedoch nicht.

In der Steuerbilanz des Organträgers ist ein aktiver Ausgleichsposten in Höhe des Teils der versteuerten Rücklagen zu bilden, der dem Verhältnis der Beteiligung des Organträgers am Nennkapital der Organgesellschaft entspricht. Durch den Ansatz des Ausgleichspostens erhöhen sich das Betriebsvermögen des Organträgers in der Steuerbilanz und das Eigenkapital.

Rechtliche Beurteilung im Jahr der Auflösung der Rücklage

Durch die Auflösung der Rücklage und die Abführung des dabei entstehenden Mehrgewinns mindert sich das Betriebsvermögen in der Steuerbilanz der Organgesellschaft. Im selben Umfang verringert sich ihr Eigenkapital. Die Kürzung ist nach § 27 Abs. 6 KStG beim steuerlichen Einlagekonto vorzunehmen.

Bei dem Organträger ist der abgeführte Mehrgewinn gegen den Ausgleichsposten zu verrechnen (Abschn. 14.8 Abs. 1 KStR). Soweit die Mehrabführung den Ausgleichsposten nicht übersteigt, vollzieht sich ein Aktivtausch. Der Gesamtwert des Betriebsvermögens des Organträgers bleibt insoweit unverändert.

1.9.2 Geschäfts- oder Firmenwert

Nach § 246 Abs. 1 Satz 4 HGB i. d. F. des BilMoG wird ein entgeltlich erworbener Geschäfts- oder Firmenwert als zeitlich begrenzt nutzbarer Vermögensgegenstand angesehen und ist dadurch bilanzierungspflichtig geworden. Damit ist das bisher in § 255 Abs. 4 HGB geregelte Bilanzierungswahlrecht für den Geschäfts- oder Firmenwert entfallen. Ein entgeltlich erworbener Firmenwert unterliegt in der Handelsbilanz einem Ansatzgebot und ist der handelsrechtlichen Zugangs- und Folgebewertung nach § 255 HGB zu unterwerfen. Der Firmenwert ist durch planmäßige Abschreibungen zu mindern, wobei außerplanmäßige Abschreibungen zulässig sind.

Steuerrechtlich ist der entgeltlich erworbene Geschäfts- oder Firmenwert zu aktivieren (§ 5 Abs. 2 EStG) und auf 15 Jahre abzuschreiben (§ 7 Abs. 1 Satz 3 EStG).

Beispiel:

Im Rahmen des Erwerbs eines gesamten Betriebes am 2.1.2019 zahlt die Organgesellschaft T-GmbH für den Firmenwert unstreitig einen Betrag i. H. v. 180.000 €. Handelsrechtlich schreibt sie den Betrag auf 6 Jahre ab, steuerrechtlich muss sie ihn auf 15 Jahre abschreiben.

	HB	StB	Diff.	Gewinn
Zugang 1/2019	180.000	180.000	0	0
AfA 2019	30.000	12.000		
Stand 31.12.2019	150.000	168.000	18.000	18.000
AfA 2020	30.000	12.000		
Stand 31.12.2020	120.000	156.000	36.000	18.000

Im vorgenannten Beispiel kommt es jeweils zu Minderabführungen i. H. v. 18.000 €, da die handelsrechtliche Gewinnabführung niedriger ist, als der Gewinn lt. Steuerbilanz.

1.9.3 Drohverlustrückstellung

Handelsrechtlich besteht nach § 249 Abs. 1 HGB eine Passivierungsverpflichtung, während im Steuerrecht hingegen gem. § 5 Abs. 4a EStG ein Passivierungsverbot gilt.

Beispiel:

Der Organgesellschaft T-GmbH hat am 15.12.2020 insgesamt 250 Laptops zum Stückpreis von netto 498 € bestellt. Die Lieferung ist für den 15.1.2021 vorgesehen. Zum Bilanzstichtag war der Anschaffungspreis bereits auf 448 € pro Stück gesunken.

In der Handelsbilanz die hat GmbH gem. § 249 Abs. 1 Satz 1 HGB zwingend eine Rückstellung i. H. v. 12.500 € zu bilden (250 × 498 – 448). Diese handelsrechtliche Passivierungspflicht führt auch in der Steuerbilanz grundsätzlich über den Maßgeblichkeitsgrundsatz zu einer Passivierung, wird jedoch durch die Regelung des § 5 Abs. 4a HGB eingeschränkt, wonach Rückstellungen für drohende Verluste aus schwebenden Geschäften nicht zulässig sind.

Im vorgenannten Beispiel kommt es zu einer Minderabführungen i. H. v. 12.500 €, da die handelsrechtliche Gewinnabführung niedriger ist als der Gewinn lt. Steuerbilanz.

1.9.4 Abzinsung von Verbindlichkeiten

In der Handelsbilanz sind Verbindlichkeiten mit dem Erfüllungsbetrag gem. § 253 Abs. 1 Satz 2 HGB anzusetzen. Im Steuerrecht hingegen ist eine Abzinsung gem. § 6 Abs. 1 Nr. 3 Satz 1 EStG dann vorzunehmen, wenn Verbindlichkeiten unverzinslich sind und die Laufzeit länger als 12 Monate beträgt.

Beispiel:

Die Organgesellschaft T-GmbH hat am 1.1.2016 ein Darlehen i.H.v. 100.000 €
aufgenommen. Das Darlehen ist unverzinslich und am 31.12.2021 in einer
Summe zurückzuzahlen. In der Handelsbilanz hat die GmbH gem. § 253 Abs. 1
HGB das Darlehen mit dem Rückzahlungsbetrag auszuweisen, in der Steuerbilanz hingegen ist gem. § 6 Abs. 1 Nr. 3 EStG eine Abzinsung unter Berücksichtigung eines Zinssatzes von 5,5 % vorzunehmen.

	Jahre	VV	HB	StB	Diff.	Gewinn
31.12.2016	5	0,765	100.000	76.500	23.500	23.500
31.12.2017	4	0,807	100.000	80.700	19.300	−4.200
31.12.2018	3	0,852	100.000	85.200	14.800	−4.500
31.12.2019	2	0,898	100.000	89.800	10.200	−4.600
31.12.2020	1	0,948	100.000	94.800	5.200	−5.000

Im vorgenannten Beispiel kommt es in 2016 zu einer Minderabführung i.H.v.
23.500 € und in den Jahren ab 2017 zu Mehrabführungen.

1.9.5 Steuerliche Abzugsverbote

In der Handelsbilanz sind Rückstellungen für ungewisse Verbindlichkeiten
zwingend zu bilden (§ 249 HGB). Die Bildung einer Rückstellung in der Steuerbilanz ist nicht zulässig, wenn steuerliche Abzugsverbote nach § 4 Abs. 5 EStG
bestehen.

Beispiel:

Die T-GmbH passiviert in der HB zum 31.12.2020 gem. § 249 Abs. 1 Satz 1 HGB
eine Rückstellung für eine zu erwartende Geldbuße des Bundeskartellamtes
wegen Verstößen gegen das Kartellrecht i.H.v. 35 Mio. €.

Nach § 249 Abs. 1 Satz 1 HGB sind in der Handelsbilanz – und dies gilt über §§ 5
Abs. 1 Satz 1, 4 Abs. 1 Satz 1 EStG auch für die Steuerbilanz – Rückstellungen für
ungewisse Verbindlichkeiten zu bilden, wenn und soweit eine Inanspruch-
nahme hinreichend wahrscheinlich ist. Allerdings darf kein steuerliches Abzugsverbot bestehen, das einem Abzug der betreffenden Aufwendungen als Betriebsausgaben entgegensteht. Denn die steuerlichen Abzugsverbote gelten in gleicher
Weise für den Abzug von Betriebsausgaben wie für die Passivierung einer Verbindlichkeit oder einer Rückstellung (BFH-Urteile vom 4.6.2000, BStBl 2001 II
S. 536 und vom 15.3.2000, BFH/NV 2001 S. 297).

Im vorliegenden Fall greift für das zum Bilanzstichtag zu erwartende Bußgeld das
Abzugsverbot des § 4 Abs. 5 Satz 1 Nr. 8 EStG ein (Anmerkung: Der in Satz 4 der
Vorschrift enthaltene Ausnahmetatbestand soll hier nicht vorliegen).

Die Erhöhung des steuerlichen Gewinns führt zu einer Minderabführung i.H.v.
35 Mio. €.

1.9.6 Anpassungen an Betriebsprüfungen

Ein weiterer Anlass für Mehr- und Minderabführungen kann in einer Bilanzbe-
richtigung vergangener Jahre, insbesondere im Rahmen einer Betriebsprüfung

liegen. Häufig wird es zeitlich nicht möglich sein, die Änderungen bereits in der Handelsbilanz auf den nächsten Bilanzstichtag einzubuchen. Hier behilft man sich übergangsweise ebenfalls mit einer Korrektur im Rahmen einer abweichenden Steuerbilanz oder einer Korrekturrechnung nach § 60 Abs. 2 EStDV.

Beispiel:

Aufgrund einer Betriebsprüfung für die Jahre 2015–2017 werden bei der Organgesellschaft T-GmbH folgende Änderungen festgestellt:

Erhöhung der Anschaffungskosten für Grund und Boden um 15.000 € (Zugang 2017).

a) Aktivierung von Maschinen mit 48.000 € (Restnutzungsdauer: 4 Jahre, AfA 12.000 € p. a.).
b) Erhöhung des Warenbestands um 25.000 € (Rechenfehler bei der Inventur).
c) Steuerrückstellungen i. H. v. 33.000 € wurden passiviert.

Der Prüfungsbericht wird im August 2020 fertig gestellt, die Bilanzen 2018 und 2019 sind bereits erstellt. Welche Auswirkungen ergeben sich auf die Besteuerungsgrundlagen 2018 und 2019?

Da die Handelsbilanzen bereits erstellt sind, wird der Steuerberater die entsprechenden Anpassungen im Rahmen des § 60 Abs. 2 EStDV als Anlage zur Steuererklärung erfassen:

	31. 12. 2017	31. 12. 2018	31. 12. 2019
	Prüferbilanz		
a) Grund und Boden	15.000	15.000	15.000
b) Maschinen	48.000	36.000	24.000
c) Warenbestand	25.000	0	0
d) Steuerrückstellungen	−33.000	−33.000	−33.000
Gesamt	55.000	18.000	6.000
Gewinnauswirkung		−37.000	−12.000

Im Rahmen der Betriebsprüfung ergibt sich insgesamt eine Minderabführung i. H. v. 55.000 €. In 2018 ergibt sich eine Mehrabführung von 37.000 €, in 2019 eine solche von 12.000 €.

1.9.7 Gewinnanteile aus Personengesellschaften

Abweichungen zwischen der Handels- und Steuerbilanz können sich auch durch die Berücksichtigung von Gewinnanteilen aus Personengesellschaften im Ergebnis von Organgesellschaften ergeben. Da die zutreffenden steuerlichen Gewinnanteile im Regelfall nicht bereits in der Handelsbilanz angesetzt werden konnten, sind diese erst im Rahmen der Erstellung einer Steuerbilanz oder einer Korrekturrechnung nach § 60 Abs. 2 EStDV zu erfassen.

Beispiel:

Die Organgesellschaft T-GmbH ist als Mitunternehmerin an der Müller OHG beteiligt.

In der Handelsbilanz der T-GmbH zum 31.12.2019 wird die Beteiligung mit den Anschaffungskosten von 250.000 € ausgewiesen. Erträge aus der Beteiligung werden im Jahr 2019 in der Handelsbilanz nur mit dem vorläufigen Gewinnanteil i. H. v. 30.000 € gebucht. Die Handelsbilanz 2019 wird am 30.4.2020 festgestellt und dient auch als Grundlage für die Gewinnabführung an den Organträger. Der endgültige Gewinnanteil (der aus Vereinfachungsgründen auch dem steuerlich zutreffenden Gewinnanteil entspricht) an der Müller OHG für 2019 i. H. v. 45.000 € steht erst im Oktober 2020 fest und kann daher auch erst in der Buchhaltung des Jahres 2020 berücksichtigt werden, indem zusätzlich 15.000 € gebucht werden.

Steuerlich sind die Erträge aus der OHG sind in dem jeweiligen Jahr zu erfassen, in das sie wirtschaftlich gehören, auch wenn die endgültigen Gewinnfeststellungen erst später erfolgen. Daher wird die zutreffende Berücksichtigung häufig erst im Rahmen des § 60 EStDV bei Erstellung der Steuererklärung möglich sein.

	2019
Gewinnanteil lt. Festellung	45.000
bereits gebucht	30.000
noch zu erfassen (§ 60 EStDV)	**15.000**

Die T-GmbH hat den handelsrechtlichen Jahresüberschuss i. H. v. 200.000 € in voller Höhe an den Organträger M-AG abgeführt.

Die M-AG hat einen handelsrechtlichen Jahresüberschuss ohne Gewinnabführung i. H. v. 300.000 € erzielt.

Gewinnermittlungen

Organgesellschaft T-GmbH	2019
JÜ lt. HB vor Gewinnabführung	200.000
Gewinnabführung an Organträger	−200.000
JÜ. lt. Handelsbilanz	0
Mehrgewinn Müller OHG	15.000
Jahresüberschuss lt. Steuerbilanz	15.000

Organträger M-AG	2019
JÜ vor Gewinnabführung	300.000
Gewinnabführung	200.000
JÜ lt. HB/STB	500.000

Als Grundlage für die Einkommensermittlung der Organgesellschaft ist der Jahresüberschuss lt. Steuerbilanz anzusetzen. Hierbei ist der Mehrgewinn i. H. v. 15.000 € bereits berücksichtigt.

Einkommensermittlungen

Einkommen Organgesellschaft	2019
Gewinn lt. Steuerbilanz	15.000
als Aufwand gebuchte Gewinnabführung	200.000
Einkommen	215.000
dem OT zuzurechnendes Einkommen	−215.000
zu versteuerndes Einkommen	0

In der Folge ist die Gewinnabführung (nur nach Handelsrecht) um 15.000 € geringer als das dem Organträger M-AG zuzurechnende Einkommen (Minderabführung).

Beim Organträger ist gem. R 14.8 Abs. 2 KStR in der Steuerbilanz ein besonderer aktiver Ausgleichsposten einkommensneutral in Höhe des Unterschieds zu bilden, der dem Verhältnis der Beteiligung des Organträgers am Nennkapital der Organgesellschaft entspricht. Dieser Aktivposten erhöht zunächst den Steuerbilanzgewinn und ist deshalb bei der Ermittlung des zu versteuernden Einkommens wieder in Abzug zu bringen.

Einkommen Organträger	2019
Jahresüberschuss	500.000
Zuführung aktiver Ausgleichsposten	15.000
Zwischensumme	515.000
als Ertrag gebuchte Gewinnabführung	−200.000
Summe der Einkünfte	315.000
Neutralisierung akt. Ausgleichsposten	−15.000
Zuzurechnendes Einkommen der OG	215.000
Einkommen/zu versteuerndes Einkommen	515.000

2 Ausgleichszahlungen an außenstehende Gesellschafter

2.1 Allgemeines

Für die finanzielle Eingliederung einer Organgesellschaft reicht es aus, dass dem Organträger die Mehrheit der Anteile (Stimmrechte) zusteht; somit genügt rein rechnerisch eine Beteiligung von mehr als 50 %. In der Folge besteht auch bei einer Beteiligung von z.B. nur 51 % die Verpflichtung zur Abführung des ganzen Gewinns der Organgesellschaft an den Organträger (§ 14 Abs. 1 Satz 1 KStG). Damit die außenstehenden Minderheitsgesellschafter (die in diesem Beispielsfall noch über 49 % der Anteile verfügen) jedoch nicht leer ausgehen, haben diese Anspruch auf sog. Ausgleichszahlungen, die entweder von der Organgesellschaft selbst oder vom Organträger geleistet werden können.

2.2 Bemessung der Ausgleichszahlungen

2.2.1 Zivilrechtliche Regelungen

Nach § 304 AktG muss ein Gewinnabführungsvertrag einen angemessenen Ausgleich für die außenstehenden Aktionäre durch eine auf die Anteile am Grundkapital bezogene wiederkehrende Geldleistung (Ausgleichszahlung) vorsehen. Bei einer GmbH müssen solche Ausgleichszahlungen ausdrücklich vertraglich vereinbart werden.

Die Ausgleichszahlungen sollen der Höhe nach in einem festen Betrag bestehen, der sich sowohl nach den Erträgen der Vergangenheit, als auch nach den zu erwartenden Erträgen in der Zukunft richtet („Mindestausgleich" nach § 304 Abs. 2 Satz 1 AktG). Soweit der Organträger eine AG oder KGaA ist, kann zusätzlich auch ein am Ergebnis des Organträgers orientierter Ausgleich vereinbart werden (§ 304 Abs. 2 Satz 2 AktG). Nach Auffassung des BFH (zuletzt im Urteil vom 10. 5. 2017, I R 93/15; BStBl 2019 II S. 278) gelten die für Aktiengesellschaften einschlägigen Organschaftsregelungen für Ausgleichszahlungen (§§ 14 Abs. 1 und 16 KStG i. V. m. § 304 AktG) demnach für eine GmbH als Organgesellschaft entsprechend. Das Zivilrecht sehe lediglich einen festen Ausgleich (§ 304 Abs. 2 Satz 1 AktG) und einen am Ergebnis des Organträgers orientierten variablen Ausgleich (§ 304 Abs. 2 Satz 2 AktG), nicht aber einen am (schwankenden) Gewinn der beherrschten Gesellschaft orientierten variablen Ausgleich vor (Hinweis auf Stephan in K. Schmidt/Lutter, AktG, 3. Aufl., § 304 Rz. 19).

2.2.2 Rechtsprechung des Bundesfinanzhofs

Im Urteil vom 4. 3. 2009 (I R 1/08, BStBl 2010 II S. 407) hat der BFH klargestellt, dass die Vereinbarung von Ausgleichszahlungen des beherrschenden Unternehmens an einen außenstehenden Aktionär der beherrschten Gesellschaft der körperschaftsteuerrechtlichen Anerkennung eines Gewinnabführungsvertrages entgegensteht, wenn neben einem bestimmten Festbetrag ein zusätzlicher Ausgleich in jener Höhe vereinbart wird, um die der hypothetische Gewinnanspruch des Außenstehenden ohne die Gewinnabführung den Festbetrag übersteigen würde. Die nach § 14 Abs. 1 KStG erforderliche Abführung des ganzen Gewinns sei dann nicht mehr gewährleistet und willkürlichen Gewinnverteilungsabsprachen werde Tür und Tor geöffnet.

Im Urteil vom 10. 5. 2017 (I R 93/15, BStBl 2019 II S. 278) bestätigt der BFH seine Rechtsauffassung, wonach die Vereinbarung von Ausgleichszahlungen des beherrschenden Unternehmens an einen außenstehenden Gesellschafter der beherrschten Gesellschaft der körperschaftsteuerrechtlichen Anerkennung eines Gewinnabführungsvertrags entgegensteht, wenn neben einem bestimmten Festbetrag ein zusätzlicher Ausgleich gewährt wird, dessen Höhe sich am Ertrag der vermeintlichen Organgesellschaft orientiert und der zu einer lediglich anteiligen Gewinnzurechnung an den vermeintlichen Organträger führt.

Im entschiedenen Fall waren an der (späteren) Organgesellschaft in der Rechtsform einer GmbH der (spätere) Organträger WB mit 51 % und ein weiterer

Gesellschafter A mit 49 % beteiligt. Vor Begründung des Organschaftsverhältnisses erhielt A eine Vorab-Gewinnausschüttung und der Restgewinn wurde nach der Beteiligungsquote verteilt. Nach Abschluss des Gewinnabführungsvertrages erhielt A eine feste Ausgleichszahlung sowie einen variablen Zuschlag, der sich am Ergebnis der Organgesellschaft und der Beteiligungsquote des A orientierte.

Nach Ansicht des BFH war in diesem Falle die Abführung des ganzen Gewinns nicht gewährleistet. Zivilrechtlich zulässige Regelungen sind für das Steuerrecht nicht verbindlich. Vielmehr sind steuerrechtliche Tatbestandsmerkmale eigenständig auszulegen und zu prüfen. Über § 17 Abs. 1 Satz 1 KStG sind auch die Regelungen der §§ 14–16 KStG entsprechend anzuwenden. Daher sind auch im Falle einer GmbH als Organgesellschaft keine freien Festlegungen von Ausgleichszahlungen zulässig. Im entschiedenen Fall ist die Vereinbarung der Ausgleichszahlung so angelegt, dass die Gesellschafter im Wesentlichen so gestellt sind wie vorher. Maßgebend ist hier nicht die exakte betragsmäßige Übereinstimmung, sondern die wertende Betrachtung der Abrede. Der Anspruch auf Vorabausschüttung wurde durch die feste Ausgleichszahlung ersetzt und der Restgewinn faktisch quotal aufgeteilt.

2.2.3 Auffassung der Finanzverwaltung

Nach der langjährigen Verwaltungsauffassung konnte eine Ausgleichszahlung jedoch auch dergestalt bemessen werden, dass der Minderheitsgesellschafter zusätzlich neben einem Festbetrag eine variable – gewinnabhängig ermittelte – Ausgleichszahlung erhält (BMF-Schreiben vom 13. 9. 1991, IV B 7 – S 2770 – 11/91, StEd 1991 S. 348). Neben einem festen Betrag, den man als Mindestausgleich i. S. des § 304 Abs. 2 Satz 1 AktG ansehen kann, verstößt ein darüber hinausgehender Zuschlag nicht gegen § 304 Abs. 2 Satz 2 AktG, auch wenn sich dieser mit einem v. H.-Satz an den tatsächlichen Gewinnen der Organgesellschaft orientiert.

Die Finanzverwaltung ist dem BFH-Urteil vom 4. 3. 2009 (vgl. IV. 2.2.2) mit einem Nichtanwendungserlass begegnet. Nach dem BMF-Schreiben vom 20. 4. 2010 (BStBl 2010 I S. 372) steht das Urteil nicht im Einklang mit § 14 Abs. 1 Satz 1 KStG und den Grundsätzen des § 304 AktG, der dem Schutz des außenstehenden Gesellschafters diene, indem dieser weitestgehend so gestellt werden soll, als ob der Gewinnabführungsvertrag nicht bestehen würde. Die Vorschrift des § 304 Abs. 1 Satz 1 AktG regelt nur den Mindestbetrag der Ausgleichszahlung. Eine zivilrechtlich zulässigerweise vereinbarte Ausgleichszahlung steht der Durchführung des Gewinnabführungsvertrages nicht entgegen.

2.2.4 Reaktion des Gesetzgebers

Als Reaktion auf die Entscheidung des BFH vom 10. 5. 2017 (I R 93/15, BStBl 2019 II S. 278) wurde mit Gesetz zur Vermeidung von Umsatzsteuerausfällen beim Handel mit Waren im Internet und zur Änderung weiterer steuerlicher Vorschriften vom 11. 12. 2018 (JStG 2018, BGBl. 2018 I S. 2338) die Bemessung von Ausgleichszahlungen auch steuergesetzlich geregelt.

Danach ist es für die steuerliche Anerkennung des Gewinnabführungsvertrages unschädlich, wenn neben dem sog. Mindestbetrag i. S. des § 304 Abs. 2 Satz 1 AktG auch noch ein variabler, am Ertrag der Organgesellschaft orientierter Zusatzbetrag vereinbart wird, solange der Gesamtbetrag der Ausgleichszahlungen den Betrag nicht übersteigt, den die Organgesellschaft an den außenstehenden (Minderheitsgesellschafter) entsprechend seiner Beteiligungsquote am gezeichneten Kapital ohne den Gewinnabführungsvertrag als höchstens zulässigen Betrag ausschütten könnte. Darüber hinaus muss der über den Mindestbetrag hinausgehende Betrag nach vernünftiger kaufmännischer Beurteilung wirtschaftlich begründet sein (sog. „Kaufmannstest").

Dabei ist nach der Verwaltungsauffassung zu beachten, dass auf das gesamte Ergebnis der Organgesellschaft und nicht lediglich auf ein Spartenergebnis abzustellen ist und fiktive Ertragsteuern bei der Ermittlung der möglichen Vollausschüttung mindernd zu berücksichtigen sind (vgl. Ministerium der Finanzen des Landes Brandenburg vom 26. 9. 2019, FMNR4bd650019).

Nach § 34 Abs. 6b KStG ist die Vorschrift des § 14 Abs. 2 KStG auch für Veranlagungszeiträume vor 2017 anzuwenden. Zusätzlich wurden für bestimmte Fälle Übergangsregelungen geschaffen.

Mit Schreiben vom 4. 3. 2020 (IV C 2 – S 2770/19/10003 : 002 DOK 2020/0207624) hat sich das Bundesministerium der Finanzen zu Anwendungsfragen des § 14 Abs. 2 KStG geäußert.

Danach ist es für die Anwendung des § 14 Absatz 2 KStG unerheblich, ob die Ausgleichszahlungen von der Organgesellschaft oder dem Organträger geleistet werden. Es kommt auch nicht darauf an, wer die Ausgleichszahlungen zivilrechtlich schuldet. Dies entspricht im Übrigen dem Rechtsgedanken des § 16 KStG, wonach stets die Organgesellschaft die Ausgleichszahlungen zu versteuern hat – unabhängig davon, ob sie selbst oder der Organträger die Ausgleichszahlungen geleistet hat.

Der Anwendungsbereich des § 14 Absatz 2 KStG ist nur eröffnet, wenn Ausgleichszahlungen auch tatsächlich vereinbart und geleistet werden. In Fällen, in denen neben dem aktienrechtlichen Mindestbetrag i. S. d. § 304 Absatz 2 Satz 1 AktG weitere, gewinnabhängige Ausgleichszahlungen zwar vereinbart sind, die variablen Betragskomponenten aber z. B. wegen eines niedrigen oder negativen Ergebnisses der Organgesellschaft in einem konkreten Wirtschaftsjahr nicht zu leisten sind und auch tatsächlich nicht geleistet werden, kommt § 14 Absatz 2 Satz 1 KStG für dieses Wirtschaftsjahr nicht zur Anwendung. In solchen Fällen bestimmt sich allein nach § 14 Absatz 1 KStG und § 16 KStG, dass die tatsächlich geleisteten Ausgleichszahlungen in der nach § 304 Absatz 2 Satz 1 AktG angeordneten Höhe unschädlich für die steuerliche Anerkennung der Organschaft sind.

§ 14 Absatz 2 KStG ist anzuwenden, wenn die Vereinbarung zu Ausgleichszahlungen keine Festbetragskomponente i. S. d § 304 Absatz 2 Satz 1 AktG enthält, sondern die Ausgleichszahlungen nach dem Gewinn des Organträgers bemessen werden (variable Ausgleichszahlung i. S. d. § 304 Absatz 2 Satz 2 AktG). Der mindestens zugesicherte Betrag i. S. d. § 304 Absatz 2 Satz 1 AktG beläuft sich in diesem Fall auf null. Somit geht der Gesamtbetrag der Ausgleichszahlungen über diesen Betrag hinaus und unterliegt in voller Höhe der betragsmäßigen Begrenzung nach § 14 Absatz 2 Satz 2 KStG.

Als Bezugsgröße für den fiktiven Gewinnanteil eines außenstehenden Gesellschafters i. S. d. § 14 Absatz 2 Satz 2 KStG ist stets auf den Gesamtgewinn der Organgesellschaft abzustellen. Der Höchstbetrag der Ausgleichszahlungen bemisst sich ausschließlich nach dem Gewinnanteil, der dem Anteil am gezeichneten Kapital entspricht, und kann durch vertragliche Vereinbarung einer disquotalen Gewinnverteilung nicht beeinflusst werden. Soweit mit einem außenstehenden Gesellschafter Ausgleichzahlungen vereinbart werden, die sich z. B. an dem Ergebnis einer einzelnen (gewinnträchtigen) Sparte orientieren, ist dies für die Prüfung der Begrenzung der steuerlich anzuerkennenden Ausgleichszahlungen im Rahmen des § 14 Absatz 2 Satz 2 KStG ebenfalls unbeachtlich. Auch in diesen Fällen ist als Ausgangsgröße bei der Berechnung des fiktiven Gewinnanteils auf den Gesamtgewinn der Organgesellschaft (d. h. die Gesamtsumme aller Spartenergebnisse) abzustellen.

Maßgebend für die Ermittlung des Höchstbetrages nach § 14 Absatz 2 Satz 2 KStG ist der Betrag, der in dem Wirtschaftsjahr ohne Bestehen des Gewinnabführungsvertrages an den außenstehenden Gesellschafter hätte geleistet werden können (Stand-alone-Betrachtung).

Bei der Ermittlung des fiktiv für eine Ausschüttung zur Verfügung stehenden Gewinnanteils ist der handelsrechtliche Jahresüberschuss vor Gewinnabführung als Ausgangsgröße um Beträge zu bereinigen, die bei einer Ausschüttung an den außenstehenden Gesellschafter ohne Bestehen der Organschaft nicht zur Verfügung gestanden hätten.

Insbesondere folgende Positionen sind abzuziehen:

- Zuführungen in gesetzliche Rücklagen
- Zuführungen in andere Gewinnrücklagen i. S. d. § 272 Absatz 3 HGB
- Ausschüttungsgesperrte Beträge (z. B. nach § 253 Absatz 6 HGB)
- Fiktive Ertragsteuerbeträge (Körperschaftsteuer, Gewerbesteuer), die ohne Bestehen der Organschaft auf Ebene der Organgesellschaft entstanden wären. Soweit Steuerumlagen den Jahresüberschuss der Organgesellschaft gemindert bzw. erhöht haben, sind diese Beträge im Rahmen der Ermittlung der fiktiven Ertragsteuerbelastung der Organgesellschaft gegenzurechnen bzw. einzubeziehen.

Insbesondere folgende Beträge sind hinzuzurechnen:

- Die Auflösung von in organschaftlicher Zeit gebildeten Rücklagen
- Ausgleichszahlungen an den außenstehenden Gesellschafter, soweit sie den Jahresüber-schuss gemindert haben
- Körperschaftsteuerbeträge auf Ausgleichszahlungen nach § 16 KStG, soweit sie den Jahresüberschuss gemindert haben.

Die Ermittlung des Höchstbetrages i. S. d. § 14 Absatz 2 Satz 2 KStG ist für jedes Wirtschaftsjahr gesondert vorzunehmen. Soweit in einem Wirtschaftsjahr die an den außenstehenden Gesellschafter insgesamt geleisteten Ausgleichszahlungen (Summe aus dem Festbetrag nach § 304 Absatz 2 Satz 1 AktG und den darüberhinausgehenden Beträgen) geringer sind als dessen fiktiver Gewinnanteil i. S. d. § 14 Absatz 2 Satz 2 KStG, kann der nicht voll ausgeschöpfte Teil des Höchstbetrages nicht in die Ermittlung des Höchstbetrages für die folgenden Wirtschaftsjahre einbezogen werden.

Mit dem Kaufmannstest soll verhindert werden, dass die besonderen Voraussetzungen der Sondervorschriften für die Organschaft – insbesondere das Erfordernis der Gesamtgewinnabführung – zweck- und systemwidrig durch die Vereinbarung von Ausgleichszahlungen in beliebiger Höhe unterlaufen werden können. Insbesondere rein steuerlich motivierte variable Ausgleichszahlungen, bei denen es an einer sachlichen Begründung fehlt, sind schädlich für die steuerliche Anerkennung der Organschaft. Sofern Organträger und Minderheitsgesellschafter nicht in einem Näheverhältnis zueinanderstehen, wird es in der Regel aufgrund des bestehenden Interessengegensatzes sachliche Gründe für die Vereinbarung der zusätzlichen Ausgleichszahlung geben, sodass der Kaufmannstest regelmäßig einer steuerlichen Anerkennung der Organschaft nicht entgegensteht.

Wenn die an außenstehende Gesellschafter insgesamt geleisteten Ausgleichszahlungen den nach § 14 Absatz 2 KStG zulässigen Höchstbetrag nicht übersteigen, greift die gesetzliche Fiktion und der ganze Gewinn gilt als abgeführt i. S. d. § 14 Absatz 1 Satz 1 KStG. Bei Vorliegen der weiteren Voraussetzungen (§§ 14 ff KStG) ist die Organschaft für diesen Veranlagungszeitraum anzuerkennen. Die Organgesellschaft hat nach § 16 KStG in Höhe von 20/17 der Ausgleichszahlungen ein eigenes Einkommen zu versteuern.

Sofern die an den außenstehenden Gesellschafter insgesamt geleisteten Ausgleichszahlungen den nach § 14 Absatz 2 KStG zulässigen Höchstbetrag übersteigen, steht dies der steuerlichen Anerkennung der Organschaft entgegen. Die in R 14.5 Absatz 8 KStR 2015 dargelegten Grundsätze sind anzuwenden.

2.3 Steuerliche Behandlung der Ausgleichszahlungen
Da Ausgleichszahlungen ihrem Charakter nach Verwendung des Einkommens darstellen, dürfen sie dieses nicht mindern, sondern sind als nicht abziehbare Betriebsausgaben gem. § 4 Abs. 5 Nr. 9 EStG dem Gewinn hinzuzurechnen.

Nach § 16 KStG hat die Organgesellschaft ein Einkommen i. H. v. 20/17 der geleisteten Ausgleichszahlungen selbst zu versteuern.

Hat die Organgesellschaft selbst die Ausgleichszahlungen zu Lasten ihres Gewinns geleistet, ist dem Organträger das um 20/17 der Ausgleichszahlungen verminderte Einkommen der Organgesellschaft zuzurechnen.

Beispiel:

Die Organgesellschaft T-GmbH erbringt im Jahr 2020 Ausgleichszahlungen an den außenstehenden Gesellschafter G i. H. v. 8.500 € und hat diesen Betrag als auch die Körperschaftsteuer i. H. v. 1.500 € als Betriebsausgabe gebucht. Die T-GmbH hat ihren Jahresüberschuss i. H. v. 100.000 € an den Organträger M-AG abgeführt.

Einkommen Organgesellschaft	2020
Jahresüberschuss	0
als Aufwand gebuchte Gewinnabführung	100.000
Ausgleichszahlung (§ 4 Abs. 5 Nr. 9 EStG)	8.500
Körperschaftsteuer auf Ausgleichszahlung	1.500
Einkommen	110.000
dem OT zuzurechnendes Einkommen	−100.000
zu versteuerndes Einkommen	10.000
darauf Körperschaftsteuer 15 %	1.500

Die Organgesellschaft versteuert somit ein eigenes Einkommen i. H. v. 20/17 der geleisteten Ausgleichszahlung.

In diesem Falle ergeben sich keine Auswirkungen beim Organträger.

Ist die Verpflichtung zum Ausgleich vom Organträger erfüllt worden, so hat die Organgesellschaft 20/17 der geleisteten Ausgleichszahlungen anstelle des Organträgers zu versteuern. In der Praxis wird das Einkommen des Organträgers um die Ausgleichszahlungen vermindert, während die Organgesellschaft 20/17 der Ausgleichszahlungen zu versteuern hat.

Beispiel:

Der Organträger M-GmbH erbringt im Jahr 2020 Ausgleichszahlungen an den außenstehenden Gesellschafter G i. H. v. 8.500 € und hat diesen Betrag als auch die Körperschaftsteuer i. H. v. 1.500 € als Betriebsausgabe gebucht. Die T-GmbH hat ihren Jahresüberschuss i. H. v. 100.000 € an den Organträger M-AG abgeführt.

Einkommen Organgesellschaft	2020
Jahresüberschuss	0
als Aufwand gebuchte Gewinnabführung	100.000
vom OT geleistete Ausgleichszahlung	8.500
Körperschaftsteuer auf Ausgleichszahlung	1.500
Einkommen	110.000
dem OT zuzurechnendes Einkommen	−100.000
zu versteuerndes Einkommen	10.000
darauf Körperschaftsteuer 15 %	1.500

Die Organgesellschaft versteuert somit ein eigenes Einkommen i.H.v. 20/17 der vom Organträger geleisteten Ausgleichszahlung.

Einkommen Organträger	2020
Jahresüberschuss	150.000
Ausgleichszahlung (§ 4 Abs. 5 Nr. 9 EStG)	8.500
als Ertrag gebuchte Gewinnabführung	−100.000
Einkommen	58.500
dem OT zuzurechnendes Einkommen	100.000
bei der OG zu versteuern	−8.500
vom OT zu versteuern	150.000

2.4 Behandlung beim Empfänger

Beim Empfänger der Ausgleichszahlungen führen diese – unabhängig davon, ob sie vom Organträger oder von der Organgesellschaft geleistet wurden – zu Kapitalerträgen i.S. des § 20 Abs. 1 Nr. 1 EStG, da es sich vom Rechtsgrund der Zahlung um eine garantierte Dividende handelt. Bei Körperschaften ist die Ausgleichzahlung zu 95 % (§ 8b Abs. 1 i.V.m. Abs. 5 KStG), bei natürlichen Personen zu 40 % steuerfrei (§ 3 Nr. 40 EStG).

Die auszahlende Gesellschaft hat gem. § 43 Abs. 1 Nr. 1 EStG Kapitalertragsteuer einzubehalten und abzuführen. Bei Vorliegen einer entsprechenden Steuerbescheinigung kann diese beim außenstehenden Anteilseigner angerechnet werden.

Sofern die Ausgleichszahlungen bei der leistenden Körperschaft als aus dem steuerlichen Einlagekonto gem. § 27 KStG finanziert gelten, liegen keine steuerbaren Einkünfte vor (§ 20 Abs. 1 Nr. 1 Satz 3 EStG). In diesen Fällen mindern sich die Anschaffungskosten auf die jeweiligen Beteiligungen.

3 Organschaft und verdeckte Gewinnausschüttung

3.1 VGA an den Organträger

3.1.1 Allgemeines

Bei der Frage, ob vGA im Organkreis vorliegen können, gelten grundsätzlich die allgemeinen Regeln. Nach § 8 Abs. 3 KStG ist es für die Ermittlung des Einkommens – auch einer Organgesellschaft – ohne Bedeutung, wie das Einkommen verteilt wird. Daher mindern auch verdeckte Gewinnausschüttungen das Einkommen nicht.

Im Falle einer Organschaft sind verdeckte Gewinnausschüttungen im Allgemeinen vorweggenommene Gewinnabführungen, die die tatsächliche Durchführung des Gewinnabführungsvertrages nicht in Frage stellen (vgl. R 14.6 Abs. 4 KStR).

Sie erhöhen das dem Organträger zuzurechnende Einkommen und führen bei diesem nicht zu einer Steuerbefreiung nach § 3 Nr. 40 EStG oder § 8b KStG.

3.1.2 Tatbestandsmerkmale einer vGA

Nach R 8.5 Abs. 1 KStR ist eine verdeckte Gewinnausschüttung i. S. des § 8 Abs. 3 Satz 2 KStG eine Vermögensminderung oder verhinderte Vermögensmehrung, die durch das Gesellschaftsverhältnis veranlasst ist, sich auf die Höhe des Unterschiedsbetrags i. S. des § 4 Abs. 1 Satz 1 EStG auswirkt und nicht auf einem den gesellschaftsrechtlichen Vorschriften entsprechenden Gewinnverteilungsbeschluss beruht. Die verdeckte Gewinnausschüttung muss auch die Eignung haben, beim Gesellschafter einen sonstigen Bezug i. S. des § 20 EStG auszulösen.

Eine Veranlassung durch das Gesellschaftsverhältnis ist auch dann gegeben, wenn die Vermögensminderung oder verhinderte Vermögensmehrung bei der Körperschaft zugunsten einer nahestehenden Person erfolgt.

Für die Frage der Vermögensminderung oder verhinderten Vermögensmehrung ist zu klären, ob der zu beurteilende Vorgang eine Auswirkung auf die Höhe des steuerlichen Betriebsvermögens hat. Eine Vermögensminderung wird dabei i. d. R. durch einen Aufwand, eine verhinderte Vermögensmehrung durch das Fehlen eines Ertrages (entgangener Gewinn, nicht genutzte Chancen) verursacht.

Besonderheiten sind zu beachten in den Fällen des Vorteilsausgleichs (H 8.5 KStR „Vorteilsausgleich") und bei gesetzlichen oder vertraglichen Rückgewährsansprüchen (Einlageforderungen).

Eine Veranlassung durch das Gesellschaftsverhältnis liegt dann vor, wenn ein ordentlicher und gewissenhafter Geschäftsleiter (§ 93 Abs. 1 Satz 1 AktG, § 43 Abs. 1 GmbHG, § 34 Abs. 1 Satz 1 GenG) die Vermögensminderung oder verhinderte Vermögensmehrung gegenüber einer Person, die nicht Gesellschafter ist, unter sonst gleichen Umständen nicht hingenommen hätte (Fremdvergleich).

Im Verhältnis zwischen Gesellschaft und beherrschendem Gesellschafter ist eine Veranlassung durch das Gesellschaftsverhältnis in der Regel auch dann anzunehmen, wenn es an einer zivilrechtlich wirksamen, klaren, eindeutigen und im Voraus abgeschlossenen Vereinbarung darüber fehlt, ob und in welcher Höhe ein Entgelt für eine Leistung des Gesellschafters zu zahlen ist oder wenn nicht einer klaren Vereinbarung entsprechend verfahren wird.

Schließlich muss eine Auswirkung auf die Höhe des Unterschiedsbetrags nach § 4 Abs. 1 EStG gegeben sein. Während nach der früheren Rechtsprechung eine Auswirkung der verdeckten Gewinnausschüttung auf die Höhe des Einkommens gefordert wurde, wird neuerdings eine Auswirkung auf die Höhe des Unterschiedsbetrages i. S. des § 4 Abs. 1 Satz 1 EStG verlangt. Gemeint ist damit eine Auswirkung auf die steuerpflichtigen Einkünfte und somit letztlich auf das zu versteuernde körperschaftsteuerliche Einkommen.

3.1.3 Technische Umsetzung der verdeckten Gewinnausschüttung

Das um die verdeckte Gewinnausschüttung erhöhte Einkommen der Organgesellschaft ist dem Organträger zuzurechnen. Nach R 14.7 Abs. 2 KStR sind jedoch beim Organträger zur Vermeidung der Doppelbelastung verdeckte Gewinnausschüttungen der Organgesellschaft aus dem Einkommen auszuscheiden, wenn die Vorteilszuwendung den Bilanzgewinn des Organträgers erhöht oder dessen Bilanzverlust gemindert hat. Zu kürzen ist dabei jedoch nicht das zuzurechnende Organeinkommen, sondern das eigene Einkommen des Organträgers (entgegen BFH vom 20. 8. 1986 in BStBl 1987 II S. 455). Diese Verwaltungsauffassung wird allerdings in der Literatur auch durchaus kontrovers diskutiert (vgl. Wassermeyer, DB 2006 S. 296 und Thiel, DB 2006 S. 633 mit Beispielen).

Die nachfolgenden Beispiele orientieren sich an der Verwaltungsauffassung.

Beispiel:

Nutzungs- und Gebrauchsüberlassung

Hierzu siehe Beispiel unter III. 3.4.2.

Beispiel:

Verkauf eines bilanzierungsfähigen Wirtschaftsguts unter Wert

Die T-GmbH (OG) veräußert an ihre Muttergesellschaft M-AG (OT) ein Grundstück zu einem unangemessen niedrigen Entgelt. Während ein fremder Dritter für dieses Grundstück einen Kaufpreis von 500.000 € p. a. verlangt hätte, erhält die T-GmbH nur 200.000 €.

Hier liegt unstreitig eine verdeckte Gewinnausschüttung der T-GmbH an die M-AG vor. In Höhe der Differenz zwischen dem tatsächlich vereinbarten und gezahlten sowie dem angemessenen Entgelt ist eine Hinzurechnung beim Einkommen der T-GmbH vorzunehmen (300.000 €).

Die verdeckte Gewinnausschüttung erhöht sowohl das dem OT zuzurechnende Einkommen, als auch den zuzurechnenden Gewerbeertrag der T-GmbH.

T-GmbH

Die OG erfasst zunächst die Gewinnabführung an den OT als Aufwand. Dieser wird bei der Ermittlung des zuzurechnenden Einkommens durch eine Hinzurechnung neutralisiert.

In Höhe des Unterschiedsbetrages zwischen dem gemeinen Wert des Grundstücks und dem tatsächlichen Kaufpreis ist eine verdeckte Gewinnausschüttung anzunehmen, die nach § 8 Abs. 3 KStG zugerechnet werden muss.

Einkommensermittlung T-GmbH	ohne vGA	mit vGA
Jahresüberschuss lt. Handelsbilanz	0	0
verdeckte Gewinnausschüttungen	0	300.000
Gewinnabführung an den OT	100.000	100.000
Summe der Einkünfte	100.000	400.000
dem OT zuzurechnendes Einkommen	−100.000	−400.000
Zu versteuerndes Einkommen der OG	0	0

M-AG

Der OT erfasst zunächst die Gewinnabführung der OG als Ertrag. Dieser wird bei der Ermittlung des Einkommens durch eine Kürzung in gleicher Höhe neutralisiert.

Das von der OG erworbene Grundstück ist mit seinem gemeinen Wert in der Bilanz des OT anzusetzen. Dadurch ergibt sich eine Gewinnerhöhung, die im Ergebnis wie eine vorweggenommene Gewinnabführung zu sehen ist. Dieser Betrag ist bei der Ermittlung des Einkommens des Organträgers nach R 14.7 Abs. 2 KStR zur Vermeidung einer Doppelbesteuerung wieder zu kürzen.

Das bei der T-GmbH ermittelte Einkommen ist zuzurechnen.

Einkommensermittlung Organträger M-AG	ohne vGA	mit vGA
Jahresüberschuss lt. Handelsbilanz	200.000	200.000
Erhöhung Bilanzposten Grundstück	0	300.000
Gewinnabführung der OG	−100.000	−100.000
Kürzung nach R 14.7 Abs. 2 KStR	0	−300.000
Summe der Einkünfte	100.000	100.000
zuzurechnendes Einkommen der OG	100.000	400.000
Zu versteuerndes Einkommen des Organträgers	200.000	500.000

Aufgrund dieser Feststellung ergibt sich eine Erhöhung der Bemessungsgrundlage um die verdeckte Gewinnausschüttung i. H. v. 300.000 €. Dieser Betrag wirkt sich erst bei einem etwaigen Verkauf des Grundstücks über den erhöhten Buchwert wieder steuermindernd aus.

Beispiel:

Verkauf einer Beteiligung unter Wert

Die T-GmbH (OG) veräußert an ihre Muttergesellschaft M-AG (OT) eine Beteiligung an der U-GmbH zu einem unangemessen niedrigen Entgelt. Während ein fremder Dritter für diese Beteiligung einen Kaufpreis von 500.000 € p. a. verlangt hätte, erhält die T-GmbH nur 200.000 €.

Hier liegt unstreitig eine vGA der T-GmbH an die M-AG vor. In Höhe der Differenz zwischen dem tatsächlich vereinbarten und gezahlten sowie dem angemessenen Entgelt ist eine Hinzurechnung beim Einkommen der T-GmbH vorzunehmen (300.000 €).

Die vGA erhöht sowohl das dem OT zuzurechnende Einkommen, als auch den zuzurechnenden Gewerbeertrag der T-GmbH.

Aufgrund der Regelung des § 15 Nr. 2 KStG ist die Steuerbefreiung nach § 8b Abs. 2 KStG erst auf Ebene des Organträgers zu gewähren.

T-GmbH

Die OG erfasst zunächst die Gewinnabführung an den OT als Aufwand. Dieser wird bei der Ermittlung des zuzurechnenden Einkommens durch eine Hinzurechnung neutralisiert.

In Höhe des Unterschiedsbetrages zwischen dem gemeinen Wert der Beteiligung und dem tatsächlichen Kaufpreis ist eine verdeckte Gewinnausschüttung anzunehmen, die nach § 8 Abs. 3 KStG zugerechnet werden muss.

Da es sich um die Veräußerung einer Beteiligung handelt, ändert sich auch der auf Ebene des OT nach der Bruttomethode dort steuerfrei zu stellende Veräußerungsgewinn i. S. des § 8b Abs. 2 und 3 KStG.

Im nachrichtlichen Teil der Mitteilung Organträger (MO) werden bereits 95 % der entsprechenden Beträge ausgewiesen.

Einkommensermittlung Organgesellschaft T-GmbH	ohne vGA	mit vGA
Jahresüberschuss lt. Handelsbilanz	0	0
verdeckte Gewinnausschüttungen	0	300.000
Gewinnabführung an den OT	100.000	100.000
Summe der Einkünfte	100.000	400.000
dem OT zuzurechnendes Einkommen	−100.000	−400.000
Zu versteuerndes Einkommen der Organgesellschaft	0	0
Feststellung gem. § 14 Abs. 5 KStG: im Einkommen enthaltene steuerfreie i. S. d. VG § 8b Abs. 2 und 3 KStG (95 %)	190.000	475.000

M-AG

Die von der OG erworbene Beteiligung ist mit ihrem gemeinen Wert in der Bilanz des OT anzusetzen. Dadurch ergibt sich eine Gewinnerhöhung, die im Ergebnis wie eine vorweggenommene Gewinnabführung zu sehen ist. Das bei der T-GmbH ermittelte Einkommen ist zuzurechnen.

Einkommensermittlung OT M-AG	ohne vGA	mit vGA
Jahresüberschuss lt. Handelsbilanz	500.000	500.000
Erhöhung Bilanzposten Beteiligung	0	300.000
Gewinnabführung der OG	–100.000	–100.000
Kürzung nach R 14.7 Abs. 2 KStR	0	–300.000
Summe der Einkünfte	400.000	400.000
zuzurechnendes Einkommen der OG	100.000	400.000
Steuerbefreiung § 8b Abs. 2 und 3 KStG	–190.000	–475.000
Zu versteuerndes Einkommen des Organträgers	310.000	325.000

Aufgrund dieser Feststellung ergibt sich eine Erhöhung der Bemessungsgrundlage um die pauschal nicht abziehbaren BA i. H. v. 15.000 €.

Beispiel:

VGA an ausländische Muttergesellschaft

Die M-SA mit Sitz in Frankreich ist zu 100 % an der inländischen T-GmbH (OT) beteiligt. Diese hält wiederum alle Anteile an der inländischen E-GmbH (OG) und es besteht ein steuerlich anzuerkennendes Organschaftsverhältnis.

In dem zwischen der E-GmbH (OG) und der Konzernobergesellschaft M-SA abgeschlossenen Dienstleistungsvertrag erhält die E-GmbH ein unangemessen niedriges Entgelt. Während ein fremder Dritter für vergleichbare Leistungen ein Entgelt von 500.000 € p. a. verlangt hätte, erhält die E-GmbH nur 200.000 €.

Hier liegt nach der allgemeinen Verwaltungsauffassung eine vGA der E-GmbH an die T-GmbH und von dieser wiederum eine vGA an die M-SA vor. In Höhe der Differenz zwischen dem tatsächlich vereinbarten und gezahlten sowie dem angemessenen Entgelt ist eine Hinzurechnung beim Einkommen der E-GmbH vorzunehmen (300.000 €).

E-GmbH (OG)

Die vGA erhöht sowohl das körperschaftsteuerliche Einkommen, als auch den Gewerbeertrag der E-GmbH.

Einkommensermittlung Organgesellschaft E-GmbH	vor Bp	nach Bp
Jahresüberschuss lt. Handelsbilanz	0	0
verdeckte Gewinnausschüttungen	0	300.000
Gewinnabführung an den OT	100.000	100.000
Summe der Einkünfte	100.000	400.000
dem OT zuzurechnendes Einkommen	−100.000	−400.000
Zu versteuerndes Einkommen der Organgesellschaft	0	0

T-GmbH (OT)

Nach R 14.6 Abs. 4 KStR gelten vGA an der Organträger im Allgemeinen als vorweggenommene Gewinnabführungen und stellen die Durchführung eines EAV nicht in Frage.

Bei der T-GmbH ist das erhöhte zuzurechnende Einkommen der E-GmbH anzusetzen. Nicht in Betracht kommt die Anwendung des § 8b KStG auf Ebene des OT für die im Einkommen enthaltene vGA, da insoweit nicht von einer Ausschüttung, sondern von einer Gewinnabführung ausgegangen wird.

Fraglich ist an dieser Stelle die Anwendung des R 14.7 Abs. 2 KStR, da dieser nach dem Wortlaut nur dann gilt, wenn die Vorteilszuwendung den Bilanzgewinn des Organträgers erhöht oder dessen Bilanzverlust gemindert hat. Dies ist jedoch vorliegend nicht der Fall, da hier der Bilanzgewinn der ausländischen Obergesellschaft M-SA erhöht wurde. Dennoch ist zur Vermeidung einer Doppelbesteuerung eine entsprechende Kürzung beim OT vorzunehmen (vgl. Dötsch, Anm. 337 zu § 14 KStG).

Die Weitergabe der vGA an die ausländische M-SA erfordert eine Hinzurechnung dieser vGA beim Einkommen der T-GmbH.

Einkommensermittlung Organträger T-GmbH	vor Bp	nach Bp
Jahresüberschuss lt. Handelsbilanz	500.000	500.000
Gewinnabführung der OG	−100.000	−100.000
Kürzung nach R 14.7 Abs. 2 KStR	0	−300.000
Summe der Einkünfte	400.000	100.000
vGA an die M-SA	0	300.000
zuzurechnendes Einkommen der OG	100.000	400.000
Zu versteuerndes Einkommen des Organträgers	500.000	800.000

3.2 VGA an außenstehende Anteilseigner

Für die Frage, ob eine verdeckte Gewinnausschüttung an einen außenstehenden Anteilseigner vorliegt, gelten die allgemeinen Grundsätze. Bei Vorliegen einer durch das Gesellschaftsverhältnis veranlassten Vermögensminderung oder verhinderten Vermögensmehrung, die sich auf die Höhe des Unterschiedsbetrags i. S. des § 4 Abs. 1 Satz 1 EStG auswirkt und nicht auf einem den gesellschaftsrechtlichen Vorschriften entsprechenden Gewinnverteilungsbeschluss beruht, ist eine verdeckte Gewinnausschüttung zu bejahen. Eine Veranlassung durch das Gesellschaftsverhältnis ist auch dann gegeben, wenn die Vermögensminderung oder verhinderte Vermögensmehrung bei der Körperschaft zugunsten einer dem außenstehenden Anteilseigner nahestehenden Person erfolgt.

Eine solche verdeckte Gewinnausschüttung kann beispielsweise bei Zahlung einer überhöhten Ausgleichszahlung gegeben sein. Nach R 14.6 Abs. 4 Satz 4 KStR sind solche verdeckten Gewinnausschüttungen steuerlich wie die Ausgleichszahlungen selbst zu behandeln und von der Organgesellschaft als eigenes Einkommen zu versteuern.

3.3 VGA an nahestehende Personen

Denkbar sind auch verdeckte Gewinnausschüttungen an andere Personen, die entweder dem Organträger oder einem außenstehenden Anteilseigner nahestehen.

Zur Begründung des „Nahe Stehens" reicht jede Beziehung eines Gesellschafters der Kapitalgesellschaft zu einer anderen Person aus, die den Schluss zulässt, sie habe die Vorteilszuwendung der Kapitalgesellschaft an die andere Person beeinflusst. Ehegatten können als nahestehende Personen angesehen werden (vgl. BFH-Urteil vom 2. 3. 1988, BStBl 1988 II S. 786). Beziehungen, die ein Nahestehen begründen, können familienrechtlicher, gesellschaftsrechtlicher, schuldrechtlicher oder auch rein tatsächlicher Art sein (vgl. BFH-Urteil vom 18. 12. 1996, BStBl 1997 II S. 301).

Zum Kreis der dem Gesellschafter nahestehenden Personen zählen sowohl natürliche als auch juristische Personen, unter Umständen auch Personenhandelsgesellschaften (vgl. BFH-Urteil vom 1. 10. 1986, BStBl 1987 II S. 459).

Wenn eine verdeckte Gewinnausschüttung einer Person zufließt, die einem Gesellschafter nahesteht, ist diese vGA steuerrechtlich stets dem Gesellschafter als Einnahme zuzurechnen, es sei denn, die nahe stehende Person ist selbst Gesellschafter. Darauf, dass der betreffende Gesellschafter selbst einen Vermögensvorteil erlangt, kommt es nicht an (vgl. BFH vom 18. 12. 1996, BStBl 1997 II S. 301 und BMF-Schreiben vom 20. 5. 1999, BStBl 1999 I S. 514).

3.4 VGA an Mitunternehmer der OT-Personengesellschaft

In der Praxis problematisch können die Fälle sein, in denen verdeckte Gewinnausschüttungen den Gesellschaftern der Organträger-Personengesellschaft zufließen.

Beispiel:

Unangemessene Darlehensverzinsung

Die M-OHG hält 100 % der Anteile an der E-GmbH in ihrem Gesamthandsvermögen. Zwischen der M-OHG (OT) und der E-GmbH (OG) besteht ein steuerlich anzuerkennendes Organschaftsverhältnis. Mitunternehmer der OHG sind die natürlichen Personen A und B.

In dem zwischen der E-GmbH (OG) und den Mitunternehmern der OHG abgeschlossenen Darlehensverträgen erhält die E-GmbH unangemessen niedrige Zinsen. Der Unterschiedsbetrag zwischen den tatsächlich von A und B gezahlten und den angemessenen Zinsen beträgt insgesamt 150.000 €.

Hier liegt nach der allgemeinen Verwaltungsauffassung eine vGA der E-GmbH an die M-OHG vor. Da die M-OHG diesen Vorteil jedoch an ihre Gesellschafter A und B weitergegeben hat, ist insoweit von einer Entnahme auszugehen.

E-GmbH (OG)

Die vGA erhöht sowohl das körperschaftsteuerliche Einkommen, als auch den Gewerbeertrag der E-GmbH.

Einkommensermittlung Organgesellschaft E-GmbH	vor Bp	nach Bp
Jahresüberschuss lt. Handelsbilanz	0	0
verdeckte Gewinnausschüttungen	0	150.000
Gewinnabführung an den OT	100.000	100.000
Summe der Einkünfte	100.000	250.000
dem OT zuzurechnendes Einkommen	−100.000	−250.000
Zu versteuerndes Einkommen der Organgesellschaft	0	0

M-OHG (OT)

Nach R 14.6 Abs. 4 KStR gelten vGA an der Organträger im Allgemeinen als vorweggenommene Gewinnabführungen und stellen die Durchführung eines EAV nicht infrage.

Bei der M-OHG ist zwar das erhöhte zuzurechnende Einkommen der E-GmbH anzusetzen. Nicht in Betracht kommt die Anwendung des § 8b KStG auf Ebene des OT für die im Einkommen enthaltene vGA, da insoweit nicht von einer Ausschüttung, sondern von einer Gewinnabführung ausgegangen wird.

Fraglich ist an dieser Stelle die Anwendung des R 14.7 Abs. 2 KStR, da dieser nach dem Wortlaut nur dann gilt, wenn die Vorteilszuwendung den Bilanzgewinn des Organträgers erhöht oder dessen Bilanzverlust gemindert hat. Nach der Auffassung von Dötsch (Tz. 337 zu § 14 KStG) ist die vGA jedoch auch in diesen Fällen aus dem Einkommen auszuscheiden.

Der Vorteil der zinsgünstigen Darlehensgewährung ist bei den Mitunternehmern A und B angekommen. Der geringere Zinsaufwand hat sich bei diesen in entsprechend höheren Einkünften ausgewirkt, sofern die Darlehen im Zusammenhang mit einer Einkunftsart stehen.

Die Weitergabe der vGA an die Mitunternehmer erfordert die Fiktion einer Entnahme bei der OT-Personengesellschaft in Höhe der ermittelten vGA. In Höhe der vGA erhöht sich der jeweilige Gewinnanteil der Mitunternehmer.

Es handelt sich m. e. nicht um anteilige Einkünfte aus Kapitalvermögen, die dem Teileinkünfteverfahren unterliegen, sondern um gewerbliche Einkünfte, die zu 100 % zu besteuern sind. Eine Anwendung der sog. Bruttomethode auf Ebene der PersG kommt insoweit nicht in Betracht.

Ermittlung des steuerlichen Gewinns der M-OHG	vor Bp	nach Bp
Jahresüberschuss lt. Handelsbilanz	500.000	500.000
Gewinnabführung der OG	−100.000	−100.000
zuzurechnendes Einkommen der OG	100.000	250.000
Kürzung nach R 14.7 Abs. 2 KStR	0	−150.000
Gewinn vorläufig	500.000	500.000
Entnahmen der Gesellschafter A und B	0	150.000
Steuerlicher Gewinn	500.000	650.000

Zu beachten ist jedoch, dass bei der Einkommensteuerveranlagung der Gesellschafter die bereits in voller Höhe versteuerten Zinsen insoweit zu mindern sind, als eine vGA angenommen wurde.

3.5 Dreieckssachverhalte

In Organschaftsfällen können sich in der Praxis Besonderheiten ergeben, die in den nachfolgenden Beispielen erläutert werden.

Beispiel:

Nutzungs- und Gebrauchsüberlassung

Die M-AG hält jeweils 100 % der Anteile an der OG1-GmbH und der OG2-GmbH.

Die OG1-GmbH vermietet an ihre Schwestergesellschaft OG2-GmbH ein bebautes Grundstück zu einem unangemessen niedrigen Mietzins. Während ein fremder Dritter für Nutzung dieses Grundstücks eine Miete von 500.000 € p.a. verlangt hätte, erhält die OG1-GmbH nur 200.000 €.

Hier liegt unstreitig eine vGA der OG1-GmbH an die M-AG vor. Es ergeben sich nachstehende Folgerungen.

OG1-GmbH

In Höhe der Differenz zwischen der vereinbarten und tatsächlich gezahlten sowie der angemessenen Miete ist eine Hinzurechnung beim Einkommen der OG1-GmbH vorzunehmen (300.000 €). Dadurch erhöht sich das zuzurechnende Einkommen um 300.000 €.

Einkommensermittlung Organgesellschaft OG1-GmbH	vor Bp	nach Bp
Jahresüberschuss lt. Handelsbilanz	0	0
verdeckte Gewinnausschüttungen	0	300.000
Gewinnabführung an den OT	100.000	100.000
Summe der Einkünfte	100.000	400.000
dem OT zuzurechnendes Einkommen	−100.000	−400.000
Zu versteuerndes Einkommen der Organgesellschaft	0	0

OG2-GmbH

Bei der OG2-GmbH ergeben sich keine Auswirkungen, da hier kein einlagefähiger Vermögensvorteil angekommen ist.

M-AG

Die M-AG als Gesellschafterin der OG1-GmbH ist Empfängerin der vGA. Den Vorteil gibt sie unmittelbar an ihre Tochtergesellschaft OG2-GmbH weiter. Hierbei handelt es sich nicht um eine verdeckte Einlage, da kein einlagefähiger Vermögensvorteil vorliegt.

Die Kürzung nach R 14.7 Abs. 2 KStR ist zur Vermeidung einer Doppelbesteuerung vorzunehmen.

Das erhöhte Organeinkommen der OG1-GmbH ist mit 400.000 € anzusetzen.

Einkommensermittlung Organträger M-AG	vor Bp	nach Bp
Jahresüberschuss lt. Handelsbilanz	500.000	500.000
Gewinnabführung der OG 1 und 2	−200.000	−200.000
Kürzung nach R 14.7 Abs. 2 KStR	0	−300.000
Summe der Einkünfte	300.000	0
zuzurechnendes Einkommen der OG 1	100.000	400.000
zuzurechnendes Einkommen der OG 2	100.000	100.000
Zu versteuerndes Einkommen des Organträgers	500.000	500.000

Ergebnisübersicht		
M-AG	Kürzung R 14.7 Abs. 2 KStR	−300.000
	Erhöhung Organeinkommen OG 1	300.000
Gesamtergebnis		0

Beispiel:

Verkauf eines Grundstücks unter Wert

Die M-AG hält jeweils 100 % der Anteile an der OG1-GmbH und der OG2-GmbH.

Die OG1-GmbH veräußert an ihre Schwestergesellschaft OG2-GmbH ein bebautes Grundstück zu einem unangemessen niedrigen Kaufpreis. Während ein fremder Dritter für dieses Grundstück einen Kaufpreis von 500.000 € p. a. verlangt hätte, erhält die OG1-GmbH nur 200.000 €.

Hier liegt unstreitig eine vGA der OG1-GmbH an die M-AG vor. Es ergeben sich nachstehende Folgerungen.

OG1-GmbH

In Höhe der Differenz zwischen dem tatsächlich vereinbarten und gezahlten sowie dem angemessenen Entgelt ist eine Hinzurechnung beim Einkommen der OG1-GmbH vorzunehmen (300.000 €). Dadurch erhöht sich das zuzurechnende Einkommen um 300.000 €.

Einkommensermittlung OG1-GmbH	ohne vGA	mit vGA
Jahresüberschuss lt. Handelsbilanz	0	0
verdeckte Gewinnausschüttungen	0	300.000
Gewinnabführung an den OT	100.000	100.000
Summe der Einkünfte	100.000	400.000
dem OT zuzurechnendes Einkommen	−100.000	−400.000
ZvE der Organgesellschaft OG 1	0	0

OG2-GmbH

Die OG2-GmbH bilanziert das Grundstück mit seinem gemeinen Wert i. H. v. 500.000 €. Die dadurch eintretende Gewinnerhöhung i. H. v. 300.000 € wird durch die außerbilanzielle Kürzung der vE wieder neutralisiert. Zugang beim Einlagekonto i. H. v. 300.000 €.

Einkommensermittlung OG2-GmbH	ohne vGA	mit vGA
Jahresüberschuss lt. Handelsbilanz	0	0
Erhöhung Grundstückswert	0	300.000
Gewinnabführung an den OT	100.000	100.000
Kürzung Gesellschaftereinlage	0	−300.000
Summe der Einkünfte	100.000	100.000
dem OT zuzurechnendes Einkommen	−100.000	−100.000
ZvE der Organgesellschaft OG 2	0	0
Zugang Einlagekonto	0	300.000

M-AG

Die M-AG als Gesellschafterin der OG1-GmbH ist Empfängerin der vGA. Den Vermögenswert gibt sie unmittelbar an ihre Tochtergesellschaft OG2-GmbH weiter. Hierbei handelt es sich um eine verdeckte Einlage, so dass der Beteiligungsbuchwert an der OG2-GmbH entsprechend zu erhöhen ist. Diese Erhöhung des Bilanzpostens ist durch eine Kürzung gem. R 14.7 Abs. 2 KStR wieder zu neutralisieren. Buchungssatz:

Beteiligung OG2-GmbH an Ertrag aus Beteiligungen (vGA)

Das erhöhte Organeinkommen der OG1-GmbH ist mit 400.000 € anzusetzen.

Einkommensermittlung Organträger M-AG	vor Bp	nach Bp
Jahresüberschuss lt. Handelsbilanz	500.000	500.000
Erhöhung Bilanzposten Beteiligung OG2-GmbH	0	300.000
Gewinnabführung der OG 1 und 2	−200.000	−200.000
Kürzung nach R 14.7 Abs. 2 KStR	0	−300.000
Summe der Einkünfte	300.000	300.000
zuzurechnendes Einkommen der OG 1	100.000	400.000
zuzurechnendes Einkommen der OG 2	100.000	100.000
ZvE des Organträgers M-AG	500.000	800.000

Ergebnisübersicht		
M-AG	Erhöhung Beteiligung OG2-GmbH	300.000
	Kürzung R 14.7 Abs. 2 KStR	−300.000
	Erhöhung Organeinkommen OG 1	300.000
Gesamtergebnis		**300.000**

Beispiel:

Verkauf einer GmbH-Beteiligung unter Wert

Die M-AG hält jeweils 100 % der Anteile an der OG1-GmbH und der OG2-GmbH. Die OG1-GmbH veräußert an ihre Schwestergesellschaft OG2-GmbH eine Beteiligung an der U-GmbH zu einem unangemessen niedrigen Entgelt. Während ein fremder Dritter für diese Beteiligung einen Kaufpreis von 500.000 € p. a. verlangt hätte, erhält die OG1-GmbH nur 200.000 €.

Hier liegt unstreitig eine vGA der OG1-GmbH an die M-AG vor. Es ergeben sich nachstehende Folgerungen.

OG1-GmbH

In Höhe der Differenz zwischen dem tatsächlich vereinbarten und gezahlten sowie dem angemessenen Entgelt ist eine Hinzurechnung beim Einkommen der OG1-GmbH vorzunehmen (300.000 €). Dadurch erhöht sich das zuzurechnende Einkommen um 300.000 €.

Die Steuerbefreiung des § 8b Abs. 2 und 3 KStG ist aufgrund der Bruttomethode des § 15 Nr. 2 KStG erst auf Ebene des OT anzuwenden. Die Höhe des dort steuerfrei zu stellenden Betrags ändert sich durch die Annahme eines höheren Veräußerungsgewinns. Im nachrichtlichen Teil werden 95 % der steuerfrei zu stellenden Beträge dargestellt.

Einkommensermittlung OG1-GmbH	ohne vGA	mit vGA
Jahresüberschuss lt. Handelsbilanz	0	0
verdeckte Gewinnausschüttungen	0	300.000
Gewinnabführung an den OT	100.000	100.000
Summe der Einkünfte	100.000	400.000
dem OT zuzurechnendes Einkommen	−100.000	−400.000
ZvE der Organgesellschaft OG 1	0	0
Feststellung gem. § 14 Abs. 5 KStG: im Einkommen enthaltene steuerfreie i. S. der VG § 8b Abs. 2 und 3 KStG (95 %)	190.000	475.000

OG2-GmbH

Die OG2-GmbH bilanziert die Beteiligung an der U-GmbH mit ihrem gemeinen Wert i. H. v. 500.000 €. Die dadurch eintretende Gewinnerhöhung i. H. v. 300.000 € wird durch die außerbilanzielle Kürzung der vE wieder neutralisiert. Zugang beim Einlagekonto i. H. v. 300.000 €.

Einkommensermittlung OG2-GmbH	ohne vGA	mit vGA
Jahresüberschuss lt. Handelsbilanz	0	0
Erhöhung Beteiligung U-GmbH	0	300.000
Gewinnabführung an den OT	100.000	100.000
Kürzung Gesellschaftereinlage	0	−300.000
Summe der Einkünfte	100.000	100.000
dem OT zuzurechnendes Einkommen	−100.000	−100.000
ZvE der Organgesellschaft OG 2	0	0
Zugang Einlagekonto	0	300.000

M-AG

Die M-AG als Gesellschafterin der OG1-GmbH ist Empfängerin der vGA. Den Vermögenswert gibt sie unmittelbar an ihre Tochtergesellschaft OG2-GmbH weiter. Hierbei handelt es sich um eine verdeckte Einlage, so dass der Beteiligungsbuchwert an der OG2-GmbH entsprechend zu erhöhen ist. Diese Erhöhung des Bilanzpostens ist durch eine Kürzung gem. § 14.7 Abs. 2 KStR wieder zu neutralisieren. Buchungssatz:

Beteiligung OG2-GmbH an Ertrag aus Beteiligungen (vGA)

Das erhöhte Organeinkommen der OG1-GmbH ist zunächst mit 400.000 € anzusetzen, jedoch ergibt sich eine zusätzliche Kürzung durch die Anwendung der Bruttomethode um 285.000 €.

Einkommensermittlung Organträger M-AG	ohne vGA	mit vGA
Jahresüberschuss lt. Handelsbilanz	500.000	500.000
Erhöhung Bilanzposten Beteiligung OG2-GmbH	0	300.000
Gewinnabführung der OG 1 und 2	−200.000	−200.000
Kürzung nach R 14.7 Abs. 2 KStR	0	−300.000
Summe der Einkünfte	300.000	300.000
zuzurechnendes Einkommen der OG 1	100.000	400.000
zuzurechnendes Einkommen der OG 2	100.000	100.000
Steuerbefreiung § 8b Abs. 2 und 3 KStG	−190.000	−475.000
ZvE des Organträgers M-AG	310.000	325.000

Ergebnisübersicht		
M-AG	Erhöhung Beteiligung OG2-GmbH	300.000
	Kürzung R 14.7 Abs. 2 KStR	−300.000
	Erhöhung Organeinkommen OG 1	300.000
	Steuerbefreiung vGA § 8b Abs. 2 u.3	−285.000
Gesamtergebnis		**15.000**

Beispiel:

Verkauf einer GmbH-Beteiligung über Wert im Organkreis

Die M-AG hält jeweils 100 % der Anteile an der OG1-GmbH und der OG2-GmbH. Die OG1-GmbH veräußert an ihre Schwestergesellschaft OG2-GmbH eine Beteiligung an der U-GmbH zu einem unangemessen hohen Entgelt. Während ein fremder Dritter für diese Beteiligung einen Kaufpreis von 200.000 € gezahlt hätte, erhält die OG1-GmbH 500.000 €.

Hier liegt unstreitig eine vGA der OG2-GmbH an die M-AG vor. Es ergeben sich nachstehende Folgerungen.

OG2-GmbH

Die OG2-GmbH hat zwar für die Beteiligung an der U-GmbH zunächst Anschaffungskosten i.H.v. 500.000 € getragen, jedoch hat sie die Beteiligung mit den unter fremden Dritten üblichen Anschaffungskosten zu aktivieren (vgl. BFH vom 13.3.1985, BFH/NV 1986 S. 116 sowie BMF vom 28.5.2002, BStBl 2002 I S. 603 Tz. 42). In Höhe der Differenz zum tatsächlich gezahlten Betrag kommt es zu einem durch das Gesellschaftsverhältnis veranlassten Aufwand, der als vGA gilt.

Mit der überhöhten Kaufpreiszahlung hat die OG2-GmbH eine vGA an die M-AG bewirkt. In Höhe der Differenz zwischen dem tatsächlich vereinbarten und gezahlten sowie dem angemessenen Entgelt ist eine Hinzurechnung beim Einkommen der OG2-GmbH vorzunehmen (300.000 €).

Einkommensermittlung OG2-GmbH	ohne vGA	mit vGA
Jahresüberschuss lt. Handelsbilanz	0	0
Aufwand wegen Ansatz der Beteiligung	0	–300.000
verdeckte Gewinnausschüttungen	0	300.000
Gewinnabführung an den OT	100.000	100.000
Summe der Einkünfte	100.000	100.000
dem OT zuzurechnendes Einkommen	–100.000	–100.000
ZvE der Organgesellschaft OG 2	0	0

OG1-GmbH

Die OG1-GmbH hat zunächst mit der Veräußerung der Beteiligung an der U-GmbH einen steuerfreien VG nach § 8b Abs. 2 und 3 KStG erzielt. Dies trifft jedoch nur insoweit zu, als der Kaufpreis angemessen ist und dem zwischen fremden Dritten üblichen Betrag entspricht.

Soweit der gezahlte Kaufpreis darüber liegt, hat er seine Ursache in der verdeckten Einlage der M-AG. Deshalb ist der als Ertrag gebuchte Mehrpreis nicht gem. § 8b Abs. 2 und 3 KStG steuerfrei zu stellen, sondern bereits gem. § 8 Abs. 3 Satz 3 KStG, da es sich i. H. v. 300.000 € um eine Gesellschaftereinlage handelt. Insoweit kommt es zu einer Umqualifizierung eines Veräußerungsgewinns in eine verdeckte Einlage.

Durch diese Feststellung mindert sich jedoch gleichzeitig der auf Ebene des OT steuerfrei zu stellende Veräußerungsgewinn.

Darüber hinaus ergibt sich auch ein Zugang beim steuerlichen Einlagekonto gem. § 27 KStG.

Einkommensermittlung OG1-GmbH	ohne vGA	mit vGA
Jahresüberschuss lt. Handelsbilanz	0	0
Kürzung verdeckte Einlage	0	–300.000
Gewinnabführung an den OT	100.000	100.000
Summe der Einkünfte	100.000	–200.000
dem OT zuzurechnendes Einkommen	–100.000	200.000
ZvE der Organgesellschaft OG 1	0	0
Feststellung gem. § 14 Abs. 5 KStG: im Einkommen enthaltene steuerfreie i. S. der VG § 8b Abs. 2 und 3 KStG (95 %)	475.000	190.000

M-AG

Die M-AG als Gesellschafterin der OG2-GmbH ist Empfängerin der vGA. Den Vermögenswert gibt sie unmittelbar an ihre Tochtergesellschaft OG1-GmbH weiter. Hierbei handelt es sich um eine verdeckte Einlage, so dass der Beteiligungsbuchwert an der OG1-GmbH entsprechend zu erhöhen ist. Diese Erhöhung des Bilanzpostens ist durch eine Kürzung gem. R 14.7 Abs. 2 KStR wieder zu neutralisieren. Buchungssatz:

Beteiligung OG1-GmbH an Ertrag aus Beteiligungen (vGA)

Das erhöhte Organeinkommen der OG2-GmbH ist unverändert mit 100.000 € anzusetzen.

Das Organeinkommen der OG 1 hat sich aufgrund der Gesellschaftereinlage um 300.000 € vermindert.

Die Steuerbefreiung des Veräußerungsgewinns auf Ebene des OT M-AG mindert sich entsprechend. In der Gesamtbetrachtung zeigt sich sogar eine Verminderung der steuerlichen Bemessungsgrundlage um 15.000 €. Hierbei handelt es sich um 5 % auf die Verringerung des Veräußerungsgewinns.

Einkommensermittlung Organträger M-AG	ohne vGA	mit vGA
Jahresüberschuss lt. Handelsbilanz	500.000	500.000
Erhöhung Bilanzposten Beteiligung OG1-GmbH	0	300.000
Gewinnabführung der OG 1 und 2	–200.000	–200.000
Kürzung nach R 14.7 Abs. 2 KStR	0	–300.000
Summe der Einkünfte	300.000	300.000
zuzurechnendes Einkommen der OG 2	100.000	100.000
zuzurechnendes Einkommen der OG 1	100.000	–200.000
Steuerbefreiung § 8b Abs. 2 und 3 KStG	–475.000	–190.000
ZvE des Organträgers M-AG	25.000	10.000

Ergebnisübersicht		
M-AG	Erhöhung Beteiligung OG2-GmbH	300.000
	Kürzung R 14.7 Abs. 2 KStR	–300.000
	Verminderung Organeinkommen OG 1	–300.000
	Änderung Steuerbefreiung § 8b Abs. 2 und 3 KStG	285.000
Gesamtergebnis		**–15.000**

4 Organschaft und Umwandlungsvorgänge nach dem Umwandlungssteuererlass

4.1 Regelungen des Umwandlungssteuererlasses im Bereich der Organschaft

Der neue Umwandlungssteuererlass (BMF-Schreiben vom 11.11.2011, BStBl 2011 I S. 1314, im Folgenden auch UmwStE) regelt insbesondere die Auswirkungen von Umwandlungen auf bestehende oder noch zu begründende Organschaftsverhältnisse. In den Randnummern Org. 01 bis Org. 34 finden sich zahlreiche klarstellende Regelungen für die Fälle der Umwandlung von Organträgern oder Organgesellschaften. Im Focus der Neuregelungen durch den Umwandlungssteuererlass stehen insbesondere Fragen im Hinblick auf die mögliche Fortführung bestehender oder die erstmalige Begründung neuer Organschaftsverhältnisse sowie Fragen im Zusammenhang mit der Mehr- oder Minderabführungen, die durch den Umwandlungsvorgang entstehen können.

4.2 Grundsätze des Umwandlungssteuerrechts

4.2.1 Steuerliche Rückwirkung

Ein Kernelement des Umwandlungsrechts und in der Folge auch des Umwandlungssteuerrechts ist die Möglichkeit, Umwandlungsvorgänge auf einen höchstens acht Monate zurückliegenden Zeitpunkt zurück zu beziehen. Bei einer Verschmelzung beispielsweise regelt § 17 Abs. 2 UmwG, dass das Registergericht die Verschmelzung nur eintragen darf, wenn die Bilanz auf einen höchstens acht Monate vor der Anmeldung zum Handelsregister liegenden Stichtag aufgestellt worden ist.

> *Beispiel:*
>
> Die A-GmbH soll rückwirkend zum 1.1.2020 auf ihre alleinige Gesellschafterin B-GmbH verschmolzen werden. Die Anmeldung zur Eintragung der Verschmelzung in das Handelsregister des übernehmenden Rechtsträgers B-GmbH wird am 24.8.2020 eingereicht. Handelsrechtlicher Umwandlungsstichtag ist der 1.1.2020, der Stichtag der handelsrechtlichen Schlussbilanz und gleichzeitig auch steuerlicher Übertragungsstichtag ist der 31.12.2019.

Nach § 2 Abs. 1 UmwStG sind das Einkommen und das Vermögen der übertragenden Körperschaft sowie des übernehmenden Rechtsträgers sind so zu ermitteln, als ob das Vermögen der Körperschaft mit Ablauf des Stichtags der Bilanz, die dem Vermögensübergang zu Grunde liegt (steuerlicher Übertragungsstichtag), ganz oder teilweise auf den übernehmenden Rechtsträger übergegangen wäre.

Ein möglicher Übertragungsgewinn oder -verlust entsteht regelmäßig mit Ablauf des steuerlichen Übertragungsstichtags. Für den o. g. Beispielsfall bedeutet dies, dass der Übertragungsgewinn oder -verlust noch im Jahr 2019 entsteht und dort der Besteuerung unterliegt.

4.2.2 Bewertung des übergehenden Vermögens

Das im Rahmen von Umwandlungsvorgängen zu übertragende Vermögen ist im Umwandlungssteuerrecht für steuerliche Zwecke grundsätzlich mit dem gemeinen Wert anzusetzen, es sei denn, die Steuerpflichtigen stellen bei Vorliegen der sonstigen vom Gesetz geforderten Tatbestandsvoraussetzungen den Antrag auf Fortführung der Buchwerte. Davon unabhängig ist jedoch die Bilanzierung in der Handelsbilanz. Das bisher von der Finanzverwaltung in diesen Fällen angenommene Maßgeblichkeitsprinzip wird im SEStEG nicht länger aufrechterhalten.

> *Beispiel:*
>
> Die A-GmbH soll rückwirkend zum 1.1.2020 auf ihre alleinige Gesellschafterin B-GmbH verschmolzen werden. In ihrer handelsrechtlichen Übertragungsbilanz weist die A-GmbH die gemeinen Werte aus, steuerlich jedoch stellt sie zulässigerweise den Antrag auf Fortführung der Buchwerte zur Vermeidung der Versteuerung der stillen Reserven.

Durch den unterschiedlichen Ansatz der Wirtschaftsgüter in Handels- und Steuerbilanz entstehen nicht nur Abweichungen im Zeitpunkt der Umwandlung, sondern auch in den späteren Veranlagungszeiträumen (z. B. durch höhere Abschreibungen in der Handelsbilanz), die bei Vorliegen eines Organschaftsverhältnisses zur Annahme von Mehr- und Minderabführungen führen können.

4.2.3 Prinzip der Gesamtrechtsnachfolge

Eine Vielzahl der im UmwStG geregelten Fälle hat seine zivilrechtliche Grundlage im Umwandlungsgesetz. Dabei kann es sich um übertragende Umwandlungen (wie beispielsweise die Verschmelzung, Auf- und Abspaltung und Ausgliederung), aber auch um nicht übertragende Umwandlungen (Fälle des Formwechsels von einer Körperschaft in eine Personengesellschaft und umgekehrt) handeln. Bei allen diesen Vorgängen handelt es sich um Fälle der Gesamtrechtsnachfolge, die dazu führt, dass dem übernehmende Rechtsträger mit Wirksamkeit des Umwandlungsvorgangs die Vermögensgegenstände der übertragenden Rechtsträgers zuzurechnen sind (so auch die Anteile an einem Organträger oder einer Organgesellschaft) und dass der übernehmende Rechtsträger zivilrechtlich in bestehende Vertragsverhältnisse des übertragenden Rechtsträgers eintritt. Im Falle der Organschaft kann es sich also auch um den Eintritt in einen Gewinnabführungsvertrag handeln, aus dem dann der übernehmende Rechtsträger berechtigt und verpflichtet ist.

4.3 *Rückbeziehung der finanziellen Eingliederung – Rechtsentwicklung*

4.3.1 Langjährige Auffassung der Finanzverwaltung

Nach der langjährigen Verwaltungsauffassung (vgl. Tz. 12 des BMF-Schreibens vom 26. 8. 2003, BStBl 2003 I S. 437 unter Hinweis auf Rdnr. Org. 05 des BMF-Schreibens vom 25. 3. 1998 (BStBl 1998 I S. 268) war die Rückbeziehung der finanziellen Eingliederung und damit die rückwirkende Begründung eines Organschaftsverhältnisses im Grundsatz nicht zulässig. Allerdings wurde bereits in der Literatur die Ansicht vertreten, dass damit nicht eine generelle Ablehnung der rückbezogenen Organschaft gemeint ist, sondern dass entsprechend der Regelungen im alten Umwandlungssteuererlass zwischen verschiedenen Fallgestaltungen zu differenzieren ist (Dötsch/Patt/Pung/Möhlenbrock, Umwandlungssteuerrecht, Tz. 1 Anh. UmwStG, 6. Aufl. 2007).

4.3.2 BFH-Urteil vom 17. 9. 2003 zur Gewerbesteuer

Im Widerspruch zu dieser langjährigen Verwaltungsauffassung stand dann das zur Gewerbesteuer ergangene Urteil des BFH vom 17. 9. 2003, BStBl 2004 II S. 534. Im Urteilsfall wurde eine Personengesellschaft nach den Vorschriften des UmwG rückwirkend unter Beachtung der 8-Monatsfrist auf den Beginn eines Wirtschaftsjahres (1999) in eine Kapitalgesellschaft umgewandelt. Nach Ansicht des BFH konnte die so entstandene Kapitalgesellschaft sehr wohl auch Organgesellschaft bereits für das Jahr der Umwandlung sein, da die Eingliederungsvoraussetzungen gem. § 2 Abs. 2 GewStG i. V. m. § 14 KStG bereits zu Beginn des Wirtschaftsjahres erfüllt waren. Zur Begründung wurde angeführt, dass die neue Kapitalgesellschaft aufgrund der Regelungen des § 2 Abs. 1 UmwStG ertragsteuerlich so behandelt werden müsse, als sei diese bereits zu Beginn des Jahres existent. Diese Beurteilung könne nur ganzheitlich erfolgen und damit müsse neben der fingierten Körperschaftsteuer- und Gewerbesteuerpflicht auch die Frage der Organschaft unter diesem Gesichtspunkt bereits rückwirkend Geltung haben.

Nach Ansicht der Finanzverwaltung (BMF-Schreiben vom 24. 5. 2004, BStBl 2004 I S. 549) sind die Grundsätze des Urteils über den entschiedenen Einzelfall hinaus nur anzuwenden, wenn der Sachverhalt dem Sachverhalt entspricht, der dem Urteil zugrunde lag. Es wurde ausdrücklich darauf hingewiesen, dass die Aussagen der Rdnr. Org. 05, Rdnr. Org. 13 und Rdnr. Org. 18 des BMF-Schreibens vom 25. 3. 1998 und der Rdnr. 12 des BMF-Schreibens vom 26. 8. 2003, wonach das Tatbestandsmerkmal der finanziellen Eingliederung nicht zurückbezogen werden kann, im Übrigen unberührt bleibt. So sollte es insbesondere dabei bleiben, dass bei einer Abspaltung, Ausgliederung oder Einbringung eines Teilbetriebs des Organträgers unter Abschluss eines Gewinnabführungsvertrages mit der neu gegründeten Tochtergesellschaft die rückwirkende Begründung eines Organschaftsverhältnisses nicht möglich ist.

4.3.3 Urteil des FG Köln vom 10. 6. 2010

Das FG Köln hat indes in seinem Urteil vom 10. 6. 2010 (13 K 416/10) entgegen dieser Auffassung der Finanzverwaltung auch ein rückwirkendes Organschaftsverhältnis anerkannt.

Die A-AG war im Streitjahr 2002 zu 100 % an der M-GmbH beteiligt, die durch Gesellschaftsvertrag vom 19. 3. 2002 im Rahmen einer Bargründung mit einem Stammkapital von 90.000 € gegründet wurde; ihre Eintragung im Handelsregister erfolgte am 15. 4. 2002.

Am 25. 4. 2002 schlossen die A-AG und die M-GmbH einen Beherrschungs- und Gewinnabführungsvertrag.

Am 8. 8. 2002 schlossen die A-AG und die M-GmbH einen Ausgliederungs- und Übernahmevertrag. Danach überträgt die A-AG die in dem Vertrag näher bezeichneten Vermögensgegenstände mit allen Rechten und Pflichten jeweils als Gesamtheit gem. § 123 Abs. 3 Nr. 1 UmwG auf die M-GmbH gegen Gewährung von Anteilen an dieser Gesellschaft (Ausgliederung zur Aufnahme). Die Übertragung des Vermögens der A-AG erfolgte im Verhältnis zwischen den Parteien mit Wirkung zum 1. 1. 2002. Die Übertragung des auszugliedernden Vermögens von der A-AG auf die M-GmbH erfolgte mit dinglicher Wirkung zum Zeitpunkt der Eintragung der Ausgliederung in das Handelsregister der A-AG. Als Gegenleistung für die Vermögensübertragung auf die M-GmbH erhält die A-AG einen neuen Geschäftsanteil der M-GmbH im Nennbetrag von 10.000 €. Die Übertragung des ausgegliederten Vermögens auf die M-GmbH erfolgte zu Zwischenwerten. Sämtliche erforderliche Zustimmungserklärungen der Organe der beteiligten Gesellschaften sowie sämtliche Eintragungen in die Handelsregister erfolgten noch im Jahre 2002.

Das Finanzamt versagte die Anerkennung der Organschaft, da es an der Voraussetzung der finanziellen Eingliederung der Organgesellschaft in den Organträger fehle, da die A-AG als künftige Organträgerin erst ab der Eintragung der M-GmbH im Handelsregister am 15. 4. 2002 an dieser zivilrechtlich beteiligt gewesen sei. Erst ab diesem Zeitpunkt sei das Merkmal der finanziellen Eingliederung gegeben.

Nach Auffassung des Finanzgerichts muss gem. § 14 Abs. 1 Satz 1 Nr. 1 KStG der Organträger an der Organgesellschaft vom Beginn des Wirtschaftsjahrs der Organgesellschaft bis zu dessen Ende ununterbrochen in einer Weise beteiligt sein, die den Voraussetzungen der finanziellen Eingliederung genügt. Entsprechend muss die finanzielle Eingliederung bis zum Ende des Wirtschaftsjahrs der Organgesellschaft bestehen bleiben. Endet die finanzielle Eingliederung vor dem Ende des Wirtschaftsjahres oder beginnt sie nach seinem Anfang, kann dem Organträger das Einkommen der Organgesellschaft nicht zugerechnet werden.

Nach Ansicht des Finanzgerichts war die M-GmbH „vom Beginn ihres Wirtschaftsjahres" 2002 i. S. des § 14 Abs. 1 Satz 1 Nr. 1 KStG in die A-AG finanziell eingegliedert. Die M-GmbH wurde zwar erst mit Gesellschaftsvertrag vom 19. 3. 2002 gegründet und entstand als GmbH erst mit Eintragung im Handelsregister am 15. 4. 2002. Dennoch ist das Tatbestandsmerkmal der finanziellen Eingliederung nicht erst ab dem 19. 3. 2002 oder dem 15. 4. 2002, sondern bereits ab dem 1. 1. 2002 an, erfüllt. Zur Begründung führt das Finanzgericht aus, dass gem. § 20 Abs. 7, 8 UmwStG der maßgebliche steuerliche Übertragungsstichtag auf den 31. 12. 2001 gelegt worden ist. Diese zulässige steuerliche Rückbeziehung bewirkt sowohl, dass die GmbH bereits ab dem 1. 1. 2002 als – fiktive – Kapitalgesellschaft der Körperschaftsteuer unterliegt, als auch, dass bereits ab dem 1. 1. 2002 die organschaftlichen Eingliederungsvoraussetzungen erfüllt sind.

Das FG ist der Auffassung, dass Umwandlungsvorgänge nicht generell als rückwirkungsfeindlich anzusehen sind und insbesondere auch das Merkmal der finanziellen Eingliederung als rechtliches Tatbestandsmerkmal der Rückwirkungsfiktion des § 2 UmwStG zugänglich ist.

Für den vorliegenden Fall einer Ausgliederung eines Teilbetriebs zur Aufnahme gem. § 123 Abs. 3 Nr. 1 UmwG bedeutet dies, dass eine Rückbeziehung dieses Umwandlungsvorgangs auch für die Beurteilung der Tatbestandsmerkmale der Organschaft anzuerkennen ist. Die Tatsache, dass die Organgesellschaft, vorliegend die M-GmbH, zivilrechtlich zum steuerlichen Übertragungsstichtag noch nicht existent war und damit der Organträger an einem anderen Rechtsträger im Wortsinn noch nicht beteiligt sein konnte, ist dabei unbeachtlich.

Die umwandlungsrechtliche Rückwirkungsfiktion führt zu einer für steuerliche Zwecke fingierten Existenz einer selbständigen Kapitalgesellschaft, der alle ertragsteuerlich relevanten Vorgänge ab dem Umwandlungsstichtag unabhängig von ihrer zivilrechtlichen Existenz zugeordnet werden. Diese Fiktion muss „ganzheitlich" (so Gosch, StBp 2004 S. 27) und damit auch für die Beurteilung der subjektiven Anforderungen gelten, die an eine Organgesellschaft zu stellen sind; andernfalls liefe die Rückwirkungsfiktion partiell leer.

Dies betrifft aber nicht nur die Eigenschaft als Kapitalgesellschaft in Abgrenzung zur Personengesellschaft (so in BFH vom 17. 9. 2003, BStBl 2004 II S. 534), sondern auch allgemein die Eigenschaft, ein vom Organträger zu unterscheidender Rechtsträger zu sein, an welchem der Organträger i. S. des § 14 Abs. 1 Nr. 1 KStG beteiligt sein kann. Es ist damit gem. § 2 Abs. 1 UmwG nicht nur für die Ermittlung des Einkommens und des Vermögens der Klägerin und der GmbH, sondern auch für die Beurteilung der Voraussetzungen des § 14 Abs. 1 Nr. 1 KStG zu unterstellen, dass die Klägerin bereits seit dem 1. 1. 2002 zu 100 v. H. an der GmbH beteiligt war.

4.3.4 BFH-Urteil vom 28. 7. 2010

Auch der BFH entschied zu einem noch das UmwStG 1995 betreffenden Sachverhalt, dass die finanzielle Eingliederung als rechtliches Tatbestandsmerkmal nach den Regelungen des Umwandlungssteuergesetzes auch rückwirkend angenommen werden kann (BFH vom 28. 7. 2010, BStBl 2011 II S. 528).

Mit Vertrag vom 16. 4. 2004 gliederte die R-GmbH 2 Teilbetriebe aus und brachte diese rückwirkend zum 1. 1. 2004 in die neugegründete A-GmbH ein; die Eintragung im Handelsregister erfolgte am 24. 6. 2004. Die R-GmbH war nach der Ausgliederung zunächst Alleingesellschafterin der A-GmbH. Darüber hinaus hielt sie sämtliche Anteile an der B-GmbH.

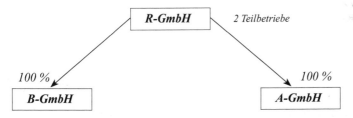

Mit Gesellschafterbeschluss vom 16. 4. 2004 brachte die R-GmbH ihre Beteiligung an der A-GmbH im Rahmen einer Kapitalerhöhung bei der B-GmbH in diese ein. Die Einbringung erfolgte mit wirtschaftlicher Wirkung zum 1. 1. 2004 und wurde am 8. 10. 2004 ins Handelsregister eingetragen. Alleingesellschafterin der Klägerin war seitdem die B-GmbH. Ebenfalls am 16. 4. 2004 schlossen die A-GmbH und die B-GmbH einen Gewinnabführungsvertrag, der am 25. 10. 2004 ins Handelsregister eingetragen wurde.

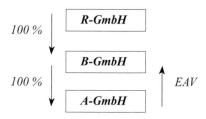

Die A-GmbH ist infolge einer Ausgliederung zur Neugründung gem. § 123 Abs. 3 Nr. 2 des Umwandlungsgesetzes aus der R-GmbH mit Eintragung in das Handelsregister am 24. 6. 2004 entstanden. Steuerlich lag die Einbringung zweier Teilbetriebe gem. § 20 Abs. 1 Satz 1 UmwStG vor, welche nach § 20 Abs. 7 und 8 Satz 1 UmwStG auf den 1. 1. 2004 rückbezogen wurde. Auf diesen Übertragungsstichtag und in diesem Zusammenhang wurden im Rahmen einer Kapitalerhöhung die Anteile an der Klägerin von der R-GmbH in die B-GmbH (gem. § 20 Abs. 1 Satz 2 i. V. m. Abs. 7 und 8 UmwStG) eingebracht, und es wurde sodann zwischen der A-GmbH und der B-GmbH ein Gewinnabführungsvertrag geschlossen. Damit wurden die organschaftlichen Eingliederungsvoraussetzungen in die B-GmbH von der Klägerin nicht erst ab dem 24. 6. 2004, sondern „vom Beginn des Wirtschaftsjahres" an erfüllt.

Der BFH begründet diese Sichtweise mit der Anwendung der Regelung des § 12 Abs. 3 Satz 1 (i. V. m. § 22 Abs. 1 und § 4 Abs. 2 Satz 3) UmwStG, wonach im Falle der Kapitaleinbringung die übernehmende Körperschaft in die steuerliche Rechtsstellung der übertragenden Körperschaft eintritt. Das gilt für jegliche Gewinnermittlungsvorschriften und damit auch für die körperschaftsteuerlichen Organschaftsvoraussetzungen.

Die Ausgliederung einer Mehrheitsbeteiligung mit nachfolgender erstmaliger Begründung einer Organschaft ist möglich, wenn seit dem Beginn des Wirtschaftsjahres eine finanzielle Eingliederung zunächst zum übertragenden Rechtsträger und anschließend zum übernehmenden Rechtsträger besteht und dieses Erfordernis bis zum Ende des Wirtschaftsjahres aufrechterhalten bleibt. Sind diese Voraussetzungen bei der übertragenden Körperschaft (hier der R-GmbH) erfüllt, setzt sich dies für die übernehmende Körperschaft (hier die B-GmbH als nunmehriger Organträgerin) fort. Das betrifft auch und gerade den in Rede stehenden Übergang eines Teilbetriebes der Überträgerin auf eine neu gegründete Tochter-Kapitalgesellschaft durch Abspaltung oder Ausgliederung. Das übergehende Vermögen war hier bereits vor der Umwandlung in die Überträgerin eingegliedert.

4.3.5 BFH-Urteil vom 10. 5. 2017

Im Urteilsfall vom 10. 5. 2017 hat der BFH entschieden, dass die Organgesellschaft auch unter Geltung einer umwandlungssteuerrechtlichen Rückwirkungsfiktion nicht „vom Beginn ihres Wirtschaftsjahrs an ununterbrochen" (§ 14 Abs. 1 Satz 1 Nr. 1 Satz 1 KStG) in den Organträger finanziell eingegliedert ist, wenn die Anteile an der Organgesellschaft im Rückwirkungszeitraum (unterjährig) von einem Dritten auf den Organträger übergehen. Bei der Berechnung der fünfjährigen Mindestlaufzeit eines Gewinnabführungsvertrages bei körperschaftsteuerlicher Organschaft (§ 14 Abs. 1 Satz 1 Nr. 3 KStG) kann eine umwandlungssteuerrechtliche Rückwirkungsfiktion beachtlich sein, auch wenn sie auf einen Zeitpunkt vor Gründung der Organgesellschaft wirkt.

Im entschiedenen Falle hatte die Organträger-GmbH in 08/2005 sämtliche Anteile an der in 02/2005 gegründeten Organgesellschaft-GmbH erworben und auf diese rückwirkend auf den 1. 1. 2005 einen Teilbetrieb ausgegliedert. Zudem schloss sie mit der Organgesellschaft-GmbH mit Wirkung ab dem 1. 1. 2005 einen Gewinnabführungsvertrag ab, der frühestens zum 31. 12. 2009 kündbar sein sollte.

Das Finanzgericht Düsseldorf hatte in der Vorinstanz (Urteil vom 3. 3. 2015, 6 K 1332/12 K, F, DStR 2015 S. 1044) noch die Auffassung vertreten, dass die Anerkennung eines Organschaftsverhältnisses eine fünfjährige Mindestlaufzeit des Gewinnabführungsvertrages und nicht eine fünfjährige finanzielle Eingliederung erfordert. Das Finanzgericht bejahte das rückwirkende Vorliegen der finanziellen Eingliederung, verneinte jedoch eine fünfjährige Mindestlaufzeit des Gewinnabführungsvertrages, da diese ein auf tatsächliche Umstände abstellendes Tatbestandsmerkmal einer fiktiven Rückbeziehung nicht zugänglich sei (eine Laufzeit vom 1. 1. 2005 bis 31. 12. 2009 sei wegen der Gründung der Organgesellschaft in 02/2005 nicht möglich).

Im Gegensatz dazu verneint der BFH das Vorliegen der finanziellen Eingliederung, weil die B-GmbH (spätere Organgesellschaft) nicht durch den (späteren) Organträger errichtet wurde, sondern dieser erst in 08/2005 die Anteile an der B-GmbH von einem Dritten erworben hat. Insoweit unterscheidet sich dieser Fall vom Sachverhalt, der dem Urteil vom 28. 7. 2010 (siehe unter IV. 4.3.4.) zugrunde lag. Dort ging es um die Einbringung einer Mehrheitsbeteiligung an der Organgesellschaft in den Organträger und nicht um einen Anteilserwerb.

Zur Prüfung der Frage, ob für die Berechnung der fünfjährigen Mindestlaufzeit des Gewinnabführungsvertrages die umwandlungssteuerrechtliche Rückwirkungsfiktion beachtlich ist, hat der BFH die Sache an das Finanzgericht zurückverwiesen. Sollte dies zu dem Schluss kommen, dass die Rückwirkungsfiktion nach § 20 Abs. 7 und 8 UmwStG greift, wäre die Organschaft grundsätzlich anzuerkennen. Das Fehlen der finanziellen Eingliederung im ersten Jahr ist insoweit unschädlich für die übrigen Jahre der fünfjährigen Mindestlaufzeit (vgl. BFH vom 10. 5. 2017, I R 51/15, BStBl 2018 II S. 30).

4.3.6 Grundsätze des Umwandlungssteuererlasses

Nach der Grundaussage in Rdnr. Org. 02 tritt der übernehmende Rechtsträger mit Wirkung ab dem steuerlichen Übertragungsstichtag in die steuerliche Rechtsstellung des übertragenden Rechtsträgers ein, so dass eine im Verhältnis zwischen übertragendem Rechtsträger und Organgesellschaft bestehende finanzielle Eingliederung auch dem übernehmenden Rechtsträger zuzurechnen ist. Die Verwaltung übernimmt somit die im BFH-Urteil vom 28. 7. 2010 (BStBl 2011 II S. 528) dargelegten Grundsätze. Voraussetzung für die Anerkennung einer Organschaft ist jedoch, dass dem übernehmenden Rechtsträger die Beteiligung an der Organgesellschaft steuerlich rückwirkend ab dem Beginn des Wirtschaftsjahres der Organgesellschaft zuzurechnen ist.

Nicht erfasst werden an dieser Stelle die Fälle mit unterjährigem Übertragungsstichtag, da sich eine rückwirkende Anteilsübertragung im Regelfall nicht auf den Beginn des Wirtschaftsjahres der Organgesellschaft bezieht. Für die Praxis würde sich die Umstellung des Wirtschaftsjahres der Organgesellschaft auf den Übertragungsstichtag empfehlen.

Soweit jedoch die Voraussetzungen der finanziellen Eingliederung erst mit dem Umwandlungsvorgang geschaffen werden, ist eine rückwirkende erstmalige Begründung einer Organschaft nicht möglich, da auch zum übertragenden Rechtsträger vor der Umwandlung eine finanzielle Eingliederung nicht bestand (siehe Rdnr. Org. 03 Satz 3).

In diesem Zusammenhang wird auf das Urteil der Thüringer Finanzgerichts vom 9. 10. 2013 (3 K 438/09) verwiesen (im Nachgang wurde die NZB durch BFH-Urteil vom 5. 11. 2014, I B 34/14, BFH/NV 2015 S. 356 verworfen). Nach einer rückwirkenden Side-Stream-Abspaltung eines Teilbetriebs auf eine bereits bestehende Schwestergesellschaft und anschließender Anteilsübertragung wurde die finanzielle Eingliederung zu Beginn des Wirtschaftsjahres der Organgesellschaft verneint (siehe ausführlich unter II. 4.4).

Problematisch könnten auch Fälle des Anteilstauschs nach § 21 UmwStG sein, bei denen die rückwirkende Begründung der finanziellen Eingliederung von Seiten der Finanzverwaltung nicht anzuerkennen wird.

4.4 Fälle der Umwandlung des Organträgers

Der Abschnitt Rdnr. Org. 01 – Org. 19 UmwStE befasst sich mit Fällen der Umwandlung des Organträgers und möglicher Auswirkungen auf bereits bestehende oder noch zu begründende ertragsteuerliche Organschaftsverhältnisse.

4.4.1 Verschmelzung des Organträgers

Fortsetzung und Begründung von Organschaftsverhältnissen

Geht das Vermögen des Organträgers im Wege einer Verschmelzung durch Gesamtrechtsnachfolge auf einen anderen Rechtsträger über, so tritt dieser aufgrund der „Fußstapfentheorie" in die steuerliche Rechtsstellung des Übertragers ein. Dies betrifft zum einen den Übergang des Vermögens – hier in Form der Anteile an der Organgesellschaft – und zum anderen den Eintritt in einen bestehenden Gewinnabführungsvertrag, aus dem der Übernehmer anschließend berechtigt und verpflichtet wird.

Nach Rdnr. Org.02 ist dem übernehmenden Rechtsträger eine zwischen übertragendem Rechtsträger und Organgesellschaft bestehende finanzielle Eingliederung rückwirkend ab dem steuerlichen Übertragungsstichtag zuzurechnen.

Beispiel:

Zwischen der T-GmbH als Organträgerin und der E-GmbH – deren Wirtschaftsjahr dem Kalenderjahr entspricht – als Organgesellschaft besteht seit Jahren ein steuerlich anzuerkennendes Organschaftsverhältnis. Die T-GmbH soll rückwirkend zum 1.1.2020 auf die M-AG verschmolzen werden. Handelsrechtlicher Umwandlungsstichtag ist der 1.1.2020, der steuerliche Übertragungsstichtag ist der 31.12.2019.

Im Rahmen der Verschmelzung geht die Beteiligung an der E-GmbH – rückwirkend zum Beginn des Wirtschaftsjahrs der Organgesellschaft – auf die M-AG über; die zur T-GmbH bestehende finanzielle Eingliederung ist der M-GmbH zuzurechnen.

Soweit jedoch die Voraussetzungen der finanziellen Eingliederung durch den Umwandlungsvorgang erst geschaffen werden, soll eine rückwirkende erstmalige Begründung einer Organschaft nicht möglich sein (vgl. Rdnr. Org.03 Satz 3).

Beispiel:

Die A-GmbH und die B-GmbH sind seit Jahren zu jeweils 50 % an der E-GmbH beteiligt. Ein Organschaftsverhältnis war mangels finanzieller Eingliederung zu keiner der Gesellschaften möglich.

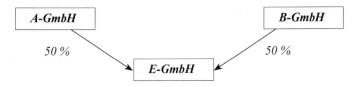

Die B-GmbH wird rückwirkend zum 1.1.2020 auf die A-GmbH verschmolzen. Handelsrechtlicher Umwandlungsstichtag ist der 1.1.2020, der steuerliche Übertragungsstichtag ist der 31.12.2019. Im Rahmen der Verschmelzung gehen weitere 50 % der Anteile an der E-GmbH auf die A-GmbH über; die A-GmbH hält nun 100 % der Anteile an der E-GmbH.

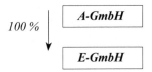

Eine rückwirkende Begründung einer Organschaft für das Jahr 2020 ist nicht möglich, so dass frühestens ab dem Jahr 2021 eine Organschaft eingerichtet werden kann.

In den Fällen der Aufwärtsverschmelzung ist die Frage der finanziellen Eingliederung oftmals unproblematisch, da dort im Regelfall nur ein Wechsel von mittelbarer zu unmittelbarer Beteiligung erfolgt. Bei Abwärtsverschmelzungen muss der Einzelfall geprüft werden.

Beispiel:

Die A-GmbH hält an der E-GmbH unmittelbar 50 % und mittelbar über die B-GmbH weitere 50 %. Ein Organschaftsverhältnis zwischen der A-GmbH und der E-GmbH ist anzuerkennen, da die E-GmbH finanziell in die A-GmbH eingliedert ist. Ein Organschaftsverhältnis zur B-GmbH ist indes nicht möglich.

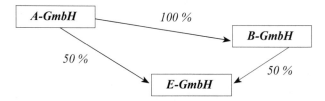

Die A-GmbH wird rückwirkend zum 1.1.2020 auf die B-GmbH verschmolzen (Abwärtsverschmelzung). Handelsrechtlicher Umwandlungsstichtag ist der 1.1.2020, der steuerliche Übertragungsstichtag ist der 31.12.2019. Im Rahmen der Verschmelzung gehen weitere 50 % der Anteile an der E-GmbH auf die B-GmbH über; die B-GmbH hält nun 100 % der Anteile an der E-GmbH.

Ein Organschaftsverhältnis ist m.E. rückwirkend anzuerkennen, obwohl durch die Verschmelzung erst die Voraussetzungen der finanziellen Eingliederung in die B-GmbH geschaffen werden, denn die finanzielle Eingliederung in die A-GmbH bestand schon vorher und dieses Merkmal wurde im Rahmen der Gesamtrechtsnachfolge auf die B-GmbH übertragen.

Schicksal von organschaftlichen Ausgleichsposten

Grundsätzlich sind die besonderen organschaftlichen Ausgleichsposten nach § 14 Abs. 4 Satz 2 KStG zum steuerlichen Übertragungsstichtag aufzulösen, da die Verschmelzung einer Veräußerung gleichgestellt wird (Rdnr. Org. 05).

Nach Auffassung der Verwaltung stellen organschaftliche Ausgleichsposten Korrekturbeträge zum Beteiligungsbuchwert dar. Daraus folgt, dass auf Gewinne oder Verluste aus der Auflösung eines Ausgleichspostens die Vorschriften des § 8b KStG anzuwenden sind. Erfolgt die Auflösung eines passiven oder aktiven Ausgleichspostens im Zusammenhang mit der Veräußerung der Beteiligung, erhöht oder verringert der Betrag aus der Auflösung der Ausgleichsposten den Veräußerungsgewinn oder -verlust (OFD Frankfurt vom 8.11.2005, S 2750a A – 8 – St II 1.01).

Beispiel:

Der Organträger M-GmbH wird rückwirkend zum 1.1.2020 auf die X-AG verschmolzen. Es sollen die Buchwerte fortgeführt werden. Das Organschaftsverhältnis wird durch die X-AG nicht fortgeführt, der EAV wird aufgehoben. Die M-GmbH hat in ihrer Bilanz auf den 31.12.2019 u.a. folgende Posten ausgewiesen.

Beteiligung Organgesellschaft:	1.000.000 €
Besonderer aktiver Ausgleichsposten:	300.000 €
Besonderer passiver Ausgleichsposten:	270.000 €

Die Aufhebung des EAV im Zuge der Umwandlung des Organträgers ist unschädlich im Hinblick auf die erforderliche Mindestlaufzeit, da insoweit eine Beendigung aus wichtigem Grund angenommen wird (vgl. Rdnr. Org. 12).

Die X-AG übernimmt den Buchwert der Beteiligung mit 1.000.000 €, jedoch nicht die besonderen organschaftlichen Ausgleichsposten. Diese sind zum 31.12.2019 aufzulösen. Fraglich ist jedoch, wie diese Auflösung rein rechnerisch zu erfolgen hat.

Im Falle der Saldierung bleibt ein Aufwand von 30.000 €, der bei der Körperschaftsteuer gem. § 8b Abs. 3 Satz 3 KStG wieder zuzurechnen ist. Im Falle der getrennten Beurteilung ist der Aufwand aus der Auflösung des aktiven Ausgleichspostens mit 300.000 € gem. § 8b Abs. 3 Satz 3 KStG zuzurechnen. Der Ertrag aus der Auflösung des passiven Ausgleichspostens dürfte jedoch gem. § 8b Abs. 2 i.V.m. Abs. 3 Satz 1 KStG zu einer Kürzung von lediglich 95 % führen. Es verbliebe ein Besteuerungssubstrat von 13.500 €.

Bei Fortsetzung der Organschaft und gleichzeitigem Buchwertansatz sind die besonderen organschaftlichen Ausgleichsposten vom Übernehmer fortzuführen.

Werden die übergegangenen Wirtschaftsgüter im Rahmen der Verschmelzung mit dem gemeinen Wert angesetzt, sind die Ausgleichsposten in voller Höhe aufzulösen, bei Ansatz von Zwischenwerten erfolgt die Auflösung mit dem anteiligen Wert.

4.4.2 Auf- und Abspaltung sowie Ausgliederung des Organträgers

Die zivilrechtlichen Grundlagen aller Arten der Spaltung, zu dem auch die Ausgliederung gehört, finden sich in den §§ 123–173 UmwG, die steuerlichen Regelungen in den §§ 15 und 16 UmwStG sowie in § 20 UmwStG für die Fälle der Ausgliederung. Der UmwStE befasst sich in den Rdnr. Org. 06 – Rdnr. Org. 09 mit den steuerlichen Auswirkungen im Hinblick auf Organschaftsverhältnisse.

Bei der Aufspaltung eines Rechtsträgers wird dessen Vermögen auf mindestens zwei andere Rechtsträger zur Aufnahme (wenn ein übernehmender Rechtsträger bereits besteht) oder zur Neugründung (wenn ein übernehmender Rechtsträger neu gegründet wird) ohne Abwicklung übertragen. Die Anteilseigner des übertragenden Rechtsträgers erhalten dabei Anteile an den Übernehmern.

Bei der Abspaltung hingegen wird nur ein Teil des Vermögens auf einen oder mehrere andere Rechtsträger zur Aufnahme (wenn ein übernehmender

Rechtsträger bereits besteht) oder zur Neugründung (wenn ein übernehmender Rechtsträger neu gegründet wird) übertragen. Die Anteilseigner des übertragenden Rechtsträgers erhalten dabei Anteile an den Übernehmern.

Geht nun im Falle einer Auf- oder Abspaltung die Beteiligung an einer Organgesellschaft auf einen anderen Rechtsträger über, so tritt der Übernehmer – da insoweit auch Fälle der Gesamtrechtsnachfolge vorliegen – in die Rechtstellung des übertragenden Rechtsträgers ein. Die am steuerlichen Übertragungsstichtag bestehende finanzielle Eingliederung ist den Übernehmern zuzurechnen, die organschaftlichen Ausgleichsposten sind nach Maßgabe der Rdnr. Org. 05 zu behandeln (siehe oben unter 3. a) ab).

Bei der Ausgliederung schließlich wird Vermögen auf einen oder mehrere Rechtsträger gegen Gewährung von Gesellschaftsrechten an den übertragenden Rechtsträger übertragen. Der Vorgang hat den Charakter eines Tausches, da die neuen Anteile am übernehmenden Rechtsträger an die Stelle des übergegangenen Vermögens treten.

Soweit die Anteile an der Organgesellschaft in den Fällen der Abspaltung und Ausgliederung beim übertragenden Rechtsträger verbleiben und der Gewinnabführungsvertrag unverändert fortgeführt wird, hat dies keinen Einfluss auf den Fortbestand des Organschaftsverhältnisses (Rdnr. Org. 09).

Sacheinbringung nach § 20 UmwStG

Umfasst die rückwirkende Ausgliederung einen gesamten Betrieb, Teilbetrieb oder Mitunternehmeranteil, ist der Vorgang nach § 20 UmwStG zu behandeln. Gehört zu dem übertragenen Vermögen auch eine Beteiligung an einer Organgesellschaft, so ist die zum übertragenden Rechtsträger bestehende finanzielle Eingliederung aufgrund der in § 23 Abs. 1 i. V. m. § 12 Abs. 3 1. Halbsatz UmwStG normierten Gesamtrechtsnachfolge mit Wirkung ab dem steuerlichen Übertragungsstichtag auch dem Übernehmer zuzurechnen, so dass eine ununterbrochene Fortführung der Organschaft zum Übernehmer möglich ist (Rdnr. Org. 14).

Beispiel:

Der Organträger M-GmbH bringt einen Teilbetrieb, zu dem als funktional wesentliche Betriebsgrundlage auch die Anteile an der Organgesellschaft A-GmbH gehören, im Wege des Sacheinbringung mit Vertrag vom 20.7.01 rückwirkend zum 1.1.01 in die ebenfalls von ihm zu 100 % gehaltene B-GmbH ein. Das Wirtschaftsjahr der A-GmbH entspricht dem Kalenderjahr. Es sollen die Buchwerte fortgeführt werden. Das Organschaftsverhältnis kann durch die B-GmbH fortgeführt werden, da der B-GmbH die finanzielle Eingliederung bereits ab dem 1.1.01 zuzurechnen ist.

Auch die Begründung eines Organschaftsverhältnisses mit einer im Rahmen einer Einbringung nach § 20 UmwStG übergegangenen Beteiligung an einer Kapitalgesellschaft ist grundsätzlich ab dem steuerlichen Übertragungsstichtag möglich, sofern das eingebrachte Betriebsvermögen dem übertragenden

Rechtsträger im Einbringungszeitpunkt auch tatsächlich zuzurechnen war und der Gewinnabführungsvertrag bis zum Ende des Wirtschaftsjahres der Organgesellschaft wirksam wird (Rdnr. Org. 13).

Anteilstausch nach § 21 UmwStG

Werden ausschließlich Anteile an einer Kapitalgesellschaft (Organgesellschaft) isoliert ausgegliedert, handelt es sich um einen Anteilstausch nach § 21 UmwStG (zur Abgrenzung vgl. Tz. 21.01 UmwStE). Die zum übertragenden Rechtsträger bestehende finanzielle Eingliederung wird dem Übernehmer auch in diesen Fällen zwar ab dem steuerlichen Übertragungsstichtag zugerechnet, allerdings ist steuerlicher Übertragungsstichtag in den Fällen des Anteilstausches der Zeitpunkt, zu dem das wirtschaftliche Eigentum an den Anteilen der Organgesellschaft übergeht (Hinweis auf Tz. 21.17 UmwStE). Eine Rückwirkung ist deshalb grundsätzlich nicht möglich (Rdnr. Org. 08 Abs. 1 Sätze 2 und 3). Ein Organschaftsverhältnis ist somit erst mit Beginn des folgenden Wirtschaftsjahres möglich oder die Organgesellschaft muss ein Rumpfwirtschaftsjahr bilden und auf den Einbringungszeitpunkt abschließen.

> *Beispiel:*
>
> Der Organträger M-GmbH bringt die Anteile an der Organgesellschaft A-GmbH im Wege des Anteilstausches mit wirtschaftlicher Wirkung am 20.7.01 in die ebenfalls von ihm zu 100 % gehaltene B-GmbH ein. Das Wirtschaftsjahr der A-GmbH entspricht dem Kalenderjahr. Es sollen die Buchwerte fortgeführt werden. Das Organschaftsverhältnis kann durch die B-GmbH nicht fortgeführt werden, da der B-GmbH die finanzielle Eingliederung erst ab dem 20.7.01 zuzurechnen ist. Ein Organschaftsverhältnis kann frühestens ab dem folgenden Jahr (zum 1.1.02) begründet werden oder die Organgesellschaft müsste ihr Wirtschaftsjahr auf den Zeitpunkt des Übergangs des wirtschaftlichen Eigentums umstellen.

In diesen Fällen kann jedoch das Organschaftsverhältnis zum bisherigen Organträger in Form einer mittelbaren Organschaft fortgeführt werden (Rdnr. Org. 16), wenn der Gewinnabführungsvertrag bestehen bleibt.

> *Beispiel:*
>
> Sachverhalt wie vorheriges Beispiel. Die bisher zwischen der M-GmbH und der A-GmbH bestehende Organschaft kann wegen der mittelbaren Beteiligung fortgeführt werden. Hier bietet sich eine Übergangslösung an, indem für das Jahr 01 noch die M-GmbH und ab dem Jahr 02 die B-GmbH als Organträger fungiert.

Die erstmalige Begründung eines Organschaftsverhältnisses nach Anteilstausch kann nach den dargelegten Grundsätzen nicht rückwirkend erfolgen, sondern ist erstmals ab dem Beginn des auf die Einbringung folgenden Wirtschaftsjahres möglich (Rdnr. Org. 15).

Es ist fraglich, ob die Lösungen in den Fällen des reinen Anteilstauschs nicht in Widerspruch zu der Entscheidung des BFH (Urteil vom 28.7.2010, BStBl 2011 II S. 528) stehen. In dem entschiedenen Fall hatte der Organträger einen Teilbetrieb gegen Gewährung von Anteilen an der künftigen Organgesellschaft ausgegliedert und in einem zweiten Schritt diese Anteile im Wege des Anteilstauschs in eine andere von ihm gehaltene Beteiligung eingebracht.

Reduzierung der Beteiligungskette

Wird im Zuge einer Anteilseinbringung eine bisher nur mittelbare Beteiligung zu einer unmittelbaren Beteiligung, ist eine sich anschließende Begründung einer Organschaft zwischen der (ehemaligen) Enkelgesellschaft und der Obergesellschaft möglich, da die Enkelgesellschaft durchgängig in die Muttergesellschaft eingegliedert war (vgl. Rdnr. Org. 17).

Beispiel:

Zwischen der M-GmbH und T-GmbH sowie zwischen der T-GmbH und der E-GmbH bestehen seit Jahren steuerlich anzuerkennende Organschaftsverhältnisse. Die T-GmbH bringt ihre Anteile an der E-GmbH in die M-GmbH ein.

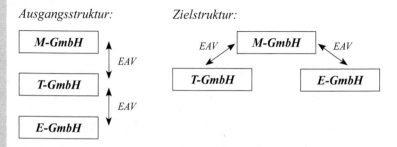

Zwischen der M-GmbH und E-GmbH kann unmittelbar ein Organschaftsverhältnis begründet werden. Organschaftliche Ausgleichsposten in der Bilanz der T-GmbH sind aufzulösen.

4.4.3 Formwechsel des Organträgers

Bei einem Formwechsel ist nur ein einziger Rechtsträger beteiligt, der lediglich sein Rechtskleid ändert. Es findet keine Übertragung von Vermögen statt, ebenso wenig eine Gesamtrechtsnachfolge. Formwechsel sind beispielsweise möglich von Körperschaften in Personengesellschaften und umgekehrt. Steuerlich werden diese Vorgänge behandelt, als ob ein Rechtsträgerwechsel stattgefunden hätte, da ein Wechsel des Besteuerungsregimes stattfindet. Abweichend von den zivilrechtlichen Wertungen wird der Formwechsel für ertragsteuerliche Zwecke auf Ebene des übertragenden Rechtsträgers als Veräußerung und auf Ebene des übernehmenden Rechtsträgers als Anschaffung gesehen (Rdnr. 00.02).

Ein Formwechsel des Organträgers hat grundsätzlich keinen Einfluss auf den Fortbestand eines Gewinnabführungsvertrags und berührt das Organschaftsverhältnis nicht, es sei denn, es wird ein unterjähriger steuerlicher Übertragungsstichtag gewählt (Rdnr. Org. 10). Allerdings ist der Formwechsel kein wichtiger Grund für unschädliche vorzeitige Beendigung eines Gewinnabführungsvertrages (Rdnr. Org. 12).

4.4.4 Auswirkungen auf den Gewinnabführungsvertrag

Das Prinzip der Gesamtrechtsnachfolge findet auch Anwendung bei der Frage, ob bei einem Gewinnabführungsvertrag die erforderliche Mindestlaufzeit bereits erfüllt ist. Nach Rdnr. Org. 11 ist die Laufzeit bei einem vorherigen und einem künftigen Organträger zusammenzurechnen, so dass es in den Fällen der Umwandlung des Organträgers nicht automatisch zu einer rückwirkenden Versagung der Organschaft kommt, wenn die erforderliche Mindestlaufzeit von 5 Jahren noch nicht erfüllt ist.

4.4.5 Organschaft nach Anwachsung

Der Umwandlungssteuererlass befasst sich mit der Frage, welche Auswirkungen die Anwachsung einer Personengesellschaft als Organträger auf den Fortbestand einer bestehenden Organschaft hat. An dieser Stelle ist darauf hinzuweisen, dass eine Personengesellschaft u. a. nur dann Organträger sein kann, wenn sie die Beteiligung an der Organgesellschaft in ihrem Gesamthandsvermögen hält (§ 14 Abs. 1 Nr. 2 Satz 3 KStG).

Eine Anwachsung i. S. des § 738 BGB liegt beispielsweise vor, wenn der vorletzte Gesellschafter aus einer zweigliedrigen Personengesellschaft ausscheidet und das Vermögen – zu dem auch die Beteiligung an einer Organgesellschaft gehören kann – dem dann noch verbleibenden Gesellschafter kraft Gesetzes via Gesamtrechtsnachfolge anwächst.

Eine Rückbeziehung des Anwachsungsvorgangs ist grundsätzlich nicht möglich, da die Wirkungen erst mit der Eintragung in das Handelsregister eintreten. Allerdings kann sich auf der Grundlage einer Umwandlung mit steuerlich zulässiger Rückbeziehung als Reflex auch rückwirkend eine Anwachsung ergeben.

Beispiel:

An der Organträgerin AB-OHG sind die A-GmbH und B-GmbH mit jeweils 50 % beteiligt. Mit Beschluss vom 20. 7. 2020 wird die B-GmbH rückwirkend zum 1. 1. 2020 auf die A-GmbH verschmolzen. Da nunmehr das Vermögen – zu dem auch der Mitunternehmeranteil an der AB-OHG gehört – der B-GmbH rückwirkend zum 1. 1. 2020 der A-GmbH zuzurechnen ist, ist diese auch alleinige Gesellschafterin der AB-OHG geworden. Dies führt dann automatisch rückwirkend zur Anwachsung des Vermögens – einschließlich der Beteiligung an der Organgesellschaft Y-GmbH – der AB-OHG an die A-GmbH.

Nach Rdnr. Org. 18 Satz 1 ist eine lückenlose Fortsetzung der Organschaft in den Fällen, in denen die Organgesellschaft bereits vor der Anwachsung beim verbleibenden Gesellschafter eingegliedert war, unter den sonstigen Voraussetzungen möglich.

Beispiel:

Wie vorheriges Beispiel, jedoch war die A-GmbH mit 80 % und die B-GmbH mit 20 % an der OHG beteiligt. Übernimmt nun die A-GmbH im Wege der Anwachsung das gesamte Vermögen der AB-OHG – zu dem auch die Beteiligung an der Organgesellschaft Y-GmbH gehört – kann zwischen der A-GmbH als „neuer" Organträgerin und der Y-GmbH als Organgesellschaft die finanzielle Eingliederung ununterbrochen angenommen werden.

In den anderen Fällen unterscheidet die Verwaltung danach, ob sich die Anwachsung als Reflex eines steuerlich rückwirkenden Umwandlungsvorgangs ergibt oder ob es sich um eine Anwachsung auf der Grundlage eines nicht rückwirkenden Vorgangs (z.B. Veräußerung eines Mitunternehmeranteils) handelt. Im ersten Falle ist dem Übernehmer auch die finanzielle Eingliederung rückwirkend zuzurechnen (siehe Beispiel oben), während es im zweiten Falle zu einer Organschaftslücke kommt, da die Zurechnung des übergegangenen Vermögens erst mit Eintragung im Handelsregister erfolgt.

Beispiel:

An der Organträgerin AB-OHG sind die A-GmbH und B-GmbH mit jeweils 50 % beteiligt. Mit Vertrag vom 20. 3. 2020 veräußert die B-GmbH ihren Mitunternehmeranteil an die A-GmbH. Die Eintragung im Handelsregister erfolgt am 30. 4. 2020. Das Vermögen der OHG wächst der A-GmbH an. Eine rückwirkende Zurechnung der Beteiligung an der Y-GmbH ist nicht möglich, so dass für das Jahr 2020 eine Organschaft zur AB-OHG nicht mehr und zur A-GmbH noch nicht angenommen werden kann. Sofern der Gewinnabführungsvertrag zur AB-OHG noch nicht die Mindestlaufzeit von 5 Jahren erreicht hat, droht sogar eine rückwirkende Versagung der Organschaft für die Vergangenheit.

4.4.6 Zurechnung des Organeinkommens

Nach den allgemeinen Grundsätzen ist dem Organträger das Einkommen der Organgesellschaft für den Veranlagungszeitraum zuzurechnen, in dem die Organgesellschaft ihr Einkommen bezogen hat.

Beispiel:

Das Wirtschaftsjahr der Organgesellschaft A-GmbH läuft vom 1.7.01 bis zum 30.6.02 eines Jahres. Nach § 4a Abs. 2 Nr. 2 EStG gilt der Gewinn des Wirtschaftsjahres als in dem Kalenderjahr bezogen, in dem das Wirtschaftsjahr endet. Somit ist das auf der Grundlage des Wj. 01/02 ermittelte Einkommen dem Organträger im Veranlagungszeitraum 02 zuzurechnen.

Ein Organträger mit Abschlussstichtag 30.9.02 erfasst die handelsrechtliche Gewinnabführung im Wirtschaftsjahr 1.10.01–30.9.02 und steuerlich ist ihm das Organeinkommen im Vz. 02 zuzurechnen. Schließt der Organträger jedoch bereits am 31.3.02 ab, so erfasst er die handelsrechtliche Gewinnabführung im Wirtschaftsjahr 1.4.02–31.3.03, während er das Einkommen der Organgesellschaft im Vz. 02 versteuern muss.

Folgerichtig regelt auch Rdnr. Org. 19 Satz 2, dass das Organeinkommen bei Fortsetzung einer bestehenden Organschaft dem Organträger zuzurechnen ist, der zum Schluss des Wirtschaftsjahres der Organgesellschaft als Organträger anzusehen ist.

4.5 Fälle der Umwandlung der Organgesellschaft

Der III. Abschnitt mit den Rdnr. Org. 21 – Org. 28 UmwStE befasst sich mit Fällen der Umwandlung der Organgesellschaft und möglicher Auswirkungen auf bereits bestehende oder noch zu begründende ertragsteuerliche Organschaftsverhältnisse.

4.5.1 Verschmelzung der Organgesellschaft

Mit der Verschmelzung der Organgesellschaft auf einen anderen Rechtsträger enden ein bestehender Gewinnabführungsvertrag und damit auch ein Organschaftsverhältnis, da insoweit eine Veräußerung der Organbeteiligung angenommen wird (vgl. Rdnr. Org. 21). Eine finanzielle Eingliederung zwischen dem bisherigen Organträger und dem übernehmenden Rechtsträger kann frühestens ab dem Zeitpunkt der Wirksamkeit der Verschmelzung bestehen.

Beispiel:

Zwischen der M-GmbH und A-GmbH besteht seit Jahren ein steuerlich anzuerkennendes Organschaftsverhältnis. Die A-GmbH wird mit Beschluss vom 20.7.01 rückwirkend zum 1.1.01 auf die B-GmbH verschmolzen. Die M-GmbH hat die Anteile an der B-GmbH mit Wirkung zum 1.7.01 erworben.

Ausgangsstruktur: *Zielstruktur:*

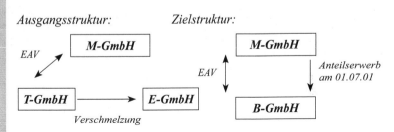

Zwischen der M-GmbH und B-GmbH kann frühestens ab 02 ein Organschaftsverhältnis begründet werden. Organschaftliche Ausgleichsposten aus Mehr- und Minderabführungen der A-GmbH in der Bilanz der M-GmbH sind aufzulösen (§ 14 Abs. 4 Satz 2 KStG).

4.5.2 Ausgliederung und Abspaltung der Organgesellschaft

Bei der Ausgliederung und Abspaltung von Vermögen aus der Organgesellschaft bleibt bei Fortführung des Gewinnabführungsvertrags die Organschaft unverändert bestehen (vgl. Rdnr. Org. 22).

Beispiel:

Zwischen der M-GmbH und A-GmbH besteht seit Jahren ein steuerlich anzuerkennendes Organschaftsverhältnis. Die A-GmbH gliedert mit Beschluss vom 20.7.01 rückwirkend zum 1.1.01 einen Teilbetrieb auf die neu gegründete B-GmbH gegen Gewährung von Gesellschaftsrechten aus.

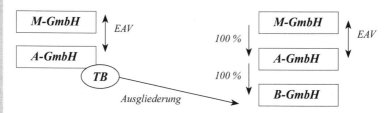

Das zwischen der M-GmbH und A-GmbH bestehende Organschaftsverhältnis kann unverändert fortgeführt werden.

Der im Zuge der Abspaltung oder Ausgliederung entstehende steuerliche Übertragungsgewinn aus der Aufdeckung von stillen Reserven beim Ansatz des gemeinen Werts oder Zwischenwerten ist dem Organträger zuzurechnen (vgl. Rdnr. Org. 27 Satz 2).

Im Falle der Verschmelzung der Organgesellschaft geht deren Vermögen auf einen, im Falle der Abspaltung auf mindestens zwei oder mehr bestehende oder neu gegründete Rechtsträger über, so dass der Gewinnabführungsvertrag in diesen Fällen endet (vgl. Rdnr. Org. 23). Ein etwaiger steuerlicher Übertragungsgewinn ist in diesen Fällen von der Organgesellschaft selbst zu versteuern (vgl. Rdnr. Org. 27 Satz 1).

Dies kann in bestimmten Konstellationen dann von Vorteil sein, wenn die Organgesellschaft noch über Verlustvorträge i.S. des § 10d EStG verfügt, die anderenfalls nach der Verschmelzung oder Abspaltung unwiederbringlich verloren wären.

Beispiel:

Die Organgesellschaft T-GmbH wird zum 1.1.02 auf den Organträger M-GmbH verschmolzen. Steuerlicher Übertragungsstichtag ist der 31.12.01. Bei Ansatz des gemeinen Werts der übertragenen Wirtschaftsgüter gem. § 11 Abs. 1 UmStG ergäbe sich ein Übertragungsgewinn i.H.v. 250.000 €, der von der T-GmbH im Jahr 01 selbst zu versteuern wäre. Die T-GmbH verfügt noch über steuerliche Verlustvorträge nach § 10d EStG i.H.v. 150.000 €. Hier bietet sich der Ansatz eines Zwischenwertes gem. § 11 Abs. 2 UmwStG in der Höhe an, dass sich ein Übertragungsgewinn von 150.000 € ergibt. So lassen sich die steuerlichen Verluste nutzen und auf Ebene der Übernehmerin wird Abschreibungspotential geschaffen.

4.5.3 Aufspaltung der Organgesellschaft

Bei der Aufspaltung eines Unternehmens wird das gesamte Vermögen des übertragenden Rechtsträgers auf zwei oder mehr bereits bestehende oder neu gegründete Rechtsträger übertragen. Nach § 15 Abs. 1 Satz 2 UmwStG i. V. m. § 11 Abs. 2 UmwStG ist dabei eine Buchwertfortführung nur zulässig, wenn jeweils Teilbetriebe übertragen werden. Der übertragende Rechtsträger geht unter.

Ein Buchwertansatz ist ebenfalls nicht zulässig, wenn durch die Spaltung die Voraussetzungen für eine Veräußerung geschaffen werden. Davon ist nach § 15 Abs. 2 Satz 4 UmwStG auszugehen, wenn innerhalb von fünf Jahren nach dem steuerlichen Übertragungsstichtag Anteile an einer an der Spaltung beteiligten Körperschaft, die mehr als 20 % der vor Wirksamwerden der Spaltung an der Körperschaft bestehenden Anteile ausmachen, veräußert werden.

Werden nach Aufspaltung einer Organgesellschaft innerhalb von fünf Jahren mehr als 20 % der Anteile der übernehmenden Rechtsträger veräußert, stellt sich die Frage, ob ein dadurch entstehender Übertragungsgewinn von der Organgesellschaft selbst und damit von den übernehmenden Rechtsträgern als Rechtsnachfolger oder vom (ehemaligen) Organträger zu versteuern ist.

Nach Auffassung der Finanzverwaltung ist bei Verschmelzung oder Aufspaltung ein steuerlicher Übertragungsgewinn von der Organgesellschaft selbst zu versteuern (vgl. BMF-Schreiben vom 11. 11. 2011, BStBl 2011 I S. 1314, Rdnr. Org. 27).

Das Finanzgericht Berlin-Brandenburg hat in seiner Entscheidung vom 31. 5. 2018 (9 K 9143/16, EFG 2018 S. 1681) allerdings die Auffassung vertreten, dass ein gewerbesteuerlicher Übertragungsgewinn Teil des der Organträgerin zuzurechnenden Einkommens ist, weil er auch handelsrechtlich an diese abzuführen wäre.

Die Revision ist beim BFH unter dem Az. I R 27/18 anhängig.

4.5.4 Formwechsel der Organgesellschaft

Während beim Formwechsel der Organgesellschaft in eine Kapitalgesellschaft anderer Rechtsform die Organschaft unverändert bestehen bleiben kann, endet das Organschaftsverhältnis beim Formwechsel in eine Personengesellschaft (vgl. Rdnr. Org. 24).

Wird jedoch beim Formwechsel in eine Kapitalgesellschaft anderer Rechtsform der Gewinnabführungsvertrag vor Ablauf der 5-jährigen Mindestlaufzeit beendet, führt dies zur rückwirkenden Versagung der Anerkennung der Organschaft (Rdnr. Org. 26).

Im Falle des Formwechsels einer Personengesellschaft in eine Kapitalgesellschaft ist dem Anteilseigner die Beteiligung an der Kapitalgesellschaft auch rückwirkend zuzurechnen, so dass eine Organschaft möglich ist (vgl. Rdnr. Org. 25).

4.5.5 Mehr- und Minderabführungen

Nach der in Rdnr. 03.10 und 11.05 UmwStE dargelegten Verwaltungsauffassung besteht im neuen Umwandlungssteuerrecht keine Maßgeblichkeit der handelsrechtlichen Wertansätze für die Steuerbilanz mit der Folge, dass in der Handelsbilanz die gemeinen Werte, in der Steuerbilanz jedoch die Buchwerte angesetzt werden können. Dadurch ergeben sich bei Sach- und Anteilseinbringungen durch die Organgesellschaft Mehrabführungen i.S. des § 14 Abs. 4 KStG, die zur Bildung von passiven Ausgleichsposten auf Ebene des Organträgers führen (vgl. Rdnr. Org. 28).

Beispiel:

Zwischen der M-GmbH und T-GmbH besteht ein steuerlich anzuerkennendes Organschaftsverhältnis. Die T-GmbH gliedert mit Beschluss vom 20.7.02 rückwirkend zum 1.1.02 einen Teilbetrieb auf die E-GmbH gegen Gewährung von Gesellschaftsrechten aus und setzt die Wirtschaftsgüter in der Handelsbilanz mit den Verkehrswerten, in der steuerlichen Übertragungsbilanz jedoch mit den Buchwerten an. Die sich hieraus ergebende handelsrechtliche Mehrabführung führt nach § 14 Abs. 4 KStG zur Bildung eines passiven Ausgleichspostens bei der M-GmbH.

4.6 Organgesellschaft als übernehmender Rechtsträger

Im IV. Abschnitt (Rdnr. Org. 29 bis Org. 34 UmwStE) werden die Fälle geregelt, in denen die Organgesellschaft im Falle von Verschmelzungen als übernehmender Rechtsträger fungiert.

4.6.1 Auswirkungen auf ein bestehendes Organschaftsverhältnis

Sofern die finanzielle Eingliederung auch nach der Umwandlung fortbesteht, wird ein bestehendes Organschaftsverhältnis durch eine Umwandlung auf eine Organgesellschaft nicht berührt (Rdnr. Org. 29).

4.6.2 Übernahmegewinn/-verlust und Gewinnabführungsvertrag

Der Erlass unterscheidet zunächst grundsätzlich die Aufwärtsverschmelzung und der Seitwärtsverschmelzung und untersucht diese im Hinblick auf den Umfang der Gewinnabführungsverpflichtung (vgl. Rdnr. Org. 30).

Aufwärtsverschmelzung

Bei der Aufwärtsverschmelzung gehört auch ein handelsrechtlicher Übernahmegewinn zum abzuführenden Gewinn. Im Falle einer Aufwärtsverschmelzung treten die übernommenen Wirtschaftsgüter an die Stelle der Beteiligung. Der sich daraus ergebende positive oder negative Saldo geht unmittelbar in das laufende Ergebnis der Organgesellschaft ein und unterliegt damit auch der Gewinnabführung oder der Verlustübernahme (vgl. Rdnr. Org. 30 Nr. 1 und Org. 32).

Beispiel:

Zwischen der M-GmbH und der T-GmbH besteht ein steuerlich anzuerkennendes Organschaftsverhältnis. Die E-GmbH wird mit Beschluss vom 20.7.02 rückwirkend zum 1.1.02 auf die T-GmbH verschmolzen. Steuerlicher Übertragungsstichtag ist der 31.12.01. Die E-GmbH setzt in ihrer steuerlichen Schlussbilanz die gemeinen Werte nach § 11 Abs. 1 UmwStG an, so dass sie ein Kapital i. H. v. 250.000 € ausweist. Nach § 12 Abs. 1 UmwStG hat die übernehmende Körperschaft die auf sie übergegangenen Wirtschaftsgüter mit dem in der steuerlichen Schlussbilanz der übertragenden Körperschaft enthaltenen Werten zu übernehmen. Der Buchwert (= Anschaffungskosten) der Beteiligung an der E-GmbH betrug 100.000 €. In der Folge ergibt sich ein Übernahmegewinn in Höhe von 150.000 €, der an die M-GmbH abzuführen ist.

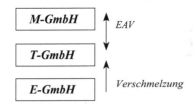

Dieser Übernahmegewinn unterliegt gem. § 12 Abs. 2 Satz 2 UmwStG in vollem Umfange der Besteuerung nach § 8b KStG und wird nach der bisher vertretenen Verwaltungsauffassung (BMF-Schreiben vom 11. 11. 2011, BStBl 2011 I S. 1314, Rdnr. 12.07) aufgrund der Anwendung der Bruttomethode auf Ebene des Organträgers zu 95 % steuerfrei gestellt.

Entgegen der Verwaltungsauffassung ist nach dem BFH-Urteil vom 26. 9. 2018 (I R 16/16, BFH/NV 2019 S. 495) die Bruttomethode des § 15 Satz 1 Nr. 2 KStG auf den o. g. Fall allerdings nicht anzuwenden.

Nach den Ausführungen des BFH ist im Falle der Verschmelzung einer Kapitalgesellschaft auf ihre Muttergesellschaft, die ihrerseits Organgesellschaft einer körperschaftsteuerrechtlichen Organschaft mit einer Kapitalgesellschaft als Organträgerin ist, auf den Verschmelzungsgewinn weder auf der Ebene der Muttergesellschaft (Organgesellschaft) noch auf der Ebene der Organträgerin das pauschale Betriebsausgaben-Abzugsverbot nach § 8b Abs. 3 Satz 1 KStG anzuwenden. Eine solche Lösung ist nach Ansicht des BFH nicht durch das Gesetz gedeckt.

Daraufhin hat der Gesetzgeber mit Gesetz zur weiteren steuerlichen Förderung der Elektromobilität und zur Änderung weiterer steuerlicher Vorschriften (Jahressteuergesetz 2019) vom 12. 12. 2019 (BGBl 2019 I S. 2451) die Änderung des § 15 Satz 1 Nr. 2 Sätze 1 und 2 KStG auf den Weg gebracht. Danach ist die Bruttomethode auch in den Fällen des § 12 Abs. 2 Satz 2 KStG anzuwenden. Nach § 34 Abs. 6f KStG ist die Neuregelung erstmals auf Umwandlungen anzuwenden, bei denen die Anmeldung zur Eintragung in das für die Wirksamkeit des jeweiligen Vorgangs maßgebende öffentliche Register nach dem 12.12.2019 erfolgt ist.

Seitwärtsverschmelzung

Anders stellt sich die Situation bei einer Seitwärtsverschmelzung einer Schwestergesellschaft auf die Organgesellschaft dar. In diesem Falle unterliegt ein handelsrechtlicher Übernahmegewinn insoweit nicht der Gewinnabführungsverpflichtung, als er zur Aufstockung des Nennkapitals verwendet oder in die Kapitalrücklage eingestellt wird (vgl. Rdnr. Org. 30 Nr. 2). Bei einer Seitwärtsverschmelzung ist bei der aufnehmenden Rechtsträgerin zwingend eine Kapitalerhöhung durchzuführen, während der übersteigende Betrag des übernommenen Vermögens im Regelfall in eine Kapitalrücklage i. S. des § 272 Abs. 2 HGB eingestellt wird.

Beispiel:

Zwischen der M-GmbH und der T1-GmbH besteht ein steuerlich anzuerkennendes Organschaftsverhältnis. Die T2-GmbH wird mit Beschluss vom 20.7.02 rückwirkend zum 1.1.02 auf die T1-GmbH verschmolzen. Steuerlicher Übertragungsstichtag ist der 31.12.01. Die T2-GmbH setzt in ihrer steuerlichen Schlussbilanz die gemeinen Werte nach § 11 Abs. 1 UmwStG an, so dass sie ein Kapital i. H. v. 250.000 € ausweist. Die T1-GmbH erhöht ihr Stammkapital von 100.000 € um 50.000 € und die neuen Anteile stehen der M-GmbH zu. Den übersteigenden Betrag i. H. v. 200.000 € stellt sie in eine Kapitalrücklage ein.

Ausgangsstruktur: *Zielstruktur:*

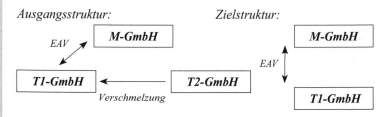

Bilanz der T1-GmbH (nach Übernahme)			
Aktiva unverändert	100.000 €	Stammkapital	150.000 €
Mehrvermögen	250.000 €	Kapitalrücklage	200.000 €
Bilanzsumme	350.000 €	Bilanzsumme	350.000 €

Nach § 12 Abs. 2 Satz 1 UmwStG bleibt bei der übernehmenden Körperschaft ein Gewinn oder ein Verlust in Höhe des Unterschieds zwischen dem Buchwert der Anteile an der übertragenden Körperschaft und dem Wert, mit dem die übergegangenen Wirtschaftsgüter zu übernehmen sind, abzüglich der Kosten für den Vermögensübergang, außer Ansatz.

4.6.3 Mehrabführungen bei Umwandlungen

4.6.3.1 Auffassung der Finanzverwaltung

Übernimmt eine Organgesellschaft im Rahmen von Umwandlungs- oder Einbringungsvorgängen als übernehmender Rechtsträger Vermögen anderer Gesellschaften und haben diese das übergehende Vermögen handelsrechtlich mit den Verkehrswerten, steuerlich jedoch mit den Buchwerten angesetzt, unterliegt die sich hieraus ergebende Mehrabführung der Regelung des § 14 Abs. 3 KStG (vgl. Rdnr. Org. 33).

Nach § 14 Abs. 3 KStG gelten Mehrabführungen, die ihre Ursache in vororganschaftlicher Zeit haben, als Gewinnausschüttungen der Organgesellschaft an den Organträger. Problematisch könnte hier die Sichtweise der Verwaltung sein, vororganschaftliche Mehrabführungen mit außerorganschaftlichen Mehrabführungen gleichzusetzen, denn tatsächlich sind die Unterschiedsbeträge in der Zeit des Bestehens der Organschaft entstanden und konnten damit auch unter die Regelung des § 14 Abs. 4 KStG fallen.

Die Unterscheidung ist aufgrund der möglichen steuerlichen Auswirkungen von besonderer Bedeutung. Mehrabführungen i. S. des § 14 Abs. 3 KStG unterliegen bei einem Organträger in der Rechtsform der Kapitalgesellschaft zu 5 %, bei einem Organträger in der Rechtsform der Personengesellschaft oder natürlichen Person zu 60 % der Besteuerung. Dazu kommt die Verpflichtung zur Abführung von Kapitalertragsteuer, die gem. § 44 Abs. 7 EStG im Zeitpunkt der Feststellung der Handelsbilanz der Organgesellschaft entsteht.

Beispiel:

Zwischen der natürlichen Person M und der T-GmbH besteht ein steuerlich anzuerkennendes Organschaftsverhältnis. Die E-GmbH wird mit Beschluss vom 20.7.02 rückwirkend zum 1.1.02 auf die T-GmbH verschmolzen. Steuerlicher Übertragungsstichtag ist der 31.12.01. Die E-GmbH setzt handelsrechtlich die Verkehrswerte, steuerlich die Buchwerte an. Die sich daraus bei der T-GmbH ergebende Mehrabführung i. H. v. 100.000 € stellt eine Ausschüttung an die natürliche Person dar.

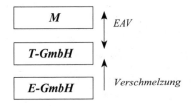

Die T-GmbH muss im Zeitpunkt der Feststellung ihrer Handelsbilanz Kapitalertragsteuer i. H. v. 25 % an das Finanzamt abführen. Bei M unterliegt die Ausschüttung gem. § 3 Nr. 40 EStG zu 60 % der Besteuerung. Die Kapitalertragsteuer kann bei Vorliegen einer entsprechenden Steuerbescheinigung angerechnet werden.

4.6.3.2 Entwicklung in der Rechtsprechung

Nach dem Urteil des Finanzgerichtes Rheinland-Pfalz vom 10.9.2019 (1 K 1418/18, EFG 2020 S. 61) findet § 14 Abs. 3 Satz 1 KStG auf Mehrabführungen, die sich daraus ergeben, dass im Rahmen einer Verschmelzung die übergehenden Wirtschaftsgüter in der Steuerbilanz der übernehmenden Organgesellschaft nach § 12 Abs. 1 Satz 1 UmwStG mit den Buchwerten, handelsbilanziell jedoch nach § 24 UmwG mit den Verkehrswerten angesetzt werden, keine Anwendung.

Nach den Ausführungen des FG liegt eine vororganschaftliche Mehrabführung i. S. von § 14 Abs. 3 Satz 1 KStG vor, wenn die Mehrabführung ihre Ursache in vororganschaftlicher Zeit hat. Vororganschaftlich ist die Zeit, die mit Beginn des ersten Wirtschaftsjahres der Organgesellschaft endet, für das das Organschaftsverhältnis erstmals gilt. Hinsichtlich des Zeitpunkts der Ursache der Mehrabführung ist auf den Zeitpunkt abzustellen, in dem das Ereignis eintritt, auf dem der Unterschied zwischen der handelsrechtlichen Gewinnabführung und der Vermögensmehrung in der Steuerbilanz beruht. Maßgeblich ist nicht die unmittelbare, sondern die der Mehrabführung letztlich zugrundeliegende Ursache. Der Geschäftsvorfall, auf den die Differenz zwischen handelsbilanziellem Jahresüberschuss und Steuerbilanzgewinn zurückgeht, muss demnach erstmalig in einer Handels- bzw. Steuerbilanz vor Wirksamwerden des Ergebnisabführungsvertrags zu bilanzieren gewesen sein.

Im zu entscheidenden Streitfall lag nach Beurteilung des FG jedenfalls keine in zeitlicher Hinsicht vororganschaftlich verursachte Mehrabführung vor.

Das FG führt weiter aus, dass die Finanzverwaltung allerdings das Tatbestandsmerkmal „vororganschaftlich" nicht nur in zeitlicher, sondern auch in sachlicher Hinsicht versteht und dementsprechend auch eine sog. außerorganschaftliche Verursachung im Anwendungsbereich von § 14 Abs. 3 Satz 1 KStG sieht (Rdnr. Org.33 des BMF-Schreibens vom 11.11.2011, BStBl I 2011, 1314). Dieser Verwaltungsauffassung liegt offenbar der Gedanke zugrunde, dass die Bewertungsdifferenz zwischen Handelsbilanz und Steuerbilanz in derartigen Fällen auf stillen Reserven beruht, die bereits bei der übertragenden Gesellschaft, also außerorganschaftlich, angewachsen sind. Dieser Auffassung hat sich das FG nicht angeschlossen.

Unter dem Az. I R 51/19 ist ein Revisionsverfahren beim BFH anhängig.

Die aufgezeigten Rechtsfolgen der Annahme vororganschaftlich verursachter Mehrabführungen treten nach Verwaltungsauffassung (Rdnr. Org.34 des BMF-Schreibens vom 11.11.2011, BStBl I 2011, 1314) auch ein, wenn bei dem übertragenden Rechtsträger bereits Bewertungsunterschiede zwischen Handels- und Steuerbilanz bestanden. Ob sich der BFH auch zu diesen Sachverhaltskonstellationen äußert, bleibt abzuwarten.

5 Einlagekonto, KSt-Guthaben und KSt-Erhöhung

5.1 Einlagekonto

Nach dem Wegfall des Anrechnungsverfahrens hat der Gesetzgeber nicht vollständig auf eine Gliederung des Eigenkapitals verzichtet. Nach § 27 KStG hat eine unbeschränkt steuerpflichtige Kapitalgesellschaft die nicht in das Nennkapital geleisteten Einlagen im steuerlichen Einlagekonto auszuweisen. Dieses Konto ist erforderlich, da sich auch im neuen Recht die steuerliche Behandlung der Rückgewähr von Einlagen gegenüber der bisherigen Praxis im Grundsatz nicht ändern sollte. Organträger und Organgesellschaft haben jeweils ein Einlagekonto zu führen.

Einlagen des Organträgers in die Organgesellschaft sind gem. § 27 KStG im Einlagekonto zu erfassen. Nach § 27 Abs. 6 KStG schlagen sich Mehr- und Minderabführungen im steuerlichen Einlagekonto der Organgesellschaft nieder, soweit sie ihre Ursache in organschaftlicher Zeit haben. Damit sollen Unterschiede zwischen der handelsrechtlichen Gewinnabführung und der steuerlichen Einkommenszurechnung erfasst werden.

In seinem Urteil vom 15. 3. 2017 (I R 67/15, BFH/NV 2017 S. 1276) hat der BFH abweichend von der Verwaltungsauffassung entschieden, dass auch ohne eine Abweichung zwischen abgeführtem Handelsbilanzgewinn und Steuerbilanzgewinn eine organschaftliche Mehrabführung vorliegt.

Im entschiedenen Fall hatte der Organträger M-GmbH ihrer Organgesellschaft T-GmbH einen nicht rückzahlbaren Ertragszuschuss gewährt, der in der Handelsbilanz der T-GmbH als Ertrag gebucht und somit im Rahmen der Gewinnabführung wieder an die M-GmbH zurückgezahlt wurde. Steuerlich wurde der Ertragszuschuss als verdeckte Einlage behandelt.

Nach den Ausführungen des BFH führt der Ertragszuschuss auf Ebene des Organträgers zu nachträglichen Anschaffungskosten auf die Beteiligung an der T-GmbH (§ 6 Abs. 6 Satz 2 EStG) und bei der Organgesellschaft zu einer Minderung des zuzurechnenden Einkommens (§ 8 Abs. 3 Satz 3 KStG) bei gleichzeitiger Erhöhung des steuerlichen Einlagekontos (§ 27 Abs. 1 Satz 1 KStG). Eine Saldierung beider Vorgänge ist nicht zulässig, da die verdeckte Einlage durch die Rückzahlung im Rahmen der Gewinnabführung nicht rückgängig gemacht wird.

Die Rückzahlung des Zuschusses führt nach Ansicht des BFH zu einer organschaftlichen Mehrabführung und damit einer Minderung des steuerlichen Einlagekontos nach § 27 Abs. 6 KStG. Im Saldo bleibt damit das Einlagekonto auf Ebene der Organgesellschaft unverändert.

Schließlich ist in der Steuerbilanz des Organträgers ein passiver Ausgleichsposten zu bilden, dessen Gewinnauswirkung bei der Ermittlung des zu versteuernden Einkommens durch eine Zurechnung wieder zu neutralisieren ist.

5.2 Körperschaftsteuer-Guthaben

Aufgrund des Systemwechsels vom Anrechnungs- zum Halbeinkünfteverfahren im Jahr 2001 wurde die in den belasteten „Eigenkapital-Töpfen" gespeicherte Körperschaftsteuer in ein Körperschaftsteuerguthaben umgerechnet und sollte in Abhängigkeit von offenen Gewinnausschüttungen während einer Übergangszeit bis 2018 zu Körperschaftsteuerminderungen i. H. v. 1/6 der Ausschüttungen führen.

Bei steuerfreien Ausschüttungen an andere Körperschaften, z. B. innerhalb eines Konzerns, führte die Minderung auf Ebene der leistenden Gesellschaft zu einer Nachsteuer mit gleichzeitiger Erhöhung des Körperschaftsteuerguthabens bei der Empfängerin (§ 37 Abs. 3 KStG).

Dies galt auch für Organgesellschaften mit der Besonderheit, dass die Umsetzung aufgrund der Regelungen des § 15 Satz 1 Nr. 2 KStG (Bruttomethode) erst auf Ebene des Organträgers erfolgte.

Die Regelungen erwiesen sich aber sowohl für die Finanzverwaltung als auch für die betroffenen Steuerpflichtigen als sehr aufwändig und gestaltungsanfällig. Das System der ausschüttungsabhängigen Körperschaftsteuer-Minderung wurde deshalb ab 2008 durch eine ratierliche Auszahlung des verbleibenden Guthabens ersetzt. Das auf den 31. 12. 2006 ermittelte Guthaben ist in zehn gleichen Jahresraten – beginnend ab dem Jahr 2008 bis 2017 – auszuzahlen. Der unverzinsliche Anspruch entsteht mit Ablauf des 31. 12. 2006 und wird für den gesamten Zeitraum festgesetzt (§ 37 Abs. 5 KStG). Der Auszahlungsanspruch ist dem Grunde nach zum 31. 12. 2006 zu aktivieren, da er zu diesem Stichtag entstanden ist.

In Organschaftsfällen ist der Anspruch einer Organgesellschaft auf Auszahlung ihres Körperschaftsteuerguthabens (aus vorvertraglichen Rücklagen) bei der jeweiligen Organgesellschaft zu erfassen. Durch die Aktivierung des Auszahlungsanspruchs einerseits und auch durch die spätere Aufzinsung des Anspruchs bei Auszahlung der einzelnen Raten andererseits erhöht sich der handelsrechtliche Jahresüberschuss, der folgerichtig dann auch im Rahmen der Ergebnisabführung an den Organträger abzuführen ist.

Nach der Regelung des § 37 Abs. 7 Satz 1 KStG gehören Erträge und Aufwendungen, die sich durch die ratierliche Auszahlung des Körperschaftsteuerguthabens ergeben, nicht zu den Einkünften i. S. des EStG, so dass die entsprechenden Beträge aus dem zuzurechnenden Einkommen auszuscheiden sind (BMF-Schreiben vom 14. 1. 2008, BStBl I S. 280).

Beispiel:

Der Jahresüberschuss 2017 der Organgesellschaft T-GmbH beträgt im Wirtschaftsjahr (= Kalenderjahr) vor Abführung an den Organträger M-AG 100.000 €. Darin enthalten ist ein Ertrag aus der Abzinsung eines Anspruchs auf Auszahlung eines Körperschaftsteuerguthabens i. H. v. 5.000 € (§ 37 Abs. 5 Satz 2 KStG). Nach § 37 Abs. 7 KStG gehören Erträge und Aufwendungen aus der Bilanzierung des Körperschaftsteuerguthabens nicht zu den Einkünften i. S. des EStG. Diese Vorschrift wirkt sich bereits auf die Ermittlung des zuzurechnenden Einkommens aus.

T-GmbH	Organschaft
Jahresüberschuss	0
Ertrag aus Anwendung des § 37 Abs. 5 KStG	−5.000
Gewinnabführung	100.000
Zwischensumme	95.000
Dem OT zuzurechnendes Einkommen	−95.000
Eigenes Einkommen der OG	0

5.3 Körperschaftsteuer-Erhöhung

Im Halbeinkünfteverfahren führte die Verwendung von EK 02 nach der Übergangsregelung des § 38 Abs. 1 bis 3 KStG zu einer Körperschaftsteuererhöhung, sofern das EK 02 als für eine Leistung (sowohl offene, als auch verdeckte Gewinnausschüttung) verwendet galt. Diese Steuererhöhung betrug ³/₇ des verwendeten Betrages.

Die zu entrichtende Steuer konnte nicht mehr beim Anteilseigner angerechnet werden, während dieser die Leistung noch zusätzlich im Halbeinkünfteverfahren zu versteuern hatte. Damit löste eine Leistung aus dem EK 02 eine nicht unerhebliche Steuerbelastung aus.

Das bisherige System der ausschüttungsabhängigen Körperschaftsteuererhöhung wird ab 2008 durch eine in Raten zu entrichtende Abgeltungszahlung ersetzt. Damit fällt das EK 02 grundsätzlich ab dem Jahre 2007 weg.

Der Körperschaftsteuererhöhungsbetrag beträgt gem. § 38 Abs. 5 KStG 3/100 des festgestellten Schlussbestandes des EK 02. Die Körperschaft hat den Körperschaftsteuererhöhungsbetrag innerhalb eines Zeitraums von 2008 bis 2017 in 10 gleichen Jahresbeträgen zu entrichten (Zahlungszeitraum).

Nach § 38 Abs. 6 KStG entsteht die Verpflichtung auf Ebene des Zahlungspflichtigen dem Grunde nach am 1. 1. 2007. Deshalb ist die Verpflichtung erstmals auf den 31. 12. 2007 auszuweisen. Gewinnauswirkungen, die sich aus der Einstellung der Zahlungsverpflichtung sowie der Abzinsung ergeben, sind bei der Einkommensermittlung zu neutralisieren.

Die Regelungen gelten für Organgesellschaften entsprechend. Durch die Passivierung der Zahlungsverpflichtung mindert sich die handelsrechtliche Ergebnisabführung. Bei der Ermittlung des zuzurechnenden Einkommens ist der Aufwand wieder zu neutralisieren.

6 Verunglückte Organschaft

6.1 Wegfall der Voraussetzungen

Die Versagung der steuerlichen Anerkennung einer körperschaftsteuerlichen Organschaft kann vielfältige Ursachen haben. Beispielsweise kann die vorzeitige Kündigung oder auch die mangelnde Durchführung des Gewinnabführungsvertrages ursächlich für die Aberkennung der Organschaft sein.

6.1.1 Mangelnde Durchführung des Gewinnabführungsvertrages

Im Zusammenhang mit der Frage der Versagung der Anerkennung der körperschaftsteuerlichen Organschaft kommt der in § 14 Abs. 1 Nr. 3 KStG geregelten 5-Jahresfrist eine entscheidende Bedeutung zu.

Wird ein Gewinnabführungsvertrag in einem Jahr nicht durchgeführt, ist er von Anfang an als steuerrechtlich unwirksam anzusehen, wenn er noch nicht fünf aufeinander folgende Jahre durchgeführt worden ist.

Wurde der Gewinnabführungsvertrag bereits mindestens fünf aufeinander folgende Jahre durchgeführt und fallen die Voraussetzungen erst zu einem späteren Zeitpunkt weg, so ist der Vertrag erst ab diesem Jahr als steuerrechtlich unwirksam anzusehen. Bei bereits eingetretener Bestandskraft eines Jahres gilt die fehlende Durchführung des Vertrages in einem späteren Jahr als rückwirkendes Ereignis i. S. des § 175 Abs. 1 Satz 1 Nr. 2 AO.

Beispiel:

Ein mit Wirkung ab dem 1.1.2015 abgeschlossener Gewinnabführungsvertrag wird in den Jahren 2015–2018 vereinbarungsgemäß durchgeführt. Im Jahr 2019 wird der Gewinn noch in voller Höhe abgeführt. Da der Vertrag noch nicht fünf aufeinander folgende Jahre durchgeführt wurde, gilt er als von Anfang an nicht durchgeführt. Der Finanzbehörde gelangt dieser Umstand erst im Jahr 2020 zur Kenntnis. Sollte hinsichtlich des Jahres 2015 bereits Festsetzungsverjährung eingetreten sein, kann dennoch auf Grundlage der Regelung des § 175 Abs. 1 Satz 1 Nr. 2 i. V. m. Abs. 1 Satz 2 AO rückwirkend geändert werden.

Soll die körperschaftsteuerrechtliche Organschaft ab einem späteren Jahr wieder anerkannt werden, bedarf es einer erneuten mindestens fünfjährigen Laufzeit und ununterbrochenen Durchführung des Vertrags.

6.1.2 Entfall sonstiger Voraussetzungen

Die Versagung einer Organschaft kann sich auch ergeben, wenn der Gewinnabführungsvertrag nicht an zivilrechtlich erforderliche Änderungen (z. B. Verlustübernahmeregelung) angepasst wird oder wenn der Vertrag vor Ablauf von fünf Jahren ohne wichtigen Grund gekündigt wird.

Der Wegfall anderer Tatbestandsvoraussetzungen wie z. B. der finanziellen Eingliederung innerhalb der fünfjährigen Mindestdauer führt nicht zur vollständigen zurückbezogenen Versagung der Organschaft, sondern bezieht sich nur auf das eine Jahr, in dem nicht alle Tatbestandsmerkmale erfüllt sind („unterbrochene Organschaft"; BFH-Urteil vom 10. 5. 2017, I R 51/15, BStBl 2018 II S. 30).

6.2 Rechtsfolgen

Ist ein Gewinnabführungsvertrag als steuerrechtlich unwirksam anzusehen, ist die Organgesellschaft nach den allgemeinen steuerrechtlichen Vorschriften zur Körperschaftsteuer zu veranlagen.

6.2.1 Gewinnabführung

Kommt es trotz „verunglückter" Organschaft zur Gewinnabführung, so wird diese steuerlich als verdeckte Gewinnausschüttung der Organgesellschaft an den Organträger behandelt mit der Folge, dass die Organgesellschaft den in der Handelsbilanz als Aufwand gebuchten Betrag der Gewinnabführung nach § 8 Abs. 3 Satz 2 KStG ihrem Einkommen zurechnen muss. Auf Ebene des Organträgers wird die in der Handelsbilanz als Ertrag erfasste Gewinnabführung nach den Vorschriften des Halb- oder Teileinkünfteverfahrens behandelt und in Abhängigkeit der Rechtsform zu 95 % oder zu 40 % steuerfrei gestellt.

Diese Grundsätze sind durch die ständige Rechtsprechung des BFH bestätigt worden (zuletzt Urteil vom 17. 10. 2007, BFH/NV 2007 S. 614).

Beispiel:

Der Jahresüberschuss 2020 der Organgesellschaft T-GmbH beträgt im Wirtschaftsjahr (= Kalenderjahr) vor Abführung an den Organträger M-AG 100.000 €. Die T-GmbH führt diesen Gewinn an den Organträger ab. Aufgrund eines formellen Fehlers ist der Gewinnabführungsvertrag nicht für steuerliche Zwecke anzuerkennen. Das zunächst dem Organträger zugerechnete Einkommen muss nunmehr von der Organgesellschaft selbst versteuert werden.

T-GmbH	bisher	neu
Jahresüberschuss	0	0
vGA i. S. des § 8 Abs. 3 Satz 2 KStG	0	100.000
Gewinnabführung	100.000	0
Zwischensumme	100.000	100.000
Dem OT zuzurechnendes Einkommen	−100.000	0
Eigenes Einkommen der OG	0	100.000

Der Organträger hatte bisher im Jahr 2020 einen Verlust i. H. v. 300.000 € aus seinen übrigen Geschäftsaktivitäten erzielt. Der Ertrag aus der Gewinnabführung ist darin schon enthalten.

In der Folge ist ein Einkommen der Organgesellschaft nicht mehr zuzurechnen. Vielmehr ist die Gewinnabführung der Organgesellschaft als Dividende gem. § 8b Abs. 1 und 5 KStG zu 95 % steuerfrei zu stellen.

Im vorliegenden Falle führt die Versagung der Organschaft zu einer Steuermehrbelastung auf Ebene der Organgesellschaft, ohne dass eine Entlastung auf Ebene des Organträgers eingetreten wäre.

M-AG	bisher	neu
Jahresüberschuss	−300.000	−300.000
vGA i. S. des § 8b Abs. 1 und Abs. 5 KStG	0	−95.000
Gewinnabführung der Organgesellschaft	−100.000	0
Zwischensumme	−400.000	−395.000
Zuzurechnendes Einkommen T-GmbH	100.000	0
Einkommen des Organträgers	−300.000	−395.000

6.2.2 Verlustübernahme

Kommt es trotz „verunglückter" Organschaft zur Verlustübernahme, so wird diese steuerlich als verdeckte Einlage des Organträgers an die Organgesellschaft behandelt mit der Folge, dass die Organgesellschaft den in der Handelsbilanz als Ertrag gebuchten Betrag der Verlustübernahme nach § 8 Abs. 3 Satz 3 KStG bei ihrem Einkommen abziehen kann. Auf Ebene des Organträgers wird die in der Handelsbilanz als Aufwand erfasste Verlustübernahme auf dem Beteiligungskonto aktiviert.

Beispiel:

Der Jahresfehlbetrag 2020 der Organgesellschaft T-GmbH beträgt im Wirtschaftsjahr (= Kalenderjahr) vor Verlustübernahme durch den Organträger M-AG 100.000 €. Die M-AG übernimmt diesen Verlust der Organgesellschaft. Aufgrund eines formellen Fehlers ist der Gewinnabführungsvertrag nicht für steuerliche Zwecke anzuerkennen. Das zunächst dem Organträger zugerechnete negative Einkommen muss nunmehr als verdeckte Einlage betrachtet werden.

T-GmbH	bisher	neu
Jahresüberschuss	0	0
verdeckte Einlage gem. § 8 Abs. 3 Satz 3 KStG	0	−100.000
Verlustübernahme	−100.000	0
Zwischensumme	−100.000	−100.000
Dem OT zuzurechnendes Einkommen	100.000	0
Eigenes Einkommen der OG	0	−100.000

Der Organträger hatte bisher im Jahr 2020 einen Gewinn i. H. v. 300.000 € aus seinen übrigen Geschäftsaktivitäten erzielt. Der Aufwand aus der Verlustübernahme ist darin schon enthalten.

In der Folge ist ein Einkommen der Organgesellschaft nicht mehr zuzurechnen. Vielmehr ist die Verlustübernahme des Organträgers als verdeckte Einlage dem Beteiligungskonto der T-GmbH zuzuschlagen.

Im vorliegenden Falle führt die Versagung der Organschaft zu einer Steuermehrbelastung auf Ebene des Organträgers, ohne dass eine Entlastung auf Ebene der Organgesellschaft eingetreten wäre.

M-AG	bisher	neu
Jahresüberschuss	300.000	300.000
Aktivierung Beteiligungskonto T-GmbH	0	100.000
Verlustübernahme für Organgesellschaft	100.000	0
Zwischensumme	400.000	400.000
Zuzurechnendes Einkommen T-GmbH	−100.000	0
Einkommen des Organträgers	300.000	400.000

7 Organschaft über mehrere Ebenen

In der Praxis stellt sich häufig die Frage, wie zu verfahren ist, wenn Organschaften über mehrere Beteiligungsstufen bestehen. Dabei ist einerseits zu klären, welche Besteuerungsgrundlagen an die nächst höhere Ebene weiterzugeben sind, andererseits treten in der Praxis immer wieder Zweifelsfragen hinsichtlich der Behandlung der organschaftlichen Ausgleichsposten auf.

7.1 Mehrstöckige Organschaft

Von einer mehrstöckigen Organschaft soll hier gesprochen werden, wenn zwischen jeder bestehenden Beteiligungsstufe ein Gewinnabführungsvertrag abgeschlossen wurde und ein Organschaftsverhältnis besteht.

> *Beispiel:*
> Der Organträger A ist zu 100 % an der B-GmbH und diese wiederum zu 100 % an der C-GmbH beteiligt. Sowohl zwischen der A-GmbH und der B-GmbH, als auch zwischen der B-GmbH und der C-GmbH sind Gewinnabführungsverträge abgeschlossen.

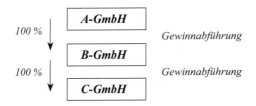

> In der Folge ist das Einkommen der C-GmbH zunächst der B-GmbH zuzurechnen und zusammen mit dem eigenen Einkommen der B-GmbH anschließend der A-GmbH zu Besteuerung zuzuweisen.

Auf Ebene des jeweiligen Zwischenorganträgers ist zu beachten, dass dort einerseits die erhaltene Gewinnabführung der unteren Organgesellschaft als Ertrag und die an den Organträger geleistete Gewinnabführung als Aufwand enthalten ist.

> *Beispiel:*
> Der Organträger M-AG ist zu 100 % an der T-GmbH und diese wiederum zu 100 % an der E-GmbH beteiligt. Sowohl zwischen der M-AG und der T-GmbH, als auch zwischen der T-GmbH und der E-GmbH sind Gewinnabführungsverträge abgeschlossen.
>
> **Ebene der E-GmbH**
>
> Der handelsrechtliche Jahresüberschuss 2020 der Organgesellschaft E-GmbH beträgt im Wirtschaftsjahr (= Kalenderjahr) vor Abführung an den Organträger T-GmbH 100.000 €. Nicht abziehbare Ausgaben (Geschenke, Bewirtungskosten i. S. des § 4 Abs. 5 EStG) sind i. H. v. 15.000 € zuzurechnen.

E-GmbH	GuV
Jahresüberschuss vor Gewinnabführung	100.000
Gewinnabführung	−100.000
Jahresüberschuss nach Gewinnabführung	0

E-GmbH	Einkommen
Jahresüberschuss nach Gewinnabführung	0
Nicht abziehbare Ausgaben	15.000
Gewinnabführung	100.000
zuzurechnendes Einkommen	115.000

Ebene der T-GmbH

Der handelsrechtliche Jahresüberschuss 2020 der Organgesellschaft T-GmbH beträgt im Wirtschaftsjahr (= Kalenderjahr) vor Abführung an den Organträger M-AG 300.000 €. Darin enthalten ist bereits die als Ertrag gebuchte Gewinnabführung der E-GmbH. Nicht abziehbare Ausgaben (Geschenke, Bewirtungskosten i. S. des § 4 Abs. 5 EStG) sind i. H. v. 25.000 € zuzurechnen.

T-GmbH	GuV
Jahresüberschuss vor Gewinnabführung	300.000
Gewinnabführung an die M-AG	−300.000
Jahresüberschuss nach Gewinnabführung	0

T-GmbH	Einkommen
Jahresüberschuss nach Gewinnabführung	0
Nicht abziehbare Ausgaben der T-GmbH	25.000
Gewinnabführung der E-GmbH	−100.000
Gewinnabführung an die M-AG	300.000
Zuzurechnendes Einkommen der E-GmbH	115.000
zuzurechnendes Einkommen	340.000

Ebene der M-AG

Der handelsrechtliche Jahresüberschuss 2020 des Organträgers M-AG beträgt im Wirtschaftsjahr (= Kalenderjahr) 500.000 €. Darin enthalten ist bereits die als Ertrag gebuchte Gewinnabführung der T-GmbH.

M-AG	GuV
Jahresüberschuss vor Gewinnabführung	200.000
Gewinnabführung der T-GmbH	300.000
Jahresüberschuss M-AG	500.000

M-AG	Einkommen
Jahresüberschuss	500.000
Gewinnabführung der T-GmbH	−300.000
Einkommen der T-GmbH	340.000
zuzurechnendes Einkommen	540.000

Besonderheiten können sich dann ergeben, wenn die untere Organgesellschaft Beträge in die Gewinnrücklagen einstellt und durch die sich daraus ergebende Minderabführung auf Ebene des Organträgers ein besonderer aktiver Ausgleichsposten zu bilden ist (§ 14 Abs. 4 KStG). In diesem Falle ist sowohl beim Zwischenorganträger, als auch beim obersten Organträger ein solcher Ausgleichsposten zu bilden.

Sofern es sich in diesen Fällen nicht um 100 % Beteiligungen handelt, ist der Ausgleichsposten nur in Höhe des Betrags zu bilden, der dem Verhältnis der Beteiligung des Organträgers am Nennkapital der Organgesellschaft entspricht.

Beispiel:
Der Organträger A ist zu 90 % an der B-GmbH und diese wiederum zu 75 % an der C-GmbH beteiligt. Sowohl zwischen der A-GmbH und der B-GmbH, als auch zwischen der B-GmbH und der C-GmbH sind Gewinnabführungsverträge abgeschlossen.

Die C-GmbH stellt im Jahr 2020 zulässigerweise einen Betrag von 40.000 € in eine Rücklage ein oder es kommt es aus anderen Gründen zu Minderabführungen, die ihre Ursache in organschaftlicher Zeit haben, so ist auf jeder Stufe der Organkette ein besonderer aktiver Ausgleichsposten zu bilden, der auf der obersten Ebene im Wege der mathematischen Durchrechnung zu ermitteln ist:

B-GmbH	40.000 €	75 %	30.000 €
A-GmbH	40.000 €	90 % × 75 %	27.000 €

7.2 Organschaft über mehrere Stufen

Denkbar sind auch Organschaftsverhältnisse, bei denen ohne Beteiligung der zwischengeschalteten Gesellschaften ein Organschaftsverhältnis zwischen der oberen und unteren Gesellschaft besteht. In diesem Falle erfolgt die Gewinnabführung und Einkommenszurechnung unmittelbar beim Organträger.

Beispiel:
Der Organträger M-AG ist zu 100 % an der T-GmbH und diese wiederum zu 100 % an der E-GmbH beteiligt. Zwischen der M-AG und der E-GmbH ist ein Gewinnabführungsvertrag abgeschlossen worden.

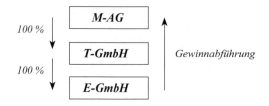

In der Folge ist das Einkommen der E-GmbH unmittelbar der M-AG zur Besteuerung zuzuweisen.

Fraglich ist die Bildung der besonderen organschaftlichen Ausgleichsposten bei Minder- oder Mehrabführungen der Organgesellschaft. Nach dem eindeutigen Gesetzeswortlaut des § 14 Abs. 4 Satz 1 KStG sind diese nur beim Organträger und nicht bei der jeweiligen Zwischengesellschaft zu bilden. Der Höhe nach dürften diese auch nur i. H.d. durchgerechneten Beteiligungsansatzes gebildet werden.

Beispiel:

Der Organträger A ist zu 90 % an der B-GmbH und diese wiederum zu 75 % an der C-GmbH beteiligt. Zwischen der A-GmbH und der C-GmbH ist ein Gewinnabführungsvertrag abgeschlossen worden.

Die C-GmbH stellt im Jahr 2020 zulässigerweise einen Betrag von 40.000 € in eine Rücklage ein oder es kommt es aus anderen Gründen zu Minderabführungen, die ihre Ursache in organschaftlicher Zeit haben. Beim Organträger A-GmbH ist ein besonderer aktiver Ausgleichsposten zu bilden, der im Wege der mathematischen Durchrechnung zu ermitteln ist:

A-GmbH	40.000 €	90 % × 75 %	27.000 €

Problematisch ist diese Lösung nur dann, wenn die Zwischengesellschaft B-GmbH die Beteiligung an der C-GmbH veräußert. In diesem Falle ist der besondere Ausgleichsposten auf Ebene der A-GmbH zunächst nicht aufzulösen.

8 Zinsschranke und Organschaft

8.1 Allgemeines

Die Zinsschranke des § 4h EStG führt zu einer allgemeinen steuerlichen Begrenzung des Abzugs von Zinsaufwendungen als Betriebsausgaben. Danach sind unter bestimmten Voraussetzungen Vergütungen für Fremdkapital vom Betriebsausgabenabzug ausgeschlossen. Diese Regelungen gelten zunächst für Einzelunternehmen und Personengesellschaften. Sie gelten auch für Körperschaften nach Maßgabe der Sonderregelungen des § 8a KStG.

8.2 Anwendung auf Organschaften

Nach § 15 Nr. 3 KStG ist § 4h EStG und damit auch § 8a KStG bei der Organgesellschaft nicht anzuwenden. Organträger und Organgesellschaften gelten als ein Betrieb i. S. des § 4h EStG. Sind in dem zugerechneten Einkommen der Organgesellschaften Zinsaufwendungen und Zinserträge i. S. des § 4h Abs. 3 EStG enthalten, sind diese bei Anwendung des § 4h Abs. 1 EStG beim Organträger einzubeziehen.

Die Zusammenrechnung sämtlicher Zinsaufwendungen eines Organkreises führt dazu, dass die Freigrenze gem. § 4h Abs. 2 Satz 1 Buchst. a EStG i. H. v. 3 Mio. € insgesamt nur einmal in Anspruch genommen werden kann.

8.3 Anwendung der Konzernklausel

Nach § 4h Abs. 2 Satz 1 Buchst. b EStG tritt die Beschränkung des Betriebsausgabenabzugs nur dann ein, wenn der Betrieb ganz oder teilweise zu einem Konzern gehört. Da aber im Falle der Organschaft Organträger und Organgesellschaft einen Betrieb bilden, kann insoweit begrifflich kein Konzern vorliegen. Somit kann die Anwendung der Zinsschranke bei Einbindung aller Konzerngesellschaften in einen Organkreis vermieden werden.

> *Beispiel:*
>
> Die Unternehmensgruppe besteht aus der Muttergesellschaft M-AG sowie den Tochtergesellschaften A-GmbH, B-GmbH sowie C-GmbH.
>
> Werden sämtliche Tochtergesellschaften als Organgesellschaften geführt, gilt der gesamte Organkreis als ein Betrieb i. S. des § 4h EStG. Da dieser Betrieb begrifflich kein Konzern sein kann, greifen insoweit die Regelungen zur Beschränkung des Betriebsausgabenabzugs von Zinsaufwendungen nicht ein.

Problematisch könnte es allerdings sein, wenn zu einer Unternehmensgruppe nachgeschaltete Personengesellschaften gehören, die nicht als Organgesellschaften geführt werden können. Im Einzelfall ist zu prüfen, ob hier zur Vermeidung steuerlicher Nachteile eine Umwandlung in Betracht kommt.

> *Beispiel:*
>
> Die Unternehmensgruppe besteht aus der Muttergesellschaft M-AG sowie den Tochtergesellschaften A-GmbH, B-GmbH sowie C-GmbH & Co. KG.
>
> Soweit die Kapitalgesellschaften A und B als Organgesellschaften geführt werden, gilt der gesamte Organkreis als ein Betrieb i. S. des § 4h EStG. Insoweit greifen die Regelungen zur Zinsschranke nicht ein. Sollte die C GmbH & Co. KG jedoch erhebliche Zinsaufwendungen haben, bietet sich eine Umwandlung mit anschließender Einbindung in den Organkreis an.

9 Konzernumlagen

9.1 Allgemeines

Eines der wesentlichen Merkmale von Organschaftsverhältnissen ist die Verlagerung der Besteuerung auf die Ebene des jeweiligen Organträgers. Damit wird der Organträger zum Steuerschuldner der jeweiligen das Organschaftsverhältnis umfassenden Steuerschuld, obwohl diese auch auf den Ergebnissen der Organgesellschaften beruhen. Lediglich im Falle der Zahlungsunfähigkeit des Organträgers kann eine Organgesellschaft in Haftung genommen werden.

9.2 Verteilung im Konzernkreis

Um den im Organkreis entstandenen Steueraufwand dem jeweiligen „Verursacher" zuzuweisen, besteht die – auch steuerlich anzuerkennende – Möglichkeit, die Steuerbeträge mittels einer Konzernumlage zu verteilen. Hierzu besteht allerdings keine gesetzliche Verpflichtung. Wird eine solche Umlage in einem gesonderten Vertrag oder bereits in dem Gewinnabführungsvertrag geregelt, so steht dem Organträger zivilrechtlich ein Ausgleichsanspruch für die von ihm gezahlten, aber auf die Organgesellschaft entfallenden Steuern zu (vgl. BFH vom 21.12.2004, BStBl 2005 II S. 490).

Steuerlich anzuerkennen sind solche Konzernumlageverträge, die zu einem betriebswirtschaftlich vertretbaren sinnvollen Ergebnis führen. Dazu gehören unter anderem die Verteilungsmethode (Berechnung der Umlage nach der auf die Organgesellschaft anteilig entfallenden tatsächlichen Steuerbelastung des Organträgers) und die Belastungsmethode (Umlagebelastung in Höhe des Betrages, der sich ergeben würde, wenn die Organgesellschaft selbständiges Steuersubjekt wäre). Die Ermittlung erfolgt hierbei unabhängig von der tatsächlichen Höhe der Steuerbelastung des Organträgers. Voraussetzung der steuerlichen Anerkennung ist, dass das Unternehmen an der einmal gewählten Methode festhält und die Umlagen so bemessen sind, dass mindestens im Durchschnitt mehrerer Jahre nur die tatsächlich gezahlten Steuerbeträge umgelegt werden.

Sofern die Vereinbarungen zu unangemessenen Ergebnissen führen würden, müssten diese als verdeckte Gewinnausschüttungen behandelt werden. Auch die tatsächliche Durchführung muss einer entsprechenden Prüfung standhalten, d. h. dass nur die tatsächlich gezahlten Steuern umgelegt werden dürfen und dass bei Beendigung eines Organschaftsverhältnisses abgerechnet werden muss.

In der Praxis beziehen sich die Umlageverträge häufig nur auf die Gewerbesteuer. Wird das Ergebnis der Organgesellschaft dann durch eine entsprechende Umlage gemindert, reduziert sich auch der handelsrechtlich abzuführende Jahresüberschuss. Gleichzeitig hat sich jedoch durch die Erfassung der Umlage auf Ebene des Organträgers dessen Ergebnis erhöht. Im Saldo ergibt sich dadurch dann keine Auswirkung auf die zusammengefasste Besteuerungsgrundlage des Organkreises.

10 Verfahrensfragen

Da die Ermittlung der Besteuerungsgrundlagen auf zwei Ebenen erfolgt, stellt sich die Frage, wie diese beiden Stufen verfahrensrechtlich einzuordnen sind, insbesondere, ob das auf Ebene der Organgesellschaft ermittelte zuzurechnende Einkommen in Bestandskraft erwächst und damit auch im Wege eines Rechtsbehelfsverfahrens angreifbar ist.

10.1 Bisherige Rechtslage

Die Ermittlung des zuzurechnenden Einkommens auf Ebene der Organgesellschaft findet nicht im Rahmen eines Verwaltungsaktes statt. Vielmehr erfolgt bei der Organgesellschaft lediglich eine rechnerische Ermittlung des Organeinkommens, das dann als unselbständige Besteuerungsgrundlage in das Einkommen des Organträgers eingeht.

Nach dem BFH-Urteil vom 6.3.2008 (BStBl 2008 II S. 663) entfaltet ein Gewinnfeststellungsbescheid für die Tochterpersonengesellschaft einer Organgesellschaft verfahrensrechtlich gegenüber dem Organträger nicht die Wirkung eines Grundlagenbescheids.

Daher sind Einwendungen gegen die Höhe des zuzurechnenden Einkommens nicht bei der Organgesellschaft selbst, sondern beim Organträger vorzubringen. Dies kann in der Praxis vor allem dann zu erheblichen Schwierigkeiten führen, wenn Organträger und Organgesellschaft bei verschiedenen Finanzämtern in verschiedenen Bundesländern steuerlich geführt werden.

Ein Einspruch auf Ebene der Organgesellschaft ist nur dann zulässig, soweit es um die Höhe des von der Organgesellschaft selbst zu versteuernden Einkommens im Falle des § 16 KStG geht.

Nach dem BFH-Urteil vom 30.11.2005 (BStBl 2006 II S. 471) ist eine Organgesellschaft hinsichtlich der Feststellung der Bestände (z.B. Einlagekonto) selbst rechtsbehelfsbefugt, da die Organgesellschaft hiervon unmittelbar betroffen sein kann.

Die Entscheidung über die Frage der Anerkennung der Organschaft ist nach dem Urteil des FG Düsseldorf vom 27.3.2007 (EFG 2007 S. 1104) in dem an die Organgesellschaft gerichteten Bescheid zu treffen.

10.2 Gesonderte Feststellung gem. § 14 Abs. 5 KStG

Im Zuge der Reformierung der Organschaft durch das Gesetz zur Änderung und Vereinfachung der Unternehmensbesteuerung und des steuerlichen Reisekostenrechts vom 20.2.2013 wurde § 14 Abs. 5 KStG angefügt, wonach das dem Organträger zuzurechnende Einkommen der Organgesellschaft und damit zusammenhängende andere Besteuerungsgrundlagen gegenüber dem Organträger und der Organgesellschaft gesondert und einheitlich festgestellt werden. Die Feststellungen sind für die Körperschaftsteuerbescheide des Organträgers und der Organgesellschaft bindend. Dies gilt für von der Organgesellschaft geleistete Steuern, die auf die Steuer des Organträgers anzurechnen sind.

Zuständig für diese Feststellungen ist das Finanzamt, das für die Einkommensbesteuerung der Organgesellschaft zuständig ist.

Nach dieser Regelung werden das Organeinkommen und damit zusammenhängende andere Besteuerungsgrundlagen (wie beispielsweise von der Organgesellschaft geleistete Kapitalertragsteuer) gegenüber der Organgesellschaft und dem Organträger gesondert und einheitlich festgestellt. Bestandteil des Feststellungsbescheids ist auch eine Aussage darüber, ob eine steuerlich anzuerkennende Organschaft überhaupt vorliegt (siehe BT-Drucks. 17/10774, S. 20).

Einheitliche und gesonderte Feststellung
Das dem Organträger zuzurechnende Einkommen der Organgesellschaft
Summe der Einkünfte der Organgesellschaft
Mehr- und Minderabführungen organschaftlich
Mehr- und Minderabführungen vororganschaftlich
Angaben zur Zinsschranke
Angaben zur Bruttomethode (§ 15 Nr. 2 KStG)
Anrechenbare Steuern der Organgesellschaft (§ 19 Abs. 5 KStG)
Ausländische Einkünfte und anrechenbare Steuern

Der Feststellungsbescheid ist Grundlagenbescheid i. S. des § 171 Abs. 10 AO und ist damit für die Besteuerung der Organgesellschaft und des Organträgers bindend. Sowohl Organgesellschaft als auch Organträger sind rechtsbehelfsbefugt.

Die Feststellungserklärung soll mit der Körperschaftsteuererklärung verbunden werden und ist bei dem für die Besteuerung der Organgesellschaft zuständigen Finanzamt einzureichen.

Nach § 34 Abs. 9 Nr. 9 KStG ist die Regelung erstmals für Feststellungszeiträume anzuwenden, die nach dem 31. 12. 2013 beginnen.

10.3 Klageverfahren

Nach einem Urteil des FG Berlin-Brandenburg vom 30. 6. 2008 (6 K 1680/03) kommt im Falle einer „verunglückten" körperschaftsteuerlichen Organschaft eine Beiladung der (vermeintlichen) Organgesellschaft zum Klageverfahren des (vermeintlichen) Organträgers nach § 174 Abs. 5 Satz 2 AO nicht mehr in Betracht, wenn für die gegenüber der Organgesellschaft durchgeführten Körperschaftsteuerveranlagungen der Streitjahre bereits Festsetzungsverjährung eingetreten ist und das beklagte Finanzamt weder die Organgesellschaft zuvor förmlich zum Einspruchsverfahren des Organträgers zugezogen noch rechtzeitig eine Beiladung beantragt hat.

Darüber hinaus kommt eine (notwendige) Beiladung der Organgesellschaft zum Klageverfahren des Organträgers gem. § 60 Abs. 3 FGO ebenfalls nicht in Betracht, weil die Entscheidung über das Bestehen oder Nichtbestehen eines Organschaftsverhältnisses i. S. von §§ 14 ff. KStG a. F. prozessual nicht notwendigerweise einheitlich gegenüber dem Organträger und der Organgesellschaft ergehen muss.

Kapitel 2 – Gewerbesteuer

I. Überblick und Rechtsgrundlagen

Vorschriften über die gewerbesteuerliche Organschaft finden sich in § 2 Abs. 2 Satz 2 GewStG. Sofern eine Kapitalgesellschaft eine Organgesellschaft i. s. des § 14 KStG ist, gilt sie als Betriebsstätte des Organträgers.

Wie die körperschaftsteuerliche Organschaft dient auch die gewerbesteuerliche Organschaft der unmittelbaren Verrechnung von Verlusten und Gewinnen innerhalb eines Organkreises. Durch die Zusammenrechnung des gesamten Gewerbeertrags auf Ebene des Organträgers mit anschließender Verteilung auf die einzelnen Städte und Gemeinden im Wege der Zerlegung wird eine willkürliche Gewinnverlagerung vermieden. Vielmehr kommen durch die Organschaft in Einzelfällen auch solche Gemeinden in den Genuss eines Zerlegungsanteils, den sie ohne die Organschaft nicht erhalten hätten.

Beispiel:

Ein Organkreis besteht aus dem Organträger M-AG sowie den Organgesellschaften T1-GmbH und T2-GmbH, die jeweils in unterschiedlichen Gemeinden ansässig sind. Die von den Gesellschaften erwirtschafteten Gewerbeerträge sind in der nachstehenden Tabelle dargestellt Die Gewerbesteuerzerlegung wird gem. § 29 GewStG nach dem Verhältnis der Arbeitslöhne vorgenommen. Dadurch wird auch die Belegenheitsgemeinde der T2-GmbH am Gewerbesteuermessbetrag mit einem Anteil von 25 % beteiligt.

	Gewerbeertrag	Anteil Arbeitslohn
M-AG	200.000	50 %
T1-GmbH	100.000	25 %
T2-GmbH	−50.000	25 %
Gesamter Gewerbeertrag	250.000	

II. Voraussetzungen der gewerbesteuerlichen Organschaft

1 Allgemeines

Bis einschließlich Erhebungszeitraum 2001 wurden für die Anerkennung der gewerbesteuerlichen Organschaft neben der finanziellen Eingliederung auch die wirtschaftliche und organisatorische Eingliederung vorausgesetzt.

Ab dem Erhebungszeitraum 2002 stimmen nach § 2 Abs. 2 GewStG die Voraussetzungen für die gewerbesteuerliche Organschaft mit denen für die körperschaftsteuerliche Organschaft exakt überein. Sofern bei gewerbesteuerlichen Organschaften kein Gewinnabführungsvertrag bestand, endeten diese mit dem Erhebungszeitraum 2001, es sei denn, dass mit Wirkung ab dem Jahr 2002 ein Gewinnabführungsvertrag abgeschlossen und tatsächlich durchgeführt wurde (vgl. Tz. 11 des BMF-Schreibens vom 26. 8. 2003, BStBl I S. 437).

Daher kann inhaltlich umfassend auf die zur Körperschaftsteuer gemachten Ausführungen verwiesen werden.

2 Organgesellschaft

Wie bei der Körperschaftsteuer kann eine Aktiengesellschaft, Kommanditgesellschaft auf Aktien, Europäische Gesellschaft oder eine Gesellschaft mit beschränkter Haftung Organgesellschaft sein.

Die Organgesellschaft muss ihre Geschäftsleitung im Inland haben (vgl. Ausführungen zum Wegfall des doppelten Inlandsbezugs unter Kap. 1, II. 3.2).

Es ist nicht erforderlich, dass die Organgesellschaft gewerbliche Einkünfte erzielt. Vielmehr kann diese auch dem Grunde nach Einkünfte aus freiberuflicher Tätigkeit oder aus einer Vermögensverwaltung erzielen.

3 Organträger

Der Organträger kann eine unbeschränkt steuerpflichtige natürliche Person oder eine nicht steuerbefreite Körperschaft, Personenvereinigung oder Vermögensmasse i. S. des § 1 KStG oder auch eine Personengesellschaft i. S. des § 15 Abs. 1 Nr. 2 EStG mit Geschäftsleitung im Inland sein.

Natürliche Personen als Organträger müssen grundsätzlich unbeschränkt einkommensteuerpflichtig sein, d. h. ihr Wohnsitz oder gewöhnlicher Aufenthalt muss sich im Inland befinden (§ 1 Abs. 1 und 2 EStG).

Ab 2001 reicht es aus, wenn sich die Geschäftsleitung des Organträgers im Inland befindet. Eine Personengesellschaft ist als Organträger geeignet, wenn sie ihre Geschäftsleitung im Inland hat und alle Gesellschafter der Personengesellschaft unbeschränkt oder beschränkt einkommensteuer- bzw. körperschaftsteuerpflichtig sind und mit ihren Gewinnanteilen aus der Personengesellschaft der deutschen Einkommensteuer bzw. Körperschaftsteuer unterliegen.

Nach § 14 Abs. 1 Satz 1 KStG muss der Organträger ein gewerbliches Unternehmen betreiben. Allerdings muss die Voraussetzung gewerbliches Unternehmen bereits vom Beginn des Wirtschaftsjahres der Organgesellschaft an erfüllt sein (vgl. BMF-Schreiben vom 10. 11. 2005, BStBl 2005 I S. 1038, Tz. 21).

Eine Kapitalgesellschaft übt stets und in vollem Umfang eine gewerbliche Tätigkeit aus (Gewerbebetrieb kraft Rechtsform; vgl. § 2 Abs. 2 Satz 1 GewStG), so dass die Voraussetzung des gewerblichen Unternehmens immer erfüllt ist, auch wenn sich deren Tätigkeit für sich betrachtet als Vermögensverwaltung qualifizieren ließe.

Auch eine nach den Vorschriften des Gewerbesteuergesetzes steuerbefreite GmbH kann Organträgerin einer gewerbesteuerlichen Organschaft sein. Nach der Rechtsprechung des BFH (BFH-Urteil vom 10. 3. 2010, I R 41/09) kann eine GmbH, die ein Alten- und Pflegeheim betreibt, das gem. § 3 Nr. 20 Buchst. c GewStG 2002 von der Gewerbesteuer befreit ist, Organträgerin einer gewerbesteuerlichen Organschaft mit einer Tochtergesellschaft sein, die im Auftrag der GmbH Dienstleistungen (hier: Zubereitung von Speisen und Reinigungsarbeiten) für das Heim erbringt. Der der Organträgerin in diesem Fall zuzurechnende Gewerbeertrag der Organgesellschaft wird nicht von der Gewerbesteuerbefreiung umfasst.

Mit Urteil vom 9. 2. 2011 (BStBl 2012 II S. 106) hat der BFH entschieden, dass ein in Großbritannien ansässiges gewerbliches Unternehmen im Rahmen einer gewerbesteuerlichen Organträger einer Kapitalgesellschaft mit Geschäftsleitung und Sitz im Inland sein kann. Dabei hält das Gericht die Regelung in § 14 KStG i. V. m. § 2 Abs. 2 Satz 2 GewStG, wonach der Organträger sowohl Geschäftsleitung als auch Sitz im Inland haben muss, für nicht vereinbar mit dem Diskriminierungsverbot des Art. 10 Abs. 4 und 5 DBA-Großbritannien.

Dieses Urteil ist jedoch zur früheren Rechtslage ergangen, als für die Annahme einer gewerbesteuerlichen Organschaft ein Ergebnisabführungsvertrag noch nicht erforderlich war. Deshalb sind die dort dargelegten Grundsätze nicht auf die derzeitig gültige Rechtslage übertragbar.

Nach Auffassung der Finanzverwaltung ist das Urteil über den entschiedenen Einzelfall hinaus ohnehin nicht anzuwenden (vgl. BMF-Schreiben vom 27. 12. 2011, BStBl 2012 I S. 119). Ausführliche Erörterungen finden sich unter II. 2. 4.

4 Sonstige Voraussetzungen

Erforderlich für die Annahme einer gewerbesteuerlichen Organschaft ist der Abschluss eines zivilrechtlich wirksamen Gewinnabführungsvertrages, der sämtliche steuerlichen Anforderungen erfüllt und im Handelsregister eingetragen ist. Daneben bedarf es der finanziellen Eingliederung der Organgesellschaft in das Unternehmen des Organträgers, die durch die Mehrheit der Anteile (Stimmrechtsmehrheit) hergestellt wird.

Zur steuerlichen Anerkennung sind zudem die tatsächliche Durchführung und die Einhaltung der 5-Jahresfrist erforderlich.

III. Rechtsfolgen der gewerbesteuerlichen Organschaft

1 Betriebsstätte des Organträgers

Aufgrund des Organschaftsverhältnisses gilt die Organgesellschaft als Betriebsstätte des Organträgers, so dass die Organgesellschaft nicht mehr selbst gewerbesteuerpflichtig ist. Dies bedeutet aber nicht, dass Organträger und Organgesellschaft als einheitliches Unternehmen anzusehen sind. Der Gewerbeertrag der Organgesellschaft ist vielmehr gesondert zu ermitteln und anschließend dem Organträger zur Versteuerung zuzurechnen.

2 Hinzurechnungen

Hinzurechnungen nach § 8 GewStG unterbleiben, soweit die Hinzurechnungen zu einer doppelten steuerlichen Belastung führen würden. Eine doppelte Belastung kann dadurch eintreten, wenn die für die Hinzurechnung in Betracht kommenden Beträge bereits in einem der zusammenzurechnenden Gewerbeerträge enthalten sind.

Beispiel:

Der Organträger hat der Organgesellschaft ein verzinsliches längerfristiges Darlehen gewährt. Die Zinsen für dieses Darlehen sind im Gewerbeertrag des Organträgers als Einnahmen enthalten. Sie sind bei der Ermittlung des Gewerbeertrags des Organs nicht hinzuzurechnen (vgl. R 41 Abs. 1 GewStR).

3 Regelung des Abzuges vororganschaftlicher Verluste

Nach § 10a Satz 3 GewStG ist nunmehr die Verrechnung von Verlustvorträgen einer Organgesellschaft aus vororganschaftlicher Zeit mit positiven Gewerbeerträgen während der Geltungsdauer der Organschaft auch bei der Gewerbesteuer nicht mehr zulässig, so dass auch in diesem Punkt eine Angleichung an die Regelungen bei der Körperschaftsteuer erfolgte. Die Änderung wurde eingeführt mit dem Gesetz zur Änderung des Gewerbesteuergesetzes und anderer Gesetze (BGBl 2003 I S. 2922) und gilt ab dem Erhebungszeitraum 2004.

4 Technische Umsetzung

Eine einheitliche Ermittlung des Gewerbeertrags des Organträgers und der Organgesellschaft kommt nicht in Betracht. Vielmehr sind die Gewerbeerträge für den Organträger und für die Organgesellschaft ebenso wie die Gewinne für die Zwecke der Einkommensteuer und Körperschaftsteuer getrennt zu ermitteln und dann auf Ebene des Organträgers zusammenzurechnen.

4.1 Ermittlung des Gewerbeertrags der Organgesellschaft

Ausgangswert für die Ermittlung des Gewerbeertrags der Organgesellschaft ist das dem Organträger zuzurechnende körperschaftsteuerliche Einkommen i. S. des § 7 Abs. 1 GewStG. Im Anschluss daran sind die gewerbesteuerlichen Hinzurechnungen und Kürzungen nach den §§ 8 und 9 GewStG vorzunehmen.

Der sich daraus ergebende Gewerbeertrag wird dann auf Ebene der Organgesellschaft nachrichtlich festgestellt und dem Finanzamt des Organträgers übermittelt. Soweit Korrekturbeträge i. S. des § 15 Nr. 2 KStG zu berücksichtigen sind, werden auch diese in die nachrichtliche Feststellung einbezogen. Auf Ebene der Organgesellschaft erfolgt keine in Bestandskraft erwachsende gesonderte Feststellung.

4.2 Ermittlung des Gewerbeertrags des Organträgers

Auf Ebene des Organträgers ist als Ausgangswert das Einkommen anzusetzen, wie es sich vor Hinzurechnung des Organeinkommens, aber nach Abzug der im Handelsbilanzergebnis enthaltenen Gewinnabführung ergibt. Im Anschluss hieran wird der Gewerbeertrag der Organgesellschaft(en) hinzugerechnet und entsprechende Korrekturbeträge hinzugerechnet oder abgezogen.

Beispiel:

Die M-AG hält 100 % der Anteile an der T-GmbH und es wurde ein steuerlich anzuerkennendes Organschaftsverhältnis begründet.

Besteuerungsgrundlagen T-GmbH 2020

Die T-GmbH hat einen Jahresüberschuss von 120.000 € an den Organträger abgeführt. Bei der T-GmbH sind steuerlich nicht abziehbare Betriebsausgaben i. H. v. 25.000 € angefallen sowie gewerbesteuerliche Hinzurechnungen i. H. v. 15.000 € vorzunehmen.

Einkommen T-GmbH	2020
Jahresüberschuss	0
Gewinnabführung an die M-AG	120.000
Nicht abziehbare Ausgaben	25.000
Zuzurechnendes Einkommen T-GmbH	145.000

Gewerbeertrag T-GmbH	2020
Zuzurechnendes Einkommen	145.000
Gewerbesteuerliche Hinzurechnungen	15.000
Zuzurechnender Gewerbeertrag	160.000

Besteuerungsgrundlagen M-AG 2020

Die M-AG hat einen Jahresüberschuss i. H. v. 280.000 € erwirtschaftet. Darin enthalten ist die Gewinnabführung der T-GmbH i. H. v. 120.000 €. Bei der M-AG sind gewerbesteuerliche Kürzungen i. H. v. 10.000 € vorzunehmen.

Einkommen M-AG	2020
Jahresüberschuss	280.000
Gewinnabführung der T-GmbH	−120.000
Einkommen der M-AG	160.000
Einkommen der T-GmbH	145.000
Zu versteuerndes Einkommen M-AG	305.000

Gewerbeertrag M-AG	2020
Einkommen der M-AG	160.000
Gewerbeertrag der T-GmbH	160.000
Gewerbesteuerliche Kürzungen	−10.000
Gewerbeertrag	310.000

Der sich daraus ergebende Gewerbesteuermessbetrag ist auf alle zum Organkreis gehörenden Gemeinden im Verhältnis der Arbeitslöhne aufzuteilen.

5 Sonderfragen bei der Gewerbesteuer

Nach Tz. 28 des BMF-Schreibens vom 26. 8. 2003, BStBl 2003 I S. 437, sind die körperschaftsteuerlichen Regelungen hinsichtlich der sog. Bruttomethode auch bei der Gewerbesteuer zu beachten. Die Regelungen des Halbeinkünfteverfahrens haben sich auf Ebene der Organgesellschaft noch nicht ausgewirkt, so dass entsprechende Dividenden, Veräußerungsgewinne und -verluste im Ausgangsbetrag (= brutto) enthalten sind.

Bei der Anwendung der Bruttomethode in Fällen der gewerbesteuerlichen Organschaft sind insbesondere die Wechselwirkungen zwischen § 15 Nr. 2 KStG einerseits und den gewerbesteuerlichen Sonderregelungen nach § 9 Nr. 2a, 7 und 8 GewStG sowie § 8 Nr. 5 GewStG andererseits zu beachten (vgl. OFD Nürnberg vom 27. 1. 2004, G 1532–112/St 31).

5.1 Veräußerungsgewinne

Erzielt die Organgesellschaft nach § 8b Abs. 2 KStG steuerfreie Veräußerungsgewinne, so erfolgt die Steuerfreistellung nach § 15 Nr. 2 Satz 1 KStG nicht auf Ebene der Organgesellschaft. Da auch eine gewerbesteuerliche Kürzungsvorschrift nicht erkennbar ist, wird dem Organträger ein Gewerbeertrag einschließlich dieses Veräußerungsgewinns zugerechnet. Die Steuerbefreiung erfolgt dann auf Ebene des Organträgers.

Beispiel:

Die Organgesellschaft T-GmbH erzielt im Jahr 2020 einen Gewinn aus dem Verkauf ihrer Beteiligung an der F-AG i. H. v. 10.000 €. Die T-GmbH hat insgesamt einen Jahresüberschuss i. H. v. 100.000 € erwirtschaftet.

Das dem Organträger zuzurechnende Einkommen beträgt 100.000 €; mögliche Steuerbefreiungen nach § 8b KStG oder § 3 Nr. 40 EStG sind erst auf Ebene des Organträgers zu berücksichtigen. Die dafür beim OT benötigten Angaben ergeben sich ab 2014 aus der gesonderten und einheitlichen Feststellung der Einkünfte gem. § 14 Abs. 5 KStG.

Der zuzurechnende Gewerbeertrag beträgt ebenfalls 100.000 €, jedoch sind bei der Organgesellschaft entsprechende Korrekturbeträge zu ermitteln und beim Organträger zu berücksichtigen, damit sich die Steuerbefreiungen auch auf dessen Gewerbeertrag auswirken können. Die Korrekturbeträge ergeben sich in Abhängigkeit der Rechtsform des Organträgers.

a) Organträger ist natürliche Person

Hier greift die Steuerbefreiung des § 3 Nr. 40 EStG auf Ebene des Organträgers in Höhe der Hälfte des erzielten Veräußerungsgewinns

Ermittlung Gewerbeertrag			
Zuzurechnender Gewerbeertrag			100.000 €
Korrekturbetrag			
– Einnahmen i. S. des § 3 Nr. 40 EStG	–10.000 €		
+ Ausgaben i. S. des § 3c Abs. 2 EStG	0 €		
Summe	–10.000 €	× ½	–5.000 €
Vom Organträger zu versteuern			95.000 €

b) Organträger ist Körperschaft

Hier greift die Steuerbefreiung des § 8b Abs. 2 KStG i. V. m. § 8b Abs. 3 Satz 3 KStG auf Ebene des Organträgers.

Ermittlung Gewerbeertrag		
Zuzurechnender Gewerbeertrag		100.000 €
Korrekturbetrag		
– Gewinne i. S. des § 8b Abs. 2 KStG	–10.000 €	
+ Gewinnminderungen nach § 8b Abs. 3 KStG	0 €	
+ Betrag i. S. des § 8b Abs. 3 Satz 1 KStG (5 %)	500 €	
Summe	–9.500 €	–9.500 €
Vom Organträger zu versteuern		90.500 €

c) Organträger ist Personengesellschaft

Geht man im o. g. Sachverhalt davon aus, dass an der Personengesellschaft zu 30 % eine natürliche Person und zu 70 % eine Körperschaft beteiligt sind, erfolgt die Ermittlung des Korrekturbetrages entsprechend anteilig:

Ermittlung Gewerbeertrag			
Zuzurechnender Gewerbeertrag			100.000 €
Korrekturbetrag			
natürliche Person (siehe a)	–5.000 €	× 30 %	–1.500 €
Körperschaft (siehe b)	–9.500 €	× 70 %	–6.650 €
Summe			–8.150 €
Vom Organträger zu versteuern			91.850 €

5.2 Schachteldividenden

5.2.1 Grundsätze

Erzielt die Organgesellschaft nach § 8b Abs. 1 KStG steuerfreie Dividenden, so erfolgt die Steuerfreistellung nach § 15 Nr. 2 Satz 1 KStG nicht auf Ebene der Organgesellschaft.

Nach § 9 Nr. 2a GewStG wird die Summe des Gewinns und der Hinzurechnungen gekürzt um die Gewinne aus Anteilen an einer nicht steuerbefreiten inländischen Kapitalgesellschaft i. S. des § 2 Abs. 2 GewStG, einer Kredit- oder Versicherungsanstalt des öffentlichen Rechts, einer Erwerbs- und Wirtschaftsgenossenschaft oder einer Unternehmensbeteiligungsgesellschaft i. S. des § 3 Nr. 23 GewStG, wenn die Beteiligung zu Beginn des Erhebungszeitraums mindestens 15 % des Grund- oder Stammkapitals beträgt und die Gewinnanteile bei Ermittlung des Gewinns (§ 7 GewStG) angesetzt worden sind.

5.2.2 Frühere Verwaltungspraxis

Nach der früheren Auffassung der Finanzverwaltung waren im Falle von Schachteldividenden entsprechende Korrekturbeträge in Abhängigkeit von der Rechtsform des Organträgers zu berücksichtigen, um letztlich die Vorschriften des § 8b Abs. 1 und 5 KStG sowie § 3 Nr. 40 EStG deckungsgleich auf Ebene der Gewerbesteuer umzusetzen. Danach ergab sich im Falle einer Körperschaft als Organträgerin folgender Korrekturbetrag:

Beispiel:
Die Organgesellschaft T-GmbH erzielt einen Gewinn aus dem Verkauf ihrer Beteiligung an der F-AG i. H. v. 10.000 €. Die T-GmbH hat insgesamt einen Jahresüberschuss i. H. v. 100.000 € erwirtschaftet.

Ermittlung Gewerbeertrag		
Zuzurechnender Gewerbeertrag		90.000 €
Korrekturbetrag		
– Aufwand i. S. des § 3c Abs. 1 KStG	0 €	
+ Betrag i. S. des § 8b Abs. 5 Satz 1 KStG (5 %)	500 €	
Summe	500 €	500 €
Vom Organträger zu versteuern		90.500 €

Die Hinzurechnung von pauschalen Betriebsausgaben i. S. des § 8b KStG bei Körperschaften als Organträger oder bei Körperschaften als Mitunternehmer einer Organträger-Personengesellschaft ergab sich allerdings nicht unmittelbar aus dem Gesetz. Die Finanzverwaltung sah die Rechtsgrundlage in § 2 Abs. 2 Satz 2 GewStG.

5.2.3 Rechtsprechung des Bundesfinanzhofs

Der Bundesfinanzhof hat in seinem Urteil vom 17. 12. 2014 (I R 39/14, BStBl 2014 II S. 1052) die volle „Schachtelprivilegierung" im gewerbesteuerrechtlichen Organkreis infolge der Bruttomethode betont.

Nach den Ausführungen des BFH umfassen die im gewerbesteuerrechtlichen Organkreis für die Ermittlung der Gewerbeerträge der Organgesellschaft und des Organträgers nach § 7 Satz 1 (i. V. m. § 2 Abs. 2 Satz 2) GewStG maßgebenden Vorschriften des KStG zur Ermittlung des Gewinns aus Gewerbebetrieb auch die in § 15 Satz 1 Nr. 2 Satz 1 und 2 (i. V. m. § 8b Abs. 1 bis 6) KStG angeordnete sog. Bruttomethode.

Bei der Organgesellschaft sei daher ein von dieser vereinnahmter Gewinn aus Anteilen an einer ausländischen Kapitalgesellschaft bei der Berechnung des Kürzungsbetrags im Rahmen des sog. gewerbesteuerrechtlichen Schachtelprivilegs nach § 9 Nr. 7 Satz 1 GewStG nicht nach § 9 Nr. 7 Satz 3 i. V. m. § 9 Nr. 2a Satz 4 GewStG 2002 (i. d. F. des JStG 2007) um fiktive nichtabziehbare Betriebsausgaben nach § 8b Abs. 5 KStG (der sog. Schachtelstrafe) zu vermindern.

Denn beim Organträger sei der Gewinn aus den Kapitalanteilen infolge des der Organgesellschaft gewährten sog. Schachtelprivilegs in dem ihm (nach § 2 Abs. 2 Satz 2 GewStG) zugerechneten Gewerbeertrag nicht mehr enthalten, weshalb auch bei ihm keine Hinzurechnung von fiktiven nichtabziehbaren Betriebsausgaben nach § 8b Abs. 5 KStG vorzunehmen sei.

Eine sich daraus ggf. ergebende „Hinzurechnungslücke" ließe sich weder durch Auslegung oder Analogie noch durch eine spezifisch organschaftliche Korrektur über § 2 Abs. 2 Satz 2 GewStG schließen.

5.2.4 Reaktion des Gesetzgebers

Um die vom BFH aufgezeigte Regelungslücke zu schließen wurde die Vorschrift des § 7a GewStG eingefügt durch Gesetz zur Umsetzung der Änderungen der EU-Amtshilferichtlinie und von weiteren Maßnahmen gegen Gewinnkürzungen und -verlagerungen vom 20. 12. 2016, Inkrafttreten bestätigt durch Art. 19 des Gesetzes zur Vermeidung von Umsatzsteuerausfällen beim Handel mit Waren im Internet und zur Änderung weiterer steuerlicher Vorschriften (BGBl 2018 I S. 2338).

Nach § 36 Abs. 2b GewStG ist die Neuregelung erstmals auf Gewinne aus Anteilen im Sinne des § 9 Nr. 2a, 7 oder 8 GewStG anzuwenden, die nach dem 31. Dezember 2016 zufließen, und auf Aufwendungen, die im unmittelbaren Zusammenhang mit diesen Gewinnen aus Anteilen stehen und nach diesem Zeitpunkt gewinnwirksam werden.

Aufgrund der Regelung des § 7a Abs. 1 GewStG ist § 9 Nr. 2a GewStG bei einer Organgesellschaft nicht anzuwenden. Darüber hinaus ist § 8 Nr. 1 GewStG nicht anzuwenden, wenn (Finanzierungs-)Aufwendungen in unmittelbarem Zusammenhang mit den Gewinnen aus Anteilen angefallen sind.

§ 7a Abs. 2 GewStG ordnet an, dass in entsprechender Anwendung des § 15 Nr. 2 KStG bei der Ermittlung des dem Organträger zuzurechnenden Betrages der Organgesellschaft bereits auf Ebene der Organgesellschaft die Regelungen des § 8b KStG und der §§ 3 Nr. 40 und 3c Abs. 2 EStG anzuwenden sind.

Ziel des Gesetzgebers war die Gleichbehandlung von Schachteldividenden in Fällen mit und ohne Organschaft. Aufgrund der Rechtsprechung des BFH (Urteil vom 17. 12. 2014, BStBl 2015 II S. 1052) konnten nach der alten Rechtslage die von einer Organgesellschaft bezogenen Schachteldividenden grundsätzlich in voller Höhe gewerbesteuerfrei vereinnahmt werden.

Die Umsetzung der gesetzlichen Regelung erfolgt in zwei Stufen:

Auf der ersten Stufe unterbleibt gem. § 7a Abs. 1 GewStG zunächst eine Kürzung für entsprechende Schachteldividenden auf Ebene der Organgesellschaft mit der Folge, dass diese im zuzurechnenden Gewerbeertrag der Organgesellschaft weiterhin enthalten sind. Aufgrund der möglichen Minderung der Kürzungsbeträge aufgrund des § 9 Nr. 2a Satz 3 GewStG und der dann gegenläufigen Auswirkungen auf die Hinzurechnung nach § 8 Nr. 1 GewStG unterbleibt auch insoweit zunächst eine Hinzurechnung.

Auf der zweiten Stufe sind gem. § 7a Abs. 2 GewStG die Regelungen des § 15 Satz 1 Nr. 2 KStG entsprechend anzuwenden. Die Regelungen der § 8b KStG und §§ 3 Nr. 40 und 3c EStG sind jetzt bereits auf Ebene der Organgesellschaft anzuwenden. Sofern dann noch Schachteldividenden im Zurechnungsbetrag verbleiben (z. B. bei natürlichen Personen als Organträger), kommt es auf dieser Stufe dann hinsichtlich der verbleibenden Beträge zur Anwendung des § 9 Nr. 2a GewStG (nur nicht hinsichtlich der nach § 8b Abs. 5 KStG pauschal nicht abziehbaren Betriebsausgaben i. H. v. 5 % – Schachtelstrafe). Damit wird der Gewerbeertrag der Organgesellschaft ab dem Erhebungszeitraum 2017 hinsichtlich der Behandlung von Dividendeneinkünften auf Ebene der Organgesellschaft endgültig ermittelt. Insoweit sind ab 2017 keine Korrekturbeträge mehr an den Organträger zu melden.

Da diese Lösung praktisch zur Anwendung der sog. „Nettomethode" auf Ebene der Organgesellschaft führt, ist es erforderlich, dass dort Informationen über die Rechtsform des Organträgers vorliegen:

– bei Körperschaften kommen § 8b Abs. 1 und 5 KStG zur Anwendung,
– bei natürlichen Personen gelten §§ 3 Nr. 40, 3c Abs. 2 EStG,
– bei Personengesellschaften gilt die Rechtsform der Mitunternehmer.

> *Beispiel:*
>
> Die Organgesellschaft T-GmbH erzielt im Jahr 2020 eine Dividende aus ihrer Beteiligung an der U-GmbH i. H. v. 10.000 €. Die T-GmbH hat aus anderen Quellen einen Jahresüberschuss i. H. v. 90.000 € und damit insgesamt einen Jahresüberschuss i. H. v. 100.000 € erwirtschaftet.
>
> Das dem Organträger zuzurechnende Einkommen beträgt 100.000 €; mögliche Steuerbefreiungen nach § 8b KStG oder 3 Nr. 40 EStG sind erst auf Ebene des Organträgers zu berücksichtigen. Die dafür beim OT benötigten Angaben ergeben sich aus der gesonderten und einheitlichen Feststellung der Einkünfte gem. § 14 Abs. 5 KStG.
>
> Der zuzurechnende Gewerbeertrag ist unter Anwendung der Regelungen des § 7a GewStG und in Abhängigkeit der Rechtsform des Organträgers zu ermitteln

a) Organträger ist Körperschaft

Zunächst unterbleibt gem. § 7a Abs. 1 Satz 1 GewStG eine Kürzung nach § 9 Nr. 2a GewStG. Im zweiten Schritt ist gem. § 7a Abs. 2 Satz 1 GewStG die Regelung des § 8b KStG anzuwenden. Somit kommt es zur Kürzung der Dividende und Zurechnung von 5 %. Eine weitere Anwendung des § 9 Nr. 2a GewStG auf die 5 %-Pauschale erfolgt nicht (vgl. § 9 Nr. 2a Satz 4 GewStG).

Ermittlung Gewerbeertrag OG		
Ausgangswert		100.000 €
1. § 7a Abs. 1 GewStG		
Kürzung nach § 9 Nr. 2a GewStG	0 €	
2. § 7a Abs. 2 GewStG		
Anwendung § 8b Abs. 1 KStG	−10.0000 €	
Anwendung § 8b Abs. 2 KStG	500 €	−9.500 €
Zurechnung zum Organträger		90.500 €

b) Organträger ist natürliche Person

Zunächst unterbleibt gem. § 7a Abs. 1 Satz 1 GewStG eine Kürzung nach § 9 Nr. 2a GewStG. Im zweiten Schritt ist gem. § 7a Abs. 2 Satz 1 GewStG sind die Regelungen der § 3 Nr. 40 EStG sowie § 3c Abs. 2 EStG anzuwenden. Im vorliegenden Fall werden 40 % der Dividende freigestellt, Aufwendungen sind nicht gegenzurechnen.

Die noch im Zurechnungsbetrag verbliebenen 60 % der Schachteldividende sind nunmehr durch eine Anwendung des § 9 Nr. 2a GewStG in Abzug zu bringen, so dass es bereits auf Ebene der Organgesellschaft zu einer vollständigen Freistellung kommt.

Ermittlung Gewerbeertrag OG		
Ausgangswert		100.000 €
1. § 7a Abs. 1 GewStG		
Kürzung nach § 9 Nr. 2a GewStG	0 €	
2. § 7a Abs. 2 GewStG		
Anwendung § 3 Nr. 40 EStG	−4.000 €	
Anwendung § 3c Abs. 2 EStG	0 €	
… Anwendung § 9 Nr. 2a GewStG	−6.000 €	−10.000 €
Zurechnung zum Organträger		90.000 €

c) Organträger ist Personengesellschaft

An der Organträger-Personengesellschaft ist zu 30 % eine natürliche Person und zu 70 % eine Körperschaft beteiligt. Damit entfallen rechnerisch auf die natürliche Person 3.000 € und auf die Körperschaft 7.000 € der Dividende.

Soweit die Dividende anteilig der Körperschaft zuzurechnen ist, kommt es zur Anwendung des § 8b Abs. 1 und 5 KStG mit der Folge der Kürzung um 95 %. Soweit die Dividende der natürlichen Person zuzurechnen ist, kommt es letztlich zu einer vollständigen Freistellung der Schachteldividende.

Ermittlung Gewerbeertrag OG		
Ausgangswert		100.000 €
1. § 7a Abs. 1 GewStG		
Kürzung nach § 9 Nr. 2a GewStG	0 €	
2. § 7a Abs. 2 GewStG		
a) MU Körperschaft		
… Anwendung des § 8b Abs. 1 KStG	7.000 €	−7.000 €
… Anwendung des § 8b Abs. 5 KStG		350 €
b) MU natürliche Person		
Anwendung § 3 Nr. 40 EStG	3.000 €	−1.200 €
Anwendung § 3c Abs. 2 EStG		0 €
… Anwendung § 9 Nr. 2a GewStG	−1.800 €	−9.650 €
Zurechnung zum Organträger		90.350 €

Soweit die Organgesellschaft Aufwendungen in wirtschaftlichem Zusammenhang mit der Beteiligung getragen hat (z. B. Schuldzinsen aus der Finanzierung der Beteiligung), sind diese im ersten Schritt gem. § 7a Abs. 1 GewStG nicht hinzuzurechnen und im zweiten Schritt gem. § 7a Abs. 2 GewStG zu berücksichtigen.

Beispiel:

Die Organgesellschaft T-GmbH erzielt im Jahr 2020 eine Dividende aus ihrer Beteiligung an der U-GmbH i. H. v. 10.000 €. Die Organgesellschaft hat in 2020 Schuldzinsen für den Erwerb der Beteiligung i. H. v. 4.000 € als Betriebsausgaben gebucht. Diese Schuldzinsen sind als Entgelte i. S. des § 8 Nr. 1 GewStG anzusehen. Der Freibetrag des § 8 Nr. 1 GewStG i. H. v. 100.000 € ist bereits durch andere Entgelte verbraucht.

Die T-GmbH hat aus anderen Quellen einen Jahresüberschuss i. H. v. 90.000 € und damit insgesamt einen Jahresüberschuss i. H. v. 96.000 € erwirtschaftet.

Das dem Organträger zuzurechnende Einkommen beträgt 96.000 €; mögliche Steuerbefreiungen nach § 8b KStG oder 3 Nr. 40 EStG sind erst auf Ebene des Organträgers zu berücksichtigen. Die dafür beim OT benötigten Angaben ergeben sich aus der gesonderten und einheitlichen Feststellung der Einkünfte gem. § 14 Abs. 5 KStG.

Der zuzurechnende Gewerbeertrag ist unter Anwendung der Regelungen des § 7a GewStG und in Abhängigkeit der Rechtsform des Organträgers zu ermitteln

a) Organträger ist Körperschaft

Zunächst unterbleibt gem. § 7a Abs. 1 Satz 1 GewStG eine Kürzung nach § 9 Nr. 2a GewStG und eine Hinzurechnung nach § 8 Nr. 1 GewStG. Im zweiten Schritt ist gem. § 7a Abs. 2 Satz 1 GewStG die Regelung des § 8b KStG anzuwenden. Somit kommt es zur Kürzung der Dividende und Zurechnung von 5 %. Eine weitere Anwendung des § 9 Nr. 2a GewStG auf die 5 %-Pauschale erfolgt nicht (vgl. § 9 Nr. 2a Satz 4 GewStG). Schließlich sind gem. § 7a Abs. 2 Satz 2 GewStG die Hinzurechnungsvorschriften anzuwenden.

Ermittlung Gewerbeertrag OG		
Ausgangswert		96.000 €
1. § 7a Abs. 1 GewStG		
Kürzung nach § 9 Nr. 2a GewStG	0 €	
Hinzurechnung nach § 8 Nr. 1 GewStG	0 €	
2. § 7a Abs. 2 Satz 1 GewStG		
Anwendung § 8b Abs. 1 KStG	−10.0000 €	
Anwendung § 8b Abs. 2 KStG	500 €	
3. § 7a Abs. 2 Satz 2 GewStG		
Anwendung des § 8 Nr. 1 GewStG (¼)	1.000 €	−8.500 €
Zurechnung zum Organträger		87.500 €

b) Organträger ist natürliche Person

Zunächst unterbleibt gem. § 7a Abs. 1 Satz 1 GewStG eine Kürzung nach § 9 Nr. 2a GewStG und eine Hinzurechnung nach § 8 Nr. 1 GewStG. Im zweiten Schritt sind gem. § 7a Abs. 2 Satz 1 GewStG die Regelungen der § 3 Nr. 40 EStG sowie § 3c Abs. 2 EStG anzuwenden. Im vorliegenden Fall werden 40 % der Dividende freigestellt und 40 % der Aufwendungen sind gegenzurechnen.

Die noch im Zurechnungsbetrag verbliebenen 60 % (6.000 € × 60 %) sind nunmehr durch eine Anwendung des § 9 Nr. 2a GewStG in Abzug zu bringen, so dass es bereits auf Ebene der Organgesellschaft zu einer vollständigen Freistellung kommt. Eine weitere Hinzurechnung der Finanzierungsentgelte kommt gem. § 9 Nr. 2a Satz 3 nicht in Betracht.

Ermittlung Gewerbeertrag OG		
Ausgangswert		96.000 €
1. § 7a Abs. 1 GewStG		
Kürzung nach § 9 Nr. 2a GewStG	0 €	
… Hinzurechnung nach § 8 Nr. 1 GewStG	0 €	
2. § 7a Abs. 2 Satz 1 GewStG		
Anwendung § 3 Nr. 40 EStG	−4.000 €	
Anwendung § 3c Abs. 2 EStG	1.600 €	
… Anwendung § 9 Nr. 2a GewStG	−3.600 €	
2. § 7a Abs. 2 Satz 2 GewStG		
… Hinzurechnung nach § 8 Nr. 1 GewStG	0 €	−6.000 €
Zurechnung zum Organträger		90.000 €

c) Organträger ist Personengesellschaft

An der Organträger-Personengesellschaft ist zu 30 % eine natürliche Person und zu 70 % eine Körperschaft beteiligt. Damit entfallen rechnerisch auf die natürliche Person 3.000 € und auf die Körperschaft 7.000 € der Dividende.

Soweit die Dividende anteilig der Körperschaft zuzurechnen ist, kommt es zur Anwendung des § 8b Abs. 1 und 5 KStG mit der Folge der Kürzung um 95 %. Soweit die Dividende der natürlichen Person zuzurechnen ist, kommt es letztlich zu einer vollständigen Freistellung der Schachteldividende.

Ermittlung Gewerbeertrag OG			
Ausgangswert			96.000 €
1. § 7a Abs. 1 GewStG			
Kürzung nach § 9 Nr. 2a GewStG		0 €	
2. § 7a Abs. 2 GewStG			
a) MU Körperschaft			
… Anwendung des § 8b Abs. 1 KStG	7.000 €	−7.000 €	
… Anwendung des § 8b Abs. 5 KStG		350 €	
b) MU natürliche Person			
Anwendung § 3 Nr. 40 EStG	3.000 €	−1.200 €	
Anwendung § 3c Abs. 2 EStG	1.200 €	480 €	
… Anwendung § 9 Nr. 2a GewStG		−1.080 €	
3. § 7a Abs. 2 Satz 2 GewStG			
Anwendung des § 8 Nr. 1 GewStG (¼)	2.800 €	700 €	−7.750 €
Zurechnung zum Organträger			88.250 €

§ 7a GewStG ist nicht anzuwenden auf Gewinne und Verluste aus der Veräußerung von Beteiligungen an anderen Körperschaften. Insoweit bleibt es bei der bisherigen Praxis der Ermittlung von Korrekturbeträgen

5.3   Dividenden aus Streubesitz

Erzielt die Organgesellschaft nach § 8b Abs. 1 KStG steuerfreie Dividenden, so erfolgt die Steuerfreistellung nach § 15 Nr. 2 Satz 1 KStG nicht auf Ebene der Organgesellschaft. Dies gilt auch für Dividenden aus Streubesitz (< 15 %). Auf Ebene der Organgesellschaft kommen die gewerbesteuerlichen Kürzungsvorschriften nicht zur Anwendung, so dass die Dividenden im zuzurechnenden Gewerbeertrag enthalten sind. Auf Ebene des Organträgers ist nach § 8b Abs. 1 KStG die Steuerbefreiung zu gewähren, die sich jedoch wegen der Hinzurechnungsvorschrift des § 8 Nr. 5 GewStG nicht auf die Gewerbsteuer auswirkt.

> *Beispiel:*
>
> Die Organgesellschaft T-GmbH erzielt im Jahr 2020 Dividenden aus ihrer 8 %igen Beteiligung an der F-AG i. H. v. 10.000 €. Die T-GmbH hat insgesamt einen Jahresüberschuss i. H. v. 100.000 € erwirtschaftet.
>
> Das dem Organträger zuzurechnende Einkommen beträgt 100.000 €; mögliche Steuerbefreiungen nach § 8b KStG oder 3 Nr. 40 EStG sind erst auf Ebene des Organträgers zu berücksichtigen. Die dafür beim OT benötigten Angaben ergeben sich aus der Mitteilung Organträger (MO).
>
> Der zuzurechnende Gewerbeertrag beträgt 100.000 €, da auf Ebene der Organgesellschaft die Kürzungsvorschrift nach § 9 Nr. 2a GewStG für Schachteldividenden nicht zur Anwendung kommt.
>
> Sofern sich im gewerbesteuerlichen Ausgangswert des Organträgers eine Steuerbefreiung nach § 3 Nr. 40 EStG oder § 8b Abs. 1 KStG niedergeschlagen hat, kommt für Gewerbesteuerzwecke eine Hinzurechnung nach § 8 Nr. 5 GewStG in Betracht.
>
> In diesem Falle ist grundsätzlich kein Korrekturbetrag zu ermitteln (vgl. Tz. 32 des BMF-Schreibens vom 26. 8. 2003, BStBl 2003 I S. 437).

5.4   Dauerschuldzinsen

Nach § 8 Nr. 1 GewStG bei der Organgesellschaft zur Hälfte zugerechnete Entgelte für Dauerschulden dürfen insoweit nicht nach § 3c EStG auf Ebene des Organträgers nochmals hinzugerechnet werden.

Sofern eine natürliche Person unmittelbar oder anteilig mittelbar über eine Personengesellschaft beteiligt ist, ist in den Fällen des § 8 Nr. 5 GewStG ein weiterer Korrekturbetrag i. H. v. ¼ der tatsächlichen Aufwendungen i. S. des § 3c Abs. 2 EStG zu ermitteln, wenn diese Aufwendungen gleichzeitig Dauerschuldzinsen sind (vgl. Tz. 33 des BMF-Schreibens vom 26. 8. 2003, BStBl 2003 I S. 437).

IV.   Personengesellschaften als Organträger

Ist eine Personengesellschaft Organträger, so wird der Gewerbeertrag der Organgesellschaft nicht wie bei der Körperschaftsteuer den einzelnen Mitunternehmern anteilig zur Versteuerung zugerechnet, sondern dem Gewerbeertrag der Personengesellschaft selbst hinzugerechnet. Insoweit tritt die Personengesellschaft als eigenständiges Steuersubjekt auf.

V. Verfahrensfragen

Einwendungen gegen die Höhe des zuzurechnenden Gewerbeertrags der Organgesellschaft sind nicht bei der Organgesellschaft selbst, sondern gegen den Gewerbesteuermessbescheid des Organträgers vorzubringen.

Kapitel 3 – Umsatzsteuer

I. Überblick und Rechtsgrundlagen

Nach § 2 Abs. 1 UStG ist Unternehmer, wer eine gewerbliche oder berufliche Tätigkeit selbständig ausübt. Diese Selbständigkeit geht jedoch gem. § 2 Abs. 2 Nr. 2 UStG verloren, wenn eine juristische Person nach dem Gesamtbild der tatsächlichen Verhältnisse finanziell, wirtschaftlich und organisatorisch in das Unternehmen des Organträgers eingegliedert ist (Organschaft).

Mithin kommt es für die Frage der umsatzsteuerlichen Organschaft nicht auf den Willen oder eine Wahlmöglichkeit der Beteiligten an, eine Organschaft zu begründen oder eine solche zu vermeiden. Vielmehr entscheidend ist die Frage, ob die Tatbestandsvoraussetzungen der Vorschrift erfüllt sind. Insofern unterscheidet sich die Umsatzsteuer von der Körperschaftsteuer und Gewerbesteuer, da dort immer der Abschluss eines Gewinnabführungsvertrages vorausgesetzt wird und damit von einer Willensbekundung der Beteiligten abhängig ist.

II. Voraussetzungen der umsatzsteuerlichen Organschaft

1 Abgrenzung zur Gewerbe- und Körperschaftsteuer

Eine Organschaft nach § 2 Abs. 2 Nr. 2 UStG liegt dann vor, wenn eine juristische Person nach dem Gesamtbild der tatsächlichen Verhältnisse finanziell, wirtschaftlich und organisatorisch in ein anderes Unternehmen eingegliedert ist. Dabei ist es ist nicht erforderlich, dass alle drei Eingliederungsmerkmale gleichermaßen ausgeprägt sind.

Eine Organschaft auf dem Gebiet der Umsatzsteuer kann deshalb auch dann gegeben sein, wenn die Eingliederung auf einem dieser drei Gebiete nicht vollständig, dafür aber auf den anderen Gebieten umso eindeutiger ist, so dass sich die Eingliederung aus dem Gesamtbild der tatsächlichen Verhältnisse ergibt.

Anders als bei der Körperschaftsteuer und Gewerbesteuer müssen bei der Umsatzsteuer auch die Merkmale organisatorische und wirtschaftliche Eingliederung erfüllt sein. So kann es vorkommen, dass zwar alle Eingliederungsmerkmale erfüllt sind und deshalb eine umsatzsteuerliche Organschaft bejaht wird, mangels Gewinnabführungsvertrag allerdings keine Organschaft bei der Gewerbesteuer und Körperschaftsteuer vorliegt. Im anderen Falle ist es denkbar, dass aufgrund finanzieller Eingliederung und Abschluss eines Gewinnabführungsvertrages zwar bei der Gewerbesteuer und Körperschaftsteuer eine Organschaft angenommen wird, das Fehlen von organisatorischer und wirtschaftlicher Eingliederung jedoch eine umsatzsteuerliche Organschaft verhindert.

2 Organgesellschaft

2.1 Gesetzliche Regelung des § 2 Abs. 2 Nr. 2 UStG

Als Organgesellschaften kommen im Regelfall nur juristische Personen des Zivil- und Handelsrechts in Betracht. Hierbei handelt es sich in der Praxis um die GmbH, AG und KGaA. Eine GmbH, die an einer Kommanditgesellschaft als persönlich haftende Gesellschafterin beteiligt ist, kann nicht als Organgesellschaft in das Unternehmen dieser Kommanditgesellschaft eingegliedert sein. Dies gilt auch in den Fällen, in denen die übrigen Kommanditisten der KG sämtliche Gesellschaftsanteile der GmbH halten (vgl. BFH-Urteil vom 19. 5. 2005, BStBl 2005 II S. 671).

Nach der Rechtsprechung des BFH können juristische Personen des öffentlichen Rechts keine Organgesellschaften sein, da sich deren Aufgabenstellung nicht mit der Unterordnung in ein privates Unternehmen vereinbaren lässt.

Eine Vorgesellschaft kann Organgesellschaft sein, da diese bereits die Merkmale der später in das Handelsregister eingetragenen Körperschaft aufweist.

2.2 Personengesellschaften als Organgesellschaften

2.2.1 Rechtsentwicklung

Nach einem Urteil des FG München vom 13. 3. 2013 (3 K 235/10, EFG 2013 S. 1434) kann – wenn sich der Unternehmer darauf beruft – die Regelung des § 2 Abs. 2 Nr. 2 Satz 1 UStG unionsrechtskonform dahingehend auszulegen sein, dass abweichend vom Gesetzeswortlaut nicht nur eine juristische Person, sondern auch eine Personengesellschaft in der Rechtsform einer GmbH & Co KG in das Unternehmen eines Organträgers eingegliedert sein kann. Danach ist es nicht mit dem Grundsatz der Rechtsformneutralität vereinbar, die Wirkung der Organschaft auf eine juristische Person als Organgesellschaft zu beschränken. Die für das Vorliegen einer Organschaft erforderliche Beherrschung der Organgesellschaft durch den Organträger ist jedenfalls bei der vom gesetzlichen Leitbild der Personengesellschaft abweichenden, kapitalistisch strukturierten Personengesellschaft ebenfalls gegeben.

Zunächst befasste sich der EuGH mit dieser Thematik im Urteil vom 16. 7. 2015 (Rs. C-108/14 Larentia + Minerva mbH & Co. KG; Rs. C-109/14 Marenave Schifffahrt AG). Danach können auch Personengesellschaften wie KG, OHG oder GbR Organgesellschaften im Rahmen einer umsatzsteuerlichen Organschaft sein. Die Begrenzung im nationalen Recht auf juristische Personen verstößt gegen die EU-Richtlinie. Zudem lehnt der EuGH das Über-Unterordnungsverhältnis durch das Erfordernis einer finanziellen, wirtschaftlichen und organisatorischen Eingliederung ab. Diese strengen Anforderungen sollen nur dann zulässig sein, wenn sie dem Ziel der Verhinderung missbräuchlicher Praktiken oder Verhaltensweisen und der Vermeidung von Steuerhinterziehung oder -umgehung dienen.

Allerdings soll sich der Steuerpflichtige nicht unmittelbar auf Art. 4 Abs. 4 Unterabs. 2 der Richtlinie 77/388/EWG berufen können.

Im Revisionsverfahren zum zitierten Urteil des FG München (vom 2. 12. 2015, V R 25/13, BStBl 2017 II S. 547) kommt der BFH im Wege einer teleologischen Extension zum Schluss, dass neben einer juristischen Person auch eine Personengesellschaft in das Unternehmen des Organträgers eingegliedert sein kann, wenn Gesellschafter der Personengesellschaft nur der Organträger und andere vom Organträger finanziell beherrschte Gesellschaften sind. Solche eindeutigen Mehrheitsverhältnisse seien aufgrund des bei Personengesellschaften maßgebenden Einstimmigkeitsprinzips erforderlich und dienten auch dem Zweck der einfachen und rechtssicheren Bestimmung des Steuerschuldners.

In einem weiteren Urteil vom 2. 12. 2015 (V R 15/14, BStBl 2017 II S. 553) hält der BFH daran fest, dass neben einer eigenen Mehrheitsbeteiligung des Organträgers an der Tochtergesellschaft regelmäßig zur Begründung der organisatorischen Eingliederung auch eine personelle Verflechtung über die Geschäftsführung der Personengesellschaft bestehen muss. Die vom EuGH abgelehnten strengen Eingliederungsvoraussetzungen in Form eines Über-/Unterordnungsverhältnisses sind nach Ansicht des BFH Ausdruck des Präzisierungsvorbehaltes in Art 11 Satz 2 MwStSystRL des deutschen Gesetzgebers und sollen missbräuchliche Praktiken sowie Steuerhinterziehung und -umgehung vermeiden. Eine Organschaft zwischen Schwestergesellschaften bleibt damit weiterhin ausgeschlossen.

Im Urteil vom 19. 1. 2016 (XI R 38/12, BStBl 2017 II S. 567) schließlich führt der BFH aus, dass der in § 2 Abs. 2 Nr. 2 UStG verwendete Begriff „juristische Person" richtlinienkonform dahingehend ausgelegt werden kann, dass er auch die GmbH & Co. KG umfasst.

2.2.2 Reaktion der Finanzverwaltung

Die Finanzverwaltung hat sich im BMF-Schreiben zur Änderung des Umsatzsteuer-Anwendungserlasses (BStBl 2017 I S. 790) mit der Anwendung der geänderten Rechtsprechung von EuGH und BFH auseinandergesetzt.

Nach R 2.8 Abs. 2 Satz 5 UStAE kann eine Personengesellschaft ausnahmsweise wie eine juristische Person als eingegliedert im Sinne des § 2 Abs. 2 Nr. 2 UStG anzusehen sein, wenn die finanzielle Eingliederung wie bei einer juristischen Person zu bejahen ist. Nach R 2.8 Abs. 5a UStAE setzt die finanzielle Eingliederung einer Personengesellschaft voraus, dass Gesellschafter der Personengesellschaft neben dem Organträger nur Personen sind, die nach § 2 Abs. 2 Nr. 2 UStG in das Unternehmen des Organträgers finanziell eingegliedert sind, so dass die erforderliche Durchgriffsmöglichkeit selbst bei der stets möglichen Anwendung des Einstimmigkeitsprinzips gewährleistet ist (Hinweis auf BFH-Urteile vom 2. 12. 2015, V R 25/13, BStBl 2017 II S. 547 und vom 3. 12. 2015, V R 36/13, BStBl 2017 II S. 563).

Beispiel:

Gesellschafter einer GmbH & Co. KG sind die Komplementär-GmbH und eine weitere GmbH als Kommanditistin. Die A-AG hält an beiden GmbHs jeweils einen Anteil von mehr als 50 %.

Alle Gesellschafter der GmbH & Co. KG sind finanziell in das Unternehmen der -A-AG eingegliedert. Damit ist auch die GmbH & Co. KG in das Unternehmen der -A-AG finanziell eingegliedert.

(Beispiel entnommen R 2.8 Abs. 5a UStAE.)

Beispiel:

Gesellschafter einer GmbH & Co. KG sind die Komplementär-GmbH K1 sowie die GmbH K2 und eine weitere Person P (Beteiligungsquote 0,1 %) als Kommanditisten. Die A-AG hält an K1 und K2 jeweils einen Anteil von mehr als 50 %. 3 An P ist die A-AG nicht beteiligt.

Da nicht alle Gesellschafter der GmbH & Co. KG finanziell in das Unternehmen der A-AG eingegliedert sind, ist auch die GmbH & Co. KG nicht finanziell in das Unternehmen der A-AG eingegliedert.

(Beispiel entnommen R 2.8 Abs. 5a UStAE.)

2.2.3 Praktische Auswirkungen der neuen Rechtsprechung

Da die umsatzsteuerliche Organschaft nicht antragsgebunden realisiert wird, sondern bei Vorliegen der einschlägigen Tatbestandsvoraussetzungen, werden in zahlreichen Konzernstrukturen, zu denen auch häufig kapitalistisch geprägte Personengesellschaften in Form der GmbH & Co. KG gehören, zusätzliche Organgesellschaften festzustellen sein. Dies geschieht dann ohne ein weiteres Zutun der Beteiligten. Dann ist eine entsprechende Anpassung im Rechnungswesen erforderlich, da konzerninterne Verrechnungen zukünftig als nicht steuerbare Leistungen zu behandeln sind.

3 Organträger

Als Organträger kommt grundsätzlich jeder Unternehmer unabhängig von seiner Rechtsform in Betracht. Ein Organschaftsverhältnis kann zwischen einer Kapitalgesellschaft und ihrem Anteilseigner nur dann angenommen werden, wenn der Anteilseigner die gesellschaftsrechtliche Beteiligung in seinem unternehmerischen Bereich hält und auch die finanzielle und die organisatorische Eingliederung in das Unternehmen des Organträgers gegeben sind (Hinweis auf BMF-Schreiben vom 26. 1. 2007, BStBl 2007 I S. 211).

Nach der Rechtsprechung des BFH kann auch eine juristische Person des öffentlichen Rechts Organträger sein, wenn und soweit sie unternehmerisch tätig ist. Die Unternehmereigenschaft kann sie durch eine bloße Beteiligung, durch eine unentgeltliche Tätigkeit oder durch die Tätigkeit der mit ihr verbundenen Gesellschaften nicht erlangen. Vielmehr ist es erforderlich, dass die Unternehmereigenschaft durch entgeltliche Leistungen der juristischen Person des öffentlichen Rechts begründet wird. Diese Leistungen können auch an eine Gesellschaft erbracht werden, mit der als Folge dieser Leistungstätigkeit eine enge finanzielle, organisatorische und wirtschaftliche (organschaftliche) Verbindung besteht (vgl. BFH-Urteil vom 9. 10. 2002, BStBl 2003 II S. 375).

Daher ist eine juristische Person des öffentlichen Rechts unternehmerisch (wirtschaftlich) tätig, wenn sie Leistungen gegen Entgelt auf privatrechtlicher Grundlage erbringt und somit nicht im Rahmen der eigens für sie geltenden öffentlich-rechtlichen Regelungen handelt (vgl. BFH-Urteil vom 20. 8. 2009, V R 30/06).

Im Urteil vom 2. 12. 2015 (V R 67/14, BStBl 2017 II S. 560) hält der BFH daran fest, dass der Organträger Unternehmer sein muss. Diese Voraussetzung sei zur Verhinderung missbräuchlicher Praktiken unionsrechtlich geboten. Im entschiedenen Fall kann eine juristische Person des öffentlichen Rechts, die nicht unternehmerisch tätig ist, die Vorteile der Organschaft durch eine Nichtbesteuerung der von den Tochtergesellschaften bezogenen Leistungen nicht in Anspruch nehmen.

4 Finanzielle Eingliederung

Unter der finanziellen Eingliederung ist der Besitz der entscheidenden Anteilsmehrheit an der Organgesellschaft zu verstehen, die es ermöglicht, Beschlüsse in der Organgesellschaft durchzusetzen. Dabei ist es ausreichend, wenn die finanzielle Eingliederung mittelbar über eine nichtunternehmerisch tätige Tochtergesellschaft des Organträgers erfolgt. Die nichtunternehmerisch tätige Tochtergesellschaft wird dadurch jedoch nicht Bestandteil des Organkreises (siehe BMF-Schreiben vom 26. 1. 2007, BStBl 2007 I S. 211, Rz. 17).

Beispiel:

Der Organträger A ist zu 100 % an der nichtunternehmerisch tätigen B-GmbH und diese wiederum an der unternehmerisch tätigen C-GmbH beteiligt.

Der Organträger kann über die mittelbare Beteiligungsschiene seinen Willen in der C-GmbH durchsetzen. Somit kommt auch die C-GmbH als Organgesellschaft in Betracht. Die B-GmbH gehört in der Folge jedoch nicht zum Organkreis.

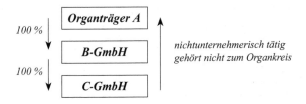

Maßgebend für die Frage der finanziellen Eingliederung ist jedoch nicht der reine Anteilsbesitz, sondern die sich aus den Anteilen ergebenden Stimmrechtsverhältnisse. Entsprechen die Beteiligungsverhältnisse den Stimmrechtsverhältnissen, ist die finanzielle Eingliederung gegeben, wenn die Beteiligung mehr als 50 % beträgt. Weichen Beteiligungsverhältnisse von den Stimmrechtsverhältnissen ab, so sind die Stimmrechte maßgebend (z. B. bei stimmrechtslosen Vorzugsaktien).

An einer finanziellen Eingliederung in ein übergeordnetes Unternehmen fehlt es, wenn die Anteile zweier Kapitalgesellschaften ausschließlich von natürlichen Personen im Privatvermögen gehalten werden. In diesem Fall ist keine der beiden Gesellschaften in das Gefüge des anderen Unternehmens eingeordnet, sondern es handelt sich vielmehr um gleichgeordnete Schwestergesellschaften.

Beispiel:

Frau A ist jeweils zu 100 % an den unternehmerisch tätigen Gesellschaften A-GmbH und B-GmbH beteiligt.

Sofern Frau A unternehmerisch tätig ist, kann sie als Organträger für die A-GmbH und die B-GmbH fungieren. Eine Organschaft mit der A-GmbH oder B-GmbH als Organträger ist jedoch nicht möglich.

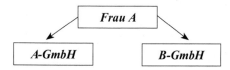

Die finanzielle Eingliederung einer Kapitalgesellschaft in eine Personengesellschaft steht ist auch möglich, wenn sich die Anteile im Gesamthandsvermögen der Personengesellschaft befinden und damit gewährleistet ist, dass der Organträger in der Organgesellschaft seinen Willen durchsetzen kann.

Nach der bisherigen Rechtsprechung des BFH war eine finanzielle Eingliederung andererseits aber auch denkbar, wenn sich die Anteile nicht im Besitz der Personengesellschaft befinden, sondern den Gesellschaftern der Personengesellschaft selbst zustehen und nach ertragsteuerlichen Grundsätzen als Sonderbetriebsvermögen anzusehen sind.

Beispiel:

A und B sind als Gesellschafter an der AB-OHG beteiligt und halten zusammen auch 100 % der Anteile an der C-GmbH, die wirtschaftlich und organisatorisch in die AB-OHG eingegliedert ist.

Nach der bisherigen Rechtsprechung war zwischen der AB-OHG und der AB-GmbH eine umsatzsteuerliche Organschaft anzunehmen. Dies gilt jedoch nicht für die Körperschaftsteuer und Gewerbesteuer, da hier die Anteile im Gesamthandsvermögen liegen müssten.

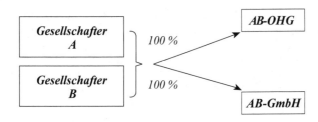

Für den Fall, dass nur mehreren Gesellschaftern gemeinsam eine Mehrheitsbeteiligung an einer GmbH und einer Personengesellschaft zusteht, hat der BFH diese Rechtsprechung in der Zwischenzeit aufgegeben (vgl. Urteile vom 22.4.2010, BStBl 2011 II S.597 und vom 1.12.2010, BStBl 2011 II S.600).

Eine finanzielle Eingliederung einer GmbH in eine Personengesellschaft liegt im Hinblick auf das für die Organschaft erforderliche Über- und Unterordnungsverhältnis aufgrund einer Beteiligung mehrerer Gesellschafter, die nur gemeinsam über eine Anteilsmehrheit an beiden Gesellschaften verfügen, nicht vor. Die nach §2 Abs.2 Nr.2 UStG erforderliche Eingliederung in ein anderes Unternehmen setzt ein Verhältnis der Über- und Unterordnung der beteiligten Gesellschaften voraus. Auch nach der Rechtsprechung des EuGH führt die Gruppenbesteuerung gem. Art.4 Abs.4 Unterabs. 2 der Richtlinie 77/388/EWG zu einer Zusammenfassung zu einem Steuerpflichtigen mit den diesem Steuerpflichtigen „untergeordneten Personen". Kommt es danach auf ein Über- und Unterordnungsverhältnis an, gilt dies nicht nur im Verhältnis zwischen mehreren GmbHs als juristischen Personen, sondern gleichermaßen im Verhältnis zwischen GmbH und Personengesellschaft, selbst wenn an diesen Gesellschaften dieselben Gesellschafter beteiligt sind. Denn eine Personengesellschaft, deren Gesellschafter eine Mehrheitsbeteiligung an der GmbH halten, verfügt gegenüber dieser GmbH über keine größeren Einwirkungsmöglichkeiten als sie zwischen zwei Schwester-GmbHs bestehen. Einwirkungsmöglichkeiten stehen in beiden Fällen gleichermaßen nur den unmittelbar beteiligten Gesellschaftern zu.

Die bisherige Bejahung einer finanziellen Eingliederung aufgrund einer Beteiligung mehrerer Gesellschafter trägt auch nicht dem rechtlichen Charakter der finanziellen Eingliederung Rechnung. Kommt es für die finanzielle Eingliederung auf rechtliche Durchsetzungsmöglichkeiten an, müssen diese dem Organträger selbst zustehen. Hiermit ist eine Zurechnung der Durchsetzungsmöglichkeiten aus fremdem Beteiligungsbesitz nicht vereinbar.

Die Finanzverwaltung hat sich mit Schreiben vom 5.7.2011 (BStBl 2011 I S.703) dieser Rechtsauffassung angeschlossen und gleichzeitig auch Abschnitt 2.8 Abs.5 UStAE entsprechend geändert. Danach setzt eine finanzielle Eingliederung eine unmittelbare oder mittelbare Beteiligung des Organträgers an der Organgesellschaft voraus. Es ist ausreichend, wenn die finanzielle Eingliederung mittelbar über eine unternehmerisch oder nichtunternehmerisch tätige Tochtergesellschaft des Organträgers erfolgt. Eine nichtunternehmerisch tätige Tochtergesellschaft wird dadurch jedoch nicht Bestandteil des Organkreises. Ist eine Kapital- oder Personengesellschaft nicht selbst an der Organgesellschaft beteiligt, reicht es für die finanzielle Eingliederung nicht aus, dass nur ein oder mehrere Gesellschafter auch mit Stimmenmehrheit an der Organgesellschaft beteiligt sind.

Das Fehlen einer eigenen mittelbaren oder unmittelbaren Beteiligung der Gesellschaft kann nicht durch einen Beherrschungsvertrag und Gewinnabführungsvertrag ersetzt werden.

Nicht explizit entschieden hat der BFH allerdings die Frage, ob eine Organschaft vorliegt, wenn nur ein Gesellschafter über eine Anteilsmehrheit an GmbH und Personengesellschaft verfügt und zugleich als Gesellschafter für die Personengesellschaft und als Geschäftsführer der GmbH für beide Gesellschaften geschäftsführungsbefugt ist.

Beispiel:

A ist als Gesellschafter zu 100 % am Vermögen der B-GmbH & Co. KG beteiligt und hält auch 100 % der Anteile an der C-GmbH, die wirtschaftlich und organisatorisch in die B-GmbH & Co. KG eingegliedert ist.

Nach der bisherigen Rechtsprechung war zwischen der B-GmbH & Co. KG und der C-GmbH eine umsatzsteuerliche Organschaft anzunehmen, nach der geänderten Rechtslage dürfte eine Organschaft nicht anzunehmen sein.

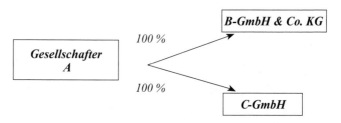

5   Wirtschaftliche Eingliederung

Die wirtschaftliche Eingliederung setzt voraus, dass die Organgesellschaft gem. dem Willen des Unternehmers im Rahmen des Gesamtunternehmens tätig ist. Diese Tätigkeit in engem wirtschaftlichem Zusammenhang muss das Unternehmen fördern und ergänzen.

Für die wirtschaftliche Eingliederung ist nach ständiger Rechtsprechung charakteristisch, dass die Organgesellschaft im Gefüge des übergeordneten Organträgers als dessen Bestandteil erscheint. Zwar kommt es hierfür nicht auf eine wirtschaftliche Zweckabhängigkeit der Organgesellschaft an. Vielmehr kann eine das Unternehmen der Untergesellschaft fördernde Tätigkeit der Obergesellschaft ausreichen (z. B. die Verpachtung von Anlagegegenständen, die für das Unternehmen der Organgesellschaft wesentlich sind). Ebenso genügt z. B. die Vermietung eines Betriebsgrundstückes, wenn dieses für die Organgesellschaft von nicht nur geringer Bedeutung ist, da es die räumliche und funktionale Grundlage der Unternehmenstätigkeit der Organgesellschaft bildet oder wenn die Organgesellschaft als Bauträgerin sämtliche für sie wesentlichen Architektenleistungen vom Organträger bezieht und der Organträger als Architekt ausschließlich für die Organgesellschaft tätig ist.

Entscheidend ist für die wirtschaftliche Eingliederung somit die Art und der Umfang der zwischen den Unternehmensbereichen von Organträger und Organgesellschaft bestehenden Verflechtungen. Daher liegt keine wirtschaftliche Eingliederung vor, wenn den entgeltlichen Leistungen des Gesellschafters für die Unternehmenstätigkeit der Untergesellschaft nur unwesentliche Bedeutung zukommt (vgl. BFH-Urteil vom 20. 8. 2009, V R 30/06 mit weiteren Nachweisen).

Die wirtschaftliche Eingliederung kann bei einer deutlichen Ausprägung der finanziellen und organisatorischen Eingliederung schon dann vorliegen, wenn zwischen dem Organträger und der Organgesellschaft aufgrund gegenseitiger Förderung und Ergänzung mehr als nur unerhebliche wirtschaftliche Beziehungen bestehen (vgl. BFH-Urteil vom BFH 29. 10. 2008, BStBl 2009 II S. 256).

Nach dem Urteil des Sächsischen Finanzgerichts vom 10. 1. 2013 (6 K 1332/10) endet – bei deutlich ausgeprägter finanzieller und organisatorischer Eingliederung – eine umsatzsteuerliche Organschaft nicht allein deshalb, weil die wirtschaftliche Eingliederung sinkt, nach dem die ursprünglich überlassenen Wirtschaftsgüter nicht mehr vollständig vorhanden sind und die Organgesellschaft eine Vielzahl von für den Gewerbebetrieb erforderlichen Wirtschaftsgütern zum großen Teil selbst in ihrem Anlagevermögen aufführt.

Betriebsaufspaltung

Bei einer Betriebsaufspaltung in ein Besitzunternehmen (z. B. Personengesellschaft) und eine Betriebsgesellschaft (Kapitalgesellschaft) und Verpachtung des Betriebsvermögens durch das Besitzunternehmen an die Betriebsgesellschaft steht die durch die Betriebsaufspaltung entstandene Kapitalgesellschaft im Allgemeinen in einem Abhängigkeitsverhältnis zum Besitzunternehmen (vgl. BFH-Urteile vom 28. 1. 1965, BStBl 1965 III S. 243 und vom 17. 11. 1966, BStBl 1967 III S. 103). Auch wenn bei einer Betriebsaufspaltung nur das Betriebsgrundstück ohne andere Anlagegegenstände verpachtet wird, kann eine wirtschaftliche Eingliederung vorliegen (BFH-Urteil vom 9. 9. 1993, BStBl 1994 II S. 129).

Unter Berücksichtigung der geänderten Rechtsprechung des BFH (vgl. Urteil vom 22. 4. 2010) zur finanziellen Eingliederung ist eine Organschaft jedoch nur dann zu bejahen, wenn bei der Beteiligung mehrerer Gesellschafter die Anteile an der Betriebskapitalgesellschaft im Gesamthandsvermögen liegen.

Zwangsversteigerung

Die wirtschaftliche Eingliederung aufgrund der Vermietung eines Grundstücks, das die räumliche und funktionale Grundlage der Geschäftstätigkeit der Organgesellschaft bildet, entfällt, wenn für das Grundstück Zwangsverwaltung und Zwangsversteigerung angeordnet wird (BFH-Urteil vom 29. 1. 2009, BStBl 2009 II S. 1029).

Dieses Urteil ist jedoch nach Ansicht der Finanzverwaltung nicht über den entschiedenen Einzelfall hinaus anzuwenden (vgl. BMF-Schreiben vom 1. 12. 2009, BStBl 2009 I S. 1609).

Nach Auffassung der Verwaltung ist eine wirtschaftliche Eingliederung gegeben, wenn die Organgesellschaft nach dem Willen des Unternehmers im Rahmen des Gesamtunternehmens, und zwar in engem wirtschaftlichem Zusammenhang mit diesem, tätig ist. Bei der Beurteilung dieser Voraussetzung ist auf das Gesamtbild der tatsächlichen Verhältnisse abzustellen. Wird eine Organgesellschaft durch die Nutzungsüberlassung eines Grundstücks wirtschaftlich in das Unternehmen des Organträgers eingegliedert, entfällt diese wirtschaftliche Verflechtung nicht bereits dadurch, dass für das betreffende Grundstück Zwangsverwaltung und Zwangsversteigerung angeordnet wird. Eine Entflechtung vollzieht sich erst im Zeitpunkt der tatsächlichen Beendigung des Nutzungsverhältnisses zwischen dem Organträger und der Organgesellschaft.

Nach dem BFH-Urteil vom 18. 9. 2019 (XI R 39/17) kann die für die wirtschaftliche Eingliederung i. S. von § 2 Abs. 2 Nr. 2 UStG erforderliche Verflechtung der Unternehmensbereiche von Organträger und Organgesellschaft auf entgeltlichen Leistungen des Mehrheitsgesellschafters (Organträger) gegenüber seiner Tochtergesellschaft (Organgesellschaft) beruhen, wenn diesen für das Unternehmen der Organgesellschaft mehr als nur unwesentliche (geringfügige) Bedeutung beikommt. Diese Voraussetzung ist erfüllt, wenn eine Rechtsanwalts-GmbH Rechtsanwalts-Dienstleistungen von ihrem Alleingesellschafter-Geschäftsführer, einem Rechtsanwalt, bezieht.

Im Urteilsfall vom 13. 11. 2019 (V R 30/18) hat der BFH nochmals betont, dass unentgeltliche Leistungen des Mehrheitsgesellschafters an seine Tochtergesellschaft eine wirtschaftliche Eingliederung in das Unternehmen des Mehrheitsgesellschafters nicht begründen können.

6 Organisatorische Eingliederung

Die organisatorische Eingliederung setzt voraus, dass die mit der finanziellen Eingliederung verbundene Möglichkeit der Beherrschung der Tochtergesellschaft durch die Muttergesellschaft in der laufenden Geschäftsführung auch tatsächlich wahrgenommen wird. Es kommt darauf an, dass der Organträger die Organgesellschaft durch die Art und Weise der Geschäftsführung beherrscht oder aber zumindest durch die Gestaltung der Beziehungen zwischen dem Organträger und der Organgesellschaft sichergestellt ist, dass eine vom Willen des Organträgers abweichende Willensbildung bei der Organtochter nicht möglich ist. Die organisatorische Eingliederung kann sich aus einer personellen Verflechtung über die Vertretungsorgane von Organträger und Organgesellschaft wie z. B. bei einer Personenidentität in den Leitungsgremien ergeben. Personenidentität liegt z. b. dann vor, wenn ein Einzelunternehmer als Organträger bei der abhängigen juristischen Person über eine organschaftliche Vertretungsberechtigung (vgl. z. B. § 76 AktG, § 35 GmbHG) verfügt (vgl. BFH-Urteil vom 5. 12. 2007, BStBl 2008 II S. 451 mit weiteren Nachweisen).

Nach einem Urteil des BFH vom 7. 7. 2011 (BStBl 2013 II S. 218) kann sich die organisatorische Eingliederung einer GmbH im Rahmen einer Organschaft (§ 2 Abs. 2 Nr. 2 UStG) daraus ergeben, dass der Geschäftsführer der GmbH leitender Mitarbeiter des Organträgers ist, der Organträger über ein umfassendes Weisungsrecht gegenüber der Geschäftsführung der GmbH verfügt und zur Bestellung und Abberufung des GmbH-Geschäftsführers berechtigt ist.

Die Finanzverwaltung hat mit BMF-Schreiben vom 7. 3. 2013 (BStBl 2013 I S. 333) hierzu Stellung genommen und Abschnitt 2.8 Abs. 7 UStAE geändert und die Absätze 8–11 angefügt. Daraus ergeben sich folgende Eckpunkte:

- Die Beherrschung der Tochtergesellschaft durch die Muttergesellschaft muss tatsächlich wahrgenommen werden.
- Eine vom Willen des Organträgers abweichende Willensbildung darf bei der Organgesellschaft nicht stattfinden.
- Die organisatorische Eingliederung ergibt sich i. d. R. durch die personelle Verflechtung der Geschäftsführungen.
- Erforderlich ist eine Personenidentität der Leitungsgremien oder zumindest einzelner Geschäftsführer.
- Leitende Mitarbeiter des Organträgers sind Geschäftsführer der Organgesellschaft.
- Organisatorische Eingliederung auch ohne personelle Verflechtung der Leitungsgremien, bei Vorliegen schriftlicher Vereinbarungen (z. B. Beherrschungsvertrag nach § 291 AktG).
- Die Regelungen sind in allen noch offenen Fällen anzuwenden.

7 Sonderfall Holding

7.1 Halten von Beteiligungen

Nach der ständigen Rechtsprechung des EuGH ist das bloße Erwerben, Halten und Veräußern von gesellschaftsrechtlichen Beteiligungen keine unternehmerische Tätigkeit. Wer sich an einer Personen- oder Kapitalgesellschaft beteiligt, übt zwar eine „Tätigkeit zur Erzielung von Einnahmen" aus. Gleichwohl ist er im Regelfall nicht Unternehmer i. S. des UStG, weil Dividenden und andere Gewinnbeteiligungen aus Gesellschaftsverhältnissen nicht als umsatzsteuerrechtliches Entgelt im Rahmen eines Leistungsaustauschs anzusehen sind.

Soweit daneben eine weitergehende Geschäftstätigkeit ausgeübt wird, die für sich die Unternehmereigenschaft begründet, ist diese vom nichtunternehmerischen Bereich zu trennen.

7.2 Finanzholding

Eine Holdinggesellschaft, deren Zweck sich auf das Halten und Verwalten gesellschaftsrechtlicher Beteiligungen beschränkt und die keine Leistungen gegen Entgelt erbringt, wird als sog. Finanzholding bezeichnet und ist nicht Unternehmer i. S. des § 2 UStG.

7.3 Führungs- und Funktionsholding

Eine Holdinggesellschaft, die im Sinne einer einheitlichen Leitung aktiv in das laufende Tagesgeschäft ihrer Tochtergesellschaften eingreift, wird als Führungs- oder Funktionsholding bezeichnet und ist unternehmerisch tätig.

7.4 Gemischte Holding

Wird eine Holding nur gegenüber einigen Tochtergesellschaften geschäftsleitend tätig, während sie Beteiligungen an anderen Tochtergesellschaften lediglich hält und verwaltet (sog. gemischte Holding), hat sie sowohl einen unternehmerischen als auch einen nichtunternehmerischen Bereich.

7.5 Folgen für die Organschaft

Eine Organschaft umfasst nur den unternehmerischen Bereich einer Kapitalgesellschaft. An der Voraussetzung einer wirtschaftlichen Eingliederung der Kapitalgesellschaft fehlt es regelmäßig, wenn die gesellschaftsrechtliche Beteiligung nicht im unternehmerischen Bereich des Anteilseigners gehalten wird.

III. Rechtsfolgen der umsatzsteuerlichen Organschaft

1 Umsetzung im Rahmen der laufenden Besteuerung

Als Folge der umsatzsteuerlichen Organschaft handelt es sich bei den Leistungen innerhalb des Organkreises um nicht steuerbare Innenumsätze, da sie den Rahmen des Unternehmens nicht verlassen. Damit entsteht auf der Seite des Leistenden keine Umsatzsteuer und auf Ebene des Empfängers besteht kein Vorsteuerabzug.

Soweit Teile eines Unternehmens auch im Ausland liegen, sind die Wirkungen der Organschaft sind auf Innenleistungen zwischen den im Inland gelegenen Unternehmensteilen beschränkt. Diese Unternehmensteile sind als ein Unternehmen zu behandeln. Hat der Organträger seine Geschäftsleitung im Ausland, gilt der wirtschaftlich bedeutendste Unternehmensteil im Inland als der Unternehmer.

Die Organschaft umfasst nur den unternehmerischen Bereich der Organgesellschaft. Liegt Organschaft vor, sind die untergeordneten juristischen Personen (Organgesellschaften, Tochtergesellschaften) ähnlich wie Angestellte des übergeordneten Unternehmens (Organträger, Muttergesellschaft) als unselbständig anzusehen.

2 Vorteile der umsatzsteuerlichen Organschaft

2.1 Verfahrensvereinfachung

Im Rahmen einer umsatzsteuerlichen Organschaft ergibt sich zunächst eine erhebliche Vereinfachung dadurch, dass für den gesamten Organkreis lediglich eine Umsatzsteuervoranmeldung oder auch Umsatzsteuerjahreserklärung eingereicht werden muss. Darüber hinaus entfällt die Anforderung an eine Rechnungsstellung i. S. des § 14 UStG innerhalb des Organkreises mit der weiteren Folge, dass die internen Umsätze und Vorsteuern ohne die entsprechenden umsatzsteuerlichen Anforderungen aufgezeichnet werden können. Durch diese Erleichterungen ist weniger Bürokratie erforderlich und es werden entsprechend Kosten eingespart.

2.2 Steuerfreie Umsätze

In einigen Branchen können sich Steuervorteile dadurch ergeben, dass mehrere nacheinander geschaltete Produktionsstufen in einem Organkreis zusammengefasst werden und sich dadurch die gem. § 15 Abs. 2 Nr. 1 UStG nicht abziehbaren Vorsteuern reduzieren lassen. Nicht abziehbar ist daher nur die Vorsteuer, die auf der ersten Stufe des Leistungsbezugs entsteht, während auf den weiteren Stufen mit zunehmender Wertschöpfung keine nicht abziehbaren Vorsteuern mehr entstehen, da diese innerhalb des Organkreises realisiert werden.

> *Beispiel:*
>
> Die A-GmbH ist als Bauunternehmen tätig und errichtet dabei überwiegend schlüsselfertige Ein- und Zweifamilienhäuser auf den Grundstücken ihrer Kunden. Die Vorsteuern aus den Eingangsleistungen (Material und Maschinen) kann sie unter den Voraussetzungen des § 15 UStG abziehen. Die Ausgangsleistungen unterliegen dabei in voller Höhe der Umsatzsteuer und enthalten auch die in dieser Branche sehr hohen Personalkosten.
>
> Ca. 80 % der Umsätze der A-GmbH werden mit der Vermarktungsgesellschaft B-GmbH getätigt, die unbebaute Grundstücke erwirbt, von der A-GmbH bebauen lässt und anschließend an ihre Kunden veräußert. Diese Verkäufe erfolgen nach § 4 Nr. 9a UStG steuerfrei und schließen einen entsprechenden Vorsteuerabzug aus.
>
> Besteht nun die Möglichkeit, dass zwischen der A-GmbH und der B-GmbH ein Organschaftsverhältnis begründet wird, würde dies zu einem erheblichen Steuervorteil führen, da nur die auf Ebene der A-GmbH entstandenen Vorsteuern vom Abzug ausgeschlossen sind, nicht jedoch die auf die Wertschöpfung entfallende Vorsteuer in der B-GmbH.

2.3 Übertragung von Wirtschaftsgütern

Erfolgt die Übertragung von Wirtschaftsgütern zwischen den einzelnen Firmen nach Begründung einer umsatzsteuerlichen Organschaft, so führt dies zu nicht steuerbaren Innenumsätzen. Insbesondere bei der Übertragung von Wirtschaftsgütern auf Gesellschafter oder andere nahestehende Personen wie z. B. Schwestergesellschaften (Fälle der unentgeltlichen Wertabgabe nach § 3 Abs. 1b UStG) entsteht ohne Organschaft häufig eine Umsatzsteuerbelastung, ohne dass ein entsprechender Vorsteuerabzug möglich ist, da nicht mit einer Rechnung i. S. des § 14 UStG abgerechnet werden kann (vgl. hierzu Abschnitt 24a Abs. 2 Sätze 4 und 5 UStR).

Beispiel:

Die A-GmbH überträgt eine Maschine im Wert von 100.000 € unentgeltlich auf ihre Schwestergesellschaft B-GmbH. Aus Sicht der A-GmbH handelt es sich um eine unentgeltliche Wertabgabe i. S. des § 3 Abs. 1b UStG, die sich gem. § 10 Abs. 4 Nr. 1 UStG mit dem üblichen Einkaufspreis im Zeitpunkt der Abgabe bemisst. Die auf Ebene der A-GmbH anfallende Umsatzsteuer kann von der B-GmbH mangels Rechnung nicht als Vorsteuer abgezogen werden.

Hätte man vor der Übertragung die Voraussetzungen für eine umsatzsteuerliche Organschaft geschaffen mit der Folge, dass A-GmbH und B-GmbH zu einem Organkreis gehören, wäre diese Steuerbelastung nicht entstanden.

3 Nachteile der umsatzsteuerlichen Organschaft

Die umsatzsteuerliche Organschaft kann dann zu Nachteilen führen, wenn der Organträger als Steuerschuldner des Organkreises für Steuerschulden der Organgesellschaft in Anspruch genommen wird.

4 Rechnungserteilung

Nach der Regelung des Abschnitts 183 Abs. 4 UStR 2008 sind Innenumsätze innerhalb eines Organkreises innerbetriebliche Vorgänge. Werden für sie Belege mit gesondertem Steuerausweis ausgestellt, handelt es sich umsatzsteuerrechtlich nicht um Rechnungen, sondern um unternehmensinterne Buchungsbelege. Die darin ausgewiesene Steuer wird nicht nach § 14c Abs. 2 UStG geschuldet.

Diese Rechtsauffassung wird durch das BFH-Urteil vom 28. 10. 2010, BStBl 2011 II S. 391, bestätigt. Nach Ansicht des BFH begründet die Rechnungserteilung der Organgesellschaft an den Organträger weder nach § 14 Abs. 2 UStG 1993 noch nach § 14 Abs. 3 UStG 1993 eine Steuerschuld für die Organgesellschaft.

5 Vorsteuerabzug

Zwar ist der Organträger der Unternehmer bei einer umsatzsteuerlichen Organschaft und demnach steht ihm auch das Recht für den Vorsteuerabzug zu. Dennoch wird auch ein Vorsteuerabzug aus Rechnungen zugelassen, die auf die jeweiligen Organgesellschaften ausgestellt sind, da auch diese zum gesamten Organkreis gehören.

Hat die Organgesellschaft Leistungen vor Beendigung einer Organschaft bezogen, geht aber die Rechnung über diese Leistungen erst nach Beendigung der

Organschaft ein, so steht der Vorsteuerabzug hierfür noch dem Organträger zu. Bei Leistungsbezügen nach Beendigung der Organschaft steht der Vorsteuerabzug der dann selbständigen Organgesellschaft zu.

6 Rechtsbeziehung zwischen Organgesellschaft und Organträger im Innenverhältnis

Der BGH hat sich in seinem Urteil vom 29.1.2013 (II ZR 91/11, BFH/NV 2013 S. 893) mit der Frage befasst, wie Vorsteuererstattungsansprüche im Innenverhältnis zwischen den Mitgliedern eines Organkreises zu behandeln sind.

Nach Aussage des BGH ist die auf § 2 Abs. 2 Satz 1 Nr. 2 UStG beruhende Zuweisung des Vorsteuerabzugsrechts an den Organträger lediglich formeller, der Abwicklung des Steuerschuldverhältnisses dienender Natur. Der Organträger ist der Organgesellschaft im Innenverhältnis der Mitglieder des Organkreises zum Ausgleich der Vorsteuerabzugsbeträge verpflichtet, die auf Leistungsbezüge der Organgesellschaft entfallen und die lediglich infolge der umsatzsteuerlichen Organschaft dem Organträger zu Gute gekommen sind.

IV. Beendigung einer umsatzsteuerlichen Organschaft

Die OFD Frankfurt hat sich in einer umfassenden Verfügung zum Zeitpunkt und den umsatzsteuerlichen Folgen der Beendigung einer Organschaft geäußert. Darin nimmt sie insbesondere zur Insolvenz der Organgesellschaft bzw. des Organträgers umfassend Stellung (Vfg. der OFD Frankfurt vom 20.7.2009, DStR 2009 S. 1911).

1 Wegfall der Eingliederungsvoraussetzungen

Eine umsatzsteuerliche Organschaft liegt vor, wenn eine juristische Person nach dem Gesamtbild der Verhältnisse finanziell, wirtschaftlich und organisatorisch in das Unternehmen des Organträgers eingegliedert ist. Entfällt eine dieser gesetzlichen Voraussetzungen, endet die Organschaft. Das ist z. B. der Fall, wenn

- sich die Stimmrechtsverhältnisse durch Aufnahme weiterer Gesellschafter in die Organgesellschaft entscheidend ändern,
- der Betrieb des Organträgers oder der Organgesellschaft veräußert oder
- die Organgesellschaft in eine Personengesellschaft umgewandelt wird.

Bei Liquidation und Vermögenslosigkeit ist zu beachten, dass der bloße Beschluss über die Auflösung der Gesellschaft und die anschließende Abwicklung der Geschäfte der Organgesellschaft keinen Einfluss auf die Organschaft hat. Die Organgesellschaft rechnet vielmehr solange zum Unternehmen des Organträgers, bis die Liquidation abgeschlossen und das vorhandene Gesellschaftsvermögen veräußert ist. Auch durch die Vermögenslosigkeit der Organgesellschaft wird die Organschaft nicht beendet.

Bei Liquidation des Organträgers endet jedoch regelmäßig die Organschaft, weil mit der Einstellung der aktiven unternehmerischen Tätigkeit des Organträgers auch die wirtschaftliche Eingliederung der Organgesellschaft entfällt.

Außerdem endet die Organschaft spätestens mit der Eröffnung des Insolvenzverfahrens über das Vermögen der Organgesellschaft, weil zu diesem Zeitpunkt das Verwaltungs- und Verfügungsrecht (nach § 80 Abs. 1 InsO) auf den Insolvenzverwalter übergeht und somit die organisatorische Eingliederung entfällt. Bei Bestellung eines vorläufigen Insolvenzverwalters ist danach zu unterscheiden, ob es sich um einen sog. starken oder schwachen Insolvenzverwalter handelt. Wird mit der Bestellung eines vorläufigen Insolvenzverwalters der Organgesellschaft ein allgemeines Verfügungsverbot auferlegt („starker" Insolvenzverwalter), endet das Organschaftsverhältnis bereits ab diesem Zeitpunkt. Hingegen bleibt es bei Bestellung eines „schwachen" Insolvenzverwalters bis zur Eröffnung des Insolvenzverfahrens regelmäßig bestehen.

Wird der Antrag der Organgesellschaft auf Eröffnung des Insolvenzverfahrens mangels Masse abgelehnt, bleibt die vorher bestehende finanzielle, organisatorische und wirtschaftliche Eingliederung unberührt. Die Organgesellschaft rechnet solange zum Unternehmen des Organträgers, bis die Liquidation abgeschlossen und das vorhandene Gesellschaftsvermögen veräußert ist.

Kommt es beim Organträger zur Insolvenz, hat dies grundsätzlich keine Auswirkungen auf die finanzielle und wirtschaftliche Eingliederung. Auch die organisatorische Eingliederung wird der Insolvenzverwalter i. d. R. weiterhin sicherstellen. Werden Organträger und Organgesellschaft insolvent und wird für beide derselbe Insolvenzverwalter bestellt, ist dieser in der Lage, seinen Willen bei beiden Unternehmen „durchzusetzen". Die umsatzsteuerliche Organschaft bleibt deshalb bestehen. Bei der Bestellung unterschiedlicher Insolvenzverwalter endet die Organschaft.

2 Rechtsfolgen der Beendigung der Organschaft

Entscheidend für die Zurechnung von Umsätzen ist der Zeitpunkt des Umsatzsteuer auslösenden Ereignisses. Erbringt demnach die Organgesellschaft Leistungen vor Beendigung der Organschaft, werden diese noch dem Organträger zugerechnet. Werden die Leistungen nach Beendigung der Organschaft erbracht, werden sie grundsätzlich der Organgesellschaft als eigenständige Unternehmerin zugerechnet. Unerheblich sind hierbei der Zeitpunkt der Rechnungserteilung sowie der Zeitpunkt der Entstehung der Steuer. Dementsprechend richten sich auch Berichtigungsansprüche nach § 17 UStG, die diese Umsätze betreffen, nur dann gegen den Organträger, wenn der Zeitpunkt des den Berichtigungsanspruch auslösenden Ereignisses vor Beendigung der Organschaft liegt.

Für die Zurechnung des Vorsteueranspruchs ist ebenfalls der Leistungsbezug als auslösendes Ereignis entscheidend. Vorsteuern aus Leistungen, die die Organgesellschaft vor Beendigung der Organschaft bezieht, stehen demnach dem

Organträger zu, unabhängig davon, ob sämtliche materiell-rechtlichen Voraussetzungen des § 15 UStG erfüllt sind.

Beispiel:

Die Organschaft zwischen A als Organträger und der B-GmbH als Organgesellschaft wird am 20. 1. 2020 beendet. B hatte noch am 16. 1. 2020 eine Warenlieferung im Wert von 10.000 € zzgl. Umsatzsteuer von C erhalten. Die nach § 14 UStG ordnungsgemäß erteilte Rechnung des C geht bei B erst am 3. 2. 2020 ein. Die materiell-rechtlichen Voraussetzungen des Vorsteuerabzugs nach § 15 UStG liegen erst im Zeitpunkt des Erhalts der Rechnung am 3. 2. 2020 vor. Der Vorsteuerabzug ist demnach erst im Voranmeldungszeitraum Februar 2020 zu erfassen. Er steht jedoch in vollem Umfang A als Organträger zu, da im Zeitpunkt des Leistungsbezugs durch B die Organschaft noch bestanden hat.

Diese Rechtsauffassung der Finanzverwaltung wurde kürzlich vom BFH im Ergebnis bestätigt (BFH-Urteil vom 13. 5. 2009, BStBl 2009 II S. 868). Es wurde ausdrücklich klargestellt, dass die Berechtigung des Organträgers zum Vorsteuerabzug aus Eingangsleistungen der Organgesellschaft sich nach den Verhältnissen im Zeitpunkt des Leistungsbezugs und nicht der Rechnungserteilung richtet.

Dementsprechend können auch Vorsteuern aus Leistungen, die die Organgesellschaft erst nach Beendigung der Organschaft bezieht, grundsätzlich nur von der Organgesellschaft abgezogen werden. Hat jedoch der Organträger vor Beendigung der Organschaft An- oder Vorauszahlungen auf diese Leistungen entrichtet und hieraus den Vorsteuerabzug vorgenommen (§ 15 Abs. 1 Nr. 1 Satz 2 UStG), ist die Organgesellschaft lediglich zum Vorsteuerabzug aus dem im Zeitpunkt der Beendigung der Organschaft noch offenen Restpreis berechtigt.

Die Finanzverwaltung hat mit Schreiben vom 9. 4. 2013, BStBl 2013 I S. 517, zur Frage der Bestimmung des maßgeblichen Voranmeldungszeitraums Stellung genommen und die Abschnitte 18.2 Abs. 1 und 18.7 Abs. 1 UStAE neu gefasst.

Nach Wegfall der Voraussetzungen für eine umsatzsteuerliche Organschaft bzw. nach dem Ausscheiden einer Organgesellschaft aus einer Organschaft bestimmt sich der Voranmeldungszeitraum der bisherigen Organgesellschaft aus Vereinfachungsgründen grundsätzlich anhand der Steuer des vorangegangenen Kalenderjahrs des bisherigen Organkreises. Soweit die bisherige Organgesellschaft einen davon abweichenden Voranmeldungszeitraum begehrt, hat sie die fiktive anteilige Steuer für das vorangegangene Kalenderjahr selbst zu ermitteln.

V. Haftung

Eine Organgesellschaft haftet nach § 73 AO für solche Steuern des Organträgers, für welche die Organschaft zwischen ihnen steuerlich von Bedeutung ist. Steuerschuldner in Organschaftsverhältnissen ist der jeweilige Organträger. Nach

§ 73 AO haften jedoch die Organgesellschaften für Umsatzsteuern des Organträgers, sofern sich die Organschaft auf die Umsatzsteuer erstreckt.

Den Steuern stehen nach § 73 Satz 2 AO die Ansprüche auf Erstattung von Steuervergütungen gleich. Keine Haftung der Organgesellschaft besteht nach § 73 AO nach der Rechtsprechung des BFH indes für Zinsen (BFH-Urteil vom 5. 10. 2004, BStBl 2004 II S. 3).

Bei einer Organschaft werden alle Besteuerungsgrundlagen, die für die Körperschaftsteuer, Gewerbesteuer und Umsatzsteuer von Bedeutung sind, beim Organträger erfasst und auf dieser Grundlage werden die sich daraus ergebenden Steuern beim Organträger festgesetzt.

Um bei einer möglichen Zahlungsunfähigkeit des Organträgers Steuerausfälle zu vermeiden, sieht § 73 AO die Haftung der Organgesellschaft vor, jedoch nur für die Steuerschulden, für die ein wirksames Organverhältnis besteht. Ob und bei welcher Steuerart das der Fall ist, ergibt sich aus den Einzelsteuergesetzen (z. B. § 14 KStG, § 2 Abs. 2 Nr. 2 UStG, § 2 Abs. 2 Nr. 2 GewStG).

Nach einer Entscheidung des BFH vom 31. 5. 2017 (I R 54/15, BStBl 2018 II S. 54) ist der Gegenstand der Haftung (§ 73 Satz 1 AO) für eine körperschaftsteuerrechtliche Organschaft (§ 14 Abs. 1 Satz 1 KStG) auf solche Steueransprüche beschränkt, die gegen den durch das konkrete Organschaftsverhältnis bestimmten Organträger gerichtet sind. Dies ist auch bei mehrstufigen Organschaften zu beachten.

Die Haftung umfasst nicht nur die von der Organgesellschaft verursachten Steuern, sondern auch die Steuern, die von den Schwestergesellschaften der Organgesellschaft verursacht worden sind.

Nach dem Urteil des Finanzgerichts des Landes Sachsen-Anhalt vom 15. 8. 2012 (3 K 480/11) erstreckt sich die in § 73 AO angeordnete Haftung der Organgesellschaft für Steuerschulden des Organträgers nicht auf steuerliche Nebenleistungen.

Kapitel 4 – Zusammenfassender Beispielsfall

I. Allgemeiner Sachverhalt

Die M-AG mit Sitz in Frankfurt befasst sich mit der Herstellung und dem Vertrieb von Büromöbeln verschiedenster Ausführungen und Preiskategorien. Für den Vertrieb ihrer hochwertigen Produktpalette an Echtholz-Schreibtischen und Schranksystemen hat sie bereits im Jahr 2013 eine Tochtergesellschaft in der Rechtsform einer GmbH (T-GmbH) gegründet und 100 % der Anteile an dieser neu gegründeten Gesellschaft übernommen.

Die Stammeinlage i. H. v. 500.000 € wurde in voller Höhe auf das Geschäftskonto der T-GmbH eingezahlt. Der Gesellschaftsvertrag der T-GmbH datiert vom 1. 3. 2013, die Eintragung im Handelsregister erfolgt am 15. 4. 2013.

Zwischen der M-AG und der T-GmbH wurde am 20. 3. 2020 ein auf zunächst fünf Jahre befristeter Gewinnabführungsvertrag abgeschlossen, in dem sich die T-GmbH zur Abführung ihres gesamten Gewinns und die M-AG zur Übernahme etwaiger Verluste verpflichtet haben. Die Organschaft soll bereits für das erste Wirtschaftsjahr der T-GmbH gelten.

Nachdem die Gesellschafterversammlungen beider beteiligten Gesellschaften am 20. 3. 2020 dem Gewinnabführungsvertrag zugestimmt haben, erfolgt die Eintragung im Handelsregister der T-GmbH noch im Juli 2020.

Die Organschaft kann bereits für das Jahr 2020 anerkannt werden, da die T-GmbH finanziell in die M-AG eingegliedert ist, die Organgesellschaft der (inländischen) Betriebsstätte des Organträgers zuzuordnen ist und der Gewinnabführungsvertrag bereits im Jahr 2020 zivilrechtlich wirksam wurde. Auch die inhaltlichen Regelungen entsprechen den Anforderungen der §§ 14 und 17 KStG.

In diesem Zusammenhang sollte darauf hingewiesen werden, dass sich die Handelsregistereintragung auch aus Gründen, die der Steuerpflichtige selbst nicht zu vertreten hat, verzögern kann. Wäre der Gewinnabführungsvertrag erst im Jahr 2021 in das Handelsregister der T-GmbH eingetragen worden, so könnte das Organschaftsverhältnis auch erst ab diesem Jahr anerkannt werden, so dass sich die Laufzeit des Vertrages um ein Jahr verkürzen würde, ohne dass der Steuerpflichtige hierauf einen Einfluss hat.

II. Besteuerungsgrundlagen der Organgesellschaft

Der von der T-GmbH erstellte und von einer WP-Gesellschaft geprüfte Jahresabschluss auf den 31. 12. 2020 weist u. a. folgende Angaben auf:

Handelsbilanz T-GmbH 31. 12. 2020

Aktiva		31. 12. 2020
1.	Sachanlagen	1.750.000,00
2.	Anteile an Kapitalgesellschaften	300.000,00
3.	Anteile an Personengesellschaften	350.000,00
4.	Vorräte	280.000,00
5.	Forderungen aus LuL	250.000,00
6.	Sonstige Forderungen	128.800,00
7.	Sonstige Vermögensgegenstände	100.000,00
8.	Bankguthaben	35.000,00
	Summe Aktiva	**3.193.800,00**

Passiva		31. 12. 2020
9.	Stammkapital	500.000,00
10.	Gewinnvortrag	120.000,00
11.	Gewinnrücklagen	200.000,00
12.	Sonstige Rückstellungen	223.800,00
13.	Rückstellung Drohverluste	65.000,00
14.	Darlehen	1.515.000,00
15.	Vblk. verbundene Unternehmen	300.000,00
16.	Verbindlichkeiten aus LuL	250.000,00
17.	Sonstige Verbindlichkeiten	20.000,00
	Summe Passiva	**3.193.800,00**

Anmerkungen zur Bilanz der T-GmbH:

2. Anteile an Kapitalgesellschaften
   Der Bilanzposten hat sich im Jahr 2020 wie folgt entwickelt:

Stand 31. 12. 2019	520.000,00
Abgang Anteile Z-GmbH	−220.000,00
Bilanzansatz 31. 12. 2020	300.000,00

Die vor Jahren erworbenen Anteile an der Z-GmbH wurden am 30. 9. 2020 zum Kaufpreis von 100.000 € veräußert. Dabei entstand ein Veräußerungsverlust i. H. v. 120.000 €. Der verbleibende Betrag auf den 31. 12. 2020 betrifft die Anschaffungskosten (einschließlich Anschaffungsnebenkosten) für 100 % der Anteile an der U-GmbH i. H. v. 300.000 €.

3. Anteile an Personengesellschaften

Der Bilanzansatz zum 31. 12. 2020 enthält einen Ansatz für die Kommanditbeteiligung an der Echtholz GmbH & Co. KG, der sich wie folgt ergibt:

Stand 1. 1. 2020	300.000,00 €
Gewinnanteil 2020 vorläufig	50.000,00 €
Bilanzansatz 31. 12. 2020	350.000,00 €

Zunächst wurde der vorläufige Gewinnanteil für das 2020 i. H. v. 50.000 € gebucht. Nach den Erkenntnissen des steuerlichen Beraters ergibt sich aufgrund des endgültigen Gewinnfeststellungsbescheids ein Gewinnanteil für 2020 i. H. v. 80.000 €.

11. Gewinnrücklagen
    Im Rahmen der Regelung des § 14 Abs. 1 Nr. 4 KStG wird ein Betrag i. H. v. 200.000 € den Gewinnrücklagen zugeführt.

15. Verbindlichkeiten gegenüber verbundenen Unternehmen
    Die T-GmbH weist in ihrer Handelsbilanz die Verpflichtung zur Abführung des gesamten Gewinns der gegenüber dem Organträger M-AG aus. Der Betrag wird Anfang 2021 zeitnah an den Organträger ausgezahlt.

GuV-Rechnung T-GmbH 31.12.2020

	Erträge	2020
1.	Erlöse aus LuL	4.315.000,00
2.	Sonstige Erlöse	198.000,00
3.	Erträge aus Beteiligungen KapG	80.000,00
4.	Erträge aus Beteiligungen PersG	50.000,00
5.	Zinserträge	1.000,00
6.	Übrige Erträge	2.000,00
	Summe Erträge	**4.646.000,00**

	Aufwendungen	2020
7.	Personal- und Materialaufwand	2.880.000,00
8.	Abschreibungen Sachanlagen	228.000,00
9.	Spenden	50.000,00
10.	Geschenke über 35 €	25.000,00
11.	Sonstige betriebliche Aufwendungen	663.000,00
12.	Verlust Abgänge Finanzanlagen	120.000,00
13.	Zinsaufwand	180.000,00
	Summe Aufwendungen	**4.146.000,00**
14.	**Ergebnis der gewöhnlichen Geschäftstätigkeit**	**500.000,00**
15.	Aufgrund eines Gewinnabführungsvertrages abgeführter Gewinn	300.000,00
16.	Einstellung in andere Gewinnrücklagen	200.000,00
17.	**Jahresüberschuss**	**0,00**

Anmerkungen:

3. Erträge aus Beteiligungen Kapitalgesellschaften
   Hier wurde die Brutto-Dividende der U-GmbH i.H.v. 80.000 € gebucht. Die Kapitalertragsteuer und der Solidaritätszuschlag wurden einbehalten und abgeführt. Eine ordnungsgemäße Spendenbescheinigung liegt vor:

Dividende	80.000,00
Kapitalertragsteuer 25 %	−20.000,00
Solidaritätszuschlag 5,5 %	−1.100,00
Gutschrift auf dem Bankkonto	58.900,00

Die Organgesellschaft hat die Dividende wie folgt gebucht:

Bank	58.900,00			
Forderung Kapitalertragsteuer ggü. M-AG	21.100,00	an	Erträge aus Beteiligungen KapG	80.000,00

4. Erträge aus Beteiligungen PersG

Hier wurde der vorläufige Gewinnanteil der Echtholz GmbH & Co. KG für das Jahr 2020 i. H. v. 50.000 € gebucht.

9. Spenden
   Es handelt sich um mehrere Einzelspenden. Ordnungsgemäße Spendenbescheinigungen liegen vor.

10. Geschenke
    Hierbei handelt es sich um Aufwendungen für Geschenke an Geschäftsfreunde, die den Betrag von 35 € je Empfänger im Wirtschaftsjahr übersteigen.

12. Verlust Abgänge Finanzanlagen
    In 2020 wurde die Beteiligung an der Z-GmbH mit Verlust veräußert. Auf die Ausführungen zu dem entsprechenden Bilanzposten wird hingewiesen.

13. Zinsaufwand
    Hierbei handelt es sich um Zinsen für ein langfristiges Bankdarlehen, das zum Erwerb von Produktionsmaschinen aufgenommen wurde.

15. Gewinnabführung
    An den Organträger M-AG aufgrund des Gewinnabführungsvertrages abgeführter Gewinn.

16. Einstellung in andere Gewinnrücklagen
    Im Rahmen der Regelung des § 14 Abs. 1 Nr. 4 KStG wird der Betrag den Gewinnrücklagen zugeführt. Die T-GmbH plant eine Erweiterung ihrer Lager- und Ausstellungsflächen, so dass die Bildung dieser Rücklage aus objektiver unternehmerischer Sicht gerechtfertigt ist.

Anlage zur Steuererklärung 2020

	Ermittlung Steuerbilanz-Gewinn	2020
1.	Jahresüberschuss lt. HB	0,00
2.	Einstellung in Gewinnrücklagen	200.000,00
	Beträge gem. § 60 EStDV	
3.	Rückstellung für Drohverluste	65.000,00
4.	Mehrabschreibung aus Vorprüfung	−35.000,00
5.	Gewinnanteil Personengesellschaft	30.000,00
6.	**Gewinn lt. Steuerbilanz**	**260.000,00**

Anmerkungen:

1. Jahresüberschuss
   Aufgrund der Abführung des gesamten Gewinns an den Organträger ergibt sich ein handelsrechtlicher Jahresüberschuss gem. GuV-Rechnung i. H. v. 0 €.

2. Gewinnrücklagen

Die zu Lasten des Jahresüberschusses gebuchte Zuführung zu den Gewinn-rücklagen ist zur Ermittlung des Einkommens der Organgesellschaft zuzu-rechnen.

3. Drohverluste

Rückstellungen für drohende Verluste sind gem. § 5 Abs. 4a EStG steuerlich nicht zulässig und daher zu Ermittlung des steuerlichen Ergebnisses wieder zuzurechnen.

4. Feststellungen Vorprüfung

Im Rahmen der vorangegangenen Betriebsprüfung (2017–2019) wurden auf den 31.12.2019 als Aufwand gebuchte nachträgliche Herstellungskos-ten aktiviert und auf eine Nutzungsdauer von 5 Jahren abgeschrieben. Die Weiterentwicklung des Bilanzpostens führt daher auch im Jahre 2020 zu einer zusätzlichen Abschreibung i.H.v. 35.000 €.

Nachträgliche Herstellungskosten 2019	175.000,00
AfA 2019 (20 %)	−35.000,00
Ansatz Prüferbilanz 31.12.2019	140.000,00
AfA 2020 (20 %)	−35.000,00
Ansatz Steuerbilanz 31.12.2020	105.000,00

5. Gewinnanteil Personengesellschaft

Der endgültige Gewinnanteil aus der Beteiligung an der Echtholz GmbH & Co. KG beträgt 80.000 €. Da in der Handelsbilanz bisher jedoch lediglich 50.000 € gebucht wurden, sind zusätzlich 30.000 € in der Steuerbilanz zu erfassen.

Sonstige Informationen:

Die T-GmbH verfügt zum 31.12.2014 über ein steuerliches Einlagekonto i.S. des § 27 KStG i.H.v. 70.000 €.

III. Ermittlung des Einkommens der Organgesellschaft

Grundlage für die Einkommensermittlung ist die Vorschrift des § 15 KStG. Da-nach sind zunächst die allgemeinen Vorschriften für die Einkommensermitt-lung anzuwenden.

Ein Verlustabzug nach § 10d EStG ist bei der Organgesellschaft nicht zulässig. Steuerliche Verlustvorträge aus der Zeit vor Abschluss der Ergebnisabführungs-vertrages sind nicht abziehbar.

	Einkommensermittlung OG	2020
1.	Jahresüberschuss	0,00
2.	Hinzurechnung nach § 60 Abs. 2 EStDV	260.000,00
3.	Spenden	50.000,00
4.	Geschenke	25.000,00
5.	Gewinnabführung an OT	300.000,00
	Summe der Einkünfte	635.000,00
6.	abziehbare Spenden	−50.000,00
	Zwischensumme	585.000,00
	dem OT zuzurechnendes Einkommen	−585.000,00
	Zu versteuerndes Einkommen	**0,00**

Erläuterungen:

1. Jahresüberschuss lt. Handelsbilanz
   Ausgangspunkt für die Ermittlung des dem Organträger zuzurechnenden Einkommens ist der Jahresüberschuss lt. Handelsbilanz.
2. Gewinnkorrekturen Steuerbilanz/§ 60 Abs. 2 EStDV
   Die sich aufgrund der Anpassungen an die Steuerbilanz ergebenden Besonderheiten werden durch eine Hinzurechnung von 260.000 € berücksichtigt.
3. Spenden
   Hinzurechnung der Spenden zur Ermittlung des abziehbaren Spendenhöchstbetrages
4. Geschenke
   Aufwendungen für Geschenke an Nicht-Arbeitnehmer des Steuerpflichtigen sind nur noch dann abziehbar sind, wenn der Wert der einem Empfänger im Wirtschaftsjahr zugewendeten Geschenke 35 € nicht übersteigt.
5. Gewinnabführung
   Die als Betriebsausgabe gebuchte Gewinnabführung ist zuzurechnen.
6. Spendenabzug
   Für die Prüfung des maximal zulässigen Spendenabzugs ist § 9 Abs. 1 Nr. 2 KStG für die Organgesellschaft und den Organträger gesondert anzuwenden (vgl. OFD Hannover vom 4. 4. 2003, DB 2003 S. 1144; FG Düsseldorf vom 26. 6. 2012, 6 K 3767/10 F, Revision BFH Az. I R 55/12).

	Ermittlung des Spendenhöchstbetrages	
1.	Summe der Umsätze, Löhne und Gehälter	6.000.000,00
	davon $^4/_{1000}$	24.000,00
2.	Einkommen	635.000,00
	davon 20 %	127.000,00
	abzuziehen	**50.000**

Für die Ermittlung des Höchstbetrages sind bei der Organgesellschaft nur ihre eigenen Umsätze, Löhne und Gehälter maßgebend, auch wenn ein umsatzsteuerliches Organschaftsverhältnis vorliegt (R 9 Abs. 5 KStR). Dies gilt auch für die Ermittlung des Höchstbetrages nach dem Einkommen. Hier ist nur das eigene Einkommen der Organgesellschaft heranzuziehen.

8. Bruttomethode
Die Regelungen des § 8b Abs. 1–6 KStG finden bei der Einkommensermittlung der Organgesellschaft keine Anwendung (§ 15 Nr. 2 KStG). Vielmehr ist die Bruttomethode maßgebend, wonach die Vorschriften des § 8b KStG sowie § 3 Nr. 40 EStG und § 3c EStG auf Ebene des Organträgers anzuwenden sind, wenn die Organgesellschaft Dividenden oder Veräußerungserlöse erzielt hat oder im zuzurechnenden Einkommen nichtabziehbare Gewinnminderungen oder Betriebsausgaben enthalten sind.

Zur Umsetzung der auf Ebene der Organgesellschaft getroffenen Feststellungen werden sämtliche Besteuerungsgrundlagen (zuzurechnendes Einkommen und damit zusammenhängende andere Besteuerungsgrundlagen) gegenüber der Organgesellschaft und dem Organträger gesondert und einheitlich festgestellt (§ 14 Abs. 5 KStG).

	Gesonderte Feststellung § 14 Abs. 5 KStG	**2020**
1.	Ergebnisübernahme durch den Organträger: Gewinn	300.000,00
2.	Minderabführung	295.000,00
3.	Mehrabführung aus vororganschaftlicher Zeit	35.000,00
4.	Dem OT zuzurechnendes Einkommen der OG	585.000,00
5.	Summe der Einkünfte (für Zwecke des § 34c EStG)	635.000,00
6.	Anzurechnende Kapitalertragsteuer	20.000,00
	Anzurechnender Solidaritätszuschlag	1.100,00
7.	Steuerfreie Einkommensteile (§ 15 Nr. 2 KStG)	
	Bezüge i. S. des § 8b Abs. 1 KStG	80.000,00
	Nicht abziehbar gem. § 8b Abs. 5 KStG	−4.000,00
	Gewinnminderungen i. S. des § 8b Abs. 3	−120.000,00

Erläuterungen:

1. Abgeführter Gewinn
Mitteilung der auf Ebene der Organgesellschaft gebuchten Gewinnabführung

2. Minderabführung
Die Minderabführung ergibt sich aus den bilanziellen Abweichungen zwischen Handels- und Steuerbilanz, soweit sie in die organschaftliche Zeit fallen. Diese führt beim Organträger zur Bildung eines besonderen aktiven

organschaftlichen Ausgleichspostens und gleichzeitig zu einem Zugang beim steuerlichen Einlagekonto der Organgesellschaft.

Zuführung zur Rücklage	200.000 €
Rückstellung für Drohverluste	65.000 €
Gewinnanteil Personengesellschaft	30.000 €
Summe	295.000 €

3. Mehrabführung aus vororganschaftlicher Zeit
Die als Folgewirkung der vorangegangenen Betriebsprüfung vorzunehmende Abschreibung i. H. v. 35.000 € führt zu einer Mehrabführung i. S. des § 14 Abs. 3 Satz 1 KStG und gilt als Gewinnausschüttung an den Organträger.

4. Zuzurechnendes Einkommen
Mitteilung des dem Organträger zuzurechnenden steuerlichen Einkommens.

5. Summe der Einkünfte
Für Zwecke der Höchstbetragsberechnung nach § 34c EStG (Steuerermäßigung bei ausländischen Einkünften) ist zusätzlich die Summe der Einkünfte der Organgesellschaft mitzuteilen.

6. Anrechenbare Steuern
Die anrechenbaren Steuern sind gem. § 19 Abs. 5 KStG auf die Körperschaftsteuerschuld des Organträgers anzurechnen.

7. Umsetzung der Bruttomethode
Für die Umsetzung der Bruttomethode sind sowohl steuerfreie Dividenden i. S. des § 8b Abs. 1 KStG, als auch nicht abziehbare Gewinnminderungen i. S. des § 8b Abs. 3 KStG dem Organträger mitzuteilen.

IV. Entwicklung des Einlagekontos der Organgesellschaft

Das nach § 27 KStG gesondert festzustellende steuerliche Einlagekonto entwickelt sich im Jahr 2020 wie folgt:

Entwicklung des Einlagekontos T-GmbH	2020
Stand 1. 1. 2020	70.000,00
Zugang Minderabführung gem. § 27 Abs. 6 KStG	295.000,00
Stand 31. 12. 2020	365.000,00

V. Ermittlung des Gewerbeertrags der Organgesellschaft

Zur Ermittlung des Gewerbeertrags ist als Ausgangswert das dem Organträger zuzurechnende Einkommen anzusetzen, der dann anschließend nach den gewerbesteuerlichen Sondervorschriften zu erhöhen oder zu ermäßigen ist:

	Ermittlung Gewerbeertrag OG	2020
1.	Gewinn aus Gewerbebetrieb	585.000,00
2.	Dauerschuldzinsen (180.000 abzgl. 100.000 × ¼)	20.000,00
3.	Spenden	50.000,00
4.	Schachteldividende § 9 Nr. 2a GewStG	0,00
5.	Gewinnanteile Personengesellschaften	−80.000,00
	Zwischensumme	575.000,00
6.	abziehbare Spenden	−50.000,00
7.	Dividende § 7a Abs. 2 Satz 1 GewStG	
	§ 8b Abs. 1 KStG	−80.000,00
	§ 8b Abs. 5 KStG	5.000,00
	Gewerbeertrag (dem OT zuzurechnen)	**449.000,00**
8.	**Korrekturbetrag Bruttomethode**	
	Gewinnminderungen i. S. des § 8b Abs. 3 KStG	120.000,00

Erläuterungen:

1. Gewinn aus Gewerbebetrieb
   Ausgangspunkt für die Ermittlung des Gewerbeertrags ist nach § 7 GewStG der nach den Vorschriften des Körperschaftsteuergesetzes zu ermittelnde Gewinn aus dem Gewerbebetrieb, im vorliegenden Falle das dem Organträger zuzurechnende Einkommen.

2. Entgelte für Schulden
   Die Entgelte für Schulden sind gem. § 8 Nr. 1a GewStG nach Abzug des Freibetrages von 100.000 € mit einem Viertel hinzuzurechnen:

Entgelte für Schulden	2020
Gesamtbetrag lt. GuV	180.000,00
Freibetrag	−100.000,00
verbleiben	80.000,00
davon ¼	**20.000,00**

3. Spendenzurechnung
   Zur Ermittlung des Spendenhöchstbetrages sind die bei der Körperschaftsteuer abgezogenen Spenden zunächst wieder hinzuzurechnen.

4. Schachteldividende
   Nach § 9 Nr. 2a GewStG wird die Summe des Gewinns und der Hinzurechnungen gekürzt um die Gewinne aus Anteilen an einer nicht steuerbefreiten inländischen Kapitalgesellschaft i. S. des § 2 Abs. 2 GewStG, wenn die Beteiligung zu Beginn des Erhebungszeitraums mindestens 15 % des Grund- oder Stammkapitals beträgt und die Gewinnanteile bei Ermittlung des Gewinns (§ 7 GewStG) angesetzt worden sind.

Bei Anwendung dieser Vorschrift wäre die Dividende der U-GmbH grundsätzlich zu 100 % bei der Ermittlung des Gewerbeertrages in Abzug zu bringen, jedoch ist die Sonderregelung bei der Ermittlung des Gewerbeertrags einer Organgesellschaft gem. § 7a GewStG zu beachten.

Nach § 7a Abs. 1 GewStG ist bei der Ermittlung des Gewerbeertrags einer Organgesellschaft § 9 Nr. 2a GewStG nicht anzuwenden. Sind im Gewinn einer Organgesellschaft Gewinne aus Anteilen i. S. des § 9 Nr. 2a GewStG enthalten, sind § 15 Satz 1 Nr. 2 Satz 2 bis 4 KStG bei der Ermittlung des Gewerbeertrags der Organgesellschaft entsprechend anzuwenden.

Ziel des Gesetzgebers war die Umsetzung der Bruttomethode auch auf Ebene der Gewerbesteuer und die Steuerfreistellung von Dividenden zu 95 %, soweit Körperschaften an der Organgesellschaft beteiligt sind. Aufgrund der Rechtsprechung des BFH (Urteil vom 17. 12. 2014, BStBl 2015 II S. 1052) konnten nach der alten Rechtslage die von einer Organgesellschaft bezogenen Schachteldividenden grundsätzlich in voller Höhe gewerbesteuerfrei vereinnahmt werden

5. Gewinnanteile Personengesellschaften

Zur Vermeidung einer doppelten Besteuerung sind gem. § 9 Nr. 2 GewStG die im steuerlichen Gewinn enthaltenen Anteile am Gewinn einer inländischen Personengesellschaft bei der Ermittlung des Gewerbeertrags in Abzug zu bringen. Maßgebend ist hier der endgültige Gewinnanteil i. H. v. 80.000 €.

6. Abziehbare Spenden

Nach § 9 Nr. 5 GewStG sind die aus den Mitteln des Gewerbebetriebs geleisteten Zuwendungen (Spenden und Mitgliedsbeiträge) zur Förderung steuerbegünstigter Zwecke bis zur Höhe von insgesamt 20 % des um die Hinzurechnungen nach § 8 Nr. 9 GewStG erhöhten Gewinns aus Gewerbebetrieb oder 4 v.T. der Summe der gesamten Umsätze und der im Wirtschaftsjahr aufgewendeten Löhne und Gehälter abziehbar.

7. Dividende § 7a Abs. 2 Satz 1 GewStG

Siehe auch Anmerkungen zu 4.

Bei der Anwendung des § 7a GewStG wird auf der ersten Stufe gem. § 7a Abs. 1 GewStG eine Kürzung der Schachtelbeteiligung nicht vorgenommen. Auf der zweiten Stufe erfolgt die Umsetzung der Bruttomethode gem. § 7a Abs. 2 GewStG unmittelbar auf Ebene der Organgesellschaft durch Anwendung der Regelungen des § 8b Abs. 1 und 5 KStG.

8. Korrekturbetrag Bruttomethode

Bei der Gewerbesteuer sind die aufgrund der Regelung des § 15 KStG bisher auf Ebene der Organgesellschaft unberücksichtigt gebliebenen Beträge zur Umsetzung der Vorschriften des § 8b KStG und § 3 Nr. 40 und § 3c EStG noch beim Organträger anzusetzen. Dies betrifft noch die Gewinnminderung aufgrund des Verlustes aus der Veräußerung der Beteiligung an der Z-GmbH.

VI. Besteuerungsgrundlagen des Organträgers

Der von der M-AG erstellte und von einer WP-Gesellschaft geprüfte Jahresabschluss auf den 31.12.2020 weist u. a. folgende Angaben auf:

Handelsbilanz Mutter GmbH

Aktiva		31.12.2020
1.	Sachanlagen	2.500.000,00
2.	Finanzanlagen	2.000.000,00
3.	Beteiligung Tochter GmbH	500.000,00
4.	Vorräte	1.800.000,00
5.	Forderungen aus Lieferungen und Leistungen	650.000,00
6.	Forderungen verbundene Unternehmen	300.000,00
7.	Bankguthaben	150.000,00
	Summe Aktiva	**7.900.000,00**

Passiva		31.12.2020
8.	Stammkapital	750.000,00
9.	Gewinnvortrag	350.000,00
10.	Jahresüberschuss	641.968,00
11.	Rückstellung Gewerbesteuer 2020	180.561,00
12.	Rückstellung Körperschaftsteuer 2020	192.642,00
13.	Rückstellung Solidaritätszuschlag 2020	10.595,00
14.	Pensionsrückstellungen	500.000,00
15.	Sonstige Rückstellungen	1.559.234,00
16.	Darlehen	1.250.000,00
17.	Verbindlichkeiten aus LuL	1.650.000,00
18.	Sonstige Verbindlichkeiten	815.000,00
	Summe Passiva	**7.900.000,00**

Anmerkungen:

3. Finanzanlagen
   Hier werden u. a. die Anschaffungskosten für 100 % der Anteile an der Tochter-GmbH bilanziert.

6. Forderungen gegenüber verbundenen Unternehmen
   Ausweis des Gewinnabführungsanspruchs gegenüber der Organgesellschaft Tochter-GmbH i. H. v. 300.000 €.

11. Gewerbesteuerrückstellung
    In der Bilanz ist die Gewerbesteuerrückstellung auf der Grundlage eines Hebesatzes von 380 % ermittelt worden.

12. Körperschaftsteuerrückstellung

Die Körperschaftsteuerrückstellung ist auf der Basis des Steuersatzes von 15 % errechnet worden. Dabei wurden die anrechenbaren Steuern bereits berücksichtigt.

Buchung der Steuerrückstellung:

Aufwand Steuern	212.642,00	an	RSt Körperschaftsteuer	212.642,00
Aufwand Solizu-schlag	11.695,00	an	RSt Solizuschlag	11.695,00

Buchung der anrechenbaren Steuern:

RSt Körperschaftsteuer	20.000,00	an	Vblk. ggü. T-GmbH	20.000,00
RSt Solizuschlag	1.100,00	an	Vblk. ggü. T-GmbH	1.100,00

Gewinn- und Verlustrechnung 2020

		2020
1.	Erlöse aus LuL	7.330.000,00
2.	Sonstige Erlöse	320.000,00
3.	Erträge aus Gewinnabführungsverträgen	300.000,00
	Summe Erträge	**7.950.000,00**
4.	Personalaufwand	3.200.000,00
5.	Materialaufwand	2.800.000,00
6.	Abschreibungen	230.000,00
7.	Steuerlich nicht abziehbarer Aufwand	40.000,00
8.	Sonstige betriebliche Aufwendungen	633.134,00
	Summe Aufwendungen	**6.903.134,00**
	Ergebnis der gewöhnlichen Geschäftstätigkeit	1.046.866,00
9.	Gewerbesteuer	180.561,00
10.	Körperschaftsteuer	212.642,00
11.	Solidaritätszuschlag	11.695,00
	Jahresüberschuss	**641.968,00**

Anmerkungen:

3. Ertrag aus Gewinnabführungsverträgen
   Der Organträger M-AG erfasst die Gewinnabführung der T-GmbH in seiner Handelsbilanz als Ertrag.
   Anlage zur Steuererklärung 2020

	Ermittlung StB-Gewinn	2020
1.	Jahresüberschuss lt. Handelsbilanz	641.968,00
	Beträge gem. § 60 EStDV	
2.	Zuführung zum besonderen organschaftlichen Ausgleichsposten gem. R 14.8 KStR	295.000,00
	Gewinn lt. Steuerbilanz	**936.968,00**

VII. Einkommensermittlung des Organträgers

	Einkommensermittlung M-AG		2020
1.	Gewinn lt. Steuerbilanz		936.968,00
2.	Körperschaftsteuer		212.642,00
	Solidaritätszuschlag		11.695,00
3.	Gewerbesteuer für 2020		180.561,00
4.	Nicht abziehbare Betriebsausgaben		40.000,00
	Zwischensumme		1.381.866,00
5.	Gewinnabführung der OG		−300.000,00
6.	Neutralisierung AP Organschaft		−295.000,00
7.	Mehrabführung gem. § 14 Abs. 3 KStG		35.000,00
8.	Inländische Bezüge (Mehrabführung)	−35.000,00	
	5 % nicht abziehbar	1.750,00	−33.250,00
	Zwischensumme		788.616,00
9.	Einkommen der Organgesellschaft		585.000,00
10.	Inländische Bezüge	−80.000,00	
	5 % nicht abziehbar	4.000,00	
	inländische Gewinnminderungen	120.000,00	44.000,00
	Zu versteuerndes Einkommen		**1.417.616,00**

	Steuerberechnung	2020
	zu versteuerndes Einkommen	1.417.616,00
	davon 15 % Körperschaftsteuer	212.642,00
	davon 5,5 % Solidaritätszuschlag	11.695,00

Erläuterungen:

1. Ausgangswert Steuerbilanzgewinn
   Als Ausgangswert für die Berechnung des körperschaftsteuerlichen Einkommens ist der Jahresüberschuss lt. Handelsbilanz, korrigiert um die

besonderen steuerlichen Hinzurechnungen und Kürzungen, zugrunde zu legen.

2. Körperschaftsteuer und Solidaritätszuschlag
   Nach § 10 Nr. 2 KStG sind die nicht abziehbaren Personensteuern zur Ermittlung des Einkommens zuzurechnen.

3. Gewerbesteuer 2020
   Nach § 4 Abs. 5b EStG ist die Gewerbesteuer und die darauf entfallenden Nebenleistungen nicht als Betriebsausgaben abziehbar.

4. Nicht abziehbare Ausgaben
   Sonstige nicht abziehbare Ausgaben i. S. des § 4 Abs. 5 EStG sind zuzurechnen.

5. Gewinnabführung der Organgesellschaft
   Die in der handelsrechtlichen Gewinnermittlung zunächst als Ertrag gebuchte Gewinnabführung der Organgesellschaft ist wieder zu neutralisieren.

6. Neutralisierung des Ausgleichspostens
   Da der an den Organträger abgeführte handelsrechtliche Gewinn der Organgesellschaft von dem Steuerbilanzgewinn abweicht, wurde in der Steuerbilanz des Organträgers ein besonderer aktiver oder passiver Ausgleichsposten gebildet. Da dieser Posten nach R 14.8 Abs. 1 KStR einkommensneutral zu bilden ist, muss die durch die Bilanzierung in der Steuerbilanz eingetretene Gewinnerhöhung bei der Einkommensermittlung wieder neutralisiert werden.

7. Ansatz der vororganschaftlichen Mehrabführung
   Zur steuerlichen Erfassung der vororganschaftlichen Mehrabführung ist diese zunächst dem Einkommen des Organträger als Ertrag zuzurechnen.

8. Steuerfreistellung der inländischen Bezüge (Mehrabführung)
   Mehrabführungen, die ihre Ursache in vororganschaftlicher Zeit haben, gelten nach § 14 Abs. 3 Satz 1 KStG als Gewinnausschüttungen der Organgesellschaft an den Organträger. Diese sind gem. § 8b Abs. 1 und 5 KStG zu 95 % steuerfrei zu stellen.

9. Einkommen der Organgesellschaft
   Das auf Ebene der T-GmbH nach steuerlichen Grundsätzen ermittelte Einkommen ist dem Organträger zuzuweisen.

10. Bezüge und Werte der Organgesellschaft
    Aufgrund der Bruttomethode des § 15 Nr. 2 KStG sind die Vorschriften des Halbeinkünfteverfahrens auf Ebene des Organträgers anzuwenden.

VIII. Ermittlung des Gewerbeertrags des Organträgers

	Ermittlung Gewerbeertrag M-AG		2020
1.	Ausgangswert		788.616,00
2.	Gewerbeertrag der OG		449.000,00
3.	**Korrekturbetrag der T-GmbH**		
	inländische Gewinnminderungen	120.000,00	120.000,00
	Gewerbeertrag		1.357.616,00

	Steuerberechnung	2020
	Gewerbeertrag gerundet	1.357.600,00
	Gewerbesteuermessbetrag 3,5 %	47.516,00
	davon 380 %	180.561,00

Erläuterungen:

1. Ausgangswert
   Als Ausgangswert für die Ermittlung des Gewerbeertrags des Organträgers ist das körperschaftsteuerliche Einkommen vor Hinzurechnung des Einkommens der Organgesellschaft anzusetzen.

2. Gewerbeertrag der Organgesellschaft
   Der auf Ebene der Organgesellschaft T-GmbH nach gewerbesteuerlichen Grundsätzen ermittelte Gewerbeertrag ist dem Organträger zu Versteuerung zuzurechnen.

3. Korrekturbetrag
   Zur Umsetzung der Bruttomethode auf Ebene der Gewerbesteuer ist beim Organträger noch folgende Korrektur zu berücksichtigen.
   Hinzurechnung des auf Ebene der Organgesellschaft eingetretenen Veräußerungsverlustes aus der Veräußerung einer Beteiligung an einer Kapitalgesellschaft.

Anhang I – Rechtsquellen

1 Regelungen zur Organschaft im Körperschaftsteuerrecht

1.1 Auzug aus dem Körperschaftsteuergesetz

§ 14 Aktiengesellschaft oder Kommanditgesellschaft auf Aktien als Organgesellschaft

(1) Verpflichtet sich eine Europäische Gesellschaft, Aktiengesellschaft oder Kommanditgesellschaft auf Aktien mit Geschäftsleitung im Inland und Sitz in einem Mitgliedstaat der Europäischen Union oder in einem Vertragsstaat des EWR-Abkommens (Organgesellschaft) durch einen Gewinnabführungsvertrag im Sinne des § 291 Abs. 1 des Aktiengesetzes, ihren ganzen Gewinn an ein einziges anderes gewerbliches Unternehmen abzuführen, ist das Einkommen der Organgesellschaft, soweit sich aus § 16 nichts anderes ergibt, dem Träger des Unternehmens (Organträger) zuzurechnen, wenn die folgenden Voraussetzungen erfüllt sind:

1. ¹Der Organträger muss an der Organgesellschaft vom Beginn ihres Wirtschaftsjahrs an ununterbrochen in einem solchen Maße beteiligt sein, dass ihm die Mehrheit der Stimmrechte aus den Anteilen an der Organgesellschaft zusteht (finanzielle Eingliederung). ²Mittelbare Beteiligungen sind zu berücksichtigen, wenn die Beteiligung an jeder vermittelnden Gesellschaft die Mehrheit der Stimmrechte gewährt.

2. ¹Organträger muss eine natürliche Person oder eine nicht von der Körperschaftsteuer befreite Körperschaft, Personenvereinigung oder Vermögensmasse sein. ²Organträger kann auch eine Personengesellschaft im Sinne des § 15 Absatz 1 Satz 1 Nummer 2 des Einkommensteuergesetzes sein, wenn sie eine Tätigkeit im Sinne des § 15 Absatz 1 Satz 1 Nummer 1 des Einkommensteuergesetzes ausübt. ³Die Voraussetzung der Nummer 1 muss im Verhältnis zur Personengesellschaft selbst erfüllt sein. ⁴Die Beteiligung im Sinne der Nummer 1 an der Organgesellschaft oder, bei mittelbarer Beteiligung an der Organgesellschaft, die Beteiligung im Sinne der Nummer 1 an der vermittelnden Gesellschaft, muss ununterbrochen während der gesamten Dauer der Organschaft einer inländischen Betriebsstätte im Sinne des § 12 der Abgabenordnung des Organträgers zuzuordnen sein. ⁵Ist der Organträger mittelbar über eine oder mehrere Personengesellschaften an der Organgesellschaft beteiligt, gilt Satz 4 sinngemäß. ⁶Das Einkommen der Organgesellschaft ist der inländischen Betriebsstätte des Organträgers zuzurechnen, der die Beteiligung im Sinne der Nummer 1 an der Organgesellschaft oder, bei mittelbarer Beteiligung an der Organgesellschaft, die Beteiligung im Sinne der Nummer 1 an der vermittelnden Gesellschaft zuzuordnen ist. ⁷Eine inländische Betriebsstätte im Sinne der vorstehenden Sätze ist nur gegeben, wenn die dieser Betriebsstätte zuzurechnenden Einkünfte sowohl nach innerstaatlichem

Steuerrecht als auch nach einem anzuwendenden Abkommen zur Vermeidung der Doppelbesteuerung der inländischen Besteuerung unterliegen.

3. [1]Der Gewinnabführungsvertrag muss auf mindestens fünf Jahre abgeschlossen und während seiner gesamten Geltungsdauer durchgeführt werden. [2]Eine vorzeitige Beendigung des Vertrags durch Kündigung ist unschädlich, wenn ein wichtiger Grund die Kündigung rechtfertigt. [3]Die Kündigung oder Aufhebung des Gewinnabführungsvertrags auf einen Zeitpunkt während des Wirtschaftsjahrs der Organgesellschaft wirkt auf den Beginn dieses Wirtschaftsjahrs zurück. [4]Der Gewinnabführungsvertrag gilt auch als durchgeführt, wenn der abgeführte Gewinn oder ausgeglichene Verlust auf einem Jahresabschluss beruht, der fehlerhafte Bilanzansätze enthält, sofern

a) der Jahresabschluss wirksam festgestellt ist,

b) die Fehlerhaftigkeit bei Erstellung des Jahresabschlusses unter Anwendung der Sorgfalt eines ordentlichen Kaufmanns nicht hätte erkannt werden müssen und

c) ein von der Finanzverwaltung beanstandeter Fehler spätestens in dem nächsten nach dem Zeitpunkt der Beanstandung des Fehlers aufzustellenden Jahresabschluss der Organgesellschaft und des Organträgers korrigiert und das Ergebnis entsprechend abgeführt oder ausgeglichen wird, soweit es sich um einen Fehler handelt, der in der Handelsbilanz zu korrigieren ist.

[5]Die Voraussetzung des Satzes 4 Buchstabe b gilt bei Vorliegen eines uneingeschränkten Bestätigungsvermerks nach § 322 Absatz 3 des Handelsgesetzbuchs zum Jahresabschluss, zu einem Konzernabschluss, in den der handelsrechtliche Jahresabschluss einbezogen worden ist, oder über die freiwillige Prüfung des Jahresabschlusses oder der Bescheinigung eines Steuerberaters oder Wirtschaftsprüfers über die Erstellung eines Jahresabschlusses mit umfassenden Beurteilungen als erfüllt.

4. Die Organgesellschaft darf Beträge aus dem Jahresüberschuss nur insoweit in die Gewinnrücklagen (§ 272 Abs. 3 des Handelsgesetzbuchs) mit Ausnahme der gesetzlichen Rücklagen einstellen, als dies bei vernünftiger kaufmännischer Beurteilung wirtschaftlich begründet ist.

5. Negative Einkünfte des Organträgers oder der Organgesellschaft bleiben bei der inländischen Besteuerung unberücksichtigt, soweit sie in einem ausländischen Staat im Rahmen der Besteuerung des Organträgers, der Organgesellschaft oder einer anderen Person berücksichtigt werden.

Das Einkommen der Organgesellschaft ist dem Organträger erstmals für das Kalenderjahr zuzurechnen, in dem das Wirtschaftsjahr der Organgesellschaft endet, in dem der Gewinnabführungsvertrag wirksam wird.

(2) [1]Der ganze Gewinn gilt auch dann als abgeführt im Sinne des Absatzes 1 Satz 1, wenn über den mindestens zugesicherten Betrag im Sinne des § 304 Absatz 2 Satz 1 des Aktiengesetzes hinausgehende Ausgleichszahlungen vereinbart und geleistet werden. [2]Dies gilt nur, wenn die Ausgleichszahlungen insge-

samt den dem Anteil am gezeichneten Kapital entsprechenden Gewinnanteil des Wirtschaftsjahres nicht überschreiten, der ohne Gewinnabführungsvertrag hätte geleistet werden können. [3]Der über den Mindestbetrag nach § 304 Absatz 2 Satz 1 des Aktiengesetzes hinausgehende Betrag muss nach vernünftiger kaufmännischer Beurteilung wirtschaftlich begründet sein.

(3) [1]Mehrabführungen, die ihre Ursache in vororganschaftlicher Zeit haben, gelten als Gewinnausschüttungen der Organgesellschaft an den Organträger. [2]Minderabführungen, die ihre Ursache in vororganschaftlicher Zeit haben, sind als Einlage durch den Organträger in die Organgesellschaft zu behandeln. [3]Mehrabführungen nach Satz 1 und Minderabführungen nach Satz 2 gelten in dem Zeitpunkt als erfolgt, in dem das Wirtschaftsjahr der Organgesellschaft endet. [4]Der Teilwertansatz nach § 13 Abs. 3 Satz 1 ist der vororganschaftlichen Zeit zuzurechnen.

(4) [1]Für Minder- und Mehrabführungen, die ihre Ursache in organschaftlicher Zeit haben, ist in der Steuerbilanz des Organträgers ein besonderer aktiver oder passiver Ausgleichsposten in Höhe des Betrags zu bilden, der dem Verhältnis der Beteiligung des Organträgers am Nennkapital der Organgesellschaft entspricht. [2]Im Zeitpunkt der Veräußerung der Organbeteiligung sind die besonderen Ausgleichsposten aufzulösen. [3]Dadurch erhöht oder verringert sich das Einkommen des Organträgers. [4]§ 3 Nr. 40, § 3c Abs. 2 des Einkommensteuergesetzes und § 8b dieses Gesetzes sind anzuwenden. 5 Der Veräußerung gleichgestellt sind insbesondere die Umwandlung der Organgesellschaft auf eine Personengesellschaft oder eine natürliche Person, die verdeckte Einlage der Beteiligung an der Organgesellschaft und die Auflösung der Organgesellschaft. [6]Minder- oder Mehrabführungen im Sinne des Satzes 1 liegen insbesondere vor, wenn der an den Organträger abgeführte Gewinn von dem Steuerbilanzgewinn der Organgesellschaft abweicht und diese Abweichung in organschaftlicher Zeit verursacht ist.

(5) [1]Das dem Organträger zuzurechnende Einkommen der Organgesellschaft und damit zusammenhängende andere Besteuerungsgrundlagen werden gegenüber dem Organträger und der Organgesellschaft gesondert und einheitlich festgestellt. [2]Die Feststellungen nach Satz 1 sind für die Besteuerung des Einkommens des Organträgers und der Organgesellschaft bindend. [3]Die Sätze 1 und 2 gelten entsprechend für von der Organgesellschaft geleistete Steuern, die auf die Steuer des Organträgers anzurechnen sind. [4]Zuständig für diese Feststellungen ist das Finanzamt, das für die Besteuerung nach dem Einkommen der Organgesellschaft zuständig ist. [5]Die Erklärung zu den gesonderten und einheitlichen Feststellungen nach den Sätzen 1 und 3 soll mit der Körperschaftsteuererklärung der Organgesellschaft verbunden werden.

§ 15 Ermittlung des Einkommens bei Organschaft
[1]Bei der Ermittlung des Einkommens bei Organschaft gilt abweichend von den allgemeinen Vorschriften Folgendes:

1. [1]Ein Verlustabzug im Sinne des § 10d des Einkommensteuergesetzes ist bei der Organgesellschaft nicht zulässig. [2]Satz 1 steht einer Anwendung von § 3a des Einkommensteuergesetzes nicht entgegen. [3]Der für § 3c Absatz 4 Satz 4 des Einkommensteuergesetzes maßgebende Betrag ist der sich nach Anwendung von Nummer 1a ergebende verminderte Sanierungsertrag.

1a. [1]Auf einen sich nach § 3a Absatz 3 Satz 4 des Einkommensteuergesetzes ergebenden verbleibenden Sanierungsertrag einer Organgesellschaft ist § 3a Absatz 3 Satz 2, 3 und 5 des Einkommensteuergesetzes beim Organträger anzuwenden. [2]Wird der Gewinn des Organträgers gesondert und einheitlich festgestellt, gilt § 3a Absatz 4 des Einkommensteuergesetzes entsprechend. [3]Die Sätze 1 und 2 gelten auch, wenn die Voraussetzungen des § 14 Absatz 1 im Sanierungsjahr nicht vorliegen und das Einkommen der Organgesellschaft in einem innerhalb der letzten fünf Jahre vor dem Sanierungsjahr liegenden Veranlagungszeitraum dem Organträger gemäß § 14 Absatz 1 Satz 1 zugerechnet worden ist.

2. [1]§ 8b Absatz 1 bis 6 dieses Gesetzes sowie § 4 Absatz 6 und § 12 Absatz 2 Satz 1 des Umwandlungssteuergesetzes sind bei der Organgesellschaft nicht anzuwenden. [2]Sind in dem dem Organträger zugerechneten Einkommen Bezüge, Gewinne oder Gewinnminderungen im Sinne des § 8b Absatz 1 bis 3 dieses Gesetzes oder mit solchen Beträgen zusammenhängende Ausgaben im Sinne des § 3c Absatz 2 des Einkommensteuergesetzes, ein Übernahmeverlust im Sinne des § 4 Absatz 6 des Umwandlungssteuergesetzes oder ein Gewinn oder Verlust im Sinne des § 12 Absatz 2 Satz 1 des Umwandlungssteuergesetzes enthalten, sind § 8b dieses Gesetzes, § 4 Absatz 6 und § 12 Absatz 2 des Umwandlungssteuergesetzes sowie § 3 Nummer 40 und § 3c Absatz 2 des Einkommensteuergesetzes bei der Ermittlung des Einkommens des Organträgers anzuwenden; in den Fällen des § 12 Absatz 2 Satz 2 des Umwandlungssteuergesetzes sind neben § 8b dieses Gesetzes auch § 3 Nummer 40 und § 3c Absatz 2 des Einkommensteuergesetzes entsprechend anzuwenden. [3]Satz 2 gilt nicht, soweit bei der Organgesellschaft § 8b Abs. 7, 8 oder 10 anzuwenden ist. [4]Für die Anwendung der Beteiligungsgrenze im Sinne des § 8b Absatz 4 in der Fassung des Artikels 1 des Gesetzes vom 21. März 2013 (BGBl. I S. 561) werden Beteiligungen der Organgesellschaft und Beteiligungen des Organträgers getrennt betrachtet.

2a. [1]§ 20 Absatz 1 Satz 1 bis 3 und Absatz 2 bis 4, die §§ 21, 30 Absatz 2, die §§ 42 und 43 Absatz 3, § 44 sowie § 49 Absatz 1 des Investmentsteuergesetzes sind bei der Organgesellschaft nicht anzuwenden. [2]Sind in dem dem Organträger zugerechneten Einkommen Erträge im Sinne des § 16 oder § 34 des Investmentsteuergesetzes oder mit solchen Erträgen zusammenhängende Betriebsvermögensminderungen, Betriebsausgaben oder Veräußerungskosten im Sinne des § 21 oder des § 44 des Investmentsteuergesetzes enthalten, sind die §§ 20, 21, 30 Absatz 2, die §§ 42, 43 Absatz 3, § 44 sowie § 49 Absatz 1 des Investmentsteuergesetzes bei der Ermittlung des Einkommens des Organträgers anzuwenden. [3]Für Zwecke des Satzes 2 gilt der Organträger als

Anleger im Sinne des § 2 Absatz 10 des Investmentsteuergesetzes.[4]Die bloße Begründung oder Beendigung einer Organschaft nach § 14 Absatz 1 Satz 1 führt nicht zu einer Veräußerung nach § 22 Absatz 1 des Investmentsteuergesetzes.[5]Die Sätze 1 bis 4 gelten nicht, soweit die Organgesellschaft die Voraussetzungen des § 20 Absatz 1 Satz 4 oder des § 30 Absatz 3 des Investmentsteuergesetzes erfüllt. [6]Für die Anwendung der Beteiligungsgrenze im Sinne des § 30 Absatz 2 Nummer 2 des Investmentsteuergesetzes werden Beteiligungen der Organgesellschaft und Beteiligungen des Organträgers getrennt betrachtet.

3. [1]§ 4h des Einkommensteuergesetzes ist bei der Organgesellschaft nicht anzuwenden. [2]Organträger und Organgesellschaften gelten als ein Betrieb im Sinne des § 4h des Einkommensteuergesetzes. [3]Sind in dem dem Organträger zugerechneten Einkommen der Organgesellschaften Zinsaufwendungen und Zinserträge im Sinne des § 4h Abs. 3 des Einkommensteuergesetzes enthalten, sind diese bei Anwendung des § 4h Abs. 1 des Einkommensteuergesetzes beim Organträger einzubeziehen.

4. [1]§ 8 Abs. 3 Satz 2 und Abs. 7 ist bei der Organgesellschaft auf Dauerverlustgeschäfte im Sinne des § 8 Abs. 7 Satz 2 nicht anzuwenden. [2]Sind in dem dem Organträger zugerechneten Einkommen Verluste aus Dauerverlustgeschäften im Sinne des § 8 Abs. 7 Satz 2 enthalten, ist § 8 Abs. 3 Satz 2 und Abs. 7 bei der Ermittlung des Einkommens des Organträgers anzuwenden.

5. § 8 Abs. 9 ist bei der Organgesellschaft nicht anzuwenden. Sind in dem dem Organträger zugerechneten Einkommen Dividenden einer Kapitalgesellschaft enthalten, auf die § 8 Abs. 7 Satz 1 Nr. 2 anzuwenden ist, ist § 8 Abs. 9 bei der Ermittlung des Einkommens des Organträgers anzuwenden.

[3]Nummer 2 gilt entsprechend für Gewinnanteile aus der Beteiligung an einer ausländischen Gesellschaft, die nach den Vorschriften eines Abkommens zur Vermeidung der Doppelbesteuerung von der Besteuerung auszunehmen sind. [4]Bei Anwendung des Satzes 2 finden § 16 Absatz 4 sowie § 43 Absatz 1 Satz 3 des Investmentsteuergesetzes beim Organträger Anwendung. [5]Für Zwecke des Satzes 3 gilt der Organträger als Anleger im Sinne des § 2 Absatz 10 des Investmentsteuergesetzes.

§ 16 Ausgleichszahlungen

Die Organgesellschaft hat ihr Einkommen in Höhe von 20/17 der geleisteten Ausgleichszahlungen selbst zu versteuern. [2]Ist die Verpflichtung zum Ausgleich vom Organträger erfüllt worden, so hat die Organgesellschaft 20/17 der geleisteten Ausgleichszahlungen anstelle des Organträgers zu versteuern.

§ 17 Andere Kapitalgesellschaften als Organgesellschaft

(1) [1]Die §§ 14 bis 16 gelten entsprechend, wenn eine andere als die in § 14 Absatz 1 Satz 1 bezeichnete Kapitalgesellschaft mit Geschäftsleitung im Inland und Sitz in einem Mitgliedstaat der Europäischen Union oder in einem Vertragsstaat des EWR-Abkommens sich wirksam verpflichtet, ihren ganzen Ge-

winn an ein anderes Unternehmen im Sinne des § 14 abzuführen. [2]Weitere Voraussetzung ist, dass

1. eine Gewinnabführung den in § 301 des Aktiengesetzes genannten Betrag nicht überschreitet und

2. eine Verlustübernahme durch Verweis auf die Vorschriften des § 302 des Aktiengesetzes in seiner jeweils gültigen Fassung vereinbart wird.

(2) Für die Anwendung des Absatzes 1 Satz 2 Nummer 2 gilt § 34 Absatz 10b in der Fassung des Artikels 12 des Gesetzes vom 18. Dezember 2013 (BGBl. I S. 4318) entsprechend fort.

§ 18 Ausländische Organträger

(§ 18 aufgehoben durch Gesetz zur Änderung und Vereinfachung der Unternehmensbesteuerung und des steuerlichen Reisekostenrechts vom 20.2.2013. § 18 KStG ist durch das Gesetz zur Änderung und Vereinfachung der Unternehmensbesteuerung und des steuerlichen Reisekostenrechts vom 20.2.2013 (BGBl 2013 I S. 285) mit erstmaliger Geltung für den Veranlagungszeitraum 2012 weggefallen (vgl. § 34 Abs. 1) und durch die Neuregelung in § 14 Abs. 1 Satz 1 Nr. 2 KStG ersetzt worden.)

§ 19 Steuerabzug bei dem Organträger

(1) Sind bei der Organgesellschaft die Voraussetzungen für die Anwendung besonderer Tarifvorschriften erfüllt, die einen Abzug von der Körperschaftsteuer vorsehen, und unterliegt der Organträger der unbeschränkten Körperschaftsteuerpflicht, sind diese Tarifvorschriften beim Organträger so anzuwenden, als wären die Voraussetzungen für ihre Anwendung bei ihm selbst erfüllt.

(2) Unterliegt der Organträger der unbeschränkten Einkommensteuerpflicht, gilt Absatz 1 entsprechend, soweit für die Einkommensteuer gleichartige Tarifvorschriften wie für die Körperschaftsteuer bestehen.

(3) Unterliegt der Organträger nicht der unbeschränkten Körperschaftsteuer- oder Einkommensteuerpflicht, gelten die Absätze 1 und 2 entsprechend, soweit die besonderen Tarifvorschriften bei beschränkt Steuerpflichtigen anwendbar sind.

(4) [1]Ist der Organträger eine Personengesellschaft, gelten die Absätze 1 bis 3 für die Gesellschafter der Personengesellschaft entsprechend. [2]Bei jedem Gesellschafter ist der Teilbetrag abzuziehen, der dem auf den Gesellschafter entfallenden Bruchteil des dem Organträger zuzurechnenden Einkommens der Organgesellschaft entspricht.

(5) Sind in dem Einkommen der Organgesellschaft Betriebseinnahmen enthalten, die einem Steuerabzug unterlegen haben, so ist die einbehaltene Steuer auf die Körperschaftsteuer oder die Einkommensteuer des Organträgers oder, wenn der Organträger eine Personengesellschaft ist, anteilig auf die Körperschaftsteuer oder die Einkommensteuer der Gesellschafter anzurechnen.

1.2 Auszug aus den KStR 2015

R 14.1 Organträger, Begriff des gewerblichen Unternehmens
- unbesetzt -

R 14.2 Finanzielle Eingliederung
[1]Der Organträger ist i. S. d. finanziellen Eingliederung an der Organgesellschaft beteiligt, wenn ihm Anteile an der Organgesellschaft – einschließlich der Stimmrechte daraus – steuerrechtlich in dem für die finanzielle Eingliederung erforderlichen Umfang zuzurechnen sind. [2]Entsprechendes gilt für die mittelbare Beteiligung (§ 14 Abs. 1 Satz 1 Nr. 1 Satz 2 KStG). [3]Unmittelbare und mittelbare Beteiligungen (bzw. mehrere mittelbare Beteiligungen) dürfen zusammengefasst werden. [4]Es sind nur solche mittelbaren Beteiligungen zu berücksichtigen, die auf Beteiligungen des Organträgers an vermittelnden (Kapital- oder Personen-)Gesellschaften beruhen, an denen der Organträger jeweils die Mehrheit der Stimmrechte hat und die jeweils die Voraussetzungen des § 14 Abs. 1 Satz 1 Nr. 2 Satz 4 und 5 KStG erfüllen.

Beispiele:

In den Beispielen wird unterstellt, dass die Stimmrechtsverhältnisse den Beteiligungsverhältnissen entsprechen und alle Beteiligungen inländischen Betriebsstätten zuzuordnen sind:

1) Die Gesellschaft M ist an der Gesellschaft E unmittelbar zu 50 % beteiligt. Über die Gesellschaft T (Beteiligung der T an E 50 %), an der die M ebenfalls zu 50 % beteiligt ist, hält M mittelbar weitere 25 % der Anteile an der E. Die Gesellschaft E ist in die Gesellschaft M nicht finanziell eingegliedert, weil die unmittelbare und die mittelbare Beteiligung der M an der E aufgrund der fehlenden Stimmrechtsmehrheit der M an T nicht zusammenzurechnen sind und die unmittelbare Beteiligung allein die Voraussetzung der finanziellen Eingliederung nicht erfüllt.

2) Die Gesellschaft M ist an der Gesellschaft T 1 zu 100 % und an der Gesellschaft T 2 zu 49 % beteiligt; die Gesellschaften T 1 und T 2 sind an der Gesellschaft E zu je 50 % beteiligt. M besitzt an T 2 nicht die Mehrheit der Stimmrechte. Damit sind die Voraussetzungen des § 14 Abs. 1 Satz 1 Nr. 1 Satz 2 KStG für eine Zusammenrechnung der beiden mittelbaren Beteiligungen nicht erfüllt. Die Gesellschaft E ist in die Gesellschaft M nicht finanziell eingegliedert.

3) Die Gesellschaft M ist zu 20 % unmittelbar an E beteiligt. Zugleich ist M am Vermögen der Gesellschaft P zu 80 % beteiligt, die ihrerseits 80 % der Anteile an E hält. Die Gesellschaft E ist in die Gesellschaft M finanziell eingegliedert, da die unmittelbare und die mittelbare Beteiligung aufgrund der Stimmrechtsmehrheit der M an P zu addieren sind (20 % + 64 %).

R 14.3 Personengesellschaften als Organträger

[1]Eine Personengesellschaft i. S. d. § 15 Abs. 1 Satz 1 Nr. 2 EStG kann Organträger sein, wenn die Voraussetzung der finanziellen Eingliederung im Verhältnis zur Personengesellschaft selbst erfüllt ist (§ 14 Abs. 1 Satz 1 Nr. 2 Satz 3 KStG), sie eine gewerbliche Tätigkeit i. S. d. § 15 Abs. 1 Satz 1 Nr. 1 EStG ausübt (§ 14 Abs. 1 Satz 1 Nr. 2 Satz 2 KStG) und die Beteiligungen, die die finanzielle Eingliederung vermitteln, während der gesamten Dauer der Organschaft einer inländischen Betriebsstätte des Organträgers zuzurechnen sind. [2]Dies gilt sowohl für unmittelbare Beteiligungen an der Organgesellschaft als auch für Beteiligungen an Gesellschaften, über die eine mittelbare Beteiligung des Organträgers an der Organgesellschaft besteht (§ 14 Abs. 1 Satz 1 Nr. 2 Satz 4, 5 und 7 KStG). [3]In diesen Fällen hat die Veräußerung eines Mitunternehmeranteils bzw. die Veränderung im Gesellschafterbestand der Organträger-Personengesellschaft während des Wj. der Organgesellschaft keine Auswirkungen auf das bestehende Organschaftsverhältnis, da der Personengesellschaft im Hinblick auf das Organschaftsverhältnis eine rechtliche Eigenständigkeit eingeräumt wird. [4]Dem entspricht auch, dass die wirtschaftliche Identität der Personengesellschaft gewahrt und die rechtliche Gebundenheit des Gesellschaftsvermögens gleich bleibt, auch wenn die am Vermögen insgesamt Beteiligten wechseln. [5]Gehören die Anteile an der Organgesellschaft nicht zum Vermögen der Personengesellschaft, reicht es für die finanzielle Eingliederung in die Personengesellschaft nicht aus, dass die Anteile notwendiges Sonderbetriebsvermögen der Gesellschafter der Personengesellschaft sind.

R 14.4 Zeitliche Voraussetzungen

(1) [1]Nach § 14 Abs. 1 Satz 1 Nr. 1 KStG muss die Organgesellschaft vom Beginn ihres Wj. an ununterbrochen finanziell in das Unternehmen des Organträgers eingegliedert sein. [2]Ununterbrochen bedeutet, dass diese Eingliederung vom Beginn ihres Wj. an ohne Unterbrechung bis zum Ende des Wj. bestehen muss. [3]Das gilt auch im Falle eines Rumpfwirtschaftsjahres.

(2) [1]Veräußert der Organträger seine Beteiligung an der Organgesellschaft zum Ende des Wj. der Organgesellschaft an ein anderes gewerbliches Unternehmen, bedeutet dies, dass der Organträger das Eigentum an den Anteilen an der Organgesellschaft bis zum letzten Tag, 24 Uhr, des Wj. der Organgesellschaft behält und das andere Unternehmen dieses Eigentum am ersten Tag, 0 Uhr, des anschließenden Wj. der Organgesellschaft erwirbt. [2]In diesen Fällen ist deshalb die Voraussetzung der finanziellen Eingliederung der Organgesellschaft beim Veräußerer der Anteile bis zum Ende des Wj. der Organgesellschaft und beim Erwerber der Anteile vom Beginn des anschließenden Wj. der Organgesellschaft an erfüllt. [3]Veräußert der Organträger seine Beteiligung an der Organgesellschaft während des Wj. der Organgesellschaft, und stellt die Organgesellschaft mit Zustimmung des Finanzamts ihr Wj. auf den Zeitpunkt der Veräußerung der Beteiligung um, ist die finanzielle Eingliederung der Organgesellschaft beim Veräußerer der Anteile bis zum Ende des entstandenen Rumpfwirtschaftsjahres der Organgesellschaft und beim Erwerber der Anteile vom Beginn des anschließenden Wj. der Organgesellschaft an gegeben.

(3) [1]Wird im Zusammenhang mit der Begründung oder Beendigung eines Organschaftsverhältnisses i. S. d. § 14 KStG das Wj. der Organgesellschaft auf einen vom Kj. abweichenden Zeitraum umgestellt, ist dafür die nach § 7 Abs. 4 Satz 3 KStG erforderliche Zustimmung zu erteilen. [2]Bei der Begründung eines Organschaftsverhältnisses gilt das auch, wenn das Wj. der Organgesellschaft im selben VZ ein zweites Mal umgestellt wird, um den Abschlussstichtag der Organgesellschaft dem im Organkreis üblichen Abschlussstichtag anzupassen. [3]Weicht dabei das neue Wj. vom Kj. ab, ist für die zweite Umstellung ebenfalls die Zustimmung nach § 7 Abs. 4 Satz 3 KStG zu erteilen.

R 14.5 Gewinnabführungsvertrag

Wirksamwerden des Gewinnabführungsvertrags

(1) [1]Nach § 14 Abs. 1 Satz 2 KStG kann die Einkommenszurechnung erstmals für das Wj. der Organgesellschaft erfolgen, in dem der GAV wirksam wird. [2]Bei einer nicht nach §§ 319 bis 327 AktG eingegliederten AG oder KGaA wird der GAV i. S. d. § 291 Abs. 1 AktG zivilrechtlich erst wirksam, wenn sein Bestehen in das Handelsregister des Sitzes der Organgesellschaft eingetragen ist (§ 294 Abs. 2 AktG). [3]Bei einer nach den §§ 319 bis 327 AktG eingegliederten AG oder KGaA tritt die zivilrechtliche Wirksamkeit des GAV ein, sobald er in Schriftform abgeschlossen ist (§ 324 Abs. 2 AktG).

Mindestlaufzeit

(2) [1]Der GAV muss nach § 14 Abs. 1 Satz 1 Nr. 3 Satz 1 KStG auf einen Zeitraum von mindestens fünf Zeitjahren abgeschlossen sein. [2]Der Zeitraum beginnt mit dem Anfang des Wj., für das die Rechtsfolgen des § 14 Abs. 1 Satz 1 KStG erstmals eintreten.

Vollzug des Gewinnabführungsvertrags

(3) [1]Nach § 14 Abs. 1 Satz 1 KStG muss sich die Organgesellschaft aufgrund eines GAV i. S. d. § 291 Abs. 1 AktG verpflichten, ihren ganzen Gewinn an ein anderes gewerbliches Unternehmen abzuführen. [2]Die Abführung des ganzen Gewinns setzt hierbei voraus, dass der Jahresabschluss keinen Bilanzgewinn (§ 268 Abs. 1 HGB, § 158 AktG) mehr ausweist. [3]Wegen der nach § 14 Abs. 1 Satz 1 Nr. 4 KStG zulässigen Bildung von Gewinn- oder Kapitalrücklagen Absatz 5 Nr. 3. [4]§ 301 AktG bestimmt als Höchstbetrag der Gewinnabführung für eine nicht eingegliederte Organgesellschaft in der Rechtsform der AG oder der KGaA:

1. in seinem Satz 1 den ohne die Gewinnabführung entstehenden Jahresüberschuss, vermindert um einen Verlustvortrag aus dem Vorjahr und um den Betrag, der nach § 300 AktG in die gesetzliche Rücklage einzustellen ist und um den nach § 268 Abs. 8 HGB ausschüttungsgesperrten Betrag;

2. in seinem Satz 2 zusätzlich die Entnahmen aus in vertraglicher Zeit gebildeten und wieder aufgelösten Gewinnrücklagen.

[5]Nach § 275 Abs. 4 HGB dürfen Veränderungen der Gewinnrücklagen in der Gewinn- und Verlustrechnung erst nach dem Posten „Jahresüberschuss/Jahresfehlbetrag" ausgewiesen werden und verändern dadurch nicht den Jahresüberschuss. [6]Bei Verlustübernahme (§ 302 AktG) hat der Organträger einen sonst entstehenden Jahresfehlbetrag auszugleichen, soweit dieser nicht dadurch ausgeglichen wird, dass den anderen Gewinnrücklagen Beträge entnommen werden, die während der Vertragsdauer in sie eingestellt worden sind.

Abführung/Ausschüttung vorvertraglicher Rücklagen

(4) [1]Bei einer nicht eingegliederten Organgesellschaft in der Rechtsform der AG oder der KGaA ist der GAV steuerlich als nicht durchgeführt anzusehen, wenn vorvertragliche Gewinnrücklagen entgegen §§ 301 und 302 Abs. 1 AktG aufgelöst und an den Organträger abgeführt werden. [2]Da der Jahresüberschuss i. S. d. § 301 AktG nicht einen Gewinnvortrag (§ 158 Abs. 1 Nr. 1 AktG, § 266 Abs. 3 A HGB) umfasst, darf ein vor dem Inkrafttreten des GAV vorhandener Gewinnvortrag weder abgeführt noch zum Ausgleich eines aufgrund des GAV vom Organträger auszugleichenden Jahresfehlbetrags (Verlustübernahme) verwendet werden. [3]Ein Verstoß gegen das Verbot, Erträge aus der Auflösung vorvertraglicher Rücklagen an den Organträger abzuführen, liegt auch vor, wenn die Organgesellschaft Aufwand – dazu gehören auch die steuerrechtlich nichtabziehbaren Ausgaben, z. B. Körperschaftsteuer, Aufsichtsratsvergütungen – über eine vorvertragliche Rücklage verrechnet und dadurch den Gewinn erhöht, der an den Organträger abzuführen ist. [4]Ein Verstoß gegen die §§ 301 und 302 Abs. 1 AktG ist nicht gegeben, wenn die Organgesellschaft vorvertragliche Rücklagen auflöst und den entsprechenden Gewinn außerhalb des GAV an ihre Anteilseigner ausschüttet. [5]Insoweit ist § 14 KStG nicht anzuwenden; für die Gewinnausschüttung gelten die allgemeinen Grundsätze.

Durchführung des Gewinnabführungsvertrags

(5) Der Durchführung des GAV steht es nicht entgegen, wenn z. B.

1. der an den Organträger abzuführende Gewinn entsprechend dem gesetzlichen Gebot in § 301 AktG durch einen beim Inkrafttreten des GAV vorhandenen Verlustvortrag gemindert wird. [2]Der Ausgleich vorvertraglicher Verluste durch den Organträger ist steuerrechtlich als Einlage zu werten;

2. der ohne die Gewinnabführung entstehende Jahresüberschuss der Organgesellschaft nach § 301 AktG um den Betrag vermindert wird, der nach § 300 AktG in die gesetzliche Rücklage einzustellen ist. [2]Zuführungen zur gesetzlichen Rücklage, die die gesetzlich vorgeschriebenen Beträge übersteigen, sind steuerrechtlich wie die Bildung von Gewinnrücklagen zu beurteilen;

3. die Organgesellschaft nach § 14 Abs. 1 Satz 1 Nr. 4 KStG Gewinnrücklagen i. S. d. § 272 Abs. 3 und 4 HGB mit Ausnahme der gesetzlichen Rücklagen, aber einschließlich der satzungsmäßigen Rücklagen (§ 266 Abs. 3 A III HGB) bildet, die bei vernünftiger kaufmännischer Beurteilung wirtschaftlich be-

gründet sind. [2]Die Bildung einer Kapitalrücklage i. S. d. § 272 Abs. 2 Nr. 4 HGB beeinflusst die Höhe der Gewinnabführung nicht und stellt daher keinen Verstoß gegen § 14 Abs. 1 Satz 1 Nr. 4 KStG dar. [3]Für die Bildung der Rücklagen muss ein konkreter Anlass gegeben sein, der es auch aus objektiver unternehmerischer Sicht rechtfertigt, eine Rücklage zu bilden, wie z. B. eine geplante Betriebsverlegung, Werkserneuerung, Kapazitätsausweitung. [4]Die Beschränkung nach § 14 Abs. 1 Satz 1 Nr. 4 KStG ist nicht auf die Bildung stiller Reserven anzuwenden;

4. die Organgesellschaft ständig Verluste erwirtschaftet.

Beendigung des Gewinnabführungsvertrags

(6) [1]Wird der GAV, der noch nicht fünf aufeinanderfolgende Jahre durchgeführt worden ist, durch Kündigung oder im gegenseitigen Einvernehmen beendet, bleibt der Vertrag für die Jahre, für die er durchgeführt worden ist, steuerrechtlich wirksam, wenn die Beendigung auf einem wichtigen Grund beruht. [2]Ein wichtiger Grund kann insbesondere in der Veräußerung oder Einbringung der Organbeteiligung durch den Organträger, der Verschmelzung, Spaltung oder Liquidation des Organträgers oder der Organgesellschaft gesehen werden. [3]Stand bereits im Zeitpunkt des Vertragsabschlusses fest, dass der GAV vor Ablauf der ersten fünf Jahre beendet werden wird, ist ein wichtiger Grund nicht anzunehmen. [4]Liegt ein wichtiger Grund nicht vor, ist der GAV von Anfang an als steuerrechtlich unwirksam anzusehen.

(7) Ist der GAV bereits mindestens fünf aufeinanderfolgende Jahre durchgeführt worden, bleibt er für diese Jahre steuerrechtlich wirksam.

Nichtdurchführung des Gewinnabführungsvertrags

(8) [1]Wird ein GAV in einem Jahr nicht durchgeführt, ist er

1. von Anfang an als steuerrechtlich unwirksam anzusehen, wenn er noch nicht fünf aufeinander folgende Jahre durchgeführt worden ist;

2. erst ab diesem Jahr als steuerrechtlich unwirksam anzusehen, wenn er bereits mindestens fünf aufeinander folgende Jahre durchgeführt worden ist. [2]Soll die körperschaftsteuerrechtliche Organschaft ab einem späteren Jahr wieder anerkannt werden, bedarf es einer erneuten mindestens fünfjährigen Laufzeit und ununterbrochenen Durchführung des Vertrags.

[2]Ist der GAV als steuerrechtlich unwirksam anzusehen, ist die Organgesellschaft nach den allgemeinen steuerrechtlichen Vorschriften zur Körperschaftsteuer zu veranlagen.

R 14.6 Zuzurechnendes Einkommen der Organgesellschaft

(1) [1]Als zuzurechnendes Einkommen ist das Einkommen der Organgesellschaft vor Berücksichtigung des an den Organträger abgeführten Gewinns oder des vom Organträger zum Ausgleich eines sonst entstehenden Jahresfehlbetrags (§ 302 Abs. 1 AktG) geleisteten Betrags zu verstehen. [2]Bei der Ermittlung des

Einkommens des Organträgers bleibt demnach der von der Organgesellschaft an den Organträger abgeführte Gewinn außer Ansatz; ein vom Organträger an die Organgesellschaft zum Ausgleich eines sonst entstehenden Jahresfehlbetrags geleisteter Betrag darf nicht abgezogen werden.

(2) [1]Gewinne der Organgesellschaft, die aus der Auflösung vorvertraglicher unversteuerter stiller Reserven herrühren, sind Teil des Ergebnisses des Wj. der Organgesellschaft, in dem die Auflösung der Reserven erfolgt. [2]Handelsrechtlich unterliegen diese Gewinne deshalb der vertraglichen Abführungsverpflichtung. [3]Steuerrechtlich gehören sie zu dem Einkommen, das nach § 14 KStG dem Organträger zuzurechnen ist.

(3) [1]Bei einer nach den §§ 319 bis 327 AktG eingegliederten AG oder KGaA als Organgesellschaft sind nach § 324 Abs. 2 AktG die §§ 293 bis 296, 298 bis 303 AktG nicht anzuwenden. [2]Löst diese Organgesellschaft vorvertragliche Gewinn- oder Kapitalrücklagen zugunsten des an den Organträger abzuführenden Gewinns auf, verstößt sie handelsrechtlich nicht gegen das Abführungsverbot. [3]In diesen Fällen ist deshalb R 14.5 Abs. 8 nicht anzuwenden. [4]Steuerrechtlich fällt die Abführung der Gewinne aus der Auflösung dieser Rücklagen an den Organträger nicht unter § 14 KStG; sie unterliegt somit den allgemeinen steuerrechtlichen Vorschriften.

(4) [1]VGA an den Organträger sind im Allgemeinen vorweggenommene Gewinnabführungen; sie stellen die tatsächliche Durchführung des GAV nicht in Frage. [2]Das gilt auch, wenn eine Personengesellschaft der Organträger ist (R 14.3) und Gewinn verdeckt an einen Gesellschafter der Personengesellschaft ausgeschüttet wird. [3]Ein solcher Vorgang berührt lediglich die Gewinnverteilung innerhalb der Personengesellschaft. [4]VGA an außen stehende Gesellschafter sind wie Ausgleichszahlungen i. S. d. § 16 KStG zu behandeln.

(5) Der Gewinn aus der Veräußerung eines Teilbetriebs unterliegt der vertraglichen Gewinnabführungsverpflichtung; er ist bei der Ermittlung des dem Organträger zuzurechnenden Einkommens zu berücksichtigen.

(6) [1]Die Höhe des nach § 14 KStG dem Organträger zuzurechnenden Einkommens der Organgesellschaft sowie weitere Besteuerungsgrundlagen werden gesondert und einheitlich festgestellt mit Bindungswirkung für die Steuerbescheide der Organgesellschaft und des Organträgers. [2]Einspruchsberechtigt gegen den Bescheid über die gesonderte und einheitliche Feststellung sind sowohl der Organträger als auch die Organgesellschaft.

(7) Gewinnabführungen stellen auch dann keine Gewinnausschüttungen dar, wenn sie erst nach Beendigung des GAV abfließen.

R 14.7 Einkommensermittlung beim Organträger

(1) Ausgaben im Zusammenhang mit der Organbeteiligung, z. B. Zinsen für Schulden, die der Organträger zum Erwerb der Beteiligung aufgenommen hat, dürfen bei der Ermittlung des Einkommens des Organträgers abgezogen werden.

(2) ¹VGA der Organgesellschaft sind beim Organträger zur Vermeidung der Doppelbelastung aus dem Einkommen auszuscheiden, wenn die Vorteilszuwendung den Bilanzgewinn des Organträgers erhöht oder dessen Bilanzverlust gemindert hat. ²Entgegen BFH vom 20. 8. 1986 (I R 150/82, BStBl 1987 II S. 455) ist jedoch nicht das zuzurechnende Organeinkommen, sondern das eigene Einkommen des Organträgers zu kürzen.

(3) ¹Der Organträger kann seine Beteiligung an der Organgesellschaft auf den niedrigeren Teilwert abschreiben, wenn die nach dem geltenden Recht hierfür erforderlichen Voraussetzungen erfüllt sind. ²Eine Abschreibung auf den niedrigeren Teilwert ist jedoch nicht schon deshalb gerechtfertigt, weil die Organgesellschaft ständig Verluste erwirtschaftet.

(4) Übernimmt der Organträger die Verpflichtung, einen vorvertraglichen Verlust der Organgesellschaft auszugleichen, stellt der Verlustausgleich steuerrechtlich eine Einlage des Organträgers in die Organgesellschaft dar.

R 14.8 Bildung und Auflösung besonderer Ausgleichsposten beim Organträger

(1) ¹Stellt die Organgesellschaft aus dem Jahresüberschuss (§ 275 Abs. 2 Nr. 20 oder Abs. 3 Nr. 19 HGB) Beträge in die Gewinnrücklagen i. S. d. § 272 Abs. 3 HGB ein oder bildet sie steuerlich nicht anzuerkennende stille Reserven, werden die Rücklagen mit dem zuzurechnenden Einkommen beim Organträger oder, wenn er eine Personengesellschaft ist, bei seinen Gesellschaftern versteuert. ²Der steuerrechtliche Wertansatz der Beteiligung des Organträgers an der Organgesellschaft bleibt unberührt. ³Um sicherzustellen, dass nach einer Veräußerung der Organbeteiligung die bei der Organgesellschaft so gebildeten Rücklagen nicht noch einmal beim Organträger steuerrechtlich erfasst werden, ist in der Steuerbilanz des Organträgers, in der der um die Rücklage verminderte Jahresüberschuss der Organgesellschaft eingegangen ist, ein besonderer aktiver Ausgleichsposten in Höhe des Teils der versteuerten Rücklagen einkommensneutral zu bilden, der dem Verhältnis der Beteiligung des Organträgers am Nennkapital der Organgesellschaft entspricht. ⁴Löst die Organgesellschaft die Rücklagen in den folgenden Jahren ganz oder teilweise zugunsten des an den Organträger abzuführenden Gewinns auf, ist der besondere aktive Ausgleichsposten entsprechend einkommensneutral aufzulösen.

(2) Weicht der an den Organträger abgeführte Gewinn der Organgesellschaft aus anderen Gründen als infolge der Auflösung einer Rücklage i. S. d. Absatzes 1 von dem Steuerbilanzgewinn ab, z. B. wegen Änderung des Wertansatzes von Aktiv- oder Passivposten in der Bilanz, und liegt die Ursache in vertraglicher Zeit, ist in der Steuerbilanz des Organträgers nach § 14 Abs. 4 Satz 1, 2 und 6 KStG ein besonderer aktiver oder passiver Ausgleichsposten in Höhe des Unterschieds einkommensneutral zu bilden, der dem Verhältnis der Beteiligung des Organträgers am Nennkapital der Organgesellschaft entspricht.

(3) ¹Die besonderen Ausgleichsposten sind bei Beendigung des GAV nicht gewinnwirksam aufzulösen, sondern bis zur Veräußerung der Organbeteiligung weiterzuführen. ²Im Zeitpunkt der Veräußerung der Organbeteiligung oder

eines der Veräußerung gleichgestellten Vorgangs sind die besonderen Ausgleichsposten aufzulösen (§ 14 Abs. 4 Satz 2 und 5 KStG). [3]Dadurch erhöht oder verringert sich das Einkommen des Organträgers; § 8b KStG sowie § 3 Nr. 40 und § 3c Abs. 2 EStG sind anzuwenden. [4]Für die Anwendung des § 8b KStG bzw. der § 3 Nr. 40, § 3c Abs. 2 EStG sind die Ausgleichsposten mit dem in der Steuerbilanz ausgewiesenen Buchwert der Organbeteiligung zusammenzufassen. [5]Dadurch kann sich rechnerisch auch ein negativer Buchwert ergeben. [6]Die Sätze 4 und 5 sind bei der Ermittlung eines Übernahmeergebnisses i. S. d. § 4 Abs. 4 Satz 1 oder § 12 Abs. 2 Satz 1 UmwStG entsprechend anzuwenden. [7]Bei mittelbarer Beteiligung an der Organgesellschaft sind die Ausgleichsposten aufzulösen, wenn der Organträger die Beteiligung an der Zwischengesellschaft veräußert.

R 15 Einkommensermittlung bei der Organgesellschaft

Ein Verlustabzug aus der Zeit vor dem Abschluss des GAV darf das Einkommen der Organgesellschaft, das sie während der Geltungsdauer des GAV bezieht, nicht mindern (§ 15 Satz 1 Nr. 1 KStG).

R 16 Ausgleichszahlungen

(1) [1]Ausgleichszahlungen, die in den Fällen der §§ 14, 17 KStG an außen stehende Anteilseigner gezahlt werden, dürfen nach § 4 Abs. 5 Satz 1 Nr. 9 EStG weder den Gewinn der Organgesellschaft noch den Gewinn des Organträgers mindern. [2]Die Organgesellschaft hat ihr Einkommen i. H. v. 20/17 der geleisteten Ausgleichszahlungen stets selbst zu versteuern, auch wenn die Verpflichtung zum Ausgleich von dem Organträger erfüllt worden oder ihr Einkommen negativ ist.

(2) [1]Hat die Organgesellschaft selbst die Ausgleichszahlungen zu Lasten ihres Gewinns geleistet, ist dem Organträger das um 20/17 der Ausgleichszahlungen verminderte Einkommen der Organgesellschaft zuzurechnen. [2]Leistet die Organgesellschaft trotz eines steuerlichen Verlustes die Ausgleichszahlungen, erhöht sich ihr dem Organträger zuzurechnendes negatives Einkommen; die Organgesellschaft hat 20/17 der Ausgleichszahlungen als (positives) Einkommen selbst zu versteuern. [3]Hat dagegen der Organträger die Ausgleichszahlungen geleistet, gilt Folgendes:

1. Das Einkommen des Organträgers wird um die Ausgleichszahlungen vermindert.

2. Die Organgesellschaft hat 20/17 der Ausgleichszahlungen zu versteuern.

3. Das von der Organgesellschaft erwirtschaftete Einkommen ist dem Organträger nach § 14 Abs. 1 Satz 1 KStG zuzurechnen.

[4]Satz 3 gilt auch, wenn der Organträger die Ausgleichszahlungen trotz eines steuerlichen Verlustes geleistet hat.

R 17 Andere Kapitalgesellschaften als Organgesellschaft

(1) ¹Ist die Organgesellschaft eine GmbH, ist der GAV zivilrechtlich nur wirksam, wenn die Gesellschafterversammlungen der beherrschten und der herrschenden Gesellschaft dem Vertrag zustimmen und seine Eintragung in das Handelsregister der beherrschten Gesellschaft erfolgt. ²Der Zustimmungsbeschluss der Gesellschafterversammlung der beherrschten Gesellschaft bedarf der notariellen Beurkundung.

(2) Nach § 17 KStG ist Voraussetzung für die steuerliche Anerkennung einer anderen als der in § 14 Abs. 1 Satz 1 KStG bezeichneten Kapitalgesellschaft als Organgesellschaft, dass diese sich wirksam verpflichtet, ihren ganzen Gewinn an ein anderes Unternehmen i. S. d. § 14 KStG abzuführen, und die Gewinnabführung den in § 301 AktG genannten Betrag nicht überschreitet.

(3) Die Verlustübernahme muss durch den Verweis auf die Vorschriften des § 302 AktG in seiner jeweils gültigen Fassung vereinbart werden.

(4) R 14.5 gilt entsprechend.

R 19 Anwendung besonderer Tarifvorschriften

(1) ¹Eine besondere Tarifvorschrift i. S. d. § 19 Abs. 1 KStG ist z. B. § 26 KStG. ²Die Voraussetzungen der Steuerermäßigung müssen bei der Organgesellschaft erfüllt sein. ³Der Abzug von der Steuer ist beim Organträger vorzunehmen. ⁴Ist die Steuerermäßigung der Höhe nach auf einen bestimmten Betrag begrenzt, richtet sich dieser Höchstbetrag nach den steuerlichen Verhältnissen beim Organträger.

(2) Ist in dem zugerechneten Einkommen der Organgesellschaft (R 14.6) ein Veräußerungsgewinn i. S. d. § 16 EStG enthalten, kann der Organträger, auch wenn er eine natürliche Person ist, dafür die Steuervergünstigung des § 34 EStG nicht in Anspruch nehmen.

1.3 Auszug aus den KStH 2015

H 14.1 Organträger, Begriff des gewerblichen Unternehmens

Begriff des gewerblichen Unternehmens

>BMF vom 26. 8. 2003, BStBl I S. 437 Rn. 2 ff.

Steuerbefreite Körperschaft als Organträgerin

Mit der die Organschaft ausschließende Steuerbefreiung i. S. v. § 14 Abs. 1 Satz 1 Nr. 2 Satz 1 KStG ist nur eine persönliche Steuerbefreiung gemeint, die den Rechtsträger als solchen insgesamt von der Steuerpflicht ausschließt (unbeschränkte persönliche Steuerbefreiung). Körperschaften, die nur im Hinblick auf einen bestimmten Teil ihrer Tätigkeit oder ihres Ertrags von der Steuerpflicht ausgenommen sind (sog. beschränkte persönliche oder sachliche Steuerbefreiung), kommen demgegenüber als Organträger grundsätzlich in Betracht, soweit nicht die Beteiligung an der Organgesellschaft den steuerbefreiten Aktivitäten zuzuordnen ist (>BFH vom 10. 3. 2010, I R 41/09, BStBl 2011 II S. 181).

H 14.2 Finanzielle Eingliederung

Mittelbare Beteiligung

Eine mittelbare Beteiligung kann auch über eine Gesellschaft bestehen, die nicht selbst Organgesellschaft sein kann (>BFH vom 2. 11. 1977, I R 143/75, BStBl 1978 II S. 74).

Rückwirkende Begründung eines Organschaftsverhältnisses bei Umwandlung

Zur rückwirkenden Begründung eines Organschaftsverhältnisses bei Umwandlungen >BFH vom 28. 7. 2010, I R 89/09, BStBl 2011 II S. 528 sowie >BMF vom 11. 11. 2011, BStBl I S. 1314 Rn. Org.01 ff.

Stimmrechtsverbot

Stimmrechtsverbote für einzelne Geschäfte zwischen Organträger und Organgesellschaft stehen der finanziellen Eingliederung nicht entgegen (>BFH vom 26. 1. 1989, IV R 151/86, BStBl II S. 455).

H 14.3 Personengesellschaften als Organträger

Personengesellschaft als Organträger

>BMF vom 10. 11. 2005, BStBl I S. 1038 Rn. 13 ff.

Vermögensverwaltende Personengesellschaft

Eine Personengesellschaft, die Besitzunternehmen im Rahmen einer Betriebsaufspaltung und ansonsten nur vermögensverwaltend tätig ist, kann Organträgerin sein (>BFH vom 24. 7. 2013, I R 40/12, BStBl 2014 II S. 272).

Zeitpunkt einer gewerblichen Betätigung des Organträgers i. S. d. § 15 Abs. 1 Satz 1 Nr. 1 EStG

Der Organträger einer ertragsteuerlichen Organschaft muss nicht bereits zu Beginn des Wj. der Organgesellschaft gewerblich tätig sein (>BFH vom 24. 7. 2013, I R 40/12, BStBl 2014 II S. 272). >BMF vom 10. 11. 2005, BStBl I S. 1038 Rn. 21 ist damit überholt.

H 14.4 Zeitliche Voraussetzungen
– unbesetzt –

H 14.5 Gewinnabführungsvertrag

Änderung des § 301 AktG und § 249 HGB durch das BilMoG

>BMF vom 14. 1. 2010, BStBl I S. 65

Auflösung und Abführung vorvertraglicher versteuerter Rücklagen

Zur Auflösung und Abführung vorvertraglicher versteuerter Rücklagen bei einer nach den §§ 319 bis 327 AktG eingegliederten Organgesellschaft in der Rechtsform der AG oder KGaA >R 14.6 Abs. 3

Auflösung von in organschaftlicher Zeit gebildeten Kapitalrücklagen

Eine in organschaftlicher Zeit gebildete und aufgelöste Kapitalrücklage kann an die Gesellschafter ausgeschüttet werden; sie unterliegt nicht der Gewinnabführung (>BFH vom 8.8.2001, I R 25/00, BStBl 2003 II S. 923 und >BMF vom 27.11.2003, BStBl I S. 647).

Beendigung des Gewinnabführungsvertrags

Die Beendigung des GAV, weil er aus Sicht der Parteien seinen Zweck der Konzernverlustverrechnung erfüllt hat, ist kein wichtiger Grund i.S.d. § 14 Abs. 1 Satz 1 Nr. 3 Satz 2 KStG (>BFH vom 13.11.2013, I R 45/12, BStBl 2014 II S. 486).

Bildung einer Rücklage

Zur Zulässigkeit der Bildung einer Rücklage in der Bilanz einer Organgesellschaft aus Gründen der Risikovorsorge > BFH vom 29.10.1980, I R 61/77, BStBl 1981 II S. 336

Mindestlaufzeit

Die fünfjährige Mindestlaufzeit des GAV bei der körperschaftsteuerlichen Organschaft bemisst sich nach Zeitjahren und nicht nach Wj. (>BFH vom 12.1.2011, I R 3/10, BStBl II S. 727). Unabhängig von einer Umstellung des Wj. der Organgesellschaft und der damit einhergehenden Bildung eines Rumpfwirtschaftsjahres ist für die steuerliche Anerkennung der Organschaft die Mindestlaufzeit des GAV von fünf Zeitjahren einzuhalten (>BFH vom 13.11.2013, I R 45/12, BStBl 2014 II S. 486). Zur Voraussetzung der Mindestlaufzeit >BMF vom 10.11.2005, BStBl I S. 1038 Rn. 4

Verzinsung des Anspruchs auf Verlustübernahme nach § 302 AktG

Die unterlassene oder unzutreffende Verzinsung eines Verlustausgleichsanspruchs steht einer tatsächlichen Durchführung des GAV nicht entgegen (>BMF vom 15.10.2007, BStBl I S. 765).

Wirksamwerden des Gewinnabführungsvertrags

Bei einem lediglich mit der Vorgründungsgesellschaft (>H 1.1) abgeschlossenen GAV gehen die sich daraus ergebenden Rechte und Pflichten nicht automatisch auf die später gegründete und eingetragene Kapitalgesellschaft über (>BFH vom 8.11.1989, I R 174/86, BStBl 1990 II S. 91).

H 14.6 Zuzurechnendes Einkommen der Organgesellschaft

Einstellung der gewerblichen Tätigkeit

Stellt eine Organgesellschaft ohne förmlichen Auflösungsbeschluss ihre gewerbliche Tätigkeit nicht nur vorübergehend ein und veräußert sie ihr Vermögen, fällt der Gewinn, den sie während der tatsächlichen Abwicklung erzielt, nicht mehr unter die Gewinnabführungsverpflichtung (>BFH vom 17. 2. 1971, I R 148/68, BStBl II S. 411).

Gewinn im Zeitraum der Abwicklung

Der im Zeitraum der Abwicklung erzielte Gewinn (§ 11 KStG, >R 11) unterliegt nicht der vertraglichen Gewinnabführungsverpflichtung und ist deshalb von der Organgesellschaft zu versteuern (>BFH vom 18. 10. 1967, I 262/63, BStBl 1968 II S. 105).

H 14.7 Einkommensermittlung beim Organträger

Veranlagungszeitraum der Zurechnung

Das Einkommen der Organgesellschaft ist dem Organträger für das Kj. (VZ) zuzurechnen, in dem die Organgesellschaft das Einkommen erzielt hat (>BFH vom 29. 10. 1974, I R 240/72, BStBl 1975 II S. 126).

Das Einkommen einer Organgesellschaft ist entsprechend dem allgemeinen Gewinnverteilungsschlüssel nur den Gesellschaftern einer Organträger-Personengesellschaft zuzurechnen, die im Zeitpunkt der Einkommenszurechnung an der Organträgerin beteiligt sind (>BFH vom 28. 2. 2013, IV R 50/09, BStBl II S. 494).

Verlustausgleich durch den Organträger

Der aus der gesetzlichen Verpflichtung (§ 301 AktG, § 30 Abs. 1 GmbHG) des Organträgers resultierende Ausgleich von vorvertraglichen Verlusten der Organgesellschaft führt beim Organträger zu nachträglichen Anschaffungskosten für die Anteile an der Organgesellschaft und ist auf dem Beteiligungskonto zu aktivieren (>BFH vom 8. 3. 1955, I 73/54 U, BStBl III S. 187).

Verlustübernahme

Der Organträger darf steuerrechtlich keine Rückstellung für drohende Verluste aus der Übernahme des Verlustes der Organgesellschaft bilden (>BFH vom 26. 1. 1977, I R 101/75, BStBl II S. 441).

H 14.8 Bildung und Auflösung besonderer Ausgleichsposten beim Organträger

Allgemeine Fragen zu organschaftlichen Mehr- und Minderabführungen

>BMF vom 26. 8. 2003, BStBl I S. 437 Rn. 40 ff.

Berechnung der Mehrabführung

Die Mehrabführung der Organgesellschaft an den Organträger ist ein rein rechnerischer Differenzbetrag zweier Vergleichswerte und kann auch in einer sog. Minderverlustübernahme bestehen. Auf einen tatsächlichen Vermögensabfluss kommt es nicht an (>BFH vom 6.6.2013, I R 38/11, BStBl 2014 II S.398, >BFH vom 27.11.2013, I R 36/13, BStBl 2014 II S.651).

Passiver Ausgleichsposten im Falle außerbilanzieller Zurechnung bei der Organgesellschaft

Ein passiver Ausgleichsposten i.S.d. § 14 Abs.4 KStG für Mehrabführungen ist nicht zu bilden, wenn die auf die Organgesellschaft entfallenden Beteiligungsverluste aus einem KG-Anteil aufgrund außerbilanzieller Zurechnung gem. § 15a EStG neutralisiert werden und damit das dem Organträger zuzurechnende Einkommen nicht mindern (>BFH vom 29.8.2012, I R 65/11, BStBl 2013 II S.555). Mit Ausnahme des Anwendungsfalls des § 15a EStG ist in allen anderen Fällen bei der Bildung organschaftlicher Ausgleichsposten weiterhin nach dem Wortlaut des § 14 Abs.4 Satz 6 KStG auf die Abweichung des an den Organträger abgeführten Gewinns vom Steuerbilanzgewinn der Organgesellschaft abzustellen. Die organschaftlichen Ausgleichsposten sind aufgrund der gesetzlichen Vorgabe des § 14 Abs.4 Satz 1 KStG in der Steuerbilanz zu aktivieren oder zu passivieren (>BMF vom 15.7.2013, BStBl I S.921).

Steuerliches Einlagekonto

>BMF vom 4.6.2003, BStBl I S.366 Rn.28

H 15 Einkommensermittlung bei der Organgesellschaft

Anwendung der Zinsschranke im Organkreis

>BMF vom 4.7.2008, BStBl I S.718

Beteiligungserträge der Organgesellschaft

Zu den steuerfreien Beteiligungserträgen der Organgesellschaft >BMF vom 26.8.2003, BStBl I S.437 Rn.21 ff.

Dauerverlustgeschäft der Organgesellschaft (§ 8 Abs.7 KStG)

>BMF vom 12.11.2009, BStBl I S.1303 Rn.90 ff.

Spartenrechnung für die Organgesellschaft (§ 8 Abs.9 KStG)

>BMF vom 12.11.2009, BStBl I S.1303 Rn.90 ff.

H 16 Ausgleichszahlungen

Festbetrag und weitere (feste oder variable) Zuzahlungen

>BFH vom 4.3.2009, I R 1/08, BStBl 2010 II S.407 und >BMF vom 20.4.2010, BStBl I S.372

H 17 Andere Kapitalgesellschaften als Organgesellschaft

Verweis auf § 302 AktG in allen vor dem 27.2.2013 geschlossenen Gewinn-abführungsverträgen

Bei einer GmbH als Organgesellschaft muss in allen vor der Verkündung des „Gesetzes zur Änderung und Vereinfachung der Unternehmensbesteuerung und des steuerlichen Reisekostenrechts" vom 26.2.2013 (BStBl I S.188) ge-schlossenen GAV die Verlustübernahme entsprechend § 302 AktG ausdrücklich vereinbart sein (>BFH vom 17.12.1980, I R 220/78, BStBl 1981 II S.383 und >BFH vom 15.9.2010, I B 27/10, BStBl II S.935). Zu den Übergangsregelungen für alle vor dem 27.2.2013 abgeschlossenen Verträge >§ 34 Abs.10b Satz 2 ff. KStG [1].

Die Notwendigkeit eines Hinweises auf die Verjährungsregelung des § 302 Abs.4 AktG [2] im GAV besteht für alle ab dem 1.1.2006 geschlossenen Ver-träge (>BMF vom 16.12.2005, BStBl 2006 I S.12).

Zivilrechtlich unwirksamer Gewinnabführungsvertrag

Entgegen § 41 Abs.1 Satz 1 AO ist ein zivilrechtlich nicht wirksamer GAV steu-erlich auch dann unbeachtlich, wenn die Vertragsparteien den Vertrag als wirk-sam behandelt und tatsächlich durchgeführt haben (>BFH vom 30.7.1997, I R 7/97, BStBl 1998 II S.33).

2 Regelungen zur Organschaft im Gewerbesteuerrecht

2.1 Auszug aus dem Gewerbesteuergesetz

§ 2 Steuergegenstand

(1) (…)

(2) [1]Als Gewerbebetrieb gilt stets und in vollem Umfang die Tätigkeit der Kapi-talgesellschaften (insbesondere Europäische Gesellschaften, Aktiengesellschaf-ten, Kommanditgesellschaften auf Aktien, Gesellschaften mit beschränkter Haf-tung), Genossenschaften einschließlich Europäischer Genossenschaften sowie der Versicherungs- und Pensionsfondsvereine auf Gegenseitigkeit. [2]Ist eine Ka-pitalgesellschaft Organgesellschaft im Sinne der §§ 14 oder 17 des Körper-schaftsteuergesetzes, so gilt sie als Betriebsstätte des Organträgers. [3]Dies gilt sinngemäß, wenn die Eingliederung im Sinne der vorbezeichneten Vorschrif-ten im Verhältnis zu einer inländischen im Handelsregister eingetragenen Zweigniederlassung eines ausländischen gewerblichen Unternehmens besteht.

2.2 Auszug aus den GewStR 2009

R 2.3 Organschaft

Allgemeines

(1) [1]Die Voraussetzungen für das Vorliegen einer Organschaft im Gewerbesteuerrecht stimmen mit den Voraussetzungen der körperschaftsteuerlichen Organschaft überein. [2]Die Organgesellschaft gilt im Gewerbesteuerrecht als Betriebsstätte des Organträgers (> § 2 Abs. 2 Satz 2 GewStG). [3]Diese Betriebsstättenfiktion führt jedoch nicht dazu, dass Organträger und Organgesellschaft als einheitliches Unternehmen anzusehen sind. [4]Es liegen vielmehr weiterhin selbständige Gewerbebetriebe vor, deren Gewerbeerträge getrennt zu ermitteln sind. [5]Die Begründung eines Organschaftsverhältnisses bewirkt nicht die Beendigung der sachlichen Steuerpflicht der jetzigen Organgesellschaft; durch die Beendigung eines Organschaftsverhältnisses wird die sachliche Steuerpflicht der bisherigen Organgesellschaft nicht neu begründet. [6]Für die Anerkennung einer Organschaft ist es nicht erforderlich, dass die eingegliederte Kapitalgesellschaft gewerblich tätig ist.

Beginn und Beendigung der Organschaft

(2) [1]Liegen die Voraussetzungen für ein Organschaftsverhältnis nicht während des ganzen Wirtschaftsjahres der Organgesellschaft vor, treten die steuerlichen Wirkungen des § 2 Abs. 2 Satz 2 GewStG für dieses Wirtschaftsjahr nicht ein. [2]Das bedeutet, dass die Organgesellschaft insoweit selbst zur Gewerbesteuer herangezogen wird. [3]Wird die Liquidation einer Organgesellschaft beschlossen und besteht z. B. wegen Beendigung des Gewinnabführungsvertrages das Organschaftsverhältnis nicht während des gesamten Wirtschaftsjahres, kann die Organgesellschaft für die Zeit vom Schluss des vorangegangenen Wirtschaftsjahres bis zum Beginn der Abwicklung ein Rumpfwirtschaftsjahr bilden (>R 7.1 Abs. 1 Satz 2 und 3). [4]Für das Rumpfwirtschaftsjahr sind die Voraussetzungen des § 2 Abs. 2 Satz 2 GewStG gesondert zu prüfen.

Personengesellschaften als Organträger

(3) [1]Nach § 2 Abs. 2 Satz 2 GewStG ist eine gewerbesteuerrechtliche Organschaft, wie bei der Körperschaftsteuer, nur gegenüber einem anderen gewerblichen Unternehmen möglich. [2]Bei einer Organträger-Personengesellschaft muss eine eigene gewerbliche Tätigkeit im Sinne des § 15 Abs. 1 Satz 1 Nr. 1 EStG vorliegen. [3]Gewerblich geprägte Personengesellschaften im Sinne des § 15 Abs. 3 Nr. 2 EStG können damit nicht Organträger sein. [4]Eine Besitzpersonengesellschaft im Rahmen einer Betriebsaufspaltung kommt als Organträger in Betracht. [5]Ihr wird die gewerbliche Tätigkeit im Sinne des § 15 Abs. 1 Satz 1 Nr. 1 EStG der Betriebsgesellschaft zugerechnet.

R 7.1 Gewerbeertrag

Ermittlung des Gewerbeertrags im Fall der Organschaft

(5) [1]Organträger und Organgesellschaft bilden trotz der Betriebsstättenfiktion des § 2 Abs. 2 Satz 2 GewStG kein einheitliches Unternehmen. [2]Demnach ist für jedes der sachlich selbständigen Unternehmen im Organkreis der Gewerbeertrag unter Berücksichtigung der in den §§ 8 und 9 GewStG bezeichneten Beträge getrennt zu ermitteln. [3]Es unterbleiben aber Hinzurechnungen nach § 8 GewStG, soweit die Hinzurechnungen zu einer doppelten steuerlichen Belastung führen. [4]Eine doppelte Belastung kann eintreten, wenn die für die Hinzurechnung in Betracht kommenden Beträge bereits in einem der zusammenzurechnenden Gewerbeerträge enthalten sind. [5]Um eine Doppelbelastung zu vermeiden, sind ferner bei der Veräußerung einer Organbeteiligung durch den Organträger die von der Organgesellschaft während der Dauer des Organschaftsverhältnisses erwirtschafteten, aber nicht ausgeschütteten Gewinne, soweit sie in den Vorjahren im Organkreis der Gewerbesteuer unterlegen haben, bei der Ermittlung des Gewerbeertrags des Wirtschaftsjahrs des Organträgers abzuziehen, in dem die Beteiligung veräußert worden ist. [6]Auch eine verlustbedingte Wertminderung der Organbeteiligung muss gewerbesteuerlich unberücksichtigt bleiben, andernfalls würde sich der Verlust der Organgesellschaft doppelt auswirken. [7]Ist auf Grund des Verlusts der Organgesellschaft die Organbeteiligung auf den niedrigeren Teilwert abgeschrieben worden, kann die Teilwertabschreibung sich auf den Gewerbeertrag nicht mindernd auswirken, auch wenn sie bilanzsteuerrechtlich anzuerkennen ist. [8]Es wird vermutet, dass eine Identität der Verluste der Organgesellschaft mit den Verlusten des Organträgers besteht. [9]Wird eine Teilwertabschreibung nicht vorgenommen, die Organbeteiligung später aber zu einem entsprechend geringeren Verkaufspreis veräußert, ist bei der Ermittlung des Gewerbeertrags ein Betrag in Höhe des bei der Zusammenrechnung der Gewerbeerträge berücksichtigten Verlusts der Organgesellschaft hinzuzurechnen. [10]Der volle Gewerbeertrag – also vor Berücksichtigung der Gewinnabführungsvereinbarung und ggf. einschließlich des nur bei der Körperschaftsteuer vorhandenen eigenen Einkommens der Organgesellschaft in Höhe der geleisteten Ausgleichszahlungen – ist mit dem vom Organträger selbst erzielten Gewerbeertrag zusammenzurechnen. [11]Es sind die Gewerbeerträge derjenigen Wirtschaftsjahre des Organträgers und der Organgesellschaft zusammenzurechnen, die in demselben Erhebungszeitraum enden.

R 10a.4 Organschaft

[1]Gehen im Zuge einer Anwachsung Verluste einer Personengesellschaft auf eine Organgesellschaft über, können diese Verluste in Zeiträumen vor als auch nach dem Abschluss des Gewinnabführungsvertrages zwischen Organgesellschaft und Organträger entstanden sein. [2]Verluste, die vor Abschluss des Gewinnabführungsvertrages bei der Personengesellschaft entstanden sind, stellen vororganschaftliche Verluste dar, welche während des Bestehens der Organschaft nicht mit dem maßgebenden Gewerbeertrag der Organgesellschaft zu verrech-

nen sind (> § 10a Satz 3 GewStG). [3]Die nach Abschluss des Gewinnabführungsvertrages auf Ebene der Personengesellschaft entstandenen und der Organgesellschaft angewachsenen Verluste stellen Verluste dar, die während der Organschaft auf Ebene der Organgesellschaft entstanden sind. [4]Die Voraussetzungen des § 10a Satz 3 GewStG sind insoweit nicht erfüllt. [5]Daraus folgt, dass Verluste im Sinne des Satzes 3 auf Ebene der Organgesellschaft nach Maßgabe des § 10a Satz 1 und 2 GewStG jeweils höchstens bis auf Null mit positiven Gewerbeerträgen der Organgesellschaft ausgeglichen werden können.

2.3 Auszug aus den GewStH 2009

H 2.3 Organschaft

H 2.3 (1)

Allgemeine Grundsätze

– Körperschaftsteuerliche und gewerbesteuerliche Organschaft unter Berücksichtigung der Änderungen durch das Steuersenkungsgesetz (StSenkG) und das Unternehmenssteuerfortentwicklungsgesetz (UntStFG)
– BMF vom 26.8.2003 – BStBl I S. 437
– R 56 bis 60 KStR und H 56 bis 60 KStH (jetzt R 14.1 bis 14.5 KStR und H 14.1 bis 14.5 KStH)
– Änderungen bei der Besteuerung steuerlicher Organschaften durch das Steuervergünstigungsabbaugesetz (StVergAbG)
– > BMF vom 10.11.2005 - BStBl I S. 1038

Ausländische Kapitalgesellschaft als Organgesellschaft

Eine ausländische Kapitalgesellschaft kann nicht Organgesellschaft sein, selbst wenn sie im Inland einen Gewerbebetrieb unterhält.

Ermittlung des Gewerbeertrags von Organträger und Organgesellschaft

– Der Gewerbeertrag der Organgesellschaft ist getrennt zu ermitteln und dem Organträger zur Berechnung seines Gewerbesteuermessbetrags zuzurechnen. (> BFH vom 6.10.1953 – BStBl III S. 329, vom 29.5.1968 – BStBl II S. 807, vom 30.7.1969 – BStBl II S. 629, vom 5.5.1977 – BStBl II S. 701, vom 2.3.1983 – BStBl II S. 427, vom 6.11.1985 – BStBl 1986 II S. 73, vom 27.6.1990 – BStBl II S. 916, vom 23.1.1992 – BStBl II S. 630, vom 17.2.1993 – BStBl II S. 679, vom 2.2.1994 – BStBl II S. 768, vom 18.9.1996 – BStBl 1997 II S. 181 und vom 29.1.2003 – BStBl II S. 768).
– > R 7.1 Abs. 5

GmbH & atypisch stille Gesellschaft

Bei einer GmbH, an deren Handelsgewerbe sich ein atypischer stiller Gesellschafter beteiligt, ist der Gewerbeertrag bei der atypischen stillen Gesellschaft zu erfassen und kann deshalb nicht einem Organträger zugerechnet werden (> BFH vom 25. 7. 1995 – BStBl II S. 794).

GmbH & Co. KG

Eine GmbH & Co. KG kann nicht Organgesellschaft sein (> BFH vom 17. 1. 1973 – BStBl II S. 269 und vom 7. 3. 1973 – BStBl II S. 562).

Steuerbefreiung im Organkreis

– Die Voraussetzungen einer Steuerbefreiung nach § 3 GewStG müssen in der Person des Organträgers bzw. der Organgesellschaft erfüllt sein. Die Steuerbefreiung beschränkt sich in ihrer Wirkung auf das Unternehmen, das die Voraussetzungen des § 3 GewStG erfüllt.

– Die Befreiung einer Organgesellschaft von der Gewerbesteuer gem. § 3 Nr. 20 GewStG erstreckt sich auch dann nicht auf eine andere Organgesellschaft desselben Organkreises, die die Befreiungsvoraussetzungen ihrerseits nicht erfüllt, wenn die Tätigkeiten der Gesellschaften sich gegenseitig ergänzen. Die tatbestandlichen Voraussetzungen einer gesetzlichen Steuerbefreiung müssen von der jeweiligen Organgesellschaft selbst erfüllt werden (> BFH vom 4. 6. 2003 – BStBl 2004 II S. 244).

Verlustverrechnung im Organkreis

> H 10a.4

Wechsel des Organträgers

Der Wechsel des Organträgers hat keinen Einfluss auf die sachliche Steuerpflicht der Organgesellschaft (> BFH vom 16. 2. 1977 – BStBl II S. 560).

H 2.3 (3)

Allgemeine Grundsätze der Organträger-Personengesellschaft

> BMF vom 26. 8. 2003 - BStBl I S. 437

> BMF vom 10. 11. 2005 - BStBl I S. 1038

H 7.1 (5)

Allgemeine Grundsätze zur Organschaft

> R 2.3

Teilwertabschreibungen bei Organschaft

Besteht gewerbesteuerrechtlich ein Organschaftsverhältnis, ist der beim Organträger zusammenzufassende Gewerbeertrag des Organkreises um Teilwertabschreibungen des Organträgers auf Beteiligungen an Organgesellschaften zu erhöhen, soweit die Teilwertabschreibungen betragsmäßig den erlittenen Verlusten der Organgesellschaft entsprechen (> BFH vom 6. 11. 1985 – BStBl 1986 II

S. 73). Teilwertabschreibungen aufgrund einer Gewinnabführung mindern ebenso wie aufgrund einer Gewinnausschüttung den Gewerbeertrag im Organkreis nicht (> BFH vom 19. 11. 2003 – BStBl 2004 II S. 751). Teilwertabschreibungen mindern den Gewerbeertrag des Organkreises, wenn sie sich auf Ausschüttungen der Organgesellschaft bzgl. Gewinne aus vororganschaftlicher Zeit beziehen (> BFH vom 30. 1. 2002 – BStBl 2003 II S. 354).

Übernahmegewinn bei Umwandlung in Organschaftsfällen

- Besteht eine gewerbesteuerrechtliche Organschaft und wird die Organgesellschaft in eine Personengesellschaft umgewandelt, unterliegt ein Umwandlungsgewinn, der beim herrschenden Unternehmen entsteht, insoweit nicht der Gewerbesteuer, als er aus aufgespeicherten Gewinnen der Organgesellschaft herrührt, die auf Grund der Organschaft bereits durch Zurechnung zum Gewerbeertrag des herrschenden Unternehmens versteuert wurden (> BFH vom 26. 1. 1972 – BStBl II S. 358).

- Entsteht bei der Umwandlung eines Organs auf den Organträger dadurch ein Übernahmegewinn, dass der Buchwert des Vermögens des Organs infolge der Nichtausschüttung von nachorganschaftlichen Gewinnen den Buchwert des Anteils des Organträgers an dem Organ übersteigt, unterliegt dieser Gewinn bei dem Organträger nicht der Gewerbesteuer (> BFH vom 17. 2. 1972 – BStBl II S. 582).

Zur Berücksichtigung von Gewerbeverlusten innerhalb des Organkreises

> H 10a.4

H 10a.4 Organschaft

Änderungen bei der Besteuerung steuerlicher Organschaften durch das Steuervergünstigungsabbaugesetz – StVergAbG –

> BMF vom 10. 11. 2005 – BStBl I S. 1038

Organschaftliche Verluste

Verluste einer Organgesellschaft, die während der Dauer einer Organschaft entstanden sind, können auch nach Beendigung der Organschaft nur vom maßgebenden Gewerbeertrag des Organträgers abgezogen werden (> BFH vom 27. 6. 1990 – BStBl II S. 916).

3 Regelungen zur Organschaft im Umsatzsteuerrecht

3.1 Auszug aus dem Umsatzsteuergesetz

§ 2 Unternehmer, Unternehmen

(1) (...)

(2) Die gewerbliche oder berufliche Tätigkeit wird nicht selbständig ausgeübt,

1. (...)

2. wenn eine juristische Person nach dem Gesamtbild der tatsächlichen Verhältnisse finanziell, wirtschaftlich und organisatorisch in das Unternehmen des Organträgers eingegliedert ist (Organschaft). [2]Die Wirkungen der Organschaft sind auf Innenleistungen zwischen den im Inland gelegenen Unternehmensteilen beschränkt. [3]Diese Unternehmensteile sind als ein Unternehmen zu behandeln. [4]Hat der Organträger seine Geschäftsleitung im Ausland, gilt der wirtschaftlich bedeutendste Unternehmensteil im Inland als der Unternehmer.

3.2 Auszug aus dem Umsatzsteuer-Anwendungserlass

2.8 Organschaft

Allgemeines

(1) [1]Organschaft nach § 2 Abs. 2 Nr. 2 UStG liegt vor, wenn eine juristische Person nach dem Gesamtbild der tatsächlichen Verhältnisse finanziell, wirtschaftlich und organisatorisch in ein Unternehmen eingegliedert ist. [2]Es ist nicht erforderlich, dass alle drei Eingliederungsmerkmale gleichermaßen ausgeprägt sind. [3]Organschaft kann deshalb auch gegeben sein, wenn die Eingliederung auf einem dieser drei Gebiete nicht vollständig, dafür aber auf den anderen Gebieten umso eindeutiger ist, so dass sich die Eingliederung aus dem Gesamtbild der tatsächlichen Verhältnisse ergibt (vgl. BFH-Urteil vom 23. 4. 1964, V 184/61 U, BStBl III S. 346, und vom 22. 6. 1967, V R 89/66, BStBl III S. 715). [4]Von der finanziellen Eingliederung kann weder auf die wirtschaftliche noch auf die organisatorische Eingliederung geschlossen werden (vgl. BFH-Urteile vom 5. 12. 2007, V R 26/06, BStBl 2008 II S. 451, und vom 3. 4. 2008, V R 76/05, BStBl II S. 905). [5]Die Organschaft umfasst nur den unternehmerischen Bereich der Organgesellschaft. [6]Liegt Organschaft vor, sind die untergeordneten juristischen Personen (Organgesellschaften, Tochtergesellschaften) ähnlich wie Angestellte des übergeordneten Unternehmens (Organträger, Muttergesellschaft) als unselbständig anzusehen; Unternehmer ist der Organträger. [7]Eine Gesellschaft kann bereits zu einem Zeitpunkt in das Unternehmen des Organträgers eingegliedert sein, zu dem sie selbst noch keine Umsätze ausführt, dies gilt insbesondere für eine Auffanggesellschaft im Rahmen des Konzepts einer „übertragenden Sanierung" (vgl. BFH-Urteil vom 17. 1. 2002, V R 37/00, BStBl II S. 373). [8]War die seit dem Abschluss eines Gesellschaftsvertrags bestehende Gründergesellschaft einer später in das Handelsregister eingetragenen GmbH nach dem Gesamtbild der tatsächlichen Verhältnisse finanziell, wirtschaftlich

und organisatorisch in ein Unternehmen eingegliedert, besteht die Organschaft zwischen der GmbH und dem Unternehmen bereits für die Zeit vor der Eintragung der GmbH in das Handelsregister (vgl. BFH-Urteil vom 9.3.1978, V R 90/74, BStBl II S. 486).

(2) [1]Als Organgesellschaften kommen regelmäßig nur juristische Personen des Zivil- und Handelsrechts in Betracht (vgl. BFH-Urteil vom 20.12.1973, V R 87/70, BStBl 1974 II S. 311). [2]Organträger kann jeder Unternehmer sein. [3]Eine GmbH, die an einer KG als persönlich haftende Gesellschafterin beteiligt ist, kann grundsätzlich nicht als Organgesellschaft in das Unternehmen dieser KG eingegliedert sein (BFH-Urteil vom 14.12.1978, V R 85/74, BStBl 1979 II S. 288). [4]Dies gilt auch in den Fällen, in denen die übrigen Kommanditisten der KG sämtliche Gesellschaftsanteile der GmbH halten (vgl. BFH-Urteil vom 19.5.2005, V R 31/03, BStBl II S. 671). [5]Bei der sog. Einheits-GmbH & Co. KG (100%ige unmittelbare Beteiligung der KG an der GmbH) kann die GmbH jedoch als Organgesellschaft in die KG eingegliedert sein, da die KG auf Grund ihrer Gesellschafterstellung sicherstellen kann, dass ihr Wille auch in der GmbH durchgesetzt wird, vgl. auch Abschnitt 2.2 Abs. 6 Beispiel 2. [6]Auch eine juristische Person des öffentlichen Rechts kann Organträger sein, wenn und soweit sie unternehmerisch tätig ist, vgl. auch Abschnitt 2.11 Abs. 20. [7]Die die Unternehmereigenschaft begründenden entgeltlichen Leistungen können auch gegenüber einer Gesellschaft erbracht werden, mit der als Folge dieser Leistungstätigkeit eine organschaftliche Verbindung besteht (vgl. BFH-Urteil vom 9.10.2002, V R 64/99, BStBl 2003 II S. 375; vgl. aber Absatz 6 Sätze 5 und 6).

(3) [1]Die Voraussetzungen für die umsatzsteuerliche Organschaft sind nicht identisch mit den Voraussetzungen der körperschaftsteuerlichen und gewerbesteuerlichen Organschaft. [2]Eine gleichzeitige Eingliederung einer Organgesellschaft in die Unternehmen mehrerer Organträger (sog. Mehrmütterorganschaft) ist nicht möglich (vgl. BFH-Urteil vom 30.4.2009, V R 3/08, BStBl 2013 II S. 873).

(4) Weder das **Umsatzsteuergesetz** noch das Unionsrecht sehen ein Wahlrecht für den Eintritt der Rechtsfolgen einer Organschaft vor (vgl. BFH-Urteil vom 29.10.2008, XI R 74/07, BStBl 2009 II S. 256).

Finanzielle Eingliederung

(5) [1]Unter der finanziellen Eingliederung ist der Besitz der entscheidenden Anteilsmehrheit an der Organgesellschaft zu verstehen, die es dem Organträger ermöglicht, durch Mehrheitsbeschlüsse seinen Willen in der Organgesellschaft durchzusetzen. [2]Entsprechen die Beteiligungsverhältnisse den Stimmrechtsverhältnissen, ist die finanzielle Eingliederung gegeben, wenn die Beteiligung mehr als 50 % beträgt, sofern keine höhere qualifizierte Mehrheit für die Beschlussfassung in der Organgesellschaft erforderlich ist (vgl. BFH-Urteil vom 1.12.2010, XI R 43/08, BStBl 2011 II S. 600). [3]Eine finanzielle Eingliederung setzt eine unmittelbare oder mittelbare Beteiligung des Organträgers an der Organgesellschaft voraus. [4]Es ist ausreichend, wenn die finanzielle Eingliederung

mittelbar über eine unternehmerisch oder nichtunternehmerisch tätige Tochtergesellschaft des Organträgers erfolgt. [5]Eine nichtunternehmerisch tätige Tochtergesellschaft wird dadurch jedoch nicht Bestandteil des Organkreises. [6]Ist eine Kapital- oder Personengesellschaft nicht selbst an der Organgesellschaft beteiligt, reicht es für die finanzielle Eingliederung nicht aus, dass nur ein oder mehrere Gesellschafter auch mit Stimmenmehrheit an der Organgesellschaft beteiligt sind (vgl. BFH-Urteile vom 2.8.1979, V R 111/77, BStBl 1980 II S.20, vom 22.4.2010, V R 9/09, BStBl 2011 II S.597, und vom 1.12.2010, XI R 43/08, a.a.O.). [7]In diesem Fall ist keine der beiden Gesellschaften in das Gefüge des anderen Unternehmens eingeordnet, sondern es handelt sich vielmehr um gleich geordnete Schwestergesellschaften. [8]Dies gilt auch dann, wenn die Beteiligung eines Gesellschafters an einer Kapitalgesellschaft ertragsteuerlich zu dessen Sonderbetriebsvermögen bei einer Personengesellschaft gehört. [9]Das Fehlen einer eigenen unmittelbaren oder mittelbaren Beteiligung der Gesellschaft kann nicht durch einen Beherrschungsvertrag und Gewinnabführungsvertrag ersetzt werden (BFH-Urteil vom 1.12.2010, XI R 43/08, a.a.O.).

Wirtschaftliche Eingliederung

(6) [1]Wirtschaftliche Eingliederung bedeutet, dass die Organgesellschaft nach dem Willen des Unternehmers im Rahmen des Gesamtunternehmens, und zwar in engem wirtschaftlichen Zusammenhang mit diesem, wirtschaftlich tätig ist (vgl. BFH-Urteil vom 22.6.1967, V R 89/66, BStBl III S.715). [2]Voraussetzung für eine wirtschaftliche Eingliederung ist, dass die Beteiligung an der Kapitalgesellschaft dem unternehmerischen Bereich des Anteileigners zugeordnet werden kann (vgl. Abschnitt 2.3 Abs.2). [3]Sie kann bei entsprechend deutlicher Ausprägung der finanziellen und organisatorischen Eingliederung bereits dann vorliegen, wenn zwischen dem Organträger und der Organgesellschaft auf Grund gegenseitiger Förderung und Ergänzung mehr als nur unerhebliche wirtschaftliche Beziehungen bestehen (vgl. BFH-Urteil vom 29.10.2008, XI R 74/07, BStBl 2009 II S.256), insbesondere braucht dann die Organgesellschaft nicht vom Organträger abhängig zu sein (vgl. BFH-Urteil vom 3.4.2003, V R 63/01, BStBl 2004 II S.434). [4]Die wirtschaftliche Eingliederung kann sich auch aus einer Verflechtung zwischen den Unternehmensbereichen verschiedener Organgesellschaften ergeben (vgl. BFH-Urteil vom 20.8.2009, V R 30/06, BStBl 2010 II S.863). [5]Beruht die wirtschaftliche Eingliederung auf Leistungen des Organträgers gegenüber seiner Organgesellschaft, müssen jedoch entgeltliche Leistungen vorliegen, denen für das Unternehmen der Organgesellschaft mehr als nur unwesentliche Bedeutung zukommt (vgl. BFH-Urteil vom 18.6.2009, V R 4/08, BStBl 2010 II S.310, und vom 6.5.2010, V R 26/09, BStBl II S.1114). [6]Stellt der Organträger für eine von der Organgesellschaft bezogene Leistung unentgeltlich Material bei, reicht dies zur Begründung der wirtschaftlichen Eingliederung nicht aus (vgl. BFH-Urteil vom 20.8.2009, V R 30/06, a.a.O.).

(6a) [1]Für die Frage der wirtschaftlichen Verflechtung kommt der Entstehungsgeschichte der Tochtergesellschaft eine wesentliche Bedeutung zu. [2]Die Unselbständigkeit einer hauptsächlich im Interesse einer anderen Firma ins Leben gerufenen Produktionsfirma braucht nicht daran zu scheitern, dass sie einen Teil ihrer Erzeugnisse auf dem freien Markt absetzt. [3]Ist dagegen eine Produktionsgesellschaft zur Versorgung eines bestimmten Markts gegründet worden, kann ihre wirtschaftliche Eingliederung als Organgesellschaft auch dann gegeben sein, wenn zwischen ihr und der Muttergesellschaft Warenlieferungen nur in geringem Umfange oder überhaupt nicht vorkommen (vgl. BFH-Urteil vom 15. 6. 1972, V R 15/69, BStBl II S. 840).

(6b) [1]Bei einer Betriebsaufspaltung in ein Besitzunternehmen (z. B. Personengesellschaft) und eine Betriebsgesellschaft (Kapitalgesellschaft) und Verpachtung des Betriebsvermögens durch das Besitzunternehmen an die Betriebsgesellschaft steht die durch die Betriebsaufspaltung entstandene Kapitalgesellschaft im Allgemeinen in einem Abhängigkeitsverhältnis zum Besitzunternehmen (vgl. BFH-Urteile vom 28. 1. 1965, V 126/62 U, BStBl III S. 243 und vom 17. 11. 1966, V 113/65, BStBl 1967 III S. 103). [2]Auch wenn bei einer Betriebsaufspaltung nur das Betriebsgrundstück ohne andere Anlagegegenstände verpachtet wird, kann eine wirtschaftliche Eingliederung vorliegen (BFH-Urteil vom 9. 9. 1993, V R 124/89, BStBl 1994 II S. 129).

(6c) [1]Die wirtschaftliche Eingliederung wird jedoch nicht auf Grund von Liquiditätsproblemen der Organtochter beendet (vgl. BFH-Urteil vom 19. 10. 1995, V R 128/93, UR 1996 S. 265). [2]Die wirtschaftliche Eingliederung auf Grund der Vermietung eines Grundstücks, das die räumliche und funktionale Geschäftstätigkeit der Organgesellschaft bildet, entfällt nicht bereits dadurch, dass für das betreffende Grundstück Zwangsverwaltung und Zwangsversteigerung angeordnet wird (vgl. BMF-Schreiben vom 1. 12. 2009, BStBl I S. 1609). [3]Eine Entflechtung vollzieht sich erst im Zeitpunkt der tatsächlichen Beendigung des Nutzungsverhältnisses zwischen dem Organträger und der Organgesellschaft.

Organisatorische Eingliederung

(7) [1]Die organisatorische Eingliederung setzt voraus, dass die mit der finanziellen Eingliederung verbundene Möglichkeit der Beherrschung der Tochtergesellschaft durch die Muttergesellschaft in der laufenden Geschäftsführung tatsächlich wahrgenommen wird (BFH-Urteil vom 28. 1. 1999, V R 32/98, BStBl II S. 258). [2]Es kommt darauf an, dass der Organträger die Organgesellschaft durch die Art und Weise der Geschäftsführung beherrscht oder aber zumindest durch die Gestaltung der Beziehungen zwischen dem Organträger und der Organgesellschaft sichergestellt ist, dass eine vom Willen des Organträgers abweichende Willensbildung bei der Organtochter nicht stattfindet (BFH-Urteile vom 5. 12. 2007, V R 26/06, BStBl 2008 II S. 451, und vom 3. 4. 2008, V R 76/05, BStBl II S. 905). [3]Der aktienrechtlichen Abhängigkeitsvermutung aus § 17 AktG kommt keine Bedeutung im Hinblick auf die organisatorische Eingliederung zu (vgl. BFH-Urteil vom 3. 4. 2008, V R 76/05, a. a. O.). [4]Nicht ausschlaggebend ist, dass

die Organgesellschaft in eigenen Räumen arbeitet, eine eigene Buchhaltung und eigene Einkaufs- und Verkaufsabteilungen hat, da dies dem Willen des Organträgers entsprechen kann (vgl. BFH-Urteil vom 23.7.1959, V 176/55 U, BStBl III S. 376). [5]Zum Wegfall der organisatorischen Eingliederung bei Anordnung der Zwangsverwaltung und Zwangsversteigerung für ein Grundstück vgl. BMF-Schreiben vom 1.12.2009, BStBl I S. 1609.

(8) [1]Die organisatorische Eingliederung setzt in aller Regel die personelle Verflechtung der Geschäftsführungen des Organträgers und der Organgesellschaft voraus (BFH-Urteile vom 3.4.2008, V R 76/05, BStBl II S. 905, und vom 28.10.2010, V R 7/10, BStBl 2011 II S. 391). [2]Dies ist z. B. bei einer Personenidentität in den Leitungsgremien beider Gesellschaften gegeben (vgl. BFH-Urteile vom 17.1.2002, V R 37/00, BStBl II S. 373, und vom 5.12.2007, V R 26/06, BStBl II S. 451). [3]Für das Vorliegen einer organisatorischen Eingliederung ist es jedoch nicht in jedem Fall erforderlich, dass die Geschäftsführung der Muttergesellschaft mit derjenigen der Tochtergesellschaft vollständig personenidentisch ist. [4]So kann eine organisatorische Eingliederung z. B. auch dann vorliegen, wenn nur einzelne Geschäftsführer des Organträgers Geschäftsführer der Organgesellschaft sind (vgl. BFH-Urteil vom 28.1.1999, V R 32/98, BStBl II S. 258). [5]Ob dagegen eine organisatorische Eingliederung vorliegt, wenn die Tochtergesellschaft über mehrere Geschäftsführer verfügt, die nur zum Teil auch in dem Leitungsgremium der Muttergesellschaft vertreten sind, hängt von der Ausgestaltung der Geschäftsführungsbefugnis in der Tochtergesellschaft ab. [6]Ist in der Organgesellschaft eine Gesamtgeschäftsführungsbefugnis vereinbart und werden die Entscheidungen durch Mehrheitsbeschluss getroffen, kann eine organisatorische Eingliederung nur vorliegen, wenn die personenidentischen Geschäftsführer über die Stimmenmehrheit verfügen. [7]Bei einer Stimmenminderheit der personenidentischen Geschäftsführer oder bei Einzelgeschäftsführungsbefugnis der fremden Geschäftsführer sind dagegen zusätzliche institutionell abgesicherte Maßnahmen erforderlich, um ein Handeln gegen den Willen des Organträgers zu verhindern (vgl. BFH-Urteil vom 5.12.2007, V R 26/06, a.a.O.). [8]Eine organisatorische Eingliederung kann z.B. in Fällen der Geschäftsführung in der Organgesellschaft mittels Geschäftsführungsbefugnis vorliegen, wenn zumindest einer der Geschäftsführer auch Geschäftsführer des Organträgers ist und der Organträger über ein umfassendes Weisungsrecht gegenüber der Geschäftsführung der Organgesellschaft verfügt sowie zur Bestellung und Abberufung aller Geschäftsführer der Organgesellschaft berechtigt ist (vgl. BFH-Urteil vom 7.7.2011, V R 53/10, BStBl 2013 II S. 218). [9]Alternativ kann auch bei Einzelgeschäftsführungsbefugnis des fremden Geschäftsführers ein bei Meinungsverschiedenheiten eingreifendes, aus Gründen des Nachweises und der Inhaftungnahme schriftlich vereinbartes Letztentscheidungsrecht des personenidentischen Geschäftsführers eine vom Willen des Organträgers abweichende Willensbildung bei der Organgesellschaft ausschließen und so die organisatorische Eingliederung herstellen (vgl. BFH-Urteil vom 5.12.2007, V R 26/06, a.a.O.). [10]Hingegen kann durch die personelle Verflechtung von Aufsichtsratsmitgliedern keine organisatorische Eingliederung hergestellt werden.

(9) [1]Neben dem Regelfall der personellen Verflechtung der Geschäftsführungen des Organträgers und der Organgesellschaft kann sich die organisatorische Eingliederung aber auch daraus ergeben, dass Mitarbeiter des Organträgers als Geschäftsführer der Organgesellschaft tätig sind (vgl. BFH-Urteil vom 20.8.2009, V R 30/06, BStBl 2010 II S.863). [2]Die Berücksichtigung von Mitarbeitern des Organträgers bei der organisatorischen Eingliederung beruht auf der Annahme, dass ein Mitarbeiter des Organträgers dessen Weisungen bei der Geschäftsführung der Organgesellschaft auf Grund eines zum Organträger bestehenden Anstellungsverhältnisses und einer sich hieraus ergebenden persönlichen Abhängigkeit befolgen wird und er bei weisungswidrigem Verhalten vom Organträger als Geschäftsführer der Organgesellschaft uneingeschränkt abberufen werden kann (vgl. BFH-Urteil vom 7.7.2011, V R 53/10, BStBl 2013 II S.218). [3]Demgegenüber reicht es nicht aus, dass ein Mitarbeiter des Mehrheitsgesellschafters nur Prokurist bei der vermeintlichen Organgesellschaft ist, während es sich beim einzigen Geschäftsführer der vermeintlichen Organgesellschaft um eine Person handelt, die weder Mitglied der Geschäftsführung noch Mitarbeiter des Mehrheitsgesellschafters ist (vgl. BFH-Urteil vom 28.10.2010, V R 7/10, BStBl 2011 II S.391).

(10) [1]In Ausnahmefällen kann eine organisatorische Eingliederung auch ohne personelle Verflechtung in den Leitungsgremien des Organträgers und der Organgesellschaft vorliegen. [2]Voraussetzung für diese schwächste Form der organisatorischen Eingliederung ist jedoch, dass institutionell abgesicherte unmittelbare Eingriffsmöglichkeiten in den Kernbereich der laufenden Geschäftsführung der Organgesellschaft gegeben sind (BFH-Urteil vom 3.4.2008, V R 76/05, BStBl II S.905). [3]Der Organträger muss durch schriftlich fixierte Vereinbarungen (z.B. Geschäftsführerordnung, Konzernrichtlinie) in der Lage sein, gegenüber Dritten seine Entscheidungsbefugnis nachzuweisen und den Geschäftsführer der Organgesellschaft bei Verstößen gegen seine Anweisungen haftbar zu machen (BFH-Urteil vom 5.12.2007, V R 26/06, BStBl 2008 II S.451). [4]Hat die Organgesellschaft mit dem Organträger einen Beherrschungsvertrag nach § 291 AktG abgeschlossen oder ist die Organgesellschaft nach §§ 319, 320 AktG in die Gesellschaft des Organträgers eingegliedert, kann regelmäßig von dem Vorliegen einer organisatorischen Eingliederung ausgegangen werden. [5]In diesen Fällen ist der Organträger berechtigt, dem Vorstand der Organgesellschaft nach Maßgabe der §§ 308 bzw. 323 Abs. 1 AktG Weisungen zu erteilen. [6]Soweit rechtlich zulässig muss sich dieses Weisungsrecht jedoch grundsätzlich auf die gesamte unternehmerische Sphäre der Organgesellschaft erstrecken. [7]Aufsichtsrechtliche Beschränkungen stehen der Annahme einer organisatorischen Eingliederung nicht entgegen.

(10a) [1]Die organisatorische Eingliederung kann auch über eine Beteiligungskette zum Organträger vermittelt werden. [2]Die in den Absätzen 7 bis 10 enthaltenen Regelungen kommen grundsätzlich auch in diesen Fällen zur Anwendung. [3]Sofern sichergestellt ist, dass der Organträger die Organgesellschaften durch die Art und Weise der Geschäftsführung beherrscht, ist es jedoch ausreichend, wenn die der organisatorischen Eingliederung dienenden Maßnahmen zwischen zwei Organgesellschaften ergriffen werden. [4]Dies gilt auch dann, wenn diese Maßnahmen nicht der Struktur der finanziellen Eingliederung folgen (z. B. bei Schwestergesellschaften). [5]Es ist zudem ausreichend, wenn die organisatorische Eingliederung mittelbar über eine unternehmerisch oder nichtunternehmerisch tätige Tochtergesellschaft des Organträgers erfolgt. [6]Eine nichtunternehmerisch tätige Tochtergesellschaft wird dadurch jedoch nicht zum Bestandteil des Organkreises.

Beispiel 1:

[1]Der Organträger O ist zu 100 % an der Tochtergesellschaft T 1 beteiligt. [2]Die Geschäftsführungen von O und T 1 sind personenidentisch. [3]T 1 ist zu 100 % an der Enkelgesellschaft E beteiligt. [4]Einziger Geschäftsführer der E ist ein bei der Tochtergesellschaft T 1 angestellter Mitarbeiter.

[5]Die Tochtergesellschaft T 1 ist auf Grund der personenidentischen Geschäftsführungen organisatorisch in das Unternehmen des Organträgers O eingegliedert. [6]Dies gilt auch für die Enkelgesellschaft E, da durch das Anstellungsverhältnis des Geschäftsführers bei T 1 sichergestellt ist, dass eine vom Willen des Organträgers abweichende Willensbildung bei E nicht stattfindet.

Beispiel 2:

[1]Der Organträger O ist zu 100 % an der Tochtergesellschaft T 1 beteiligt, die als Finanzholding kein Unternehmer im Sinne des § 2 UStG ist. [2]Die Geschäftsführungen von O und T 1 sind personenidentisch. [3]T 1 ist zu 100 % an der grundsätzlich unternehmerisch tätigen Enkelgesellschaft E beteiligt. [4]Auf Grund eines abgeschlossenen Beherrschungsvertrages im Sinne des § 291 AktG beherrscht T 1 die E.

[5]Die Enkelgesellschaft E ist organisatorisch in das Unternehmen des Organträgers O eingegliedert. [6]Auf Grund der personenidentischen Geschäftsführungen von O und T 1 sowie des zwischen T 1 und E abgeschlossenen Beherrschungsvertrags ist sichergestellt, dass eine vom Willen des Organträgers abweichende Willensbildung bei E nicht stattfindet. [7]Die nichtunternehmerisch tätige Tochtergesellschaft T 1 wird hierdurch jedoch nicht zum Bestandteil des Organkreises.

Beispiel 3:

[1]Der Organträger O ist zu 100 % an den Tochtergesellschaften T 1 und T 2 beteiligt. [2]Die Geschäftsführungen von O und T 1 sind personenidentisch. [3]Einziger Geschäftsführer der T 2 ist ein bei der Tochtergesellschaft T 1 angestellter Mitarbeiter.

[4]Die Tochtergesellschaft T 1 ist auf Grund der personenidentischen Geschäftsführungen organisatorisch in das Unternehmen des Organträgers O eingegliedert. [5]Dies gilt auch für die Tochtergesellschaft T 2, da durch das Anstellungsverhältnis

des Geschäftsführers bei T 1 sichergestellt ist, dass eine vom Willen des Organträgers abweichende Willensbildung bei T 2 nicht stattfindet.

Beispiel 4:

[1]Der im Ausland ansässige Organträger O unterhält im Inland eine Zweigniederlassung. [2]Daneben ist er zu 100 % an der im Inland ansässigen Tochtergesellschaft T 1 beteiligt. [3]Einziger Geschäftsführer der T 1 ist der bei O angestellte Leiter der inländischen Zweigniederlassung.

[4]Die Tochtergesellschaft T 1 ist organisatorisch ist das Unternehmen des Organträgers O eingegliedert. [5]Durch das Anstellungsverhältnis des Geschäftsführers bei O ist sichergestellt, dass eine vom Willen des Organträgers abweichende Willensbildung bei T 1 nicht stattfindet. [6]Die Wirkungen der Organschaft sind jedoch auf Innenleistungen zwischen den im Inland gelegenen Unternehmensteilen beschränkt.

(11) [1]Weder das mit der finanziellen Eingliederung einhergehende Weisungsrecht durch Gesellschafterbeschluss noch eine vertragliche Pflicht zur regelmäßigen Berichterstattung über die Geschäftsführung stellen eine institutionell abgesicherte unmittelbare Eingriffsmöglichkeit in den Kernbereich der laufenden Geschäftsführung der Organgesellschaft im Sinne des Absatzes 10 dar und reichen daher nicht zur Begründung einer organisatorischen Eingliederung aus. [2]Auch Zustimmungsvorbehalte zugunsten der Gesellschafterversammlung z. B. auf Grund einer Geschäftsführungsordnung können für sich betrachtet keine organisatorische Eingliederung begründen (vgl. BFH-Urteil vom 7. 7. 2011, V R 53/10, BStBl 2013 II S. 218). [3]Dasselbe gilt für Zustimmungserfordernisse bei außergewöhnlichen Geschäften (vgl. BFH-Urteil vom 3. 4. 2008, V R 76/05, BStBl II S. 905) oder das bloße Recht zur Bestellung oder Abberufung von Geschäftsführern ohne weiter gehende personelle Verflechtungen über das Geschäftsführungsorgan (vgl. BFH-Urteil vom 7. 7. 2011, V R 53/10, a. a. O.). [4]Ebenso kann sich eine organisatorische Eingliederung nicht allein daraus ergeben, dass eine nicht geschäftsführende Gesellschafterversammlung und ein gleichfalls nicht geschäftsführender Beirat ausschließlich mit Mitgliedern des Mehrheitsgesellschafters besetzt sind, vertragliche Bedingungen dem Mehrheitsgesellschafter „umfangreiche Beherrschungsmöglichkeiten" sichern und darüber hinaus dieselben Büroräume benutzt und das komplette Rechnungswesen durch gemeinsames Personal erledigt werden (vgl. BFH-Urteil vom 28. 10. 2010, V R 7/10, BStBl 2011 II S. 391).

Insolvenzverfahren

(12) [1]Bei Organgesellschaften, bei denen der Organträger Geschäftsführer der Organgesellschaft ist, endet die Organschaft nur dann bereits vor Eröffnung des Insolvenzverfahrens mit der Bestellung eines vorläufigen Insolvenzverwalters im Rahmen der Anordnung von Sicherungsmaßnahmen, wenn der vorläufige Insolvenzverwalter den maßgeblichen Einfluss auf die Organgesellschaft erhält und ihm eine vom Willen des Organträgers abweichende Willensbildung in der

Organgesellschaft möglich ist (vgl. BFH-Urteile vom 13.3.1997, V R 96/96, BStBl II S.580, für den Sequester nach der KO, und vom 24.8.2011, V R 53/09, BStBl 2012 II S.256). [2]Dies gilt auch bei einer Insolvenz des Organträgers. [3]Das Insolvenzverfahren steht der Organschaft grundsätzlich nicht entgegen, solange dem vorläufigen Insolvenzverwalter eine vom Willen des Vorstands abweichende Willensbildung beim Organträger nicht möglich ist (vgl. BFH-Urteil vom 22.10.2009, V R 14/08, BStBl 2011 II S.988). [4]Die Organschaft kann aber ausnahmsweise mit der Insolvenz des Organträgers enden, wenn sich die Insolvenz nicht auf die Organgesellschaft erstreckt (vgl. BFH-Urteil vom 28.1.1999, V R 32/98, BStBl II S.258, für das Konkursverfahren nach der KO).

4. Verzeichnis der Gesetze, Verordnungen und Richtlinien

Folgende Gesetze, Verordnungen und Richtlinien wurden bei der Erstellung dieses Fachbuches berücksichtigt:

– Abgabenordnung(AO 1977)

Neu gefasst durch Bekanntmachung der Neufassung der Abgabenordnung vom 1.10.2002 (BGBl 2002 I S.3866), zuletzt geändert durch Drittes Gesetz zur Entlastung insbesondere der mittelständischen Wirtschaft von Bürokratie (Drittes Bürokratieentlastungsgesetz) vom 22.11.2019 (BGBl 2019 I S.1746).

– Anwendungserlass zur Abgabenordnung

Vom 31.1.2014 (BStBl 2014 I S.290), zuletzt geändert durch BMF-Schreiben vom 27.9.2019 (BStBl 2019 I S.946).

– Einführungsgesetz zur Abgabenordnung

Neu gefasst durch Bekanntmachung vom 14.12.1976 (BGBl 1976 I S.3341, ber. 1977 I S.667), zuletzt geändert durch Drittes Gesetz zur Entlastung insbesondere der mittelständischen Wirtschaft von Bürokratie (Drittes Bürokratieentlastungsgesetz) vom 22.11.2019 (BGBl 2019 I S.1746).

– Umsatzsteuergesetz

Neu gefasst durch Bekanntmachung vom 21.2.2005 (BGBl 2005 I S.386), zuletzt geändert durch Drittes Gesetz zur Entlastung insbesondere der mittelständischen Wirtschaft von Bürokratie (Drittes Bürokratieentlastungsgesetz) vom 22.11.2019 (BGBl 2019 I S.1746).

– Umsatzsteuer-Durchführungsverordnung

Vom 21.12.1979 (BGBl 1979 I S.2359), neu gefasst durch Bekanntmachung vom 21.2.2005 (BGBl 2005 I S.434), zuletzt geändert durch Vierte Verordnung zur Änderung steuerlicher Verordnungen vom 12.7.2017 (BGBl 2017 I S.2360).

– Umsatzsteuer-Anwendungserlass

Vom 1.10.2010 (BStBl 2010 I S.846), zuletzt geändert durch BMF-Schreiben vom 6.2.2020 (BStBl 2020 I III C 3 – S 7156/19/10002 :001 DOK 2020/0057950)

– Einkommensteuergesetz

Neu gefasst durch Bekanntmachung der Neufassung des Einkommensteuergesetzes vom 8.10.2009 (BGBl 2009 I S.3366), zuletzt geändert durch Gesetz zur weiteren steuerlichen Förderung der Elektromobilität und zur Änderung weiterer steuerlicher Vorschriften (Jahressteuergesetz 2019) vom 12.12.2019 (BGBl 2019 I S.2451).

– Einkommensteuer-Durchführungsverordnung

Neu gefasst durch Bekanntmachung vom 10.5.2000 (BGBl 2000 I S.717), zuletzt geändert durch Gesetz zum Ausschluss verfassungsfeindlicher Parteien von der Parteienfinanzierung vom 18.7.2017 (BGBl 2017 I S.2730).

– Einkommensteuer-Richtlinien 2012

Vom 25.3.2013 (BStBl 2013 I S.276).

– Solidaritätszuschlaggesetz 1995

Neu gefasst durch Bekanntmachung vom 15.10.2002 (BGBl 2002 I 4130), zuletzt geändert durch Zweites Gesetz zur Anpassung des Datenschutzrechts an die Verordnung (EU) 2016/679 und zur Umsetzung der Richtlinie (EU) 2016/680 (Zweites Datenschutz-Anpassungs- und Umsetzungsgesetz EU - 2. DSAnpUG-EU) vom 20.11.2019 (BGBl 2019 I S.1626).

– Lohnsteuer-Richtlinien 2015

Vom 22.10.2014 (BStBl 2014 I S.1344).

– Körperschaftsteuergesetz (ab VZ 2001)

Neu gefasst durch Bekanntmachung vom 15.10.2002 (BGBl 2002 I S.4144), zuletzt geändert durch Gesetz zur weiteren steuerlichen Förderung der Elektromobilität und zur Änderung weiterer steuerlicher Vorschriften (Jahressteuergesetz 2019) vom 12.12.2019 (BGBl 2019 I S.2451).

– Körperschaftsteuerrichtlinien 2015

Vom 6.4.2016 (BStBl I Sondernummer 1/2016).

– Körperschaftsteuer-Durchführungsverordnung

Neu gefasst durch Bekanntmachung vom 22.2.1996 (BGBl. 1996 I S.365), zuletzt geändert durch Gesetz zur Modernisierung der Finanzaufsicht über Versicherungen vom 1.4.2015 (BGBl 2015 I S.434).

– Gewerbesteuergesetz

Neu gefasst durch Bekanntmachung der Neufassung des Gewerbesteuergesetzes vom 15.10.2002 (BGBl 2002 I S.4167), zuletzt geändert durch Gesetz zur Vermeidung von Umsatzsteuerausfällen beim Handel mit Waren im Internet und zur Änderung weiterer steuerlicher Vorschriften vom 11.12.2018 (BGBl 2018 I S.2338).

– Gewerbesteuer-Richtlinien 2009

Vom 28.4.2010 (BStBl I Sondernummer 1/2010, S.2).

– Gewerbesteuer-Durchführungsverordnung

Neu gefasst durch Bekanntmachung der Neufassung der Gewerbesteuer-Durchführungsverordnung vom 15.10.2002 (BGBl 2002 I S.4180), zuletzt geändert durch Gesetz zur Modernisierung der Finanzaufsicht über Versicherungen vom 1.4.2015 (BGBl 2015 I S.434).

Anhang II – Anhängige Verfahren

1. Aktenzeichen des BFH: I R 27/18

a) Aufspaltung einer GmbH: Aufdeckung der stillen Reserven auch bei Weiterveräußerung der Gesellschaftsanteile zum Buchwert

   1. Ist ein durch die Aufspaltung einer GmbH als Organgesellschaft in mehrere neu gegründete GmbHs nach § 123 UmwG eventuell entstandener gewerbesteuerrechtlicher Übertragungsgewinn i.S.v. § 11 Abs. 2 UmwStG 2006 vom Organträger zu versteuern (gegen BMF-Schreiben vom 11. November 2011, BStBl 2011 I S. 1314, Rz 15.27)?

   2. Bildet § 15 Abs. 2 Satz 3 und 4 UmwStG 2006 eine untrennbare inhaltliche Einheit, so dass keine allgemeine Missbrauchsprüfung vorzunehmen ist, wenn die 20 %-Grenze des § 15 Abs. 2 Satz 4 UmwStG 2006 eingehalten worden ist?

b) UmwStG § 11 Abs. 2 Satz 1; UmwStG § 15 Abs. 2 Satz 3; UmwStG § 15 Abs. 2 Satz 4; GewStG § 2; KStG § 14 Abs. 1 Satz 1; UmwG § 123

c) Vorgehend: Finanzgericht Berlin-Brandenburg, Entscheidung vom 31. 5. 2018 (9 K 9143/16).

2. Aktenzeichen des BFH: I R 33/18

a) Ist auch dann von der Abführung des gesamten Gewinns i.S. des § 14 KStG auszugehen, wenn außerhalb der Organschaft stehende Personen am Gewinn der Organgesellschaft als atypisch stille Gesellschafter beteiligt sind?

b) KStG § 14 Abs. 1

c) Vorgehend: Finanzgericht Mecklenburg-Vorpommern, Entscheidung vom 5. 9. 2018 (1 K 396/14).

3. Aktenzeichen des BFH: I R 26/19

a) Finale Verluste bei einer „Organschaft über die Grenze"
   Setzt die Verrechnung sog. finaler Verluste einer in einem EU-Mitgliedstaat ansässigen Tochtergesellschaft mit Gewinnen der im Inland ansässigen Muttergesellschaft („Organschaft über die Grenze") eine verbindliche schuldrechtliche Vereinbarung zwischen den Gesellschaften voraus, die jedenfalls eine Verpflichtung zur Verlustübernahme durch die Muttergesellschaft für den Fall der Verlustentstehung der Tochtergesellschaft beinhalten muss?

b) KStG § 14 Abs. 1 Satz 1; KStG § 17; AktG § 291 Abs. 1; AEUV Art 49; AEUV Art 54

c) Vorgehend: Schleswig-Holsteinisches Finanzgericht, Entscheidung vom 13. 3. 2019 (1 K 218/15).

4. Aktenzeichen des BFH: I R 29 / 19

a) Inwieweit ist eine insolvenzbedingte, vorzeitige Beendigung und Nicht-durchführung eines Gewinnabführungsvertrags schädlich für die Annahme einer körperschaftsteuerrechtlichen und gewerbesteuerrechtlichen Organschaft in den Vorjahren?

b) KStG § 14 Abs. 1 Satz 1 Nr. 3 Satz 2

c) Vorgehend: Finanzgericht Nürnberg, Entscheidung vom 11.12.2018 (1 K 483/17).

5. Aktenzeichen des BFH: I R 37 / 19

a) Der BFH wird die Frage zu klären haben, ob ein zwischen einer Organgesellschaft und einer Organträgerin geschlossener Ergebnisabführungsvertrag bei fehlendem bilanziellen Ausweis des der Organgesellschaft gegenüber der Organträgerin zustehenden Anspruchs auf Verlustübernahme tatsächlich durchgeführt wurde (nicht amtlicher Text).

b) KStG § 17 Abs. 1 Satz 1, 1. Halbsatz; KStG 14 Abs. 1 Nr. 3

c) Vorgehend: Schleswig-Holsteinisches Finanzgericht, Entscheidung vom 6.6.2019 (1 K 113/17).

6. Aktenzeichen des BFH: I R 51 / 19

a) Der BFH wird die Frage zu beantworten haben, ob auf Mehrabführungen, die sich daraus ergeben, dass im Rahmen einer Verschmelzung die übergehenden Wirtschaftsgüter in der Steuerbilanz der übernehmenden Organgesellschaft nach § 12 Abs. 1 Satz 1 UmwStG mit den Buchwerten, handelsbilanziell jedoch nach § 24 UmwG mit den Verkehrswerten angesetzt werden, § 14 Abs. 3 Satz 1 KStG Anwendung findet (nicht amtlicher Text).

b) KStG § 14 Abs. 3 Satz 1; UmwStG § 12 Abs. 1 Satz 1

c) Vorgehend: Finanzgericht Rheinland-Pfalz, Entscheidung vom 10.9.2019 (1 K 1418/18).

Literaturverzeichnis

Bahns/Graw	Organschaftliche Einkommenszurechnung bei Auflösung und Umwandlung einer Organgesellschaft, DB 2008 S. 1645
Benecke/Schnitger	Wichtige Änderungen bei der körperschaftsteuerlichen Organschaft durch das UntStG 2013, IStR 2013 S. 143
Bracksiek	Die Neuregelung der steuerlichen Organschaft durch das JStG 2009, FR 2009 S. 15
Brinkmann	Verdeckte Gewinnausschüttungen im Organkreis, StBp 2015 S. 33
Brühl/Weiss	Körperschaftsteuerliche Organschaft: Variable Ausgleichszahlungen an Außenstehende und Anpassungszwang bei Verlustübernahmeklauseln nach § 17 S. 2 Nr. 2 KStG a. F., BB 2018 S. 94
Dörfler/Adrian/Geeb	Aktuelle Entwicklungen beim organschaftlichen Ausgleichsposten – zugleich Anmerkungen zum Urteil des BFH vom 7. 2. 2007, I R 5/05, DStR 2007 S. 1889
Dötsch/Jost/Pung/Witt	Kommentar zum Körperschaftsteuergesetz
Dötsch/Patt/Pung/Möhlenbrock	Kommentar zum Umwandlungssteuerrecht
Dötsch	Organschaft: Das Einführungsschreiben des BMF zu den Änderungen durch das Steuervergünstigungsabbaugesetz und durch das Gesetz zur Änderung des GewStG und anderer Gesetze vom 23. 12. 2003 – Anmerkungen zum BMF-Schreiben vom 10. 11. 2005, DB 2005 S. 2541
Dötsch/Pung	Gesetz zur Änderung und Vereinfachung der Unternehmensbesteuerung und des steuerlichen Reisekostenrechts: Die Änderungen bei der Organschaft, DB 2013 S. 305
Dötsch/Pung	Organschaftliche Ausgleichsposten: Ein neuer Denkansatz, DB 2018 S. 1424
Fellinger/Welling	Auslegungsfragen zur kleinen Organschaftsreform – Positives Ziel nicht aus den Augen verlieren, DStR 2013 S. 1718
Forst/Suchanek/Martini	Risiken bei der Veräußerung von Organgesellschaften hinsichtlich der Fiktion der tatsächlichen Durchführung, GmbHR 2015 S. 408
Frotscher/Maas	Kommentar zum KStG
Gosch/Adrian	Mehr- und Minderabführungen bei der ertragsteuerlichen Organschaft, GmbHR 2017 S. 965
Glutsch/Meining	Der passive Ausgleichsposten bei organschaftlichen Mehrabführungen, DB 2007 S. 308
Grube/Behrendt	Verschmelzungsgewinne bei einer Organgesellschaft unter Berücksichtigung der Neufassung des § 14 Abs. 3 KStG durch das EUR-LUmsG, GmbHR 2005 S. 1172
Hageböke	Körperschaftsteuerliche Organschaft unter Beteiligung von KapGes. & atypisch Still-Strukturen, DB 2015 S. 1993

Heinz/Wessinger	Organschaftsbesteuerung – „Fremdkörper" in einem System der Halbeinkünftebesteuerung?, GmbHR 2005 S. 1390
Heerdt	Die steuerliche Behandlung von Mehrabführungen im Rahmen eines Upstream-Mergers auf eine Organgesellschaft, DStR 2009 S. 938
Heurung/Klübenspies	Ertragsteuerliche Organschaften im Lichte des BMF-Schreibens vom 26. 8. 2003, BB 2003 S. 2483
Heurung/Möbus	Einkommensermittlung bei Organschaften: Gestaltungsmöglichkeiten bei Umwandlungen und grenzüberschreitenden Sachverhalten im Kontext der neueren Entwicklungen im Unternehmenssteuerrecht, BB 2003 S. 766
Heurung/Seidel	Bruttomethode bei Organschaft nach dem JStG 2009, BB 2009 S. 472
Heurung/Wehrheim/Adrian	Die Bruttomethode des § 15 Satz 1 Nr. 2 KStG in der Fassung des Korb II-Gesetzes, BB 2004 S. 465
Hölzer	Nichteinbeziehung des umwandlungs- und umwandlungssteuerlichen Rückbezugszeitraums in die Berechnung der Mindestlaufzeit eines Gewinnabführungsvertrags?, DB 2015 S. 1249
Kieker/Vollmar	Änderung des Höchstbetrags der Gewinnabführung durch das BilMoG – Auswirkungen auf die steuerliche Anerkennung von Organschaftsverhältnissen?, DStR 2009 S. 842
Kolbe	Mehr- oder Minderabführungen in organschaftlicher Zeit – Neuregelung des § 14 Abs. 4 KStG, StuB 2008 S. 293
Krau	Tatsächliche Durchführung des Gewinnabführungsvertrages bei körperschaftsteuerlicher Organschaft, StBp 2010 S. 65
Krinninger/Helm	Vororganschaftlich verursachte Mehr- und Minderabführungen – Die Neuregelung in § 14 Abs. 3 KStG, BB 2005 S. 1191
Kußmaul/Richter	Ertragsteuerliche Organschaft: Entwicklungstendenzen bei der steuerlichen Berücksichtigung von Minder- und Mehrabführungen ohne und mit Bezug zur außerorganschaftlichen Zeit, BB 2007 S. 1256
Kußmaul/Zabel	Auswirkungen der Änderungen der §§ 8b und 15 KStG durch das Gesetz zur Umsetzung der Protokollerklärung der Bundesregierung zur Vermittlungsempfehlung zum Steuervergünstigungsabbaugesetz („Korb II"), BB 2004 S. 577
Lang	Körperschaftsteuerliche Organschaft: Ausgleichsposten für Mehr-/Minderabführungen in organschaftlicher Zeit, NWB 2009 S. 118
Lohmann/Heerdt	Außerorganschaftlich verursachte Mehrabführungen nach formwechselnder Umwandlung, DB 2008 S. 1937
Loitz/Klevermann	Bilanzierung von Ertragsteuern in deutschen Organschaften nach IFRS und BilMoG, DB 2009 S. 409
Mayer/Wiese	Zur Verlustübernahme nach der „kleinen Organschaftsreform" – Vertragsformulierungen im Lichte der Übergangsvorschrift, DStR 2013 S. 629
Meining	Mehrabführungen anlässlich der Verschmelzung einer Tochterkapitalgesellschaft auf ihre Mutterorgangesellschaft, BB 2009 S. 1444

Müller/Stöcker	Die Organschaft, 7. Auflage 2008
Ortmann-Babel/Bolik	Das „Jahressteuergesetz 2018", DB 2018 S. 1876
Ottersbach	Die körperschaftsteuerliche Organschaft nach StSenkG und UntStFG, NWB Fach 4 S. 4627
Pannen	Mehrabführungen im Lichte der aktuellen BFH-Rechtsprechung und der Übergangsregelungen vom Anrechnungs- zum Halbeinkünfteverfahren, BB 2003 S. 815
Paintner	Das Gesetz zur Änderung und Vereinfachung der Unternehmensbesteuerung und des steuerlichen Reisekostenrechts im Überblick, DStR 2013 S. 221
Philipp/Kröger	Körperschaftsteuerliche Organschaft: Wichtiger Grund bei konzerninterner Einbringung der Organbeteiligung, DB 2015 S. 2783
Philippi	Organschaft bei Gewinnabführungsverträgen: Ist aus gesellschaftsrechtlicher Sicht eine Verzinsung des Gewinnabführungsanspruchs erforderlich?, BB 2006 S. 1809
Pohl	Thesaurierungsbegünstigung nach § 34 EStG in Organschaftsfällen, DB 2008 S. 84
Prinz	Organschaft in der Praxis – Aktuelle Brennpunkte, GmbHR 2017, R273-R27
Prinz	Ertragsteuerliche Organschaft – Bestandsaufnahme, Systematik, Problembereiche, FR 2018 S. 916
Rogall	Thesaurierungsbegünstigung – Regelungslücken bei der Organschaft und der doppelstöckigen Personengesellschaft, DStR 2008 S. 429
Rogall	Zur Anwendung von § 8b Abs. 7 KStG nach § 15 Nr. 2 KStG bei Organschaften, DB 2006 S. 2310
Rogall/Dreßler	Ungereimtheiten betreffend Ausgleichszahlungen an Minderheitsgesellschafter bei Organschaften, DStR 2015 S. 449
Rohrer/von Goldacker/Huber	Durchführung eines Gewinnabführungsvertrages – Empfehlungen für die Praxis bei einer „vergessenen" Verrechnung von Verlusten, DB 2009 S. 360
Rüsch	Aktuelle Entwicklungen zur steuerlichen Organschaft, DStZ 2019 S. 179
Scheffler	Körperschaftsteuerliche und gewerbesteuerliche Organschaft nach der Unternehmensteuerreform 2008, StuB 2008 S. 58
Scheifele/Kirch-Heim	Heilung fehlerhafter Gewinnabführungsverträge nach dem 31. 12. 2014: Rien ne va plus?, DStR 2015 S. 932
Schirmer	Holding als Organträger nach der Organschaftsreform – Bedeutet die Zuordnung zur inländischen Betriebsstätte nach § 14 Abs. 1 S. 1 Nr. 2 S. 4 KStG das „Aus"?, GmbHR 2013 S. 797
Schneider/Sommer	Organschaftsreform „light" – Ein Überblick insbesondere zur neuen Fiktion der tatsächlichen Durchführung, GmbHR 2013 S. 22
Schuhmann	Die Organschaft, 3. Auflage 2001
Schuhmann/Kempf	Vororganschaftliche Mehr-/Minderabführungen: Definitionsversuch und Analyse der Rechtsfolgen, FR 2006 S. 219

Schulte	Steuerlicher Querverbund und Organschaft: Verdeckte Gewinnausschüttung bei fehlendem Gewinnaufschlag auf Organgewinne und -verluste?, DB 2006 S. 2540
Schumacher, A.	Umwandlungssteuerrecht und Organschaft zum übernehmenden Rechtsträger – Zugleich Anmerkung zur Verfügung der OFD Frankfurt/M. vom 21. 11. 2005, DStR 2006 S. 124
Schumacher, A.	Übertragung von Beteiligungen an Organgesellschaften und die „vororganschaftliche Zeit" im Sinne des § 14 Abs. 3 KStG, DStR 2006 S. 310
Schumacher, P.	GmbH-Verbund – Organschaftsverhältnisse im Ertragsteuerrecht: Voraussetzungen, Vorteile und Gefahrenquellen, optimale Umsetzung in der Praxis, GmbH-StPr. 2005 S. 173
Schumacher, P.	Organschafts-Neuerungen – Ertragsteuerliche Organschaft: Aktuelle Verwaltungspraxis, Gestaltungstipps und Hinweise für die GmbH-Praxis, GmbH-Stpr. 2006 S. 135
Suchanek/Herbst	Ausgleichsposten bei Organschaft nach dem JStG 2008: Unzulässige Rückbewirkung der Rechtsfolgen des § 14 Abs. 4 KStG durch die Anwendungsvorschrift, FR 2008 S. 112
Trautmann/Faller	Mehr- und Minderabführungen in der Organschaft nur bei einkommenserheblichen Abweichungen zwischen Handels- und Steuerbilanz, DStR 2013 S. 293
Walter	Organschaft zwischen Schwestergesellschaften de lege lata, GmbHR 2015 S. 182
Wehrheim/Rupp	Die Bildung von Gewinnrücklagen nach dem BilMoG und ihre Auswirkungen auf die ertragsteuerliche Organschaft, DStR 2008 S. 1977

Stichwortverzeichnis